高等学校教育技术学专业精品教材

丛书主编◎武法提

在线教育原理

PRINCIPLES OF ONLINE EDUCATION

陈丽◎编著

北京师范大学出版集团
BEIJING NORMAL UNIVERSITY PUBLISHING GROUP
北京师范大学出版社

图书在版编目(CIP)数据

在线教育原理/陈丽等编著. —北京：北京师范大学出版社，
2021.10(2022.8 重印)

高等学校教育技术学专业精品教材

ISBN 978-7-303-27086-6

Ⅰ.①在… Ⅱ.①陈… Ⅲ.①网络教育－高等学校－教材
Ⅳ.①G434

中国版本图书馆 CIP 数据核字(2021)第 129700 号

营　销　中　心　电　话　010-58802135　010-58802786
北师大出版社教师教育分社微信公众号　**京师教师教育**

ZAIXIAN JIAOYU YUANLI

出版发行：北京师范大学出版社　www.bnup.com
　　　　　北京市西城区新街口外大街 12-3 号
　　　　　邮政编码：100088
印　　刷：保定市中画美凯印刷有限公司
经　　销：全国新华书店
开　　本：787 mm × 1092 mm　1/16
印　　张：19.5
字　　数：372 千字
版　　次：2021 年 10 月第 1 版
印　　次：2022 年 8 月第 2 次印刷
定　　价：56.00 元

策划编辑：王剑虹　　　　　　　责任编辑：张筱彤
美术编辑：李向昕　　　　　　　装帧设计：李尘工作室
责任校对：康　悦　　　　　　　责任印制：赵　龙

丛书编委会

顾　问　何克抗
主　编　武法提
副主编　吴　娟
编委会（以姓氏笔画为序）
　　　　冯晓英　刘美凤　李　芒　李玉顺
　　　　李艳燕　杨开城　余胜泉　陈　丽
　　　　武法提　郑勤华　黄荣怀　董　艳

序　言

　　教育技术学作为兼具"教育"与"技术"基因的学科，经过几十年的发展已逐渐壮大，学科研究范畴不断拓宽，学科体系日益兼容扩展，学科实践开始引领与推动我国教育现代化进程。在教育系统结构性变革的大趋势之下，迎面而来的各类新技术、新观念、新手段承载着人们对智能教育、未来学校、教学方式与学习方式变革的思考，使我国教育技术学科呈现出令人鼓舞的愿景与良好的发展势头。

　　教育技术学通过设计、开发、利用、管理、评价有合适技术支持的教育过程与教育资源，来促进学习并提高绩效的理论与实践。以教育信息化全面推动教育现代化是教育技术学专业的历史使命和时代担当。构建具有中国特色、国际领先水准的教育信息化理论体系，以信息技术融合各学科的教学过程，用大数据技术驱动教育科研精准化，用人工智能技术破解教育实践中的各种难题，是推动教育深化改革，创新传统教育生态，塑造信息时代全新教育系统，实现教育现代化的必由之路。当前，教育信息化已进入 2.0 时代，"互联网＋教育"和"人工智能＋教育"正在快速扩展，各个学科在人才培养、理论创新和实践引领上都需要更进一步，以便建成具有国际领先水平的一流学科，这既是我们一代代教育技术学人孜孜以求的目标，也对当前我国的教育技术学科赋予了全新使命和更高的要求。

　　学科概念体系的建立是教育技术学发展的命脉。"器而后有形，形而后有上。"长期以来，技术的工具理性同样制约着教育技术学的发展，体现在教育技术本身对"规律"的揭示不足，教育技术之"常"往往被人们忽略，新兴技术环境下的"信息化教学创新理论与实践"还未能充分体现，教育技术人才培养与就业趋势依然存在忧患。教育领域的"技术问题"不可能仅用技术手段或操作方式来解决。因而，教育技术的学科思维理应成为教育发展的关键点，这是学科发展之"道"的体现。

　　在新时代背景下，教育技术学亟须对本学科内涵的本质展开追问，从教育教学问题的解决中寻求建树。在确立学科内涵的同时，也应重视学科研究的跨领域视角，体现人才培养的多元特色与特征。"高等学校教育技术学专业精品教材"正是在这样的思想指导之下，立足于教育技术学专业开展人才培养的时代需求和北京师范大学教育技术学院人才培养实践的经验总结。这套教材以提升问题解决能力为导向，设计了面向教育产品研发、企业绩效培训、信息技术教育等不同领域，涵盖理论基础、基本原理和设计、技术、开发等多个层面的教材体系，从而实现"学与教、理论与技术并驾齐驱，寻求教育技术学科的内涵发展"。

本套教材共包括 29 本著作，整体上遵循历史与逻辑相结合、理论与实践相结合、问题与项目相结合的编写原则，在考察信息技术与教育深度融合实践中遇到的一系列重大理论问题的基础上，探讨在教育信息化理论创新方面的突破。本套教材由北京师范大学教育技术学院具有深厚研究基础和教学经验的中青年教师团队执笔，拥有高度的学术价值。本套教材的出版，对于我国教育技术学专业人才培养具有重要的现实意义和深远影响。总体来看，本套教材具有以下四个方面的特色。

一、着眼基本原理问题，注重学科思维培养

以原理式思维深挖教育技术的学科特质，回归学科本体，是教育技术学发展的根基。在这方面，北京师范大学教育技术研究团队做出了卓越的贡献：经过 20 多年的实践探索自主创新而形成的"中国特色信息化教学创新理论"，由六大核心理论支撑，前四项是创造性思维理论、新型建构主义理论、深层次整合理论、新型学教并重教学设计。本套教材吸纳了上述研究成果，既有教育的理论，又有技术的理论，更有信息技术和课程深度融合的内涵梳理，力求将领域知识的发展历史、来龙去脉说清楚，并在历史叙述中深入分析、评述，将演变逻辑阐述清楚。

二、立足教育技术理论的实际应用，提升学习者设计能力

教育技术学作为信息技术课程人才培养的依托，应在实践中创造学科人才的新流向。在教育信息化 2.0 时代，"构建教育新生态"成为教育的核心目标。与之对应，本套教材将信息技术重塑教育生态的设计能力作为学科培养的重要内容。设计能力包括技术支持的学与教的设计、以技术作为教学内容的设计，以及为重塑教育生态格局而进行的学与教设计等方面的能力，涵盖了以混合教学设计、数字教师、设计能力为核心的创新设计和开发能力的培养。本套教材借鉴了认知心理学领域的理论和实践，开发了合作性的课程项目，进行了数字环境下的学习体验设计，以便为学习者创造有意义、有价值的在线学习体验。

本套教材兼顾不同价值观的理论基础对实践进行具体指导，重点破解不同价值观的理论基础如何指导"用技术的手段解决教育教学重难点"的问题，较好地体现了知识体系中经典和前沿的结合，以及学生综合素质与创新型人才培养的结合。教材内容体现时代担当与社会责任，重视新知识的比例，案例丰富、新颖，覆盖不同的教育场景，力求以先进的教育观念为指导，科学地运用先进技术引领现代社会发展。

三、着眼课堂教学结构变革，拓展跨学科生长点

教育系统结构性变革要通过"课堂教学结构的变革"来落实。这套教材体现出了教育技术学科自身特色，配套了精品数字化教材，为重点内容提供了数字资源。教材设计之初考虑如何在混合学习环境下实施教学，考虑到对讲授教学、翻转课堂、自主学习的支持，提供了对应的场景化案例、相关工具与资源，以支撑学生的自主学习、协作探究、深层次意义建构和情感的体验与内化。

进入 21 世纪，跨学科已成为技术创新周期的组成部分，弥合了研究、工业和教育之间的差距。教育技术学的跨学科研究已经逐渐成为学术界的共识，也成为学科人才培养的未来趋势。教材内容强化了以脑科学、学习科学为理论框架的跨学科研究，以期从心理、生理及行为的综合视角对人类如何学习进行探索，从而寻找到促进和改善学习活动的方式与方法。当前，学习者的学习方式也正在逐渐适应智能时代发展的新诉求。虚拟现实教育应用、人工智能教育应用、教育数据挖掘与学习分析等内容充分体现了我们对学科跨界融合趋势的充分思考。

四、"知、行、创"合一，体现国际一流水准

教材体系体现了跨学科人才培养的多样性，并考虑到了学科教育、教育技术、心理学、计算机科学的协同项目设计，在原有人才培养目标的基础上，进一步提升可迁移能力与创造能力，从而实现"知、行、创"三者合一。教材内容将理论讲解与案例分析相结合，加大笔墨分析理论对案例设计、开发的具体指导。这体现在以下三个方面：一是能力指向，教材内容注重问题解决，培养学生识别问题、分析需求、设计方案、开发原型、形成产品的能力；二是项目承载，教材设计了不同教育实际场景的综合项目，力求利用协同式项目研究培养学生将理论知识综合应用于问题解决的能力；三是将工程系统思维与学科结合，引入"信息架构师"体系，探索基于实践场域的创新应用与服务。

未来的时代是新兴技术与教育教学深度融合创新的时代。以云计算、大数据、物联网、虚拟现实、人工智能为代表的新一代信息技术给教育信息化注入的新活力，正在深刻改变着教育服务模式和资源配置方式，"信息技术与学科教学深度融合"已成为当前教育技术学科内涵的基本特征。"高等学校教育技术学专业精品教材"从当前信息化教学模式层面的问题出发，寻求技术支撑教与学的关键要点。我们相信，这套教材有助于读者了解当前教育技术学的研究趋势，也有助于读者掌握教育技术学的研究方法与范式，帮助读者开阔视野，催生国内高水平教育技术研究与实践，在理论和实践两个层面肩负起时代重任。对于中国教育技术学科将能够立足本土需要，彰显后发优势，逐步成为中国特色、国际水准的学科体系，我们亦有充分的依据和信心。

　　"高等学校教育技术学专业精品教材"涵盖了教育技术学的热点领域，包括专业基础、原理性课程、设计类课程、开发类课程与应用类课程 5 个部分。教材体系完善、内容新颖、案例翔实，不仅适合教育技术学的本科生、研究生、研究者和教师阅读，也适合教育学、心理学、信息科学等的研究者与专业技术人员查阅与参考。

　　本套教材历时三年终于问世，北京师范大学教育技术学院的中青年专家团队付出了大量的时间与精力，教材主编武法提教授统筹了丛书的策划并对编写方案做了大量的论证，北京师范大学出版社王剑虹女士为教材的出版付出了大量心血，在此对这些贡献者致以深深的谢意！

何克抗

武法提

前　言

我国在线教育的发展经历了开放共享、混合式教学、"互联网+教育"三个主要阶段。我国在线教育起源于 20 世纪 90 年代初的"中国教育和科研计算机网示范工程"。第一个阶段是开放共享阶段。开放共享阶段的实践重点是利用网络将校内教育以资源和服务的方式向校外开放。其主要实践形式有两种：一种形式是起步于 20 世纪末的网络课程和网络资源；另一种形式是起步于 21 世纪初的全在线教育，也称为网络教育，是通过网络开展的在线教育。在第一个阶段，网络实现优质教育资源共享，主要作用是促进校内教育资源面向校外开放。第二个阶段是混合式教学阶段，起步于 2007 年，主要形式是线上线下混合式教学，网络是教学的新空间，主要作用是推动传统课堂教学方式变革。第三个阶段是"互联网+教育"阶段，起步于 2015 年，在新冠肺炎疫情暴发后快速发展，主要形式包括灵活泛在的教学模式、精准个性化的教育服务、基于网络的新办学形态、开放联通的组织体系以及多元共治的教育新生态。网络是教育改革创新的核心动能，主要作用是重构教育组织体系和服务模式。

当前和今后一段时期是以互联网为核心的新一代信息技术推动教育产生革命性变化的关键历史时期，互联网已经成为教育教学的第三空间——信息空间。与物理空间和社会空间相比，信息空间具有时空灵活、资源共享、行为数据化、信息众筹、关系网络化和系统联通等新特征，这些新特征正在推动教育组织体系开放和教育教学模式变革。"互联网+教育"是共建共享的联通思维和组织文化，是基于网络空间的新办学形态，是线上线下融合的灵活培养模式，是精准个性化的教育服务供给模式，是开放联通的组织体系，是多元共治的未来教育生态体系。

近几年，我国在线教育实践蓬勃发展，成为化解教育主要矛盾、推动教育创新的重要力量，是国际教育领域的中国名片。"互联网+教育"阶段是传统教育转型阶段，迫切需要新理念、新理论和新方法的指导。在线教育领域的从业人员越来越多，呈现专业化的趋势，大量在线教育从业人员亟须接受培训。

在线教育原理是全面了解互联网促进教育变革的规律和方法的必修课程，是教育技术学的核心课程，也是在线教育专业（远程教育专业）的入门课程。本教材共八章，包括：①在线教育的发展脉络；②在线教学模式及教学设计；③在线自主学习与学习支持服务；④在线学习资源与建设模式；⑤在线教育的过程监控与精准管理；⑥在线教育服务供给模式；⑦在线教育公共服务平台与典型案例；⑧在线教育的新知识观、新本体论与新认识论。

本教材是提供"互联网+教育"领域专业知识的定制教材，适用于教育技术专业本科生和在线教育从业人员。本教材采用在线教育学习指导书的写作体例、语言风格和排版方法，并提供学习活动建议。为了帮助学习者理解教材中的学习内容，本教材还列出推荐阅读文献，并提供配套的视频资源，供学习者和教师选用。为了帮助教师利用本教材组织有效的教学活动，本教材提供了教学活动建议。

与本教材配套的大规模在线开放课程"'互联网+教育'：理论与实践的对话"（http://cmooc.bnu.edu.cn）是以本教材第八章介绍的新知识观、新本体论和新认识论为指导开发的课程。教师可以通过选学这门课程来更好地理解教材的内容。教师也可以采用混合式教学方法，让学生学习大规模在线开放课程，教师在线下课堂中组织讨论、进行深化。

本书由陈丽主编，前言由陈丽撰写，第一章由陈丽、肖建军共同撰写，第二章由冯晓英、吴怡君共同撰写，第三章由赵宏、蒋菲共同撰写，第四章由陈青撰写，第五章由郑勤华、郭利明共同撰写，第六章由冯晓英、白蕴琦共同撰写，第七章由李爽、王海荣共同撰写，第八章由陈丽、徐亚倩共同撰写。

衷心感谢北京师范大学远程教育研究中心研究助理张文梅对书稿文字和排版进行了认真校对；感谢北京师范大学远程教育研究中心研究生黄治霞、王双、孙靖淇、王小凯等进行了资料收集和整理。

感谢北京翼欧教育科技有限公司、北京慕华信息科技有限公司、北京奥鹏远程教育中心有限公司等企业提供的技术材料和案例支持。

最后，特别感谢北京师范大学出版社编辑王剑虹对本书编写的参与、投入、监督和帮助。

陈　丽

2020 年 8 月

教材概述

目　录

在线教育的发展脉络

在线教育指以互联网为载体的新一代信息技术促进教育改革发展的理论与实践。在线教育是 20 世纪 90 年代以来逐渐兴起并飞速发展的教育创新领域，是我国教育信息化促进教育现代化的重要发展阶段，是信息技术对教育产生变革影响的典型实践。在线教育的理论与实践与时俱进、推陈出新。特别是近几年，我国在线教育实践蓬勃发展，成为破解教育主要矛盾、推动教育创新的重要力量，已成为国际教育领域的中国名片。

本章是教材的纲领性部分，是学习者进入在线教育领域的导引。第一节的主要内容是在线教育发展的三个阶段，重点介绍三个阶段的政策背景及典型实践形式；第二节的主要内容是互联网推动教育变革的原理，重点阐述互联网作为信息空间的特征以及其对教育的颠覆性影响；第三节的主要内容是"互联网+教育"创新实践的方向。

知识结构图

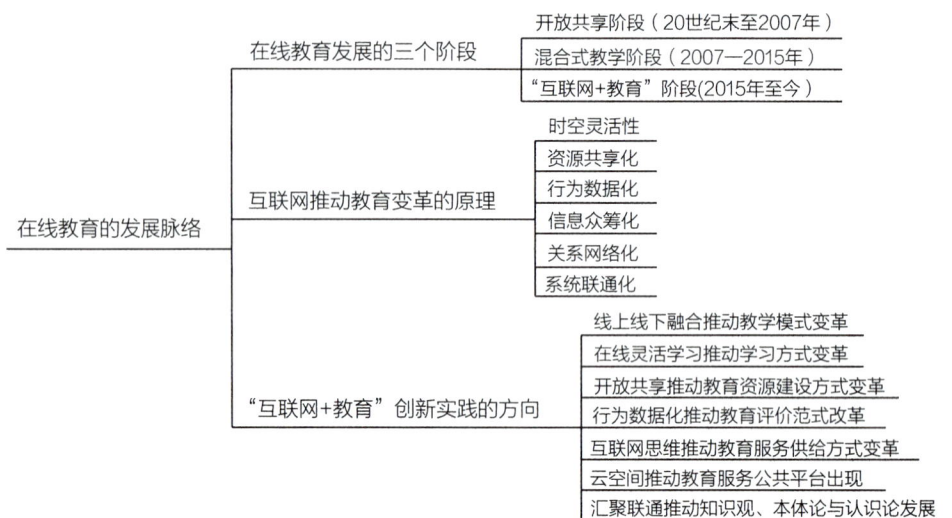

🎯 学习目标

- 了解在线教育发展经历的主要阶段及各阶段的典型实践。
- 深刻理解互联网推动教育教学变革的原理。
- 把握"互联网+教育"创新实践的方向。

第一节　在线教育发展的三个阶段

我国在线教育在政策引导、课堂教学改革、技术进步的共同驱动下，呈现技术和教育不断融合与创新的发展趋势。根据在线教育发展过程中在线教育实践发挥的不同作用和表现的不同形式，在线教育发展可分为三个阶段：①开放共享阶段；②混合式教学阶段；③"互联网+教育"阶段。在开放共享阶段，在线教育的主要实践形式是网络教育和数字资源共享，其主要作用是优质教学资源的共享和传播，以促进教育公平为主要目的。在混合式教学阶段，在线教育的主要实践形式是翻转课堂和习本课堂，其主要作用是推动传统课堂教学方式改变，以提高教学质量为主要目的。在"互联网+教育"阶段，在线教育的主要实践形式是大规模在线开放课程（MOOC）和可汗学院等，其主要作用是优化教育服务供给方式、重构教育组织体系和创新人才培养模式，以构建为全民终身学习服务的教育体系为目的。

一、开放共享阶段（20 世纪末至 2007 年）

开放共享是指校内教育服务面向校外开放以及优质教育资源面向校外共享。开放共享阶段的在线教学实践起源于 20 世纪末，是政策驱动的教育创新实践。其主要实践形式包括网络教育和数字资源共享。两种在线教学实践的主要目的是扩大优质教育的服务范围。

网络教育特指我国高校现代远程教育试点工作。1999 年，国务院批转教育部《面向 21 世纪教育振兴行动计划》，其中包括"实施'现代远程教育工程'，形成开放式教育网络，构建终身学习体系"，这便拉开了我国网络教育的序幕。教育部为落实《面向 21 世纪教育振兴行动计划》，决定支持若干高校建设网络教育学院，开展现代远程教育试点工作。教育部制定了《关于发展我国现代远程教育的意见》，指出以电子信息技术为基础的现代远程教育必将使教育领域产生深刻变革，促进教育现代化。1999—2008 年，教育部陆续审批同意了 69 所高校开展现代远程教育试点工作。现代远程教育试点工作的主要任务是推进中国远程教育由第一代的函授教育、第二代的广播电视教育向第三代基于计算机、卫星、多媒体和互联网的网络教育转化，探索建设适合在职人员随时随地远程自主学习和终身学习的教学及支持服务系统。1999 年至今，网络教育主要经历了三个发展阶段：快速发展阶段、规范管理阶段和政策调整阶段。目前，网络教育已成为我国继续教育的主要形式。

高等教育数字资源共享出现在 21 世纪初，是在政策驱动和政府专项支持下兴起的。2000 年，教育部启动"新世纪网络课程建设工程"，鼓励高校建设网络课程，通过网络共享优质教育资源。2000—2007 年，教育部在"新世纪高等教育教学改革工程""高等学校教学质量和教学改革工程""高等学校本科教学质量与教学改革工程"中安排了专项经费，支持网络课程的开发，拉开了我国高校网络课程资源共享的序幕。从 2000 年起，教育部通过各种激励措施建设了一大批高等教育优质网络课程资源。

基础教育数字资源共享起源于农村中小学现代远程教育工程。2003 年，《国务院关于进一步加强农村教育工作的决定》提出，实施农村中小学现代远程教育工程，要按照"总体规划、先行试点、重点突破、分步实施"的原则推进。农村中小学现代远程教育工程以信息技术为手段，试点通过教学光盘播放点、卫星教学收视点、计算机教室三种模式将优质教育资源传输到农村的教学方法，以缓解西部地区农村中小学教育资源短缺和师资不足的问题，促进师资水平和教学质量提高；即促进城乡优质教育资源共享，提高农村教育质量和效益。农村中小学现代远程教育工程是当时我国最大的基础教育信息化工程，拉开了我国基础教育优质资源建设共享的序幕。虽然该工程已经结束，但基于网络的数字资源共享仍是我国教育扶贫的重要途径之一。

在同一时期，我国出现了以北京四中网校为代表的基础教育网络学校（简称"网校"），多由优质学校与企业合作举办，具有产业性质。网校采取收费的方式，为学习者和学校提供优质教育课程资源和网络辅导。网校拉开了我国基础教育校外在线辅导的序幕，且已成为一个蓬勃发展的产业。

由于技术水平和应用水平的局限性，开放共享阶段的实践形式主要是传统课堂教学的"网上搬家"，技术的主要作用是跨越时空进行共享和传播，并未改变传统教学理念及传统教学方法。在这个阶段，无论是高等教育还是基础教育，校内教学都很少以在线教学的方式开展。

思考 1-1

新冠肺炎疫情防控期间，学生居家在线学习的优势和挑战有哪些？

优势：＿＿＿＿＿＿＿＿＿＿＿＿＿＿＿＿＿＿＿＿＿＿＿＿＿＿。

挑战：＿＿＿＿＿＿＿＿＿＿＿＿＿＿＿＿＿＿＿＿＿＿＿＿＿＿。

二、混合式教学阶段（2007—2015 年）

混合式教学指在线教学与传统面对面教学（课堂教学）逐渐融合，其目的是重构教学结构和优化教学流程。混合式教学源于课堂教学改革，在不同国家、不同学段以不同术语表述，但内涵基本都是线上线下混合的教学方式。例如，美国基础教育领域称其为翻转课堂（flipped classroom）；在我国基础教育领域，有学者称其为习本课堂；国内外高等教育领域都称其为混合式教学（blended learning）。

术语"翻转课堂"源于美国。2007 年，美国两名高中化学教师使用录屏软件录制教学视频并上传到网络，从而给缺席的学习者补课。后来，这两位教师进一步尝试让学习者在家看教学视频，在课堂上完成作业，并对在学习中遇到困难的学习者进行重点讲解的教学方式，进而发展为翻转课堂。翻转课堂通过知识传授和知识内化的颠倒安排，改变了传统教学中的教师角色，并对课堂时间的使用进行了重新规划，实现了对课堂教学流程的重构。

术语"习本课堂"源于我国。2008 年，刘荣青提出了课堂结构教、学、习三要素论，他分析了三要素的关系，得出了只有"习"才能"得"的结论，提出了课堂应以"习"为本的理念，强调教学全过程始终以学习者的"习得"为本。在网络环境支持下，教学过程包括课前习、课中习、课后习。课中习（课堂教学）的重点应由传统的灌输和作业练习转变为学习者运用所学知识解决问题。习本课堂不是简单的流程翻转，而是对传统课堂只重视教学过程而忽视习得过程的价值回归，是对课堂结构教、学、习三要素的重新定位。习本课堂重新定义了课堂教学的目的和功能。

术语"混合式教学"源于美国。1999 年，美国一家教育企业在宣布公司改名时称："公司将在提供 220 门在线课程的基础上，采用混合学习方法（blended learning methodology）为用户提供网络课件（Internet courseware）、直播教学（live instruction）及其他配套的服务。"混合学习的概念首次被提出。之后，混合式教学被认为是通过不同教学方法、教学技术或教学理论组合开展的教学形式。2000 年 12 月，美国教育专家和教育技术专家起草的《美国教育技术白皮书》提道：数字化学习（e-Learning）能很好地实现某些教育目标，但是不能代替传统的课堂教学；数字化学习不会取代学校教育，但会极大地改变课堂教学的目的和功能。它指出了传统课堂教学与在线学习在实现教育目的时相互补充、相互促进的关系，揭示了混合式教学具有变革教学结构、重构传统教学流程的潜力，为混合式教学定义的具体化奠定了基础。① 2003—2014 年，国内外学者关注混合式教学中在线教学与面对面教学两种教学方式的比例，认为混合式教学中的在线教学应至少占总教学活动的 50%。2015 年，西门子将混合式教学定义为在线教学与传统面对面教学的结合（线上线下混合）。②

混合式教学是互联网重组教学要素和教学关系的表现，它改变了教学系统中四个要素的地位、作用和它们之间的关系。教师由课堂的主宰变为课堂教学的组织者、指导者，以及学习者意义建构的帮助者、促进者；学习者由外部刺激的被动接收器变为信息加工的主体和知识的主动建构者。除此之外，媒体也由辅助教师教的直观演示教具转变为既能辅助教师教又能促进学习者自主学的工具，同时是学习者自主探究的认知工具、协作交流工具与情感激励工具。教材由学习者知识的唯一来源变为学习者多种学习资源中的一种。③ 混合式教学是互联网重新定义课堂教学目的和功能的表现，它再造了学习者的学习流程。在混合式教学中，学习者在线上学习中产生的问题驱动线下学习的生成，教师在线下课堂教学中指导学习者解决特定问题，知识的供给契合学习者的需求，同时有利于学习者知识技能与创新能力的训练以及学习者健康情感与价值观的培养。

在混合式教学阶段，网络改变了传统的教学理念、教学结构和教学流程，逐渐成为学校教与学活动的重要空间。在这个阶段，无论是高等教育还是基础教育，在线教学都拥有了和课堂教学同样重要的地位。网络对教育的变革性影响已经初步彰显，但变革作用还局限于教学实践，没有触及整个教育体系。

① 何克抗：《从 Blending Learning 看教育技术理论的新发展（上）》，载《电化教育研究》，2004(3)。
② 韩锡斌：《迎接数字大学：纵论远程、混合与在线学习——翻译、解读与研究》，43 页，北京，清华大学出版社，2016。
③ 何克抗：《从 Blending Learning 看教育技术理论的新发展（下）》，载《中国电化教育》，2004(4)。

思考 1-2

混合式教学的优势与挑战有哪些？

优势：＿＿＿＿＿＿＿＿＿＿＿＿＿＿＿＿＿＿＿＿＿＿＿＿＿。

挑战：＿＿＿＿＿＿＿＿＿＿＿＿＿＿＿＿＿＿＿＿＿＿＿＿＿。

三、"互联网+教育"阶段（2015 年至今）

"互联网+教育"是在线教育发展的第三个阶段，是面向新时代，基于互联网思维和技术，变革教育教学理念、优化教育服务供给方式、创新人才培养模式、培育教育新业态、提升教育治理水平、构建教育新生态的历史进程。这个阶段始于 2015 年颁布的《国务院关于积极推进"互联网+"行动的指导意见》（简称《指导意见》）。《指导意见》提出，坚持改革创新和市场需求导向，突出企业的主体作用，大力拓展互联网与经济社会各领域融合的广度和深度；加快推进"互联网+"发展，有利于重塑创新体系、激发创新活力、培育新兴业态和创新公共服务模式。线上线下紧密结合的"互联网+教育"探索新型教育服务供给方式，重构教育的组织体系、人才培养模式。《指导意见》是国家自上而下地对在线教育发展做出的重大部署，正式开启了我国在线教育的"互联网+教育"阶段。

《指导意见》提出："推广大规模在线开放课程等网络学习模式，探索建立网络学习学分认定与学分转换制度。"对 MOOC 创新优质资源开放服务模式给予了肯定。MOOC 打破了已被视为理所当然的优质高等教育服务模式，即以专业为单位、以校园为场所、面向少数学习者的服务模式。MOOC 生动地展示了一种以课程为单位，基于网络的灵活、开放、优质的高等教育服务模式，这种服务模式让所有人都可以自由地选择和享受优质高等教育。MOOC 实现了一种跨越围墙的优质课程服务模式，拆除了优质高等教育的国界门槛和考试门槛，缩小了优质高等教育的服务单元。如果在学分积累和转换制度支撑的同时有足够多的 MOOC 资源，那么每个人就可以面向全球各地的大学自由选择适合自己的优质课程，通过灵活的学习，随时提高自己的能力和学历水平，就可以打造一个全新的优质高等教育资源与全球开放的服务体系。与传统大学原有的体系相比，这种服务体系能更好地满足学习者个性化、优质、终身、灵活的学习需要，扩大优质资源的服务范围，实现优质高等教育大众化。[1]

《指导意见》中"鼓励互联网企业与社会教育机构根据市场需求开发数字教育资源，提供网络化教育服务"对应的典型应用是可汗学院。可汗学院不同于与高等教育机构合

---

[1] 陈丽：《"互联网+教育"的创新本质与变革趋势》，载《远程教育杂志》，2016(4)。

作紧密的 MOOC，它并不限制课程提供者的身份，仅需要一个账号便可以注册为可汗学院的教师，进而分享自己的课程。可汗学院的独创价值在于开创了一种草根提供教学内容的教育实践模式，它从根本上颠覆了传统学校体系中教师的资格和身份。可汗学院证明了在互联网时代，社会蕴含着大量具有价值的教育资源，学校和传统教师不是唯一能够为学习者提供服务的师资力量。在《指导意见》的鼓励下，出现了更多类似可汗学院的组织，形成全社会范围的"草根满足草根"的教育新格局，学校和传统意义上的教师不再是学习者终身学习的唯一渠道。这种变化及其影响会改变教育体系的要素和结构，它是一种生态体系的变革。

《指导意见》中"鼓励学校利用数字教育资源及教育服务平台，逐步探索网络化教育新模式，扩大优质教育资源覆盖面，促进教育公平。鼓励学校通过互联网企业合作等方式，对接线上线下教育资源，探索基础教育、职业教育等教育公共服务新方式"对应的典型应用是国家中小学网络云平台。教育公共服务新方式的特点是利用云技术突破传统学校的教育服务渠道，由平台直接向师生提供教育服务。国家中小学网络云平台是 2020 年新冠肺炎疫情防控期间我国教育部为支持各地做好"停课不停学"工作、帮助学习者居家学习，整合国家、有关省市和学校优质教学资源，在延期开学期间开通的云平台。国家中小学网络云平台免费供各地自主选择使用，平台资源包括防疫知识、红色教育资源、专题教育资源以及从小学至高中的主要学科课程资源。除此之外，以奥鹏教育为代表的现代远程教育公共服务体系是继续教育领域典型的公共服务新方式。现代远程教育公共服务体系同时与多个现代远程教育试点高校合作，提供平台、招生和学习支持服务。

2020 年，新冠肺炎疫情席卷全球，针对新冠肺炎疫情对学校正常开学和课堂教学造成的影响，《教育部应对新型冠状病毒感染肺炎疫情工作领导小组办公室关于在疫情防控期间做好普通高等学校在线教学组织与管理工作的指导意见》《教育部办公厅 工业和信息化办公厅关于中小学延期开学期间"停课不停学"有关工作安排的通知》等文件发布，指导疫情防控期间在线教学的进度和教学质量保证工作。在疫情防控期间，在线教育运用云计算、学习分析、物联网、人工智能、网络安全等新技术，跨越学校和班级的界限，面向学习者个体，提供优质、灵活、个性化的新型教育服务。同时，全国师生及家长共同体验了在线教学的优势和挑战，加深了对在线教育的认识，激发了全国师生及家长开展在线教育的积极性。例如，在疫情防控期间，北京师范大学成立了"互联网+教育"改革创新领导小组，进一步加强统筹和领导力度，以互联网为核心动力，加速推进学校的综合改革。

在"互联网+教育"阶段，我国在线教育产业飞速发展。根据前瞻产业研究院于 2020 年提供的 2012—2020 年中国在线教育行业市场规模统计及增长情况预测（如图 1-1 所示），2019 年我国在线教育产业市值超过 3000 亿元，并呈现继续增长的态势。在线教育产业在服务模式、教学内容、学习体验等多方面已成为国民教育体系的重要组成部分。

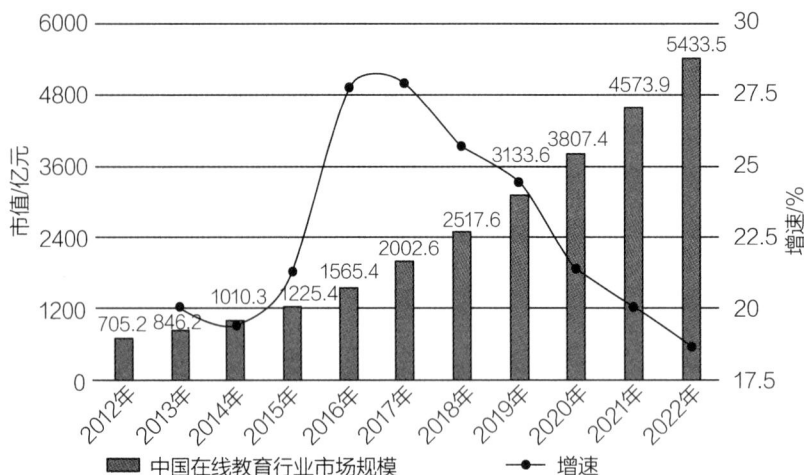

图 1-1　2012—2020 年中国在线教育行业市场规模统计及增长情况预测
（数据来源：前瞻产业研究院）

目前，我国尚处于"互联网+教育"的初始阶段。尽管互联网技术广泛应用，以互联网为支撑的教育创新探索在各地不断涌现，但互联网思维尚未普及，传统理念和管理制度在一定程度上仍制约着"互联网+教育"创新成果的产出和大范围普及。相关部门正在研究制定出台关于"互联网+教育"的指导文件，以加速推进教育变革的历史进程。

通过梳理发展脉络不难看出，我国在线教育从校外教育逐渐发展为学校教育的重要组成形式，互联网从共享平台逐步发展为全新的教育教学空间。图 1-2 总结了我国在线教育发展脉络中的主要阶段及每个阶段的典型实践。在线教育正在重构教育的组织体系、人才培养模式和教育服务供给方式。

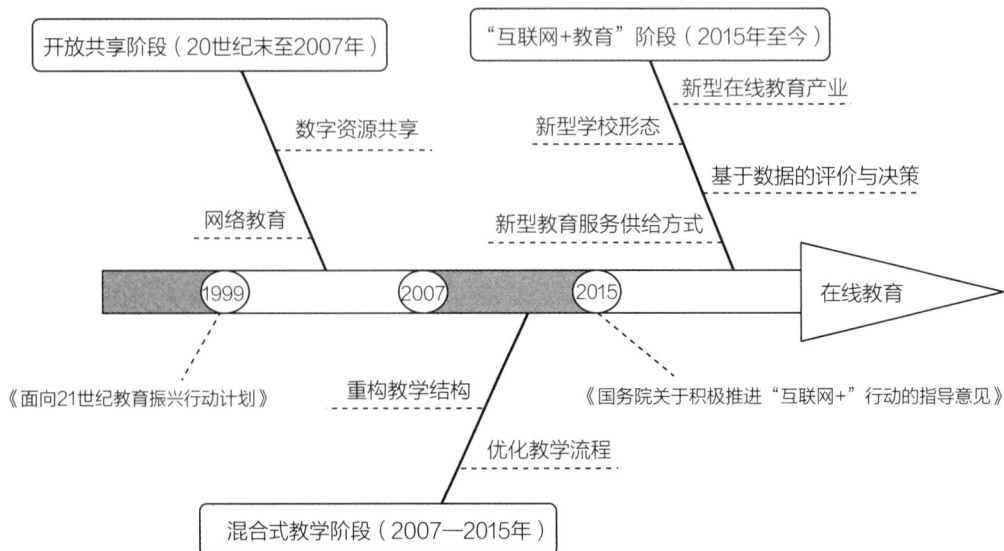

图 1-2　我国在线教育发展脉络

教学活动建议

本节教学内容的重点是在线教育发展各个阶段的驱动因素、特征和网络的作用。建议教师利用典型案例，采取叙事的方式向学习者介绍本节内容。

学习活动建议

本节内容学习的主要难点是学习者没有亲历部分实践。建议学习者在听讲的基础上认真阅读教材中的内容，并查阅教材页下注的参考文献和本章的推荐阅读文献。在图 1-2 中补充在线教育每个阶段的主要特征。

第二节　互联网推动教育变革的原理

互联网已经成为人类生存的重要空间——信息空间。人类社会正在由二元空间（物理空间、社会空间）转变为三元空间（物理空间、社会空间、信息空间）。由于信息空间出现，人类社会出现了新的认知通道、新的计算和新的知识门类。[1] 人类生产生活实践的方方面面都在不断适应全新的信息空间，教育系统也不例外。信息空间相较于物理空间与社会空间具有六个典型的新特征，这些新特征是推动教育变革的主要因素。

一、时空灵活性

信息空间的时空灵活性特征是指人们在信息空间的实践活动受到的时间和空间限制相较于在物理空间和社会空间受到的更小。人类在生产生活实践中不可避免地受到时间和空间的限制，这种限制在三元空间中的表现程度有所不同。互联网跨越时空的传播特性赋予了在线教学时空灵活性。基于信息空间的时空灵活性特征，第一，在线教学不依赖人与人之间的面对面交流。例如，新冠肺炎疫情防控期间，在线教学成为"停课不停教，停课不停学"的解决方案。第二，在线教学打破了传统的班级组织方式。例如，新冠肺炎疫情防控期间，有的地区按照学业水平重新编班，组织在线教学。第三，在线教学支持线上线下融合的教学方法，进而改变传统教学的流程和教学结构，如翻转课堂、习本课堂等。第四，在线教学改变了学习方式，灵活学习的前提条件和

---

① 潘云鹤：《人工智能 2.0 与教育的发展》，载《中国远程教育》，2018(5)。

结果是学生自我管理学习的能力，即自主学习能力，在线灵活学习在本质上不同于课堂学习，是一种不能获得教师连续关注的自我管理的学习方式。例如，新冠肺炎疫情防控期间，学习者居家学习在线课程时尽管要听教师讲解，但其学习体验与课堂听讲完全不同。第五，在线教学改变了教师的职责分工，产生了新的教师类型，例如，在全在线教学中，教师被分为主讲教师和辅导教师，分别负责内容讲解和过程辅导。2020 年 6 月，人力资源与社会保障部、市场监管总局办公厅、统计局办公室发布了 9 个新职业信息，其中就包括在线学习服务师，在线学习服务师的定义是"运用数字化学习平台(工具)，专门为学习者提供个性、精准、及时、有效的学习规划、学习指导、支持服务和评价反馈的人员"。总之，信息空间的时空灵活性特征正改变着传统教学的结构、流程、组织方式和教师职能。

二、资源共享化

信息空间的资源共享化特征是指信息空间扩大了共享的范畴，即由优质数字资源共享转变为全社会资源共享。基于信息空间的资源共享化特征，第一，人们能够更有效地组织、管理和共享数字资源。例如，新冠肺炎疫情防控期间，教育部通过互联网整合国家、有关省市和学校优质教学资源，开通了国家中小学网络云平台，免费供各地自主选择使用。第二，人们能够更有效地组织、管理和共享教师资源。例如，北京市教委和北京师范大学未来教育高精尖创新中心联合推出"双师服务"，实现了教师本身不流动，但教师服务共享于传统学校之外。第三，人们能够更有效地组织、管理和共享物理资源。例如，北京市教委从 2015 年开始向全市初中生提供免费开放性科学实践课，通过互联网组织、管理和共享社会力量(包括具有开展科学实践教学能力的企业、研究机构或其他单位)，达到提高学生科学探究能力的目的。第四，人们能够更广泛地组织、管理和共享各类信息资源。例如，北京师范大学远程教育研究中心开设了一门基于联通主义的社区型 MOOC"'互联网+教育'：理论与实践的对话"，课程的主要设计思路是通过共享和汇聚不同岗位角色的智慧来促进学习者发展。信息空间扩大了共享的范围，教材不再是学生获得新知识的唯一来源，学校不再是学生获得教师服务的唯一渠道，教室不再是学生开展学习活动的唯一场所。网络空间汇聚全社会的智慧服务人的发展。

三、行为数据化

信息空间的行为数据化特征是指人们在信息空间中的行为数据是在线、实时、同步、持续和自动记录的。① 随着技术的发展，数据生产经历了被动、主动和自动三个阶段，其中自动阶段引发了数据大爆炸现象。② 大量的数据成为人类生产生活实践中的可利用资源。美国政府认为大数据是"未来的新石油"，谁拥有了大数据，谁就拥有了发展的主动权。基于信息空间的行为数据化特征，第一，教学管理决策更加科学，教育设备与环境管控更加智能，对教育危机能够做到提前预防和安全管理，如区域新高考综合服务平台。第二，教师在分析学生学习历程数据的基础上开展个性化教学，并不断改进教学模式、教学策略及教学方法。学校和教师通过教育数据挖掘技术得到学习行为预测结果，通过学习分析技术得到学习者能力水平与需求分析结果，据此为学习者提供合适的教育机会。教育评价体系由经验主义走向数据主义，从宏观群体评价走向微观个体评价，从单一评价走向综合评价。例如，科大讯飞面向学校日常作业、考试及发展性教与学评价需求，推出了大数据个性化教学系统——智学网。第三，教育研究范式从抽样模式走向全样本模式，解决教育研究逻辑性和科学性不足的问题③，如通过技术赋能基于数据密集型的计算教育学。信息空间行为数据化特征正在改变教育教学系统的管理模式、教学模式、教学支持、教学评价和教育研究范式。

四、信息众筹化

信息空间的信息众筹化特征是指人们在信息空间发表自己观点的门槛更低，传播更及时、更广泛，观点汇聚与迭代通常伴随个性化的标准。众筹是一种由某个个人或组织发起，大众间通过互联网相互联系、募集资金的现象。④ 近年来，众筹的实践发展不再局限于融资，还广泛应用于"融智""融技""融人脉"等方面。众筹既能验证市场需求、筹集定向资源，又能建立广泛的支持性社群。众筹是互联网时代个体或组织在面对复杂情境时积极寻求外界资源的一种新的行动法则和思维模式。⑤ 众筹还是一种激发草根创新的新型模式，在互联网支持下，每个人都可以发挥自身的创新与科研能力，并借助社会资源把自己的创意变为现实的产品。⑥ 基于信息空间的信息众筹化特征，知识生产出现了众筹现象，即知识生产就是众筹大家的经验。信息空间使每个人都能贡献知识，知识的生产者不再是专门从事知识生产的知识分子，而是各种类型的社会行

① 郭文革、陈丽、陈庚：《互联网基因与新、旧网络教育——从 MOOC 谈起》，载《北京大学教育评论》，2013(4)。

② 孟小峰、慈祥：《大数据管理：概念、技术与挑战》，载《计算机研究与发展》，2013(1)。

③ 杨现民、唐斯斯、李冀红：《发展教育大数据：内涵、价值和挑战》，载《现代远程教育研究》，2016(1)。

④ 胡吉祥：《众筹的本土化发展探索》，载《证券市场导报》，2014(9)。

⑤ 林成华、谢彦洁、李恒：《众筹理念下高校精准式创业教育课程的生成逻辑与建设策略》，载《中国高教研究》，2017(9)。

⑥ 范家琛：《众筹商业模式研究》，载《企业经济》，2013(8)。

为主体。知识生产的方式发生了变化，互联网环境中出现了用户群体智慧汇聚生成新知识的方式[1]，如知乎平台推出的"盐"系列和《知乎周刊》。基于信息空间的信息众筹化特征，全人类所有实践中的知识和智慧得到组织和共享，这便改变了传统的先传递概念和原理再迁移到社会实践的人才培养模式。信息空间的信息众筹化特征推动了知识观的发展，知识的本质发生了变化，人才培养模式也发生了变化。

五、关系网络化

信息空间的关系网络化特征指信息空间扩大了人与人关系的规模，改变了人与人关系的结构，人与人的关系由线性关系演化为非线性关系。传播学研究发现，信息空间使传统被动的"受众"转变为积极的"网络化用户"，人与人之间的联结不再是单纯的人与技术的联结。[2] 信息空间不断激发人们主动与他人发生互动关系的能动性，并扩大人们主动与他人产生联结的范围，形成人与人之间的复杂关系网络。这个复杂关系网络是一个复杂系统，它具有复杂系统的特点。第一，自组织，即一个体系在获得空间、时间或功能的结构过程中不受外界的特定干扰。[3] 第二，涌现，即整体具有而其组成部分以及各部分之总和不具有的特性，一旦把整体还原为它的组成部分，这些特性便不复存在；[4] 也就是整体大于部分之和。第三，不确定性，即行为发出者无法预判自己做出某种决策后的结果。信息空间中出现了由大量简单个体组成、没有集中控制和全局模型的解决复杂问题的社群，这些社群中群体智慧合作解决复杂问题比单个复杂个体解决复杂问题更具建设性、灵活性和经济上的优势。[5] 例如，目前由微软公司运营的面向开源及私有软件项目的托管平台 Github 支持人们学习、分享及协作完成复杂软件项目的开发。基于信息空间的关系网络化特征，学习者基于传统线性师生关系的学习变为基于非线性复杂关系网络的学习。信息空间的关系网络化特征同样要求教育管理模式具有更强的灵活性和延展性，以应对复杂关系网络中的诸多不确定性。信息空间的关系网络化正在推动新的教育理念和方法以及新的教育管理模式产生。

六、系统联通化

信息空间的系统联通化特征是指在信息空间中学习、教学和组织变得更加开放与

---

[1] 陈丽、逯行、郑勤华：《"互联网+教育"的知识观：知识回归与知识进化》，载《中国远程教育》，2019(7)。
[2] 何威：《网众传播：一种关于数字媒体、网络化用户和中国社会的新范式》，10～13 页，北京，清华大学出版社，2011。
[3] 吴彤：《自组织方法论论纲》，载《系统辩证学学报》，2001(2)。
[4] 苗东升：《论系统思维（六）：重在把握系统的整体涌现性》，载《系统科学学报》，2006(1)。
[5] 王玫、朱云龙、何小贤：《群体智能研究综述》，载《计算机工程》，2005(22)。

互联。联通是互联网的最重要特性之一，人类对信息空间的系统联通化特征的揭示是一个逐步深入的过程。乔治·西蒙斯和史蒂芬·唐斯以复杂系统的混沌理论、自组织理论、复杂理论和网络理论为基础提出了一种数字时代的学习理论——联通主义。该理论是首个通过网络化的视角和思维来认识学习的理论。随着"互联网+教育"理论研究与实践探索的不断深入，人们发现联通不仅是一种学习方式，也是一种共建共享的资源建设模式，还是一种互联互通的组织模式，主要体现在三个方面。第一，学习变得更加开放与互联。学习者的发展取决于学习者头脑内部的认知神经网络、学习者已获得的知识和经验形成的概念网络、学习者与各类信息源之间的信息交换网络及网络的相互作用情况。联通主义认为，学习就是建立信息交换网络，学习者若与有价值的信息源建立信息交换网络，就能促进自身发展。第二，教学变得更加开放与互联。信息空间汇聚全社会的优质数字资源供学习者使用，如各类 MOOC 平台、国家中小学网络云平台等。信息空间支持全社会共享优质教师资源，如"专递课堂""双师课堂"等。信息空间共享线下教育资源的信息，有效提高线下教育资源的利用率。信息空间支持教师在线协作开发或完善教学资源，实现基于应用的资源迭代优化，如"老师走起"平台。第三，组织变得更加开放与互联。教育内部各级组织、各类系统之间通过动态信息共享实现协同发展。教育体系不再是孤立的象牙塔，而是与社会高度融合的有机组成部分，实现教育与社会生产生活的统筹发展。信息空间的联通化特征打破时间、空间及现实社会中原有的组织机构、管理规则的局限，实现跨界联合与创新，并在不断重构、发展、迭代和演化的基础上创生新的教育生态体系。[①] 总之，信息空间的系统联通化特征正在改变教育的本质、教育服务的供给模式和教育服务的组织体系。原本封闭的国民教育体系正在向开放的终身教育体系转变。

教学活动建议

本节教学内容的重点是信息空间的特征对教育的变革意义。建议教师利用案例教学法，帮助学习者理解每个特征带来的变革。

学习活动建议

学习者要深入理解互联网推动教育变革的原理性知识，这一点至关重要。建议学习者结合自己在线学习和生活的经验，深入挖掘案例，努力理解案例产生的动因。

---

① 王志军、陈丽：《联通主义："互联网+教育"的本体论》，载《中国远程教育》，2019(8)。

第三节 "互联网+教育"创新实践的方向

上一节阐述了信息空间区别于物理空间和社会空间的六个特征，这些特征正在改变教育实践的诸多方面。简单概括，目前，"互联网+教育"的创新实践主要体现在七个方面。

一、线上线下融合推动教学模式变革

线上线下融合在三个方面推动传统教学模式的变革。第一，先学后教。以"习"为主的线上线下混合教学方式初露锋芒，改变了传统先教后学的教学顺序，学习者重新获得教学活动的主体地位。第二，改变固定分班模式。在线教学可以基于学业水平进行灵活分班。第三，改变教师角色职责。教师分为主讲教师和辅导教师，一个主讲教师可以在线给多个班级授课，每个班级可以配一名辅导教师，因而产生了新的教师岗位——在线教学服务师。在新冠肺炎疫情下，各级各类学校都在研究如何利用网络优化教学模式，一批以新教学模式为核心的未来学校涌现出来。互联网作为信息空间正在引领新理念、树立新目标、采用新方式、优化新组合、创造新条件，进而全方位推动教学模式变革。在"互联网+教育"阶段，线上线下融合的教学模式是教育实践的创新方向。

本教材第二章将深入阐释在线教学的主要模式及教学设计方法。

二、在线灵活学习推动学习方式变革

学校教育是人终身学习不可缺少的重要组成部分。在过去很长一段时间，学校教育在教育活动中处于核心地位，主要原因就是学校是学习者获取教育资源的主要场所，学校教师是学习者获取知识的主要渠道，但这无疑会制约学习者的终身学习追求。社会蕴含丰富的教育资源，信息空间组织管理这些资源，成为学习者获取教育资源的新场所。在日常工作和生活场景中，学习者随时随地都可能遇到各种需要及时解决的问题，这些问题可引发学习者的学习动机与学习主动性。学习者主动通过互联网获取动态的境遇化知识来解决实践中遇到的问题，学习者的学习方式由线下学习延伸至线上学习。学习者学习的延展性加大，学习的灵活性增强。从校内到校外，从线下到线上，学习者学习方式的变化呈现出更加自主、灵活和可持续的特点。在线灵活学习是"互联网+教育"学习方式变革的创新方向。

本教材第三章将深入阐释在线自主学习的主要规律。

三、开放共享推动教育资源建设方式变革

目前我国教育仍存在诸多难题，如教育公平问题、教育质量问题以及在更大范围内满足学生个性化发展需求的问题。基于网络的教育资源共建共享为促进教育公平、提高整体教育质量水平、促进开展个性化教育提供了新的途径。为了明确教育资源建设的方向和要求，国家给出了很多政策导向和指导。"十二五"以来，我国数字教育资源建设初具规模，基本解决了资源短缺的问题。"十四五"时期，我国进入新的发展阶段，对教育资源建设提出了新的要求，教育资源建设存在的诸多问题暴露出来。例如，教师在开展实际教学时反映优质资源稀缺，教育资源供给与教育需求之间存在结构性失衡，教育资源数量和质量区域分布不均，数字教育资源类型单一，等等。[1] 互联网作为信息空间为教育资源建设提供了创新方向，互联网帮助人类将全部智慧汇聚，出现知识回归现象[2]，进而形成一个不断吸纳新知识、不断传播新知识的生态体系。基于互联网，每个个体或群体都可以创建和分享学习资源，这些资源在需求方的选择、推荐、分享中优胜劣汰。资源的创建者和使用者被紧密联系在一起，高质量的资源可以得到更快速的推荐和共享，同时资源更新迭代的反馈周期也更短。资源共建共享的速度越来越快，资源的针对性和精细化程度也越来越高。[3] 这使得解决优质资源稀缺、教育资源供需失衡等问题成为可能。当前，我国出现了以通过共享/汇聚不同岗位角色的智慧来促进学习者发展为设计思路而开设的探索性社区型 MOOC。未来会有越来越多的社区参与资源建设。开放共享是"互联网+教育"阶段教育资源建设方式变革的创新方向。

本教材第四章将深入阐释在线学习资源与建设模式。

四、行为数据化推动教育评价范式改革

教育是一个反馈调控的过程，教育质量的高低在一定程度上取决于教育能否成为

---

① 赵宏、蒋菲：《"互联网+"时代教育资源建设新模式探析》，载《电化教育研究》，2020(7)。
② 陈丽、逯行、郑勤华：《"互联网+教育"的知识观：知识回归与知识进化》，载《中国远程教育》，2019(7)。
③ 王志军、陈丽：《联通主义："互联网+教育"的本体论》，载《中国远程教育》，2019(8)。

一个自我调控和自我完善的系统。① 教育评价是我国深化教育体制改革、推进教育现代化的关键环节。但囿于科学性和技术性的不足，过去的教育评价和教学不在同一时空，难以实现教学的"共时性"和"共域性"。② 教育评价相对滞后，评价无法实时获取过程性教育数据，也不能为教学活动的改进及时反馈最有效的信息。2018 年 9 月 10 日，习近平总书记在全国教育大会上明确强调，坚决克服唯分数、唯升学、唯文凭、唯论文、唯帽子的顽瘴痼疾，从根本上解决教育评价指挥棒问题。互联网为提升教育评价的及时性和科学性提供了数据支持，人们在信息空间中，教育活动过程所产生的数据都被系统自动记录下来，这些用于教育发展并可创造巨大潜在价值的数据构成了教育大数据。教育大数据具有实时、动态、可持续和全样本等特点，这些特点使基于教育大数据的教育评价成为一个智能化的动态信息反馈系统。教育大数据的可持续、全样本特点使得基于教育大数据的教育评价由"一刀切"的评价方式转变为多元化的评价方式。基于教育大数据，多元化且及时反馈的教育评价能够有效缓解我国教育评价存在的实质评价缺失、评价功用欠缺等问题。行为数据化是"互联网+教育"阶段教育评价范式变革的创新方向。

本教材第五章将深入阐释基于大数据的在线教育的过程监控与精准管理。

五、互联网思维推动教育服务供给方式变革

传统学校教育难以满足人民群众日益增长的对优质、个性化、灵活、终身教育的需要，教学的供需矛盾日益突出。互联网空间和互联网思维为破解新时期教育主要矛盾提供了全新的服务供给模式。互联网思维的主要内涵是以人为本，在教育中体现为教育服务供给方式应符合学习者的特点和需要。在互联网空间和互联网思维的推动下，教育服务的供给方式、供给关系、供给单元、供给内容和供给主体都呈现出新的发展趋势：教育供给方式从以集中面授为主转向线上线下混合；教育供给关系从被动的供给驱动转向主动的消费驱动；教育供给单元由系统整体转向碎片化知识；教育供给内容从统一的标准化内容转向多渠道的个性化内容；教育供给主体从单一的学校主体转向学校、企业等多元化主体。例如，MOOC 是一种典型的碎片化和消费驱动的高等教育服务供给新模式，它改变了以学位或证书为单元的教育服务供给方式，允许学习者以课为单位，自主选择学习内容。再如，可汗学院是典型的草根提供课程教学的新型供给模式，教育服务供给主体出现多元化趋势。

---

① 裴娣娜：《现代教学论(第二卷)》，325 页，北京，人民教育出版社，2005。
② 于开莲：《评价与教学：从分离走向融合》，载《教育理论与实践》，2016(4)。

本教材第六章将阐释在线教育服务供给模式。

六、云空间推动教育服务公共平台出现

在 2015 年 3 月 5 日召开的第十二届全国人民代表大会第三次会议上，李克强总理在《政府工作报告》中提出"互联网+"行动计划。2015 年 7 月，国务院颁布了《国务院关于积极推进"互联网+"行动的指导意见》，多次提到互联网之于公共服务模式创新、公共服务能力提升所具有的重要意义。在教育领域，2015 年 11 月 19 日，刘延东在第二次全国教育信息化工作电视电话会议上强调："要把握'互联网+'潮流，通过开放共享教育科技资源，为创客、众创等创新活动提供支持。""为全民学习、终身学习提供有力支撑。"随着"互联网+"行动计划的实施，特别是移动终端、云技术、社会交互软件等具有颠覆性创新特征的现代信息技术在教育领域的应用，教育服务模式呈现出内容碎片化、消费自主化、平台公共化的新趋势。公共教育服务不断涌现，从早期的现代远程教育公共服务体系到 MOOC 平台，再到疫情防控期间出现的国家中小学网络云平台，在此过程中云空间扮演着越来越重要的角色。教育公共服务平台就是教育的"云模式"，这种模式可以是汇聚多门课程的"平台云模式"，也可以是只提供特定内容的"课程云模式"。教育服务的"云模式"不仅可以弥补学校教育的不足，也必将推动传统教育公共服务的转型与升级。① 云空间是"互联网+教育"阶段教育公共服务变革的创新方向。

本教材第七章将展示在线教育公共服务平台与典型案例。

七、汇聚联通推动知识观、本体论与认知论发展

互联网作为信息空间，是人类社会发展的重要生产力，正在推动生产关系的深刻变革。互联网创设了平等开放的信息共享空间，是教育的知识观、本体论与认知论发展的根本原因。

互联网使人类将全部智慧汇聚，出现知识回归现象，主要表现为知识生产主体的变化、知识的动态生成性、知识生产方式的变化以及知识分类体系的变化等。第一，知识生产主体的变化。互联网使每个人都能够贡献知识，甚至未来人工智能使机器也能生产新知识。知识由少数知识分子生产转变为全人类智慧汇聚。第二，知识的动态生成性。随着知识爆炸和社会的快速进步，人类知识日新月异，甚至来不及变成文字，

---

① 陈丽、王志军、郑勤华：《"互联网+时代"教育技术学的学科定位与人才培养方向反思》，载《电化教育研究》，2017(10)。

实践就已经发生了翻天覆地的变化。第三，知识生产方式的变化。互联网环境中出现了用户群体智慧汇聚生成新知识的方式，知识的生产和进化过程也是知识传播的过程。第四，知识分类体系的变化。高度综合的社会生产实践与分科培养人才的学校教育之间的矛盾日益尖锐。国家学科目录不断增添新型交叉一级学科，双学位复合型人才培养项目层出不穷，各类综合性校本课程不断涌现。[①]

本教材第八章将深入阐释在线教育的新知识观、新本体论与新认识论。

🎯 教学活动建议

本节的教学重点是帮助学习者了解每种创新实践对破解教育问题的意义。建议教师组织学习者深入了解分析案例，理解创新实践的教育价值。

🎯 学习活动建议

本节学习内容是后续各章的框架和导引。建议学生在教师的引导下，深入研究创新实践的意义和主要突破点。

🎯 自我评价

一、学习经历评价

1. 你是否阅读了教材第一章的所有内容？

建议：如果答案为"否"，请暂停自我评价，阅读未读过的部分。

2. 你能否理解第一章的所有内容？

建议：如果答案为"否"，请首先列举不理解的内容，然后尝试利用以下方法解决遇到的问题。

①利用图书馆和网络资源，查找相关文献。

②与同学进行讨论。

③向教师提问，争取教师的帮助。

④将问题发布在线上讨论区，争取更多人的帮助。

二、自测题

1. 写出在线教育发展过程中的三个阶段，并分别列举其主要教学形式。

阶段一：＿＿＿＿＿＿＿＿＿＿＿＿＿＿＿＿＿＿＿＿＿＿。

教学形式：＿＿＿＿＿＿＿＿＿＿＿＿＿＿＿＿＿＿＿＿。

---

① 陈丽、逯行、郑勤华：《"互联网+教育"的知识观：知识回归与知识进化》，载《中国远程教育》，2019(7)。

阶段二：＿＿＿＿＿＿＿＿＿＿＿＿＿＿＿＿＿＿＿＿。

　　教学形式：＿＿＿＿＿＿＿＿＿＿＿＿＿＿＿＿＿。

阶段三：＿＿＿＿＿＿＿＿＿＿＿＿＿＿＿＿＿＿＿＿。

　　教学形式：＿＿＿＿＿＿＿＿＿＿＿＿＿＿＿＿＿。

2. 列举互联网信息空间的主要特征，并尝试说明。

特征一：＿＿＿＿＿＿＿＿＿＿＿。案例：＿＿＿＿＿＿＿＿＿＿＿。

特征二：＿＿＿＿＿＿＿＿＿＿＿。案例：＿＿＿＿＿＿＿＿＿＿＿。

特征三：＿＿＿＿＿＿＿＿＿＿＿。案例：＿＿＿＿＿＿＿＿＿＿＿。

特征四：＿＿＿＿＿＿＿＿＿＿＿。案例：＿＿＿＿＿＿＿＿＿＿＿。

特征五：＿＿＿＿＿＿＿＿＿＿＿。案例：＿＿＿＿＿＿＿＿＿＿＿。

特征六：＿＿＿＿＿＿＿＿＿＿＿。案例：＿＿＿＿＿＿＿＿＿＿＿。

3. 线上线下融合对传统教学模式的变革主要体现在哪三个方面？对于教学实践有何启示？

4. 互联网思维的主要内涵是什么？

阐述互联网思维对教育供给服务的影响主要体现在哪些方面，并简要说明。

5. ＿＿＿＿＿＿＿＿＿＿＿是"互联网+教育"阶段教育公共服务变革的创新方向。

6. 写出互联网推动知识观、本体论与认识论发展的主要表现，并分别列举其具体变化。

表现一：＿＿＿＿＿＿＿＿＿＿＿。变化：＿＿＿＿＿＿＿＿＿＿＿。

表现二：＿＿＿＿＿＿＿＿＿＿＿。变化：＿＿＿＿＿＿＿＿＿＿＿。

表现三：＿＿＿＿＿＿＿＿＿＿＿。变化：＿＿＿＿＿＿＿＿＿＿＿。

表现四：＿＿＿＿＿＿＿＿＿＿＿。变化：＿＿＿＿＿＿＿＿＿＿＿。

🎯 推荐阅读文献

[1]潘云鹤. 人工智能 2.0 与教育的发展[J]. 中国远程教育，2018，(5)：5-8+44+79.

[2]陈丽. "互联网+教育"的创新本质与变革趋势[J]. 远程教育杂志，2016，34(4)：3-8.

[3]高欣峰，陈丽，徐亚倩，封晨. 基于互联网发展逻辑的网络教育演变[J]. 远程教育杂志，2018，36(6)：84-91.

[4]郭文革，陈丽，陈庚. 互联网基因与新、旧网络教育——从 MOOC 谈起[J]. 北京大学教育评论，2013，11(4)：173-184.

[5]陈丽，逯行，郑勤华. "互联网+教育"的知识观：知识回归与知识进化[J]. 中国远程教育，2019，(7)：10-18+92.

[6]王志军,陈丽.联通主义:"互联网+教育"的本体论[J].中国远程教育,2019,(8):1-9+26+92.

在线教育实践发展的脉络

互联网推动教育变革的原理

"互联网+教育"创新实践的方向

第二章

在线教学模式及教学设计

　　本章内容关注在线教学的模式以及不同在线课程的教学设计理念、原则、重点和难点。在线教学模式及教学设计是在线教育原理的重要内容，学习者需要理解、掌握并灵活应用。通过本章的学习，学习者应能清楚地认识全在线教学模式和混合式教学模式的概念特征、应用范畴及特点作用，对不同模式下具体课程形式的概念、设计重点和难点获得更加深入的理解，并基于案例思考在线课程应当如何设计。本章内容既有抽象的理念、原则等理论性内容，也有具体、贴近实践的案例，建议学习者结合教材内外的实践案例以及自身经验来学习本章的关键内容。

知识结构图

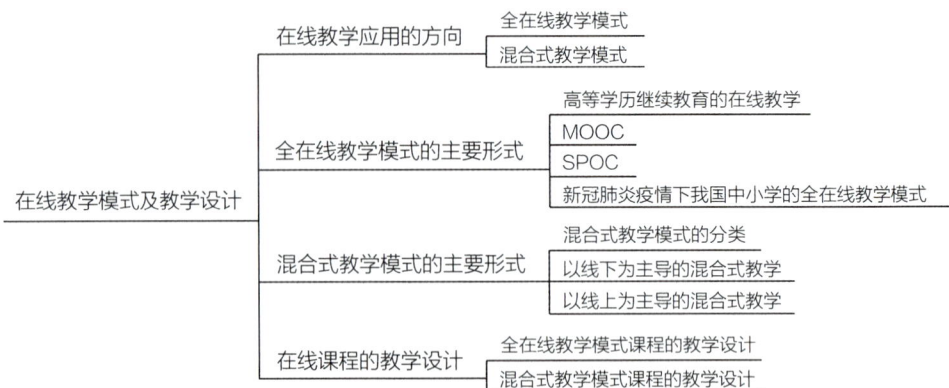

在线教学模式及教学设计
- 在线教学应用的方向
  - 全在线教学模式
  - 混合式教学模式
- 全在线教学模式的主要形式
  - 高等学历继续教育的在线教学
  - MOOC
  - SPOC
  - 新冠肺炎疫情下我国中小学的全在线教学模式
- 混合式教学模式的主要形式
  - 混合式教学模式的分类
  - 以线下为主导的混合式教学
  - 以线上为主导的混合式教学
- 在线课程的教学设计
  - 全在线教学模式课程的教学设计
  - 混合式教学模式课程的教学设计

🎯 **学习目标**

- 能够举例说明在线教学应用的主流方向以及不同模式的概念与起源。
- 能够简要说明全在线教学模式课程的设计重点和难点。
- 能够简要说明混合式教学模式课程的设计重点和难点。
- 能够分别阐明全在线教学模式课程和混合式教学模式课程的设计流程及原则。

第一节　在线教学应用的方向

在线教学自诞生以来就扎根于实践。随着实践的逐步深入和丰富，全在线教学和混合式教学成为目前在线教学应用的主要方向。本节关注这两大应用方向，对全在线教学模式和混合式教学模式的概念、起源、应用范畴、特点与作用等进行深入阐述。

一、全在线教学模式

全在线教学模式，顾名思义，是指学习环境依托于网络构建，整个学习流程都在线上开展的教学模式。相较于混合式教学模式，全在线教学模式的教学空间转换更为彻底，完全放弃了传统的线下教学环境，学习活动的开展、教师的指导和支持、学习资源的提供都依赖于互联网信息技术的支持。

信息技术的发展为教育领域带来了全新的教学空间——信息空间，促使数字化学习在 20 世纪末迅速扩张。到 2003 年，仅美国数字化学习市场估值就达到了 15 亿美元。这奠定了良好的全在线教学模式发展基础。2012 年，MOOC 又一次推动了全在线教学模式的推广。2020 年年初，全球暴发新冠肺炎疫情，在这一特殊的时期，面授教学难以开展，全在线教学模式成为保障社会教育生活正常进行的重要方式。

(一)应用范畴

全在线教学模式在国外最为普遍的应用范畴是高等教育，开放教育资源运动(Open Educational Resources，OER)起源于美国麻省理工学院，并在 2002 年由联合国教科文组织进一步向全世界推广，旨在通过网络技术将各个高校的优质教育资源免费分享给其他学习者和教育者，协助提升世界各地的高等教育质量。

在教育开放理念的影响下，MOOC 逐步兴起，成为高校应用全在线教学模式的一条可行路径。2008 年，乔治·西蒙斯等人开设了以联通主义和联通性知识为主要内容的课程(CCK08)。斯坦福大学的赛巴斯蒂安·图伦等人受可汗学院的影响联合开设了广受好评的人工智能课程，这也成为他们与大卫·史蒂文斯等人联合创办优达学城(Udacity)在线课程大学的契机。此后，越来越多的在线课程平台相继成立，如美国的 Coursera 和 edX、英国的 FutureLearn、澳大利亚的 Open2Study 等平台。相应的，在线课程也更加丰富多样。

除此之外，在技术和政策的双重推动下，国外的 K12(学前至高中)教育领域同样是全在线教学模式应用的重点范畴之一。iNACOL 的调查研究显示，美国是在线教育普及率较高的国家。2004 年，萨尔曼·可汗开始在视频网站上分享他制作的在线教学视频，这一系列课程受到了广泛关注，可汗学院随之成立，并在 2009 年正式开设了专门的网站。可汗学院通过精简的知识讲解视频为世界各地的学习者提供免费的在线教育资源，它被称为"一项引领性的教育革命"。

虚拟学校是在 K12 教育应用范畴中较为普遍的形式。美国 K12 私立学院(Private Academy)、基石学校(The Keystone School)、斯坦福大学附属在线高中(Stanford On-line High School)等都是虚拟学校的典型代表。

案例 2-1

美国 K12 私立学院是美国在线教育的典型代表之一，是一所采用全在线教学模式开展教学的虚拟学校，提供覆盖基础教育全学段的线上课程。

· 活动指导

在互联网搜索这一虚拟学校的入学条件、课程种类、学习资源和考核机制等资料，将你的发现记录在下方。

• 案例提示

美国 K12 私立学院构建了以学生为中心的富媒体学习环境，通过在线班级的方式使学生在家也能够与教师进行密切的交流互动。此外，学生在完成预定课程并考试合格后，可获得相应的学业结业证书。请通过网络资源初步了解虚拟学校这种典型的全在线教学实践形式。

我国应用全在线教学模式的范畴主要为继续教育和高等教育，以我国各级开放大学(广播电视大学)、网络教育学院等为代表。在政策和技术的双重推动下，我国各级广播电视大学于 2000 年开始尝试基于网络开展远程教育，而后经机构改革转变为不同层次的开放大学。2012 年，MOOC 席卷全球，给我国教育领域带来了巨大的冲击，同时，"互联网+"理念也引发了教育研究者和实践者的广泛关注，两者的共同作用进一步推动了全在线教学模式在高校的实践应用。2013 年，清华大学成为 edX 首批亚洲高校成员之一，复旦大学和上海交通大学与 Coursera 达成合作。随后，我国开始涌现本土在线教学平台，如学堂在线、MOOC 学院、慕课网、中国大学 MOOC 等。

(二)特点与作用

1. 教与学时空分离

全在线教学模式最突出的特征是教与学时空分离，而这种分离对教学设计及实施等都有较大影响。

一方面，正是因为全在线教学模式具有教与学时空分离的特征，所以其具有时空灵活性，能够很好地支持教与学异地异时开展，为教师和学生都提供极大的便利。另一方面，虽然教与学时空分离容易造成教学交互的缺失，使学生产生孤独感，但大量研究指出，通过适当的学习活动、学习支持和学习资源设计，全在线教学模式完全能够充分发挥教与学时空分离的特征优势并避免劣势，从而达到和面授教学相同甚至更好的教学效果。[①]。

2. 资源丰富且即时

网络资源的丰富性和即时性也是全在线教学模式的显著优势。在传统教学中，学

[①] Fendler R. J., Ruff C., Shrikhande M. M., "No Significant Difference-Unless You are a Jumper," *Online Learning*, 2018, 22(1), pp. 39-60.

生获取并学习的往往是教材以及教师收集并整理好的课外资源，每一个学生的学习资源都相同，没有可选择的空间。但在全在线教学模式中，教师通过便捷的资源链接为学生整理提供的资源更加丰富、及时，并且学生也能通过网络自己搜索查找需要的其他资源，实现更加自主的学习。

3. 高度依赖技术条件

在线教学的各个环节对于网络信息技术以及相应的硬件设施都有着很强的依赖性，技术条件直接决定全在线教学模式的教学效果。而在实践中，一些信息技术欠发达的地区网络信号欠佳、教学平台不稳定，甚至师生不具备电脑、手机等网络学习终端，在这种情况下全在线教学模式就会遇到较大的阻碍，难以顺利开展。

思考 2-1

你是否体验过全在线教学模式的课程？举例说一说。

• 你在课程学习过程中是否体会到了前述特点与作用？

• 你体验的在线课程是否有其他特点与作用？

二、混合式教学模式

目前国内外对混合式教学的概念已经达成了一定共识：混合式教学并非只是简单的信息技术应用或者教学方式组合，而是充分融合线上线下教学优势，并应用多元的技术和方法，提升学生学习效果的灵活的教育模式。何克抗指出，这一模式"既发挥教师引导、启发、监控教学过程的主导作用，又充分体现学生作为学习过程主体的主动性、积极性和创造性"[①]。国外学者强调混合式教学是一种支持学生高度参与且个性化的学习体验[②]，应当把学生作为混合式教学的中心[③]，无论是教学环境、教学内容还是学习活动都需要以学生为导向。

20 世纪末，结合线上线下场景的混合式培训逐渐成为企业培训的常用方式。很快，这种整合了线上教学的灵活性和线下教学的互动性的方式引起了教育领域的广泛关注，并在教育教学实践中形成了混合式教学模式。2004 年，何克抗等学者将混合式教学模式引入我国，这一教学模式在我国也开始流行推广。美国新媒体联盟（NMC）发布的《地平线报告》是国际教育动态的风向标，在这一报告中，混合式学习设计自 2012 年之后连续 5 年被重点提及，可见混合式教学模式已成为国际教育研究和实践关注的焦点。

---

① 何克抗：《从 Blending Learning 看教育技术理论的新发展（上）》，载《电化教育研究》，2004(3)。

② Smith P., "Blended Learning: It's Not the Tech, It's How the Tech is Used," *Huffinton Post*，2014-05-25.

③ Goodyear V, Dudley D., "'I'm a Facilitator of Learning!' Understanding What Teachers and Students Do within Student-Centered Physical Education Models," *Quest*，2015，67(3)，pp. 274-289.

(一)应用范畴

企业培训是混合式教学模式最早在国外应用的范畴。2000 年左右，16％的企业培训都采用了数字化学习的方式。然而，纯线上培训的辍学率超过了 60％，这使得企业培训人员开始思考新的方式，混合式教学模式因此成为企业培训的主流。

> **案例 2-2**
>
> 沃尔玛在企业培训方面构建了一套相对完善的培训体系，包括知识学习、经验交流、实践三大要素。培训课程往往以混合式教学模式开展，新入职员工需要学习公司文化、岗位专业知识技能等方面的电子课程，此外还有教练提供面对面的经验分享，新入职员工也要进行线下的具体实践。
>
> • 活动指导
>
> 利用互联网搜索 2～3 个混合式教学模式的企业培训案例，并简要写一写这些案例是如何开展混合式教学培训的。
>
> _____
>
> _____
>
> _____
>
> • 案例提示
>
> 企业培训是在线教育起步较早的领域之一，出现了不少混合式教学的经典案例。通过了解分析这些案例，我们可以初步熟悉混合式教学模式课程常见的流程和活动。

由于职业教育领域的课程往往对学生的理论学习和实际操作都有较高要求，混合式教学模式在国外职业教育尤其是在医学教育中的应用较为广泛。此外，K12 教育也是国外混合式教学模式较为常见的应用范畴。

混合式教学模式在我国的应用范畴同样较广，高等教育、职业教育、继续教育等都有所涉及。在高等教育领域，混合式教学模式在高校英语课、思想政治课、体育课等公共课程及心理健康教育等方面显示了较为明显的优势。此外，和国外的应用情况相似，我国职业教育也是混合式教学模式应用的主要领域。有研究者指出，实现混合式教学模式改革是高职院校转变人才培养模式的关键。[①]

> **案例 2-3**
>
> 兰州市电化教育中心基于混合式教学理论提出了一套将教师短期集中培训、基于

[①] 李小龙、张宸瑞、耿斌等：《高职院校混合式教学模式改革："MOOCs 时代"的探索与启示》，载《电化教育研究》，2015(12)。

网络课程平台的线上培训和自主学习、专家面对面巡回指导以及名师工作室等多种模式有机结合的教师信息化教学能力混合式培养模式。该项目在实施前期、中期和后期进行了培训结果调研，结果显示，混合式培养模式得到了大多数项目受训教师的肯定，教师们初步具备了信息化教学能力，在应用态度、信息技术素养和信息化教学技能等方面都有显著提升。

• 活动指导

在互联网上查找该案例的资料并仔细阅读，思考：该案例是如何把线上与线下教学融合起来的？线上教学与线下教学分别起到了怎样的作用？

_____

_____

_____

• 案例提示

通过对这一案例的思考分析，希望你能理解混合式教学模式将不同模式优势集一身的特点，并进一步体悟不同学习活动在混合式教学模式中的作用。

（二）特点与作用

1. 有机整合线上线下

混合式教学模式最为突出的优势是将线下的传统学习和线上的数字化学习有机整合起来。

数字化学习无法持续推进的主要原因之一就是学习者需要独立通过网络进行学习，缺乏与教师、学习伙伴的面对面交互，学习过程中的孤独感较强，难以坚持。而混合式教学模式则很好地结合了线上教学方式和线下教学方式各自的优势，弥补单一教学方式的不足。冯晓英等人基于国内外研究文献指出，2010 年后学界对混合式教学的认识由"替代论"转向"强化/改进论"。[①] 混合式教学模式绝不仅仅是传统教学的替代性选择，它还是能够真正以学生为中心，最大化地达成学习目标，促进课堂教学，提升、改善学习效果的教学模式。

2. 丰富、个性化的学习体验

混合式教学模式的另一个特征与作用是为学生提供丰富、个性化的学习体验。混合式教学模式强调以学生为主体，能够充分激发学生的主动性、积极性和创造性。冯晓英等人指出，随着混合式教学概念的演变，混合式教学模式不再只是面授教学或在

---

① 冯晓英、王瑞雪、吴怡君：《国内外混合式教学研究现状述评——基于混合式教学的分析框架》，载《远程教育杂志》，2018(3)。

线教学的辅助、替代，而成为提升、改善教学效果的重要方式。[①] 基于网络环境的混合式教学模式将移动技术、互联网等融入学生的整个学习过程，构建以学生为中心的学习环境，并针对学生的动态化需求设计相应的活动和支持，为学生提供真正个性化的丰富、多元的学习体验。[②]

3. 推动学科教学与技术的深度融合创新

混合式教学模式在具体学科课程中的应用能够有效地推动学科教学与信息技术的深度融合创新。学科课程与信息技术的整合是 20 世纪末以来教育领域重点关注的话题。何克抗指出，学科教学与技术整合的关键之一是结合不同学科特点建构具有学科特色的、易于实施的新型教学模式。[③] 混合式教学模式在教学方法、教学评价、教学资源和工具等不同维度上均可以灵活调整，具有极强的适应性，教师能够根据不同学科教学的特点使混合的维度和程度最优化，从而更好地使技术支持学科教学。此外，学科教学自身的特点和实践的鲜活性对技术的进一步创新来说也是有力的驱动。在一线教学实践的迫切需求下，技术不断迭代更新，从而更好地支持学科教学并与之深度融合。

🎯 教学活动建议

本节的教学重点有两个：一是全在线教学模式的概念、特点与作用；二是混合式教学模式的概念、特点与作用。本节内容较为宏观、概括，建议教师在讲解时引导学习者联系实际案例和现象等理解不同模式的概念，并鼓励学习者从自身经验出发总结、理解其特征与作用。

🎯 学习活动建议

本节的学习重点是在线教学的应用方向，包括全在线教学模式和混合式教学模式两个主流应用方向。建议学习者采用的学习活动有：①阅读教材内容，利用多种信息途径获取与本节主题相关的内容；②寻找并分析全在线教学模式、混合式教学模式应用范畴中的其他典型案例，并与学习同伴分享交流；③尝试在学校的选修课中选择一门喜欢的全在线教学模式或混合式教学模式的课程进行学习，并记录自己对该门课程的感受和思考。

[①] 冯晓英、王瑞雪、吴怡君：《国内外混合式教学研究现状述评——基于混合式教学的分析框架》，载《远程教育杂志》，2018(3)。

[②] Smith P.，"Blended Learning：It's Not the Tech，It's How the Tech is Used"，*Huffinton Post*，2014-05-25.

[③] 何克抗：《e-Learning 的本质——信息技术与学科课程的整合》，载《电化教育研究》，2002(1)。

第二节　全在线教学模式的主要形式

全在线教学模式是较为纯粹的在线教学，所有教与学活动都在线上开展。这一模式的时空灵活性、资源丰富性等特征为其应用打下了较为良好的基础，目前较有代表性的全在线教学包括高等学历继续教育的在线教学、MOOC、SPOC（小规模在线私有课程）等。此外，在新冠肺炎疫情防控期间，我国基础教育领域也开展了超大规模的全在线教学实践，并出现了一些值得关注的形式。本节介绍全在线教学模式的主要形式，对不同形式的概念、特征、应用范畴以及设计重点和难点进行探讨。

一、高等学历继续教育的在线教学

高等学历继续教育是指高等院校举办的学历继续教育，主要针对成人高起专和成人专升本等办学层次。自 1999 年国务院批转教育部《面向 21 世纪教育振兴行动计划》提出"现代远程教育工程"之后，高等学历继续教育就从函授、广播电视大学转向了网络教学。根据教育部公布的数据，截至 2019 年年底，高等学历继续教育在籍人数为 1530 万人，约占高等教育学生总数的三成。

高等学历继续教育的学习者大多是在职成人，这类在线课程往往具有较强的灵活性和开放性。这类在线教学的应用形式具有促进教育公平的重要意义，为社会广大在职人士提供了多渠道学历认证的可能，帮助他们打破学历对其职业发展、个人成长的限制。从教学方式和媒介选择来看，高等学历继续教育包括基于网络课程的自主学习、各类视频会议的集体交流与讨论、师生一对一在线辅导和答疑等。通过便捷的网络工具和丰富的资源，师生、生生之间的双向交互得到较好的支持，相较于原有的函授、广播电视大学等方式，学生的学习体验有了较大的提升。

（一）应用范畴

在我国这一形式的应用范畴主要是开放大学（广播电视大学）体系以及高校的网络教育学院和继续教育学院，面向社会在职成人招生，提供学历继续教育，如高起专和专升本。高等学历继续教育是我国 1979 年至今一直存在的一种具有一定规模且极具特色的全在线教学模式，早期主要由开放大学（广播电视大学）承担。1999 年，教育部批准了首批现代远程教育试点高等院校，包括清华大学、北京邮电大学、浙江大学和湖南大学 4 所，后逐渐扩大试点范围，共纳入 68 所高校。这些试点高校开办网络继续教育，为在职成人提供以在线教育为主要形式的高等学历继续教育。

(二)设计重点和难点

1. 适应成人学习者的特点

学习者分析是教学设计的重要一环，高等学历继续教育主要面向成人学习者，因此，课程设计者应当重点关注成人学习者的特点，并且使设计与之相适应。

成人学习者最突出的特点就是在职学习，存在工学矛盾，所以课程内容和学习任务的设计都应该尽量简明扼要。成人学习者在知识水平、学习风格等方面往往有巨大差异，这也对相应的教学设计提出了多元化要求。社会职场是成人学习者的知识应用场景，学习者所需要的知识更新较快，并且以较强的实践需求为导向，所以教学设计应当尽可能地纳入新的材料及实践内容，并且注重思维、方法的教学，而非单纯内容的传递。

> **学习活动 2-1**
>
> 在当下在线教育领域中，高等学历继续教育是较为重要的一部分，其面向的成人学习者相较于 K12 学习者有着更多在线学习困难，如学习时间不固定、学科背景薄弱等。
>
> 你是否深入了解过在线教育成人学习者的学习困难？列出你感兴趣的问题，并采访 2～3 个成人在线教育学习者，了解他们所面临的学习困难和需求。

2. 激发与维持学习动机

正是由于成人学习者具有时间精力有限、工学矛盾突出、个体差异性大、所需知识更新快等特征，高等学历继续教育的一大设计难点就是激发与维持学习动机。

实际上，成人学习者的外部动机往往较强，在获取学历证书的强烈愿望下，他们在课程之初确实愿意投入较多的时间和精力。然而，这样的状态往往难以维持，成人学习者的内部动机水平大多不高，较强的外部动机又会进一步降低内部动机。因此，课程设计者应尽可能告知学习者所学内容对他们实际工作和生活的帮助，使学习者内心真正认可学习的价值。此外，教师可以适当设置奖惩机制，激发学生的学习积极性，从而使他们的学习动机始终处于较高水平，能够主动自觉地投入学习。

二、MOOC

MOOC，音译为"慕课"，具有大规模、开放及在线三个突出的特征。大规模是指课程注册的学员数量远超传统教学，可以达到上万人，不受物理环境的限制。开放则强调不对学生的身份进行限制，例如，斯坦福大学开设的 MOOC"人工智能导论"并不只向斯坦福大学的学生开放，任何人只要注册就能学习这门课程。MOOC 之所以具有大规模和开放这两个特征，是因为在线的形式为 MOOC 提供了客观技术的有力支持，通过互联网，在线课程资源可以抵达世界各地的网络终端。

2012 年，MOOC 风暴席卷全球，各国顶尖高校争先恐后地开设了 MOOC，MOOC 资源呈井喷式发展，因此这一年也被称为"MOOC 元年"。

然而，教育研究者和实践者对 MOOC 的狂热并没有持续太久。随着应用越来越普及，交互感弱、学习质量低下、辍学率高等问题逐渐在 MOOC 实践中显现。[1] 尽管少数学者对 MOOC 的教学法持否定态度，并对其可能带来的数据风险表示担忧[2]，但更多人肯定了 MOOC 在推动教育公平、促进优质教育资源开放等方面起到的重要作用。MOOC 绝不是所有教育问题的"万金油"，但不能否认的是，这一课程形式确实继承了远程教育领域中教育教学思想的精华，在一定程度上促进了教育教学在观念和形态上的转变。

在当前实践中，MOOC 主要分为三类，不同类型的 MOOC 有着不同的学习理论基础和设计策略。[3]

第一类：xMOOC。此类 MOOC 主要基于认知行为主义学习理论，以视频资源学习为主，目前国内外实践中绝大部分 MOOC 都是 xMOOC。

第二类：iMOOC。此类 MOOC 主要基于建构主义学习理论，以任务探究式学习为主。

第三类：cMOOC。此类 MOOC 是最早出现的，但也是数量最少的，主要基于联通主义学习理论，以建立网络联通为主。

这三类 MOOC 所对应的学习目标也不同。下面分别介绍这三类 MOOC。

(一)以内容传递为主的 xMOOC

xMOOC 以内容传递为核心目标，评价方式多为习题、测验等传统评价方式，用以检验学生对知识的掌握情况。其学习理论是认知行为主义理论，适用于记忆、理解等低阶认知目标。学习活动主要是观看课程音视频、阅读文字资料及标准化测试，是提前预设好的线性课程。认知行为主义理论认为，学习是人在外界刺激下主动进行认

---

[1]　Todd T., The Dirty Little Secret of Online Learning: Students Are Bored and Dropping Out, in qz.com, 2013-03-21.

[2]　Baggaley J., "Bridging Fields at a Critical Time," *Journal of Learning for Development*, 2013(1), pp. 1-6.

[3]　王志军、陈丽、郑勤华：《MOOCs 的发展脉络及其三种实践形式》，载《中国电化教育》，2014(7)。

知、意义理解及独立思考等意识活动的过程，学习者的主动性是影响学习的重要因素，因而强调要充分激发学习者的好奇心和探索欲，促使学习者自觉积极地学习课程并理解掌握知识。xMOOC 的课程内容设计往往具有较好的组织性，学习者只要按照对应的顺序观看视频、阅读资料就能够快速地获取知识。尽管这类 MOOC 的平台也有学习社区的设计，但由于课程知识结构较为良好，学习者仅靠自主学习就能够取得较好的效果，所以在 xMOOC 中学习者往往很少与他人交互。

1. 应用范畴

在国外，xMOOC 已经吸引了大量的投资，edX、Coursera 和优达学城等以内容传递为主的 MOOC 平台纷纷出现。随着实践的深入，人们对这一课程形态有了更加理智客观的认识。从实践来看，xMOOC 的课程质量参差不齐，并且课程的完成率通常在 10% 以下，辍学率较高。目前 xMOOC 在国外的主要应用范畴是高等教育，师资较优秀的学校往往积极创建分享课程。

在我国，xMOOC 吸引了各大高校及教育机构竞相参与。清华大学、北京大学在 2013 年与 edX 达成合作，是国内首批提供 MOOC 的高校；复旦大学及上海交通大学也在 2013 年与 Coursera 正式签署合作协议，上线了部分优质课程。随后，我国本土 MOOC 平台也纷纷建立，如果壳网主导的 MOOC 学院、清华大学推出的学堂在线、网易与高等教育出版社携手推出的中国大学 MOOC 等。尽管 xMOOC 在发展过程中出现了一些令人担忧的问题，但随着它的发展，越来越多的高等院校、职业院校都尝试开展了 xMOOC 应用实践。

2. 设计重点和难点

根据认知行为主义理论对学习的核心观点以及 xMOOC 的教学重点，xMOOC 在设计过程中关注的重点是课程内容与结构体系的设计以及课程资源的设计。设计难点则是学习支持的设计，即如何持续激发学生的学习动机。

(1) 课程内容与结构体系的设计

课程内容是 xMOOC 中最重要的元素，课程内容的优劣决定 xMOOC 能否取得成功。课程内容的设计可以细化为两个方面：呈现什么内容以及课程内容的结构体系是怎样的。内容的选择需要综合考虑学习者分析、学习内容分析的结果，从而设计更为合适的、适应学生需求的内容。在结构体系上，以内容传递为主的 xMOOC 对学习资源的组织性要求更高，课程设计需要应用先行组织者策略，提前对内容进行组织梳理，使知识由易到难、由浅到深、由基础到进阶，更符合学生的认知规律。

(2) 课程视频资源的设计

视频资源是目前 xMOOC 的主要内容传递方式，所以视频资源的设计尤其重要。视频资源设计要避免教师课堂讲授"搬家"，充分发挥视频资源制作的优势，融合案例教学、对话式教学等不同教学策略，为学生的在线学习和知识建构搭建支架。此外，由于 xMOOC 面向的学习者在认知水平、学习风格上有一定差异，课程应当设计不同难度层次、形式多样且丰富的学习资源，尽可能保障每一个学习者都能用自己喜欢的方式学习适合他们认知水平的知识内容。

(3)学习支持的设计

xMOOC 的高辍学率一直是备受关注的问题，有学者指出这背后的原因是学生的学习心理动机不足，学习支持的设计是解决这一问题的关键。学习者往往对 xMOOC 有较高的期待，当发现课程的内容与自己的期望不相符时，学习动机就会断崖式下跌。因此，课程概要应明确体现内容，帮助学习者对课程形成一个较为全面的认识。此外，xMOOC 对教学交互的重视度不够，缺乏同伴的支持及教师的指导，内容呈现的形式往往是讲授式，容易使学习者丧失内部学习动机，产生孤独感和疲劳感。为了持续激发学生的内部学习动机，教师可以在课程中穿插一些交互类学习活动，使学生在交互过程中产生新的学习热情。除此之外，课程设计者也可以适当地设计测试评价类活动，或者开展阶段性学习总结，从而激发学生的外部学习动机。

学习活动 2-2

请登录中国大学 MOOC 平台，找一门你认为优秀的 MOOC，查看该课程的设计信息，如课程目标、课程大纲、证书要求等，浏览课程的教学视频，对照教材中 xMOOC 的特点，思考以下问题。

①该课程是否为典型的 xMOOC？哪些设计体现了 xMOOC 的特点？

②该课程的设计是否体现了 xMOOC 的设计重点和难点？是如何体现的？

通过对这一课程的深入分析，希望你能够熟悉 xMOOC 的实践形式，并结合案例进一步感悟 xMOOC 的特点以及设计该类课程的重点和难点。

(二)以任务完成为主的 iMOOC

以任务完成为主的 iMOOC 是一种以建构主义学习理论为主要理论基础的 MOOC，学习者在这种课程形态中通过完成相应的任务来掌握目标技能。[①] iMOOC 最初由丽萨·慕·莱恩在 2014 年提出。建构主义学习理论强调学习者的主动性和建构性，认为知识不是通过教师传授得到的，而是学习者在一定的情境中，借助他人的帮助，利用必要的学习资料，通过意义建构的方式而获得的。建构主义的学习由四大要素构成，分别是情境、协作、会话和意义建构。因此，iMOOC 往往需要为学习者设置一个特定的任务情境，学习者通过小组协作、会话交流等方式完成任务，从而实现知识内化和意义建构。与 xMOOC 相比，iMOOC 对学生的学习主动性和参与性要求更高，课程内

---

① 王志军、陈丽、郑勤华：《MOOCs 的发展脉络及其三种实践形式》，载《中国电化教育》，2014(7)。

容往往围绕任务展开，更有条理性。每周课程会设置不同的主题和任务，学习者可以自行选择想完成的任务，从而习得相应的技能。iMOOC的评价方式多采用基于任务的评价、小组评价、电子档案袋、质性评价等。

1. 应用范畴

iMOOC是三类MOOC中关注度最低且应用范畴最窄的一类，目前典型的应用案例基本来自少量的研究者团队，如丽萨·慕·莱恩等人开设的"教师专业发展认证课程"、玛丽华盛顿大学开设的"数字故事讲述者社区"、阿萨巴斯卡大学的"学会在线学习"等。

我国也有一些学者尝试将任务驱动的理念与MOOC结合起来，如广东开放大学信息工程学院推出了基于任务驱动和MOOC学习的开放大学教师研修模式，利用学校和团队的力量，参与培训的教师通过MOOC开展学习，以任务为核心驱动力，提高教师教学设计和开发制作在线课程的技能。我国以任务驱动为理念的MOOC案例在落地实践后，其课程实质往往又转变为以内容传递为主的xMOOC，真正以任务完成为主的iMOOC实践非常少见。

2. 设计重点和难点

iMOOC是基于建构主义学习理论的课程，因此，在设计并应用这一类MOOC时，基于学习的四大要素——情境、协作、会话和意义建构，设计者需要关注的设计重点是如何创建促进学生协作、会话的任务情境，设计难点则是如何为学生的探究搭建支架。

（1）如何创建促进学生协作、会话的任务情境

任务始终是iMOOC的关键，任务情境的设计是重点。课程需要为学习者设计更贴近实践的任务情境，从而使学生有可交流讨论的内容，促进他们的会话，并真正将所学内容应用到实践中。此外，为了更好地促进协作，iMOOC也应当尽可能多地设计小组合作式任务，使学习者之间充分地交流会话，深化学习者对内容的理解。

（2）如何为学生的探究搭建支架

在iMOOC中，探究活动往往是促进学生实现意义建构的主要活动方式。探究活动的难度较高，这就要求课程提供足够的支持。为学生的探究搭建恰当的支架是iMOOC的设计难点。

首先，课程应当在内容上设计支架，将学习者已经掌握的旧知识和新知识联系起来，使学生能够在已有的知识水平基础上更容易地进行探索、建构。其次，在教学过程中，教师需要主动地与学生开展会话，鼓励学生，激发学生的学习兴趣，并设计启发性问题支架来引发学生思考，推动学生完成探究任务，对知识进行深入的理解建构。

（三）以网络建立为主的 cMOOC

以网络建立为主的 cMOOC 课程以联通主义学习理论为理论基础，最早由西蒙斯等人提出，是一种开放的、分布式的、由学习者定义、社会化和复杂的在线课程[①]，往往以主题周的形式开展学习。联通主义学习理论是从混沌理论、网络理论、复杂系统理论和自组织理论演变而来的一种较为复杂的学习理论，难以直接指导教与学的开展。该理论认为知识存在于网络连接中[②]，具有动态性、隐形和生长性等特点[③]。网络的交互为联通的知识提供在不同情境和环境中持续更新的动力。

相较于前两种 MOOC 关注内容的传递和任务的完成，联通主义学习理论认为学习就是连接的建立和网络的形成，因此在 cMOOC 中，学习者的学习主要就是三类网络——内部神经网络、概念网络和社会网络——的建立。以网络建立为主的 cMOOC 学习不仅强调建立网络中已有节点之间的连接，还要求学习者在学习过程中创造新的节点并与原有的节点连接，促进知识的生长。因此，cMOOC 的学习内容并非仅由课程设计者提供，而是由所有参与者共同开发生成，参与者可以自行选择构建交互空间和生成学习内容的个性化方式。最初的 cMOOC 并没有统一的学习平台和交互空间，学习者通过网络中的多元平台与他人分享内容、协作探究，所产生的知识具有碎片化、分布式等特点。联通主义学习理论强调学习的生成性，往往缺乏确切的学习目标，难以对学习者进行正式的评价。正是由于 cMOOC 的学习并不关注对学习者的评价，学习者往往需要具有浓厚的学习兴趣和较强的学习自主性，学习的门槛较高。

1. 应用范畴

cMOOC 在国外并没有得到广泛的应用，还停留在部分研究者尝试性实验的阶段。以网络建立为主的 cMOOC 起源于加拿大，2008 年，西蒙斯等人开设的课程共有 2000 多名学生注册，是最早的 cMOOC。然而，该课程的学习方式颠覆式创新、学习内容过多、对学习者的综合能力要求较高等因素使得教学效果并没有预想的好，很多学者对这一课程的教学法、创新性等方面提出了质疑。但同时这门课程也为学习者带来了全新的学习体验，并且收获了一批联通主义学习理论及 cMOOC 的拥护者。以西蒙斯、唐斯等人为核心的研究团队仍然在持续进行 cMOOC 探索。

我国研究者和实践者对 cMOOC 的关注度较低，应用范畴也较小，更多的案例都是以内容传递为主的 xMOOC。尽管 cMOOC 的实践非常少，但在我国高等教育领域已经出现了有创新性、代表性且高质量的 cMOOC 应用案例。由北京师范大学陈丽教授

[①]　Siemens G.，"Neoliberalism and MOOCs：Amplifying Nonsense"，*e-Learning Space*，2013-12-20.

[②]　Downes S.，"e-Learning Generations"，in halfanhour. blogspot. ca，2012-02-11.

[③]　王志军、陈丽：《联通主义学习理论及其最新进展》，载《开放教育研究》，2014(5)。

主持、互联网智能技术与应用国家工程实验室团队共同开发的"'互联网+教育'：理论与实践的对话"课程已成功开设 5 期，累计参与人数约为 2000 人，是一项持续且深入的 cMOOC 实践，对理解、探索以网络建立为主的 cMOOC 形态有着重要的作用。

案例 2-4

"'互联网+教育'：理论与实践的对话"课程的学习分为三个阶段：引导阶段、主题学习阶段、问题解决阶段。在引导阶段，课程提供触发材料和思考问题，用以帮助学习者初步了解课程内容并确定自己的学习兴趣。在主题学习阶段，学习者在学习课程资源的同时积极分享自己的资源和想法，与他人进行交流互动。在问题解决阶段，学习者组队选择自己感兴趣的教育实践问题，并尝试提出解决方案。

• 活动指导

登录"'互联网+教育'：理论与实践的对话"课程网站，加入课程学习，体会一下 cMOOC 与 xMOOC 有哪些区别，可以将发现与同学分享讨论，并将讨论结果整理在下方。

_____

_____

_____

• 案例提示

对这一课程的深入分析有助于熟悉 cMOOC 的实践形式，请结合学习经历进一步感受三类 MOOC 的相似点和不同点。

---

2. 设计重点和难点

基于联通主义的 cMOOC 是开放、分布式、学习者定义、社会化并且复杂的课程，从已有的实践来看，这一类课程的开展对于教师和学习者而言都意味着较大的挑战。设计 cMOOC 需要关注的重点是教师和学习者在 cMOOC 中的角色转变以及设计促进联通与交互的机制。设计难点则是推动生成性内容的创建，激发每一个学习者已有经验的贡献。

(1)教师和学习者在 cMOOC 中的角色转变

在以网络建立为主的 cMOOC 中，教师不再是知识建构的引导者或课堂的控制者，而成为课程的促进者。学生也不再是知识的被动接受者，而是自己学习过程的设计者和探索者。教师和学生都是社会网络中的重要节点，能够塑造和影响学习网络的形成。西蒙斯指出，课程促进者这一重要节点在联通主义课程中有放大、促进寻径和社会化等一系列功能。① 此外，学习者在 cMOOC 的信息海洋中同样需要主动进行过滤、寻径和意会，从而找到自己需要的有效信息。因此，课程设计者需要关注教师和学习者角色的转变，促使他们从新的视角共同完成学习过程的体验。

（2）设计促进联通与交互的机制

交互是构建网络的重要手段，联通主义学习理论认为，学习的过程就是社会网络、概念网络和内部神经网络的联通过程，所以联通和教学交互也被认为是联通主义学习的关键。

课程可以从不同类别的交互入手，分别设计相应的机制，促进课程中联通与交互的发生。学习者与资源的交互主要依赖于主题或引导问题的设计，课程需要尽可能设计有触发性的并且与学习者自身经验较为相关的问题、主题及关键材料等，从而推动学习者与内容进行充分交互。此外，课程还需要适当设计小组协作活动、评价活动等，从而使学习者与其他学习者、教师能够展开深入的会话和交互，为联通主义学习的发生提供条件。

（3）推动生成性内容的创建

cMOOC 强调内容的生成性，认为学习者不仅需要学习已有的课程内容，还需要创造、贡献新的知识，使课程学习内容能够不断生长，形成一个动态化、生成性的共享知识库。

知识的生长并不是从无到有，而依赖于丰沃的资源土壤。因此，课程需要为学习者提供充分的、复杂的信息，保障知识生长具有内容基础，推动生成性内容的创建。触发性的问题和驱动的任务同样较为重要，是知识生长的动力条件。联通主义学者普遍认为使知识持续生长的关键就是寻径和意会。寻径是指学习者基于线索定位并找到自己需要的信息，通过社会网络和概念网络在信息中寻找高效的过滤方法。但仅凭寻径还不足以实现知识的持续生长，学习者只有不断对所获得的知识进行加工意会才能产出新的知识。学习者的意会过程同样需要课程设计相应的学习支持，从而促进学习者不断创新生成性内容。

（4）激发每一个学习者已有经验的贡献

cMOOC 相较于其他 MOOC，其突出特点之一就是学习者的专业背景、社会身份等都有很大的差异，这就代表着课程学习者群体所具有的隐性经验库更为丰富。如何激发每一个学习者分享已有的经验，将隐形的知识转化为显性的知识，是课程设计必须解决的问题。

课程设计者可以从两个方面去达成这一目标。学习任务的设计是激发学习者共享经验的首选，可以通过设计诸如撰写博客、分享重要资源、焦点讨论等任务使学习者

---

① Siemens G.，"PLE：Connectivist or Constructivist，" in www.elearnspace.org ，2014-07-17.

分享他们所认可的有价值的信息。此外，在课程组织形式上，唐斯指出教学就是模仿和演示①，因此也可以让学习者组成紧密的协作小组，使他们有更多的交互沟通，支持学习者之间进行社会、情感意义等难以用语言表述的、较为隐形的相互学习，激发学习者共享自己的经验与知识。

三、SPOC

相较于 MOOC，SPOC 面向小规模学习者群体，一般是几百人或更少，并且设置限制性准入条件，只有达到要求的申请者才能参加课程的学习。为了能够借助 MOOC 的力量提高校园内学习的质量和效率，一些顶尖高校如加州大学伯克利分校、哈佛大学等进行了一系列探索尝试，提出了一种更为精致的课程形式。加州大学伯克利分校的阿曼多·福克斯教授最早提出 SPOC 的概念，这一概念的提出也直接推动了后MOOC 时代的到来。

从名称上来看，SPOC 与 MOOC 的最大差异似乎就在于参与课程人数的多少以及是否设置课程准入条件。但事实上，这两个变化使得 SPOC 的质量普遍优于 MOOC，为学生提供更具针对性的、更优质的学习体验。此外，SPOC 的准入机制也能够为课程提供商创造收入，提供一条可持续发展的思路。②

但关于 SPOC 也存在一定的争议，一些学者认为，这一课程已经背离了 MOOC 促进教育开放、公平的初衷，有浓重的"精英主义"色彩。也有学者直接指出这一形式事实上就是远程教育机构在 20 世纪 90 年代提供的在线课程，常规的远程教育方法以一种迂回的路径成为主流教育的新取向，这种教育形式的回潮显然缺乏创新。③

(一)应用范畴

与 MOOC 相同，SPOC 的主要应用范畴也是高等教育，并且主要在顶尖高校，在国内外均有较多应用案例。自 2013 年哈佛大学和加州大学伯克利分校开展 SPOC 教学实验后，国内外许多顶尖高校也都开始在校内尝试这种小规模的在线私有课程。在后MOOC 时代中，SPOC 的某些特性(如设置限制条件等)正在影响原有的 MOOC 生态。近年来，无论是国外的几大 MOOC 平台，还是我国的学堂在线、中国大学 MOOC 等平台，SPOC 的数量一直呈上升趋势。

---

① Downes S.，"E-Learning Generations"，in halfanhour. blogspot. ca，2012-02-11.

② 康叶钦：《在线教育的"后 MOOC 时代"——SPOC 解析》，载《清华大学教育研究》，2014(1)。

③ 约翰·巴格利、陈丽、年智英：《反思 MOOC 热潮》，载《开放教育研究》，2014(1)。

案例 2-5

2013 年，哈佛大学法学院开设了为期 12 周的"版权法"课程，每周学习时长在 8 小时以上，并且要求学生参与每周 80 分钟的在线研讨。这门课程设置了较为严格的准入条件，申请者需要填写详细的个人信息，并撰写一份自我报告以阐明自己选课的原因、可用于学习的时间等，表明自己能够全身心地投入课程学习的决心。课程共收到来自全球的 4100 份申请，最终课程教师从中挑选了 500 名学生参与课程。

2014 年，清华大学经济管理学院应用 SPOC 开设了"管理经济学"与"中国世界与经济"两门 MBA 专业课程。这两门课程设置了相应的测试，学生只有通过测试才能进入后续的学习。[①]

• 活动指导

结合上述案例及相关经验，思考：SPOC 的准入机制一般包含哪几种常见形式？

_____

_____

_____

• 案例提示

对案例的分析有助于更加全面地了解 SPOC 中最为关键的准入机制设计。

(二)设计重点和难点

SPOC 是 MOOC 的一种变体，课程更具针对性，课程设计者应当注意的重点包括教学交互的设计和学习支持的设计。教学设计的难点则在于课程准入机制和评价的设计。

1. 教学交互的设计

教学交互是整合教与学的关键。对于 SPOC 而言，教学交互的设计应当处于首要位置。

相较于其他全在线教学模式，SPOC 的参与人数更少，交互的频次能够得到保障，设计者需要重点关注交互的质量，交互的质量取决于交互的内容与主体。交互的内容应能够激发学习者的真实思考，使学习者有交互的热情和积极性。此外，设计者应当尽可能设计多主体交互，即以学习活动为驱动力，促使学习者与同伴、教师甚至课程外的主体进行多元的交互，从而提升教学交互的质量。

---

① 腾讯教育：《清华 MBA 全球首创 SPOC 课程打造全球化教学体系》，https：//edu.qq.com/a/20141024/030517_1.htm，2020-08-31。

2. 学习支持的设计

SPOC 的诞生源于对更加优质的学习体验的追求，学习支持对学习体验有着重要影响，因此，SPOC 的设计需要特别关注学习支持。

学习支持设计的好坏并不在于次数的多少，而在于设计的支持能否切实地帮助学习者解决他们在学习过程中的非预设性突发问题。这就要求课程设计者具有较为丰富的教学经验，对学习者可能出现的问题进行预判，从而设计相应的学习支持。此外，教学过程也需要注意持续关注学习者的学习状态，并及时设计、提供相应的学习支持。

3. 课程准入机制和评价的设计

对于 SPOC 而言，其设计的难点就在于如何设计课程的准入机制和评价。课程的准入机制能够对学习者进行预选，从而保障课程的完成率，并且为入选的学习者提供更好的学习体验。在设计课程准入机制时，课程设计者可以设置学习者的专业以及可预留给课程学习的时间等硬性条件，同时还可以要求申请者撰写一份报告，阐述他们对于课程的期待以及将会如何学习这门课程。通过对比申请者各方面的条件来选择最合适的学习者。此外，与 xMOOC 相似，SPOC 较为关注课程中对学习者的评价。由于 SPOC 是小规模私有课程，其对于学习者的要求往往更加严格。SPOC 可以综合设计形成性评价和总结性评价，发挥多主体评价的优势，更加真实客观地反映学习者的学习情况。理想的课程评价不仅是选拔性评价，还是发展性评价，课程应当尽可能使教学评价有助于学习者更加深入全面地认识自己。

四、新冠肺炎疫情下我国中小学的全在线教学模式

无论是 MOOC 还是 SPOC，都是更常用于高等教育领域的全在线教学模式。基础教育领域全在线教学模式的应用相对较少。在我国，由于技术、师资、认识等各方面条件的限制，2020 年之前很少看到基础教育学校内在线教学的应用。2020 年，新冠肺炎疫情的暴发使我国大部分中小学采用全在线教学以保障"停课不停学"，这一特殊时期的大规模在线教学实践主要有五种有代表性的形式。

(一)在线讲授式教学

在线讲授式教学是指教师与学生在不同空间、同一时间通过网络媒介进行交互的同步教学活动，是中小学使用最多的在线教学形式。直播类和即时通信类媒体工具于在线讲授式教学案例中出现的频次极高，教师和学生通过媒体工具的视频会议、语音连线、实时聊天等功能进行充分的教学交互。在线讲授式教学充分利用了先行者策略，在介绍新的信息内容、总结材料所含知识、传授概念和观点等教学目的的实现上有突出的优势，学生在较短的时间内能够了解、学习大量的概念性知识。

在线讲授式教学根据教师与学生交互的具体形式可以划分为教师单向讲解的在线讲授和师生双向交流的在线讲授。前者主要是教师讲解、学生听讲，学习资源更多辅助教师的教，教学策略较为单一。师生双向交流的在线讲授式教学则通过师生间的对话、问答推进教学进程，交互往往在概念交互及以上的层次，学习资源主要辅助学生的学，激发求知欲，使用的教学策略较为丰富，包括情景化策略、案例学习策略等。在线讲授式教学是以师生交互为主的教学形式，其教学效果依赖师生交互的层次和质量。因此，对于教师而言，这一模式更需要精心设计师生交互的学习活动，让学生积极主动地与教师交流互动。

（二）在线翻转学习

在线翻转学习是指学生在课前与学习资源进行交互，通过自主学习生成学习成果或提出问题，在课堂上教师与学生进行以网络媒体为中介的讨论交流，从而深化理解学习内容。这种学习模式可充分发挥在线教学时空灵活和网络资源丰富的优势。学生在课前自主完成认知难度较低的活动，实现直播课堂高效化，充分利用师资支持学生进行深层次的认知探索活动。

教师将设计好的学习资源提前上传到学习平台，学生自主选择时间进行学习并完成相应的任务。值得注意的是，在线翻转学习要求学生在课前自主学习中有所产出，产出的学习成果往往也是过程性评价的内容之一。

在一些在线讲授式教学案例中，教师也会为学生设置简单的预习任务，但学生在课前并没有对知识进行深度认知加工，因此这种预习任务只是帮助学生学习热身的策略，而非在线翻转学习的自主学习环节。

在线翻转学习是通过学生与资源的交互促进学生与教师深入交互的教学形式，因此，学生与资源的深入交互是在线翻转学习成功应用的基础，师生交互则是其中决定学生能否实现中高阶认知目标的关键。教师不仅需要关注学生学习资源的设计，也需要设计促进师生交互的学习活动。

案例 2-6

在新冠肺炎疫情下的一线中小学教学实践中，在线翻转学习以其独特的时空灵活和网络资源丰富的优势成为主要的教学形式之一。其具体实施在一定程度上依赖技术的支持，如智慧学伴平台通过对学生学习全过程数据的采集，开展知识与能力结构的建模，促进学科优势的发现与增强，实现学习问题及时诊断与解决。

• 活动指导

阅读在线翻转学习案例（https：//aic-fe. bnu. edu. cn/xwdt/zxxw/88769. html），梳理这一案例的教学环节，思考并分析：该案例与传统的讲授式教学有何不同？案例中的哪些设计可以促进学生与资源、学生与教师、学生与学生之间的深度交互？课前的学习为课中的学习提供了怎样的支持?

_____

_____

_____

• 案例提示

梳理和分析这一在线翻转学习案例有助于深入体会在线翻转学习的设计特点。

(三)基于资源的自主学习

基于资源的自主学习是指学生通过观看录播视频、阅读资料等方式与学习资源进行交互的学习活动。在这一模式的定义中似乎不存在教师的教,但事实上教师对网络学习资源的设计就是对学生的指导,是另一种意义上的教。有学者指出,教师在这一模式中扮演着组织者、促进者、辅导者、评估者和资料库多种角色。①

基于资源的自主学习充分体现了教与学时空完全分离的特点,教师与学生没有直接的交互,学习资源是将分离的教与学进行整合的重要桥梁。学习资源的设计目的都是辅助学生学习。常见的学习资源有两类:一类是教师的课堂录播视频,另一类是由音频、视频、文字等组成的学习资源包。不同种类的学习资源也使学生基于资源的自主学习有所不同。前者与在线讲授式教学相似,但教师需要在录制资源时就留下思考问题或观看提示,从而吸引学生的注意,促进学生与资源的交互。后者则具备更大的灵活性,教师可以在课程资源包中放入不同种类的学习材料。此外,在基于资源的自主学习中,教师难以直接观察学生的学习状态,因此学习评价是教师需要重点设计的内容。

(四)在线协作学习

在线协作学习是指学生以多人小组为单位在不同空间通过学习社区、学习直播平台等工具进行同步或异步的合作学习活动。生生交互是在线协作学习的主要交互方式,学生通过协作讨论、任务分工、汇报展示等环节逐步加深对学习内容的理解,从而达成相应的学习目标。

在线协作学习可以细分为两类:同步在线协作学习和异步在线协作学习。在同步在线协作学习中,学生往往通过学习直播平台或即时通信软件的视频会议、语音连线等功能进行实时讨论,协同完成小组学习任务。在同步在线协作学习中,教师应当根

---

① 梁田、王春艳、何远德:《在线自主学习特点类型及教师角色定位分析》,载《西南民族大学学报(人文社科版)》,2008(12)。

据讨论活动设计课程资源，从而促进学生之间的深入交流与合作。异步在线协作学习则不需要一个小组的学生进行实时交互，通过学习社区或即时通信软件的留言功能，学生确定任务分工并对学习任务过程中的疑问进行异步交流讨论。在线协作学习的生生交互能够充分激发学生的学习热情，但也容易偏离学习目标，因此教师不仅要设计促进生生交互的活动，还要关注学生交互的具体内容，对学生进行适时的指导，从而帮助学生达成教学目标。

(五)多模式综合的主题型学习

多模式综合的主题型学习是指学生在教师的指导下，围绕某一确定主题，通过自主学习、协作学习等多种模式开展的混合式学习活动。这种课程跨越的时间段较长，教师综合运用多样的网络资源，并根据需求灵活设计学习活动。多元交互和时空灵活是其突出特点，学生根据不同的学习任务与教师、其他学生、学习资源等多个主体进行实时或非实时的交互，从而实现应用、综合等高阶的认知目标甚至能力目标。多元交互固然会给学生带来更好的学习体验，但每增加一种交互，所需成本就明显增加。[①]这种形式往往要求教师、学校投入更多的时间和资源。

此外，策略的多样性也是多模式综合的主题型学习的特点之一，项目式学习、情景化学习、案例学习、探究式学习等都是在这一模式中常用的学习策略。此外，在多模式综合的主题型学习中，学习资源更多辅助学生的学，丰富的资源是支持学生在主题型学习中深入探索学习的内容基础，要有一个明确的主题。有一些主题来自单一学科，也有一些主题串联了多学科的知识。总体来看，多模式综合的主题型学习能够很好地培养学生的综合能力，但其时间跨度大、涉及要素多，对教师的教学组织能力和学习设计能力都有较高要求。

案例 2-7

2020 年 2 月初，杭州市高中生物骨干教师组成教研团队，以深入挖掘学科育人价值、落实学科核心素养为目标，以"新冠肺炎"为主题单元，进行了单元整体教学设计的研究与实践。该案例的设计从主题单元界定、单元目标定位、单元课时划分、线上教学模式选择、线上教学评价方式确定五个维度展开，为一线教师开展线上教学提供了直观、可借鉴、可操作的单元整体教学设计思路。

• 活动指导

阅读《基于单元整体设计的"新冠肺炎"专题在线教学》[徐建忠、周丽婷，《中小学数字化教学》，2020(5)]，找出这一多模式综合的主题型学习案例中包含的典型在线

---

① Anderson T. , "An Updated and Theoretical Rationale for Interaction," in *International Review of Research*, *Open & Distributed Learning*, 2003(2), pp. 149-164.

教学模式，并和教师、同学一起探讨该案例的不同教学内容采用不同模式的原因，以及不同模式在这一案例中的作用。

_____

_____

_____

- 案例提示

梳理这一多模式综合的主题学习案例有助于发现该案例的优点和缺点，从而对多模式综合的主题型学习形成更全面具体的认识。

🎯 教学活动建议

本节的教学重点内容是全在线教学模式在实践应用中的主要形式，旨在使学习者对高等学历继续教育的在线教学、MOOC、SPOC以及新冠肺炎疫情防控期间我国中小学的全在线教学模式有所了解。建议教师在讲解时尽可能多地提供实际案例，并鼓励学习者分享案例，师生共同对案例进行基于教材内容的分析和评判，从而帮助学习者更深刻地掌握本节的知识。

🎯 学习活动建议

本节的学习重点是了解全在线教学模式下不同形式课程的设计重点和难点，整体感受如何设计全在线课程。建议学习者开展的学习活动有：①阅读教材内容及教师提供的补充案例，利用多种信息途径查阅更多相关案例；②与同学、教师一起分析案例，尝试分析不同形式的全在线教学模式案例是否较好地完成了相应重点和难点的设计。

第三节　混合式教学模式的主要形式

混合式教学模式是在线教育应用的另一主流方向，其应用比全在线教学模式更为广泛。混合式教学模式结合了线上教学和线下教学各自的优势，被认为是未来教育的常态，已成为社会各界关注的教育热点。然而，目前混合式教学模式较为混乱，很多学者都有自己的划分依据，并且不断地提出新的混合式课程形式。本节介绍以物理特性和教学特性为依据的混合式教学模式分类，并对以线上为主导和以线下为主导的混合式教学分别进行详细的探讨。

一、混合式教学模式的分类

随着人们对混合式教学这一未来教学模式日益重视，混合式教学模式的研究与实践也越来越丰富。国内外很多研究者都尝试基于实践案例或理论框架提出不同的混合式教学模式。尽管这些教学模式都有结合线上和线下学习方式的混合式教学特征，但具体分析其形式又会发现它们有所差异。究竟应当如何划分并定义不同的混合式教学模式呢？目前有两种典型的分类方式，其中一种由美国创见研究所的希瑟·C. 斯泰克和迈克尔·B. 霍恩提出，包括循环形式、弹性形式、自混合形式、增强虚拟形式。

与美国创见研究所提出的四种形式不同，冯晓英等人并没有过多关注具体的形式，而是从物理特性和教学特性两个维度构建了混合式教学的分类框架（如图 2-1 所示）。这种分类更具系统性和结构性，并且能够更好地对出现的多种混合式教学进行划分。[①]

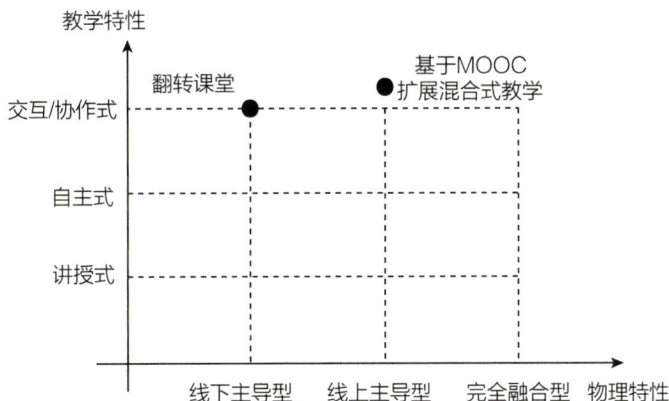

图 2-1　混合式教学的分类框架

在物理特性上，混合式教学被划分为三类：①以面对面教学、讨论、交流等活动为主的线下主导型混合式教学；②以在线学习和移动学习为主的线上主导型混合式教学；③将面授教学、基于网络的在线学习和移动学习充分整合的完全融合型混合式教学。在教学特性上，混合式教学则分为：①以教师讲解为主要教学活动的讲授式混合式教学；②以学生自主学习活动为主的自主式混合式教学；③以生生协作交流活动为主的交互/协作式混合式教学。这两个特性维度的分类框架几乎可以囊括目前出现的所有混合式教学。

---

① 冯晓英、王瑞雪、吴怡君：《国内外混合式教学研究现状述评——基于混合式教学的分析框架》，载《远程教育杂志》，2018(3)。

二、以线下为主导的混合式教学

(一)概述

以线下为主导的混合式教学是指在物理特性上强调面对面活动的混合式教学。在这类混合式教学中，教师面对面的讲解、学生之间的交流讨论是更有价值的学习活动，往往也是教学设计的关键内容。

典型的以线下为主导的混合式教学主要有两类：一类是 K12 教育领域中的翻转课堂；另一类是移动技术支持的混合式教学，其在国外的应用范畴主要是高等教育和继续教育。[①]

第一类：翻转课堂。最初提出翻转课堂概念并使其逐渐普及的是美国两名高中化学教师，"翻转"可以理解为对教与学的时间顺序和主次关系的颠覆性调整。翻转课堂形式背后的学习理论是布鲁姆的掌握学习理论，即只要恰当注意教学中的主要因素，就有可能使绝大多数学生达到掌握知识的水平，而翻转课堂形式正是对教学中的主要因素的再设计。在翻转课堂中，学生在课前基于教师提供的音频、视频、文本材料以及自己搜索查找的资料进行自主学习，而在课堂上，学生则将主要精力投入问题解决、交流协作、项目式学习等交互性更强、认知难度更高的学习活动中。除了学习流程翻转，教师的角色也发生了巨大的转变。在翻转课堂中，教师主要扮演资源提供者、学习促进者和引导者的角色，为学生提供课前学习资源，引导支持学生在课前、课上及课后不同阶段的学习。

案例 2-8

习本课堂是广东省深圳市罗湖区一项被称为"本土化、原创性、草根性"的教学实验。请搜索相关报道来了解习本课堂的关键信息，包括习本课堂的内涵、教学改革理念、教师观和学生观等。

• 学习活动

请和学习同伴分享交流：与可汗学院相比，习本课堂有什么不同？有哪些特点和优点？

---

① Gwo-Jen，Hwang，Chin-Chung，& Tsai.，"Research Trends in Mobile and Ubiquitous Learning：A Review of Publications in Selected Journals from 2001 to 2010，" *British Journal of Educational Technology*，2011(4)，pp. 65-70.

• 活动反馈

习本课堂是具有中国特色的教学创新，有着中国本土文化底色。对习本课堂的分析以及对习本课堂和可汗学院的比较有助于对我国的创新课堂形成一定的认识，并能够进一步了解多种多样的以线下为主导的混合式教学形式。

第二类：移动技术支持的混合式教学。这类混合式教学结合了网络学习、线下学习及移动学习等多种教学手段，强调移动技术在学生学习中的作用，学生在移动技术支持的混合式教学中能够更便捷、灵活、自主化、精细化、社会化地进行学习。此外，学生的学习活动具有较强的情境性，移动技术能够使学生置身于真实、恰当的情境中进行有意义的学习。同时，近年来增强现实（AR）、虚拟现实（VR）技术日渐成熟，移动穿戴设备的成本也越来越低，这也为移动技术支持的混合式教学中的学习情境创建带来了更加大胆、丰富的可能性。

案例 2-9

挪威奥斯陆大学开展了具有交互与协作功能的 KNOWMOBILE 项目，该项目通过移动技术支持医学专业的学生进行线下的情景化学习及项目式学习。该校医学专业的学生要经常到医院进行专业临床实习，但在实习的过程中往往会遇到知识性问题，而移动技术则可以有针对性地为学生提供相应的支持。当学生面对某个自己不了解的病症时，可以通过手机上的软件查询远程服务器上的资料，并与导师或其他学生进行交流协作，从而对病症进行诊断。

• 活动指导

结合上述案例，思考：课程设计者为什么采用移动学习的方式？在生活中有相似的案例吗？和同学分享交流并记录在下方。

_____

_____

_____

• 案例提示

通过对该案例的分析，希望你能从较为具体微观的角度进一步认识以线下为主导的混合式教学模式。

（二）设计重点和难点

在实践中，以线下为主导的混合式教学往往被划分为三个环节：课前自主学习、课中面对面教学及课后练习反思，不同环节都直接影响混合式教学的效果。每一个环节都有设计的重点，而设计的难点在于课中面对面教学环节。

1. 课前自主学习环节

在设计课前自主学习环节时，需要重点关注的是课前学习视频的设计和课前学习任务的设计。

（1）课前学习视频的设计

学生课前自主观看的视频往往是微视频，短小精悍，时长从几分钟到十几分钟不等。其中较有代表性的是可汗学院的教学视频，每一个视频都明确指向一个知识点或解决一个特定的问题。课程视频的最终目的是让学生通过自主学习的方式提前学习知识，而时长的压缩和内容的聚焦能够更好地帮助学生集中注意力，符合学生的认知特征。此外，乔纳森等人还指出，教学视频中教师的声音要生动有活力，并且具有幽默感，从而吸引学生专注地观看视频。

（2）课前学习任务的设计

学生不仅要在课前观看视频、单向地接受知识，还要在自主学习环节中对知识进行一定程度的吸收内化。因此，学生课前的学习任务应该有一些成果产出类任务，如根据所学绘制思维导图，或者写一篇小论文，从而驱动学生进行知识的内化建构。此外，为了更好地开展后续的教学，教师需要了解学生通过前期学习达到的认知水平，因此，根据课前学习资料设计难度适中但有区分度的问题同样是课前自主学习设计的重点之一。

2. 课中面对面教学环节

课中的面对面教学环节被认为是以线下为主导的混合式教学中最宝贵、最关键的环节，从各类研究及实践案例来看，课中面对面教学应当关注三个设计的重点和难点：如何激发学生的学习积极性，怎样对学生进行有针对性的指导，以及如何引导学生进行更加深入的探究和知识建构。

（1）如何激发学生的学习积极性

课堂教学时间之所以珍贵，是因为在课堂上师生能够有机会进行充分的交流与互动，但这有赖于学生积极参与学习、主动与他人交互。因此，在课堂教学中，教师需要设计小组协作、学生竞赛、同伴互评等交互性较强的学习活动，促进学生之间的讨论交流。

（2）怎样对学生进行有针对性的指导

由于学生在前期已经进行了初步的知识学习并产生了一些问题，教师应当针对不同的学生进行有针对性的教学指导。对于人数较少的班级来说，教师可以通过直接观察、询问的方式为学生答疑解惑。对于人数较多的班级来说，教育大数据和学习分析技术可为教师准确了解学生需求提供有力的支持。例如，可汗学院的测试系统能够将学生的课前学习情况进行分析整合，及时帮助教师设计、开展课堂教学。

（3）如何引导学生进行更加深入的探究和知识建构

在以线下为主导的混合式教学的面对面教学环节中，如何促进学生的探究和知识建构是设计的关键。学生在自主学习阶段已经进行了第一轮知识内化，课堂教学需要在学生已有的认知水平上进一步加大知识内化的程度。教师可以适当地应用一些有利于学生深化认识、建构知识的教学策略，如项目式学习、探究式学习、深度学习等。而在策略的具体选择上，教师需要根据教学内容、教学目标以及学生的实际情况（学习态度、已有知识和技能等）来合理设计，例如，中学生的科学课程可以选择项目式学习策略，小学生的英语课程可以选择深度学习策略，等等。

3. 课后练习反思环节

相较于前两个环节，教师在设计以线下为主导的混合式教学课程时往往会忽视课后的练习反思环节。但事实上，这一环节能够帮助学生进一步巩固所学知识并自我反思，对于最终的教学效果同样有着重要作用。课后练习反思环节的设计需要关注的重点是怎样设计课后练习和如何促进学生的自我反思。

（1）怎样设计课后练习

课后练习的形式并不局限于习题，教师需要根据课堂学习的内容、活动进行相应的设计。例如，课堂学习活动是进行英文写作，那么学生可以在课后进一步修改完善作文。一般来说，以探究活动为主的课堂学习与总结归纳等课后活动较为适配；以深度学习为主的课堂学习则需要配以课后习题；如果课堂采用项目式学习策略，那么学生在课后就可以对项目进行迭代完善。

（2）如何促进学生的自我反思

学生在课后的自我反思也是必不可少的。通过课后的反思活动，学生对自己在学习过程中的表现进行更加全面的评价，从而提升学习的积极性和自我效能感。教师应当为学生提供一定的支架，如自我对照单、知识列表等，并要求学生提交反思评价的结果，从而促使学生开展有据可依的自我反思。

三、以线上为主导的混合式教学

（一）概述

以线上为主导的混合式教学是以在线资源学习为主，以线下面对面教学为辅的混合式教学形式，其最突出的特点就是借助 MOOC 或微课视频等线上资源开展线上学习活动。学生主要的学习活动是观看在线课程视频、阅读课程资料及完成作业练习等。在教学特性上依据教学目标可采取交互协作、自主学习、讲授教学等不同教学策略。从教学形式的主体性来看，以线上为主导的混合式教学可以分为两类，一类是基于

MOOC等已有开放在线资源开展的混合式教学，另一类则是教师自主设计开发在线学习资源的混合式教学。

以线上为主导的混合式教学结合了线上学习和线下学习的优势，充分体现在线学习的自主性和开放性，同时又能借助面对面教学的强交互性进一步辅助在线学习，较好地融合创新的课程形态与传统的教学方式。然而，以线上为主导的混合式教学实践亦存在难点，如学生在学习课程的过程中往往难以进行自我管理，对线上学习的投入程度和专注程度较低。由于这类混合式教学主要依托于线上学习，学生在线学习的质量尤为重要。

国外以线上为主导的混合式教学主要应用在高等教育领域，以高校的混合式教学案例为最多。各高校基于斯坦福大学等顶尖高校在 Coursera、edX 等平台开设的MOOC，尝试开展基于 MOOC 的混合式教学实验。我国也开始尝试基于线上的MOOC 及微课资源开展的混合式教学。以线上为主导的混合式教学的应用范畴聚焦于高等教育和职业教育。

(二)设计重点和难点

如前所述，以线上为主导的混合式教学有开放性、灵活性、低成本等优点，但同时在实践中也容易出现由教师混合式教学水平较低、学生自主学习能力不足所导致的学习质量不高等问题。因此，为了更好地发挥这一模式的优势，设计过程应当关注三个重点与难点：①选择和设计适用的在线学习资源；②保障学生的线上学习质量；③设计促进性线下教学活动。

1. 选择和设计适用的在线学习资源

在线学习资源的质量和适配度是首要问题。目前国内外学校开设了一些免费课程，但质量参差不齐。教师在选择课程资源时应当综合考量提供课程的学校、教师及课程学习者的反馈等多个因素，从中选出质量更高的资源。一般来说，提供课程的学校专业实力越强、教师声誉越好、学习者反馈越积极，那么课程的质量就越高。除了对课程本身的质量有一定要求，是否适配混合式课程的学习目标、是否适合学生学习也是教师需要考虑的问题，教师应当根据需求对资源进行适当增减和重组。① 当然，由于当前市面上的在线课程数量还较为有限，教师也可以选择自己设计制作 MOOC 或微课资源。MOOC 的建设需要一个平台和团队的支持；相对而言，微课的制作更加简单便捷，目前很多工具平台都能支持教师独立完成微课资源的制作。

2. 保障学生的线上学习质量

对于以线上为主导的混合式教学而言，线上学习的质量直接决定学生最终的学习

---

① 王峥、苏小红：《MOOC + SPOC 混合式教学研究》，载《计算机教育》，2017(1)。

效果，因此，如何监督、评价学生的线上学习是设计的难点之一。MOOC学习平台应当根据学生的学习行为数据设立一定的监督机制和预警机制。例如，若学生在一定时间内没有观看课程视频，平台就向学生发送提醒；若学生被提醒后仍然没有及时观看视频，那么平台就通知教师采取相应措施。除学习行为数据外，教师也可以在课程学习过程中设置一些简单的习题、测试等交互类活动，学生只有答对才能继续学习，从而使学生更加专注、投入，保障学生的线上学习质量。除硬性的监督机制外，设计促进学生交互和知识建构的线上学习活动也是必要的，通过这类活动，学生的学习动机能够得到更好的激发，学生实现真正有效的学习。

3.设计促进性的线下教学活动

在以线上为主导的混合式教学中，线下教学所占学时较少，所以设计好线下教学格外重要。线下教学不能简单地"画重点"或"答疑"，而应当尽可能设计促进性的线下活动，充分发挥线下面对面学习的优势，主要体现在促进交互的教学活动和促进个性化发展的教学活动。

在线上学习过程中，有一些交互性强的活动或策略由于时空分离的限制难以很好地开展，如破冰活动、头脑风暴、辩论、小组协作等，因此，在线下教学环节教师应当尽量设计此类学习活动以弥补线上学习的不足。教师还可以在线下教学环节多设计一些作品展示、评价反馈类活动以激发学生的学习兴趣、增强自信心。

混合式教学的关键就是为学生提供个性化的学习体验，所以在线下教学中教师还应当尽可能设计和促进学生的个性化学习。例如，教师可以借助学习分析工具的支持，依据学生在线上学习阶段呈现出的不同水平或不同类型，在线下教学环节为学生设计有针对性的学习任务。

案例 2-10

西安电子科技大学提出"三位(知识、能力和价值观)一体"大学英语教育目标，依托《新视野大学英语(第三版)读写教程》，挖掘人文内涵，整合思政素材，创设思政语境，探索语言知识传授与价值引领的新途径。基于课程思政的大学英语混合式教学模式实践将课程思政融入课堂教学建设的全过程，落实到教学大纲、教学目标、教学内容设计等方面，贯穿于课堂讲授、学生线上线下自主学习、教学评估等环节。

•活动指导

查找并阅读西安电子科技大学混合式教学实践的相关资料(如西安电子科技大学外国语学院的微信公众号)，梳理这一混合式教学案例的线上学习活动和线下学习活动，判断该案例是否为以线上为主的混合式教学，并和学习同伴讨论这一案例的教学设计是否很好地完成了相应重点和难点的设计。

_____

_____

_____

_____

• 案例提示

对案例的分析有助于更好地认识混合式教学模式，并在真正的教学实践中感悟以线上为主导的混合式教学模式的设计重点和难点。

🎯 教学活动建议

本节的教学重点有三个：①混合式教学模式的分类；②以线上为主导的混合式教学；③以线下为主导的混合式教学。教师应当使学习者了解两种形式的概念、特征、应用范畴以及设计重点与难点。建议教师在讲解时尽可能多地提供实际案例，并鼓励学习者分享案例。师生共同对案例进行基于教材内容的分析和评判，从而使学习者更好地理解、应用本节知识。

🎯 学习活动建议

本节学习的重点内容是了解以线上为主导的混合式教学和以线下为主导的混合式教学两种学习模式的设计重点和难点。建议学习者开展的学习活动有：①阅读教材内容及教师提供的补充案例，利用多种信息途径获取与混合式教学相关的内容，进一步完善不同混合式教学的应用范畴；②与同学、教师一起收集 2～4 个混合式教学案例，并进行讨论分析，尝试指出不同形式的混合式教学案例是否较好地完成了相应重点和难点设计。

第四节　在线课程的教学设计

前三节对目前在线教育领域中不同类别的教学模式以及相应的概念特征、应用范畴等进行了介绍。本节分别对全在线教学模式和混合式教学模式课程的教学设计流程和设计原则进行具体阐释。

一、全在线教学模式课程的教学设计

（一）设计流程

全在线教学模式课程的教学设计流程包括两个前置的分析环节——学习者分析和学习内容分析，以及四个设计环节——课程目标设计、学习活动与交互设计、课程评价设计、课程资源设计（如图 2-2 所示）。

图 2-2　全在线教学模式课程的教学设计流程

在开始具体的在线课程设计前，教师应当进行学习者分析和学习内容分析，综合两方面的分析结果对课程进行更好的定位，支持课程的后续具体设计。

课程目标设计是课程设计的靶子，只有目标明确，才能够有的放矢，所以应当把目标设计放在全在线教学模式课程设计的首要位置。设计好目标后，就可以设计相应的学习活动。对于全在线教学模式的课程来说，教学交互十分重要，直接决定学生的在线学习效果。因此，学习活动是在线课程的中心，教学交互则是学习活动设计过程需要重点关注的关键要素。在完成学习活动与交互的设计后，就可以围绕活动进一步展开，根据目标和活动确定相应的课程评价，从而评价学习者是否达成了相应目标。此外，辅助学习活动开展的课程资源也十分重要，应当根据学习活动的需求进行对照设计。

（二）设计原则

1. 关注教与学的再度整合

全在线教学模式课程中教师的教和学生的学既不在同一时间进行，也不处于同一空间，师生交互、生生交互完全依赖网络。在线教学的本质是教与学的时空分离，在线教学设计的核心是教与学的再度整合。[1] 教学交互是时空分离的全在线教学模式中教与学再度整合的关键。[2] 因此，全在线教学模式课程的设计需要通过学习活动促进学生与同学或教师进行交互，以问题、任务为驱动，保障高质量的交互，从而实现教与学

---

[1]　陈丽：《远程教学中交互规律的研究现状述评》，载《中国远程教育》，2004(1)。

[2]　陈丽：《远程教学中交互规律的研究现状述评》，载《中国远程教育》，2004(1)。

的再度整合。此外，由于在全在线教学模式课程中学生与资源的交互是教学交互的重要形式，在线学习资源的设计对于促进教与学的再度整合同样重要。

2. 为学生的学习提供明确的指导

目标设计是全在线教学模式课程设计的基础，决定了学生要学习什么以及学到什么程度。换言之，学生的学习是在目标的指引下开展的。如果学习目标设计得不好，学生在起点就可能接收到错误的信息，进而偏离正确的方向，那么即使学生在线上学习中投入大量的精力和时间，也只能事倍功半甚至南辕北辙。好的全在线教学模式课程目标应当是可测量、有标准且有条件的，这样的目标设计能够为学生的学习提供明确的指导。可测量是指能够用分数、级别等直观量化的方式表征学习者的学习状态和学习成果，可以观察、测量的目标能够更好地评估学生的发展与改变。有标准则是指对学习者获得不同分数或达到不同级别有清晰的指标。有条件则是对目标中学生外显行为所发生情境的进一步完善。目标越具体，就越能正确指引学生的学习，同时往往能更好地激发学习动机，从而提升全在线教学模式课程的学习效果。

3. 以学习活动为中心的设计

目前，全在线教学模式课程的教学设计主要有两种设计取向，一种是以资源为中心的设计，另一种则是以学习活动为中心的设计。以资源为中心的设计取向是传统教学设计思想的延续，教师更关注学生需要学习怎样的知识，却忽略课程中学习活动、学习交互的设计。以学习活动为中心的设计则将学习活动置于教学设计中心的地位，对什么是教学设计做了全新的诠释。在这一理念下，教师在设计时往往将活动作为课程的线索，串起课程资源，对学生表现性目标的实现发挥很好的支持和促进作用。在线课程的设计应当采用以学习活动为中心的设计取向。

在线学习活动是学习者为达成特定学习目标基于网络与外部学习环境进行的交互的总和，是全在线课程中最为关键且设计难度最大的部分。[①] 具体来看，学习活动的设计包含学习任务以及完成学习任务的过程设计，教师在设计以学习活动为中心的课程时需要尤其关注任务的成果形式、活动内容、活动策略、所需要的工具等。

4. 促进学生的深度学习

近年来，深度学习成为教育研究者和实践者普遍关注的话题，多次被美国新媒体联盟发布的《地平线报告》列为新兴教育发展主题。深度学习指学生在态度上积极性高，能够运用融会贯通的方法进行学习，并能够将所学知识迁移应用于实际问题解决的一种学习状态。[②] 从定义中不难看出，无论是对于传统教学还是在线教学，深度学习都是一种十分理想的学习状态。有学者指出，在线课程中学习活动的设计能够为学生的深

① 王楠、乔爱玲：《在线学习活动本质及理论基础探究》，载《中国远程教育》，2009(1)。
② 何玲、黎加厚：《促进学生深度学习》，载《现代教学》，2005(5)。

度学习提供有力支持。① 全在线教学模式的课程设计需要重点关注学习活动和交互的设计，从而促进学生的深度学习。深度学习强调信息整合、批判性思考，往往鼓励学生应用知识解决问题。根据深度学习的特点，课程可以相应地设计对学生更具挑战性的、以问题解决为主的全在线学习活动，如线上辩论赛、协作共建知识概念图、设计并开发产品、学习反思与评价等。

大量研究表明，丰富的课程学习材料能够很大程度上提高在线学习者的学习兴趣，促进学生的深度学习。课程内容的丰富性主要体现在两个方面，分别是内容的来源及内容的呈现形式。首先，要关注内容来源的多样性，汇聚多主体的知识，充分调动学习者的已有知识和经验。在互联网时代，开放、共享、联通成为教育的主流，在线课程的时空灵活性为这一观点的落地提供了有力的支持。其次，在线课程的设计还需要关注知识形式的多样性。相较于面授课堂，在线学习过程中学生与他人的交互较少，容易产生孤独感和疲劳感，对学习的兴趣和热情下降。课程应当尽可能地用更加丰富的形式呈现学习内容，从而持续激发学生的好奇心和求知欲，维持他们的内部动机。

5. 紧扣教学目标的课程评价

评价最为重要的作用就是检验学生是否达成了教学目标。如果课程在设计评价时没有遵循紧扣教学目标的原则，那么教学评价就只是累赘，无法为教师的教学提供支持，也不能帮助学生反思自己的学习。全在线教学模式课程的教学目标应当分为不同的难度层次，针对多层次的目标，具体的评价方式也有所不同。针对知道、记忆等较低层次的教学目标，教师可以设计填空、单项选择及判断正误等在线测试题目进行评价。此外，理解、应用等教学目标也可以采用在线测试的方式进行评价，多项选择、匹配及简述题与这类教学目标更加契合。布鲁姆认知目标分类中难度较大的目标是分析、综合与评价，单纯的在线测试并不能很好地检验高阶认知目标的达成。对于分析、综合的目标而言，最好的评价方式是要求学生利用课程所学知识开展调查研究或完成某项作品，例如，综合英语写作课程将完成指定主题的作文作为评价方式。评价的目标要求学习者对事物进行理性、深入、有说服力的判断，是难度最大的认知目标。教师可以让学生作为评价者反思自己的作品或在线评判他人的学习成果，并给出相应的证据，教师从学生的评价活动中对学生是否达成目标进行判定。

学习活动 2-3

　　登录学堂在线平台，选择 2～3 门全在线教学模式课程，基于以上五条设计原则，尝试与学习同伴分析并讨论：这些课程是否体现了这些设计原则？是如何体现的？能否基于以上设计原则提出进一步优化课程设计的建议？

---

① 冷静、吴小芳、顾小清：《面向深度学习的在线课程活动设计研究——基于英国开放大学的案例剖析》，载《远程教育杂志》，2017(2)。

二、混合式教学模式课程的教学设计

(一)设计流程

在以学生为中心、关注个性化学习体验的教学设计理念的指导下,北京师范大学冯晓英教授基于多年的混合式教学设计实践与研究,提出了核心目标导向的混合式教学模式课程设计方法,设计流程有"三环节,十步骤"(如图 2-3 所示)[①],能够很好地支持教师设计混合式教学模式课程。

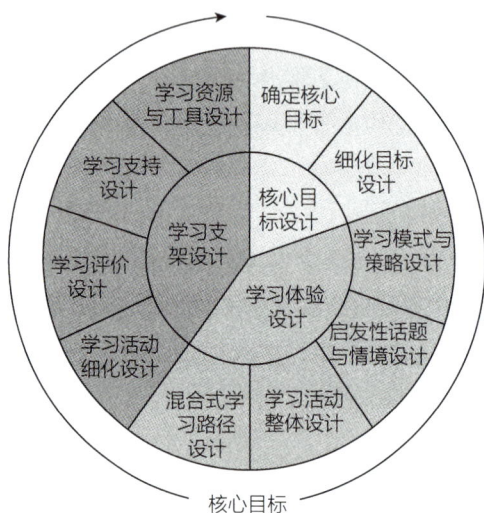

图 2-3 混合式教学模式课程设计流程

混合式教学模式课程的设计包含核心目标设计、学习体验设计和学习支架设计三个环节。核心目标设计是确定学生通过课程学习最需要掌握什么的环节,具体包含确定核心目标和细化目标设计两个步骤。混合式教学模式的课程十分强调学生的学习体验,设计流程第二个环节就是学习体验设计,创设学生在学习过程中对学习活动、交互、资源等不同课程要素的感受和体验。这一环节中的第一个步骤是学习模式与策略设计,如选择项目式学习还是探究式学习等。启发性话题与情境设计是为了更好地激发学生的兴趣,激活他们的已有知识和经验。学习活动整体设计以及混合式学习路径设计是对学习者参与混合式教学模式课程学习进而达成学习目标的路径设计,较为关键。学习支架设计是第三个环节,包括学习活动细化设计、学习评价设计、学习支持设计以及学习资源与工具设计四个步骤,对课程的微观设计层面进行完善和补充,为

---

① 冯晓英、王瑞雪:《"互联网+"时代核心目标导向的混合式学习设计模式》,载《中国远程教育》,2019(7)。

课程的具体开展实施提供支持。

(二)设计原则

1. 促进多元的混合式教学交互

教学交互是课程设计必须考虑的重要因素，对于混合式教学模式课程而言，交互则尤为重要。已有研究表明，自主学习类课程的交互水平明显低于其他类型的在线课程。[1][2] 由于交互水平对于混合式教学模式课程的学习效果有着重要影响，教师在设计混合式课程时需要遵循等效交互原理，促进多元教学交互，从而提高混合式教学模式课程的交互水平。在线课程中学生与资源的交互成本较低，但往往不够深入，并且学生容易对课程学习产生厌倦感。好的学习活动设计应当尽可能地采用生生交互、师生交互等多元交互方式，使学生能够从不同的交互中获得激励，持续激发高水平的内部动机。此外，多元交互方式还能够为学生提供不同的知识获取渠道，使学生能够从多个角度建构内化知识，提高学习质量。

2. 关注混合式教学过程中的生成性资源

混合式教学模式课程的资源设计并不局限于课程的准备阶段，在课程的实施阶段同样也需要教师予以关注。生成性资源是指在课程实施过程中教师、学生等课程参与者在完成学习活动或进行交互时产生的新信息，如问答、作业、作品等。联通主义知识观认为知识是动态、生长的，混合式教学模式课程中的知识尤其如此，在多元的交互中学生大量地产出个体极有价值的知识和智慧。但大部分在线课程并没有将隐性知识转变为外显的教学资源，信息孤岛式的课程资源建设往往难以满足学习者不断变化的学习需求以及对新教学资源的好奇心。[3] 因此，混合式教学模式课程的资源设计应当提倡生成性，教师在开展教学的过程中需要持续关注新的知识，并根据自己的经验进行筛选，将有价值的信息整合到教学资源中。生成性的教学资源设计不仅可以为学生提供更加丰富的内容支持，同时也让他们参与教学资源的开发，从而更好地激发学生的学习动机。

3. 关注学习者需求，强调个性化学习体验

混合式教学模式课程的设计要以学习者为中心，支持灵活、个性化学习。要以学习者为中心、实现个性化学习体验，首先就要关注学习者的需求，只有明确了学生的特点和需要，教师才能够相应地组织合适的教学内容，并采取恰当的教学方式、评价方式等。因此，课程的设计必须建立在充分的学习者分析、学习内容分析的基础上。

---

① 孙洪涛、郑勤华、陈丽：《中国 MOOCs 教学交互状况调查研究》，载《开放教育研究》，2016(1)。

② Beaven T., et al., "MOOCs: Striking the Right Balance between Facilitation and Self-Determination," *MERLOT Journal of Online Learning and Teaching*, 2014(1), pp. 31-43.

③ 王卫军、杨薇薇、邓茜等：《在线课程设计的原则与理念思考》，载《现代远距离教育》，2016(5)。

通过了解学生的现有知识、能力水平与教学目标之间的差距，教师能够更好地设计教学的步调和节奏，并且在一定程度上照顾到能力超前学习或暂时落后的学生。此外，学习者分析也能为教师选择教学方式提供参考，学习者偏好怎样的内容呈现形式、更喜欢自主探究还是协作学习等都是在线课程教学设计所需要的重要信息。

关注学习者需求不仅体现在课程的准备阶段，课程的实施过程也需要教师实时了解学习者的状态，动态调整教学设计，从而更好地适应学习者。相较于传统的面授课堂，教师在在线课程中很难直接观察到学生的学习情况，但近年来学习分析技术的发展为在线课程中自动识别、评估和预测学生的学习行为和绩效表现提供了可能。

混合式教学模式课程设计的核心是学习体验，无论是活动、资源、工具还是评价，都围绕这一核心进一步展开，而其中学习活动的设计对于学生的学习体验来说尤其关键。因此，对学生个性化学习体验的强调需要重点体现在学习活动的设计上。面对不同的学生，为使学习活动的设计适应学生的个性化学习体验，教师可以应用两个设计策略，分别是学习活动可选择化及活动路径模糊化。在传统教学中，由于时空的一致性，学生往往只能开展同样的学习活动，这并不能很好地满足不同学生的学习需求。而在混合式课程中，学生的学习更具灵活性和自主性，教师可以跳出原有的单线设计思路，为学生设计可选择的学习活动。同时，不同的学习活动可以组成网络式学习路径，从而支持学生个性化的选择。

4. 重视形成性评价和三角评价

自美国课程评价学者斯克里文在 1967 年首次提出形成性评价的概念后，这一评价形式就被国内外教育领域广泛关注。形成性评价不仅关注学生在学习过程中对知识和技能的掌握，同样强调学生在心理学意义上的过程学习，关注学生情感、态度、价值观等方面发生的变化。相较于总结性评价，形成性评价能够为教师提供教学信息的反馈，增加教学互动，同时也能够帮助学生增强自信心，有利于提高学生的综合素质和能力。在混合式教学模式课程中，线上部分的数据采集相对简单，减轻了形成性评价的负担，使该评价方式在混合式教学中的开展较为便捷。

此外，三角评价是指由学习者自我评价、同伴评价和教师评价多主体评价构成的评价方式。[①] 混合式教学模式中谁来评价这一问题影响学生学习动机的激发以及学习的效果，混合式教学模式课程评价需要重视三角评价。设计学生自我评价和同伴互评有利于点燃学生的学习热情，并且促使学生对知识形成更深入的理解。此外，三角评价也能够更加客观地评价学生的学习效果，一定程度上避免了单一评价的片面性。

---

① Vaughan N., *Teaching in Blended Learning Environments: Creating and Sustaining Communities of Inquiry*, Edmonton, Athabasca University Press, 2013, p. 34.

> **思考 2-2**
>
> 你是否体验过混合式教学模式课程？该课程在设计上是否遵循了上述原则呢？

🎯 教学活动建议

本节的教学重点为：①全在线教学模式课程的教学设计流程和原则；②混合式教学模式课程的教学设计流程和原则。对于缺乏教学设计经验的学习者而言，本节内容较为抽象，教师应当尽可能结合具体案例讲解，使学习者能够更加深刻地理解设计理念及原则。此外，教师还可以让学习者结合自身学习经历，讲出设计原则在真实案例中的具体体现，进一步深化学习者的知识建构。

🎯 学习活动建议

本节的重点学习内容有两点：①全在线教学模式课程的教学设计流程和原则；②混合式教学模式课程的教学设计流程和原则。建议学习者开展的学习活动有：①阅读教材内容，结合自己的经验和实际案例理解较为抽象的设计原则；②结合自己的在线学习经历，指出相应设计原则在学习中的具体体现；③与学习同伴、教师一起分析1～2个案例，尝试指出案例是否符合本节指出的设计流程和设计原则。

🎯 自我评价

一、学习经历评价

1. 你是否阅读了第二章的所有内容？

建议：如果答案为"否"，请暂停自我评价，阅读未读过的部分。

2. 你能否理解第二章的所有内容？

建议：如果答案为"否"，请首先列举不理解的内容，然后尝试利用以下方法解决遇到的问题。

①利用图书馆和网络资源，查找相关文献。

②与同学进行讨论。

③向教师提问，争取教师的帮助。

④将问题发布在线上讨论区，争取更多人的帮助。

二、自测题

1. 解释全在线教学模式的概念，并列举这一模式的特点与作用。

概念：＿＿＿＿＿＿＿＿＿＿＿＿＿＿＿＿＿＿＿＿＿＿＿＿＿＿＿＿＿＿＿＿＿＿

特点与作用：_____。

2. 列举全在线教学模式的主要形式，并尝试给出 1～2 个教材之外的典型案例。

主要形式一：_____。

　　典型案例：_____。

主要形式二：_____。

　　典型案例：_____。

主要形式三：_____。

　　典型案例：_____。

主要形式四：_____。

　　典型案例：_____。

主要形式五：_____。

　　典型案例：_____。

3. 解释混合式教学模式的概念，并列举这一模式的特点与作用。

概念：_____。

　　特点与作用：_____。

4. 列举混合式教学模式的主要形式，并尝试给出 1～2 个教材之外的典型案例。

主要形式一：_____。

　　典型案例：_____。

主要形式二：_____。

　　典型案例：_____。

5. 阐述全在线教学模式课程的教学设计流程，并简述其设计原则。

设计流程：_____。

设计原则：_____。

6. 阐述混合式教学模式课程的教学设计流程，并简述其设计原则。

设计流程：_____。

设计原则：_____。

推荐阅读文献

[1]陈丽. 远程教学中交互规律的研究现状述评[J]. 中国远程教育，2004 年，（1）：13-20+78.

[2]冯晓英，曹洁婷，黄洛颖.“互联网+”时代混合式学习设计的方法策略[J]. 中国远程教育，2020，（8）：25-32+54+77.

[3]冯晓英，王瑞雪.“互联网+”时代核心目标导向的混合式学习设计模式[J]. 中国远程教育，2019，（7）：19-26+92-93.

[4]冯晓英，王瑞雪，吴怡君．国内外混合式教学研究现状述评——基于混合式教学的分析框架[J]．远程教育杂志，2018，36(3)：13-24.

[5]冯晓英，孙雨薇，曹洁婷．"互联网+"时代的混合式学习：学习理论与教法学基础[J]．中国远程教育，2019，(2)：7-16+92.

[6]逯行，陈丽．知识生产与进化："互联网+"时代在线课程形态表征与演化研究[J]．中国远程教育，2019，(9)：1-9+92.

[7]缪静敏，汪琼．高校翻转课堂：现状、成效与挑战——基于实践一线教师的调查[J]．开放教育研究，2015，21(5)：74-82.

[8]王佑镁，王娟，杨晓兰，伍海燕．近二十年我国移动学习研究现状与未来趋势——基于中西方对比的研究综述[J]．现代远程教育研究，2013，(1)：49-55.

[9]王志军，陈丽．联通主义学习理论及其最新进展．开放教育研究，2014，20(5)：11-28.

[10]王志军，陈丽，郑勤华．MOOCs的发展脉络及其三种实践形式．中国电化教育，2014，(7)：25-33.

[11]徐葳，贾永政，阿曼多·福克斯，戴维·帕特森．从MOOC到SPOC——基于加州大学伯克利分校和清华大学MOOC实践的学术对话．现代远程教育研究，2014年第4期.

[12]余胜泉，杨晓娟，何克抗．基于建构主义的教学设计模式[J]．电化教育研究，2000，(12)：7-13.

[13]约翰·巴格利，陈丽，年智英．反思MOOC热潮[J]．开放教育研究，2014，20(1)：9-17.

全在线教学模式课程的教学设计　　混合式教学模式课程的教学设计

第三章

在线自主学习与学习支持服务

本章概述

　　随着计算机技术和信息通信技术的快速发展，在线学习的形式越来越多样。新冠肺炎疫情防控期间大规模的在线教学实践增进了社会公众对在线学习的认识，在线学习凭借灵活、开放、共享等特征已成为主要的学习形式之一。在线教学是一种时空分离的教与学，教与学的时空分离带来了教与学关系的弱化，使在线学习面临特殊的挑战与困难。在线教学除做好教学设计外，还经常用两个策略来强化教与学的相互作用。一是提供学习支持服务，即在线教育机构通过各种形式和途径为学习者提供帮助和支持，解决学习者学习过程中的困难和问题。二是提高学习者的自主学习能力，如做好时间管理、自我计划、自我调节等。良好的学习支持服务和自主学习能力是保证在线学习效果的关键。本章介绍在线学习与传统课堂学习的区别，阐释在线学习的特点，并基于此介绍学习支持服务的功能及类型，以及自主学习的重要性和相应的培养方法。

知识结构图

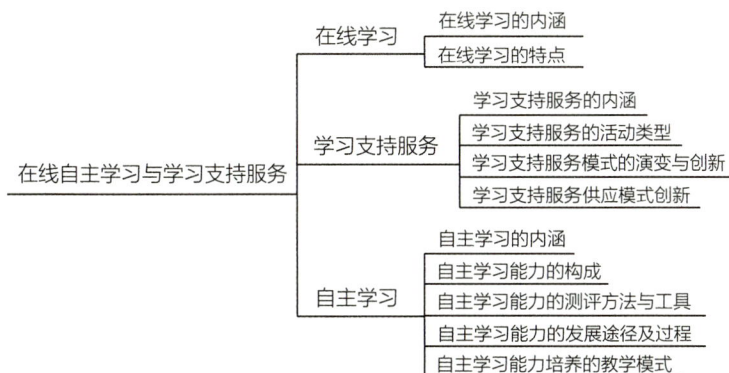

🎯 学习目标

- 能够说出在线学习的不同形式，并阐释随着技术发展在线学习内涵的演变。
- 能够阐述"互联网+"时代在线学习的新特点，并解释这些特点产生的背景。
- 能够说出学习支持服务的内涵和分类，并解释相应的服务功能。
- 能够阐述"互联网+"时代学习支持服务的新特点、新类型及新模式。
- 能够说出自主学习的作用和意义，并阐述自主学习的特征。
- 能够说出自主学习能力的构成。
- 能够理解自主学习能力的培养与传统课程知识传授的区别。
- 能够应用自主学习培养模式和方法，借鉴相关案例，设计自主学习能力培养活动。

第一节　在线学习

　　大数据、云计算、云存储、情境感知等技术在教育领域不断应用与融合，深刻影响着人们的学习方式，其中最显著的影响是学习空间由物理空间拓展至信息空间，并在物质、社会和精神三个空间层面体现出联通与融合的显著特征。[①]　人人可学、处处可学、时时可学成为现实，社会联通、去中心化、开放共享、动态变化的学习形式逐渐形成。

---

① 李爽、鲍婷婷、王双：《"互联网+教育"的学习空间观：联通与融合》，载《电化教育研究》，2020(2)。

思考 3-1

你是否有在线学习的经历，如参与 MOOC 学习、在新冠肺炎疫情防控期间上网课以及学习得到、知乎等平台上的课程？如果有，请结合自身经历思考以下问题。

- 在线学习与传统课堂中的学习有什么区别？
- 在线学习有什么特点？

_____

_____

_____

如果你没有相关经历，建议注册一门 MOOC 进行学习，或者在得到、知乎等平台上学习一些课程，在体验在线学习的过程中思考上述两个问题。

一、在线学习的内涵

在线学习和技术的发展是分不开的。随着技术的发展，在线学习的形式和内涵也发生了变化。与在线学习相关的术语有很多，如远程学习、数字化学习、移动学习、分布式学习、计算机辅助学习等。值得注意的是，这些概念并不仅仅关注学习，而是同时涉及教与学两个方面。在与在线学习相关的各种文献中，这些术语被不同研究者采纳，虽各有侧重，但很多时候它们的区分并不明显，甚至可以通用。这里主要介绍远程学习、数字化学习和移动学习，其所对应的技术环境如表 3-1 所示。

表 3-1　不同在线学习形式的技术环境

在线学习形式	技术环境
远程学习	各类传统与非传统的媒体技术
数字化学习	计算机技术和网络通信技术
移动学习	移动通信网络和移动终端设备

(一)远程学习

远程学习是最早出现的在线学习概念之一，指学习者利用各类学习资源和通信设备，在没有助学者(教师)连续面授指导的情境下发生的学习行为和思维活动。[1] 远程学习以教与学的时空分离为主要特征，更强调时空分离而非技术环境本身。因此，学习者利用各类媒体技术的独立自主学习、基于资源的开放灵活的学习、通过网络的学习

---

[1]　丁兴富：《远程教育学基本概念与研究对象之我见》，载《开放教育研究》，2005(1)。

等都被认为是远程学习。

(二)数字化学习

随着计算机技术和网络通信技术的快速发展和广泛运用，数字化学习成为在线学习的代名词，主要指通过网络进行学习的形式，又被称为网络化学习或电子化学习。数字化学习有三个关键特征。一是学习环境数字化。数字化学习是在一个信息化的学习环境中发生的，具有信息显示多媒体化、信息传输网络化、信息处理智能化和教学环境虚拟化等特征。二是学习资源数字化。在数字化学习中，学习资源经过数字化处理，包括文字、图像、声音、动画、课件和视频等多种形式，具有多媒体化、超文本、实时交互、资源共享等特点。三是学习过程交互化。在数字化环境发展和实时交互协作工具大量涌现的基础上，学习过程基于交互开展，基于协作的探究式学习、小组合作学习等成为主要的数字化学习方式。

(三)移动学习

移动通信网络和移动终端设备的迅速发展促生了在线学习的又一种形式——移动学习。移动学习的移动性、情境性特点使其成为区别于远程学习、数字化学习的新表现形式。移动学习是学习者利用移动通信网络技术及移动终端设备获取教育信息、教育资源和教育服务，并在适当的情境下通过移动技术实现教与学的丰富交互，随时随地进行的数字化学习形式。[①] 移动学习的主要特征是移动便捷，学习者可以借助移动便捷式设备，利用碎片化时间，在任意地点开展学习活动。同时，由于这种便携性，学习者可以在问题解决过程中随时使用移动终端设备进行学习，这种学习与真实、自然的社会情境更贴近，更有助于实现情景化学习。

如前文所述，在线学习的内涵随着技术的演变呈现出不同的侧重点。随着互联网技术的发展，在线学习的内涵又有了新的发展和变化。丁兴富认为，在线学习泛指基于电子信息通信技术的学习，特指基于各类电子通信网络特别是以互联网为代表的计算机网络的学习，即基于互联网发布信息资源和学习任务供学习者进行学习。[②] 该解释强调了互联网媒介在在线学习中发挥的重要作用。西蒙斯将在线学习界定为完全使用互联网进行教学，学习者和教师不需要同时在同一地点的学习，是远程教育的一种形式，但不包括远程教育的传统方法，如通过广播电视、传统形式的视频会议、录像带和独立的教育软件程序等进行的教育。[③] 该解释把以传统媒体技术为沟通媒介的远程学

---

① 郭绍青、黄建军、袁庆飞：《国外移动学习应用发展综述》，载《电化教育研究》，2011(5)。

② 丁兴富：《网络远程教育概念辨析及中英文术语互译研究》，载《电化教育研究》，2009(7)。

③ Siemens G., Gašević D., Dawson S., *Preparing for the Digital University: A Review of the History and Current State of Distance, Blended, and Online Learning*, Edinburgh, Mooc Research Initiative, 2015, p. 100.

习排除于在线学习的范围之外，强调互联网作为在线学习媒介的唯一性。金慧认为在线学习包括在线学习和教学两个方面，注重在线学习环境中的交互、资源传递、在线支持和服务等，内容组织方式以线上课程为主，注重学习活动的设计。[①] 该定义把教学也纳入了在线学习的内涵，强调教师通过对学习者进行反馈以达成师生之间的双向交互。

除以上学者对在线学习的解释外，目前联通主义学习理论更为贴切地解释了互联网时代的在线学习。联通主义表述了一种适应当前互联网发展带来的社会结构变化的学习模式。它将学习情境视野放在网络社会结构的变迁中，认为学习是在知识网络结构中一种节点和关系的重构和建立，即"学习是一个网络节点联结的过程"[②]。除了掌握学习的方法与内容，借助在线学习环境中各种非人的工具设施找到学习的路径也成为在线学习所要达到的目标。换句话说，在线学习中"怎样学"与"学什么"正在由"从哪里学"（了解从哪里可以找到所需要的知识）补充甚至替代。[③] 互联网时代的在线学习是一个网络形成的过程，学习者在交互过程中不断建立联系，形成关系网络，同时关系网络又促进学习者知识的建构和生成。

通过上述对在线学习的解释可以看出，互联网时代的在线学习强调学习者身处互联网学习环境中，充分利用互联网学习平台与资源，实现与学习内容、教师及其他学习者的动态双向交互。在这种形式下，知识是一种网络现象，学习不是被动获得知识的过程，而是信息网络建立的过程；教与学关系不再是线性关系，而呈现出复杂系统的特点，其目的是为学习者搭支架、创情境，让学习者与有价值的学习源建立联系。

二、在线学习的特点

在线学习打破了物理空间和时间的限制，真正实现随时随地的学习，与传统课堂学习相比，在线学习具有以下特点。

(一)自主性

自主性是实施在线学习的前提和基础，也是决定在线学习质量的关键。在线学习空间以开放互联为显著特征，需要学习者对学习的过程和结果所具有的自我负责意识和责任感比在传统面授情境下更强，同时在线学习空间也为学习者的自主性提供了更大的发挥空间。

---

① 金慧：《在线学习的理论与实践：课程设计的视角》，7 页，北京，清华大学出版社，2017。

② Siemens G.，"Connectivism: A Learning Theory for the Digital Age," *Instructional Technology & Distance Learning*，2004(2)，p. 3.

③ 刘菊、钟绍春：《网络时代学习理论的新发展——连接主义》，载《外国教育研究》，2011(1)。

在线学习中，学习者可以是学习内容的创造者，而不是在被动、灌输式学习中成为学习内容的消费者。[①] 学习者可借助计算机、平板电脑、智能手机等工具自主确定学习进程、选择课程内容、诊断学习效果。为了适应自主性的特点，在线学习要求学习者自我激发学习动机，努力克服各种心理障碍，保持学习的积极性；能够根据课程要求制订适合个人特点的学习计划；同时对学习情况有准确的感知，对学习环境有准确的敏感性和随机应变能力。

(二)灵活性

灵活性是在线学习的核心特征。[②] 灵活性是多维度的，意味着学习者更容易获得学习机会，更方便地选择学习时间和地点，可以根据自己的兴趣选择学习内容甚至评价方式。

第一，时间的灵活性。采用在线学习的方式，学习者可自由协调学习的时间，白天和夜晚都可以；也可以设定学习的时长，选择整段时间或零碎时间；还可以调节学习的进度，或快或慢，只要能在规定的时间内完成学习任务，便能得到课程评价的认可。

第二，空间的灵活性。学习内容通过网络传输到学习者面前，只要有网络，学习就有机会发生。这种学习空间上的灵活性将分散在各地的学习者、教师和学习资源联系起来，使跨越空间障碍的学习成为可能。例如，北京四中网校构建了基于直播课堂的双师模式，让四中网校教师与当地教师分别负责授课与辅导，有效地缓解了贫困地区师资薄弱的问题。这不仅是空间灵活性的表现，也体现了空间融合带来的组织和教学模式创新。

(三)媒介性

尽管在线学习并不排斥短期的面授，但大多数学习行为和教学行为是通过媒体间接实现的，面对面的直接人际交互不再是主要学习形式。在线学习的结果在一定程度上依赖于媒体的功能和学生使用媒体的水平。

在线学习中大量的学习资源是通过计算机和网络间接提供给学习者的，熟练使用各种媒体及媒体环境中的学习资源是对在线学习者最基本的素质要求。此外，在线学习中的交互也是基于媒体间接实现的。这种交互包括同步的视频会议、聊天，以及异步的论坛、社团的讨论与邮件信息，但无论是同步还是异步，都必须发挥媒体在交互信息传递中的中介作用。

---

① 潘泽泉：《当代社会学理论的社会空间转向》，载《江苏社会科学》，2009(1)。

② 约翰·丹尼尔、李薇：《灵活性：在线学习的核心要素》，载《中国远程教育》，2017(1)。

(四)交互性

随着信息技术和学习理论的发展，新兴学习媒体相较于以往的学习媒体在促进学习的交互性方面取得了很大的进展，学习者、教师及学习资源之间跨越时空的多元、智能和深度交互成为现实。

在线学习提供了两种交互方式。一种是学习者与学习内容的交互，即学习者基于自身的学习经验，对在线学习中呈现的内容进行理解与认识。这个过程可以通过阅读、分析、评论、批注学习材料来实现。同时，在线学习中呈现的内容会反过来促进学习者经验的调整与重组。另一种是学习者与教师或其他学习者之间的交互。这种交互是一种社会化交互，有助于促成社会性知识的建构。在各类在线学习系统中，学习者可以通过邮件、讨论区、答疑区、作业、同伴互评等实现与教师、其他学习者之间的交互。这些交互都可以促进学习者对知识的建构，实现学习者个人理解的逐步发展。

在线学习中的交互呈现双向、动态的特征。互联网提供了双向通信机制，在线学习的参与者既是信息的发出者，也是信息的接受者和反馈者，参与者之间可以展开双向对话。随着互联网技术的发展，在线学习的交互越来越高效便捷，学习者之间、学习者与教师之间的距离感逐渐减弱，双方交互的内容也可以根据实际情况进行及时调整。这种双向、动态的交互可以有效地减少学习者在线学习的孤独感和集体匮乏感，有效地激发学习者在线学习的学习兴趣和学习积极性。

> **思考 3-2**
>
> 回顾自己参与 MOOC 或在其他平台进行在线学习的经历，思考以下两个问题。
> - 你的在线学习经历是否体现了交互性特征？如果是，对应补充相关案例。
> - 交互性这一特征是否还有其他表现？如果有，补充在下面横线处，并提供相关案例。
>
> _____
>
> _____
>
> _____

(五)自组织

相比于传统课堂学习，在线学习没有固定的组织结构，学习者根据自身学习需要自由组合，学习者群体始终处于变动，不断有人退出，同时也不断有人加入。极端的情况是，某些人只是为了解决某个特定问题而进入某个学习群体，一旦问题得到解决即退出。尽管这样的学习群体结构相对松散，但经过一段时间的演化，如果发生了从无序到有序的转变，则会具备内在的稳定性。这种组织不是自上而下设立的，而是自下而上自然形成的，这就是自组织现象。例如，在豆瓣、知乎等互联网知识平台上，起先具有同类需求的学习者自发组成某种圈子，随后圈子逐渐扩大，并向全体社会成员开放。伴随知识需求的产生与满足，其成员进行动态调整，最终形成了以去中心、学习资源的自增长性、自发产生群体规范为特点的自组织模式。

1. 去中心

互联网是一个没有中心的扁平化结构，而不是一个由上而下的层级结构。在一个去中心的网络环境中，谁都可以成为中心，谁都不是唯一的中心。同样，网络上的信息和知识也是分布在各个结点的，没有中心和层级。在线学习去中心的特点使每一个在线学习者都有平等的发言权，每一个在线学习者都可以成为资源和服务的提供者，传统师生二元结构的权力关系被彻底颠覆。在这种背景下，师生角色不是固定的，可以说，人人都是学生，人人也都是教师。由于没有传统意义上的师生角色，学习者相互之间知识的传递主要通过讨论进行。这种基于问题的讨论通常是发散的，即由一个问题引出更多的相关问题，分布在各个结点上的信息与知识得到激活。学习者也通过参与这种发散性的讨论来掌握分布在各个结点上的信息与知识。

2. 学习资源的自增长性

在自组织的在线学习模式中，虽然没有明确的提供者，但学习资源能够呈现出明显的自增长性。其主要原因是在线学习的自组织模式打破了以教师、书本为学习内容主要来源的传统学习方式的局限，每一个学习者都可能成为学习资源的提供者。同时，学习者之间的交互数据也是一种生成性资源，这种特殊的资源形式也成为其他学习者学习的资源。

3. 自发产生群体规范

自组织的学习群体也有规范，这种规范可分为两种，一种是外部赋予的规范，如在群体中发言不能违反国家法律。另一种是随着组织的发展自发产生的规范，如应该怎样在组织内寻求帮助、组织内欢迎或不欢迎的话题是什么等。虽然也有组织将这种自发产生的规范明文列出，但更多的只存在于学习群体成员之间所达成的默契之中。不管是否明文列出，这种自发产生的组织规范对维护组织的秩序、保持其稳定性起到了至关重要的作用。

(六)草根服务草根

草根一词在生活中有多种含义，但在"互联网+"时代背景下，草根的内涵是"群众、个体、普通人"，不再有"欠发达地区、乡村地区"的意思。具体确定为社会中的个体用户、个体学习者。[①]

---

① 孙雨薇、陈丽：《"互联网+"时代下"草根服务草根"模式发展两面观——在线教育领域中草根模式发展的问题分析》，载《开放学习研究》，2018(5)。

互联网不仅是每个人展现自我的舞台，而且将这些能量有效汇聚，实现时代性的突破和创新。[①] 互联网时代的在线学习汇聚了全社会的力量，不仅有政府、学校和校外教育机构，还有广泛的社会机构、普通个体，甚至可以是看起来与教育工作毫无关系的普通人，越来越多的所谓非知识精英阶层通过网络分享大量经验和智慧，人类的经验可以不经符号化就直接分享和传播，这就形成了互联网时代下在线学习的新现象——草根服务草根。

可汗学院是草根服务草根的典型案例。2005 年，萨尔曼·可汗为了远程指导家人学习而创建了可汗学院，如今可汗学院的课程已被翻译成 36 种语言。它最与众不同的做法是不对课程的提供者进行身份限制，任何人只需要通过电子邮箱地址即可轻松注册教师账户，提供自己的课程。同时，任何人都不用走进学校，可根据自己的需要在互联网上免费学习这些课程。由于身份对等，这些课程在某种程度上比学校教育更加符合学习者的需要。可汗学院的独特价值在于开创了一种由草根提供教学内容满足草根学习需求的教育实践模式，从根本上颠覆了以传统学校为核心的教育体系。

(七)个性化

促进人的个性化发展是教育追求的目标之一。在线学习的学习者的个性化学习需求可以得到更好的满足。草根文化、自媒体的普及使得知识的生成更加迅速，知识可以不再经过大学、出版商等传统知识机构的生产、鉴别与发布就呈现在学习者面前。这种知识具有个性化和境域性的特征并大量汇聚，学习者可以更容易地根据自己的需要和兴趣找到适合的资源。例如，在快手、抖音、哔哩哔哩等自媒体平台已有大量可以满足学习者个性化学习需求的知识。同时，在线学习形式多样，提供多种形式的资源，如文字、音频、视频等，可以满足不同风格学习者的需求。

此外，大数据和学习分析技术的发展带来了日益丰富的学生数据，这些数据既包括学生智力成就方面的数据，又包括影响学业成绩和职业成就的学生情感数据及行为数据。基于这些数据，学习者可以更方便地在学习过程中动态调整学习路径，从庞大的互联网资源库中找到个性化的学习资源，找到与自己具有相似学习偏好的学习同伴，及时发现自己的不良学习行为并主动干预。

(八)开放共享

"互联网+"时代的开放共享包括信息空间与思维空间的开放共享。互联网创造了开放共享的信息空间，在各种互联网终端的支持下，世界各地的信息通过网络瞬间汇聚

① 陈丽、李波、郭玉娟等：《"互联网+"时代我国基础教育信息化的新趋势和新方向》，载《电化教育研究》，2017(5)。

到一起。任何人无论相距多远，无论是否相识，最多通过六个网络节点即可建立信息共享关系。① 这种开放共享的信息空间打破了学校的围墙，使校内与校外教育更加密切配合，协同促进学习者的发展。信息空间的开放共享也推动着人们思维空间的开放共享。在互联网中，学习者更愿意将自己的想法、经验等通过社会化的行为显性表现出来，思想火花的碰撞可极大地拓展学习者的思维边界，丰富学习者的知识。

教育数据与学习资源的开放共享是在线学习开放共享特征的重要表现。自开放教育资源运动开展以来，资源共享成为一种趋势。视频公开课、MOOC 等多种形式的资源共享形式层出不穷。尤其是 MOOC 平台，除提供免费视频资源外，还为学习者提供各种用户交互性社区，建立交互参与机制，充分体现高质、公开、免费、共享的特征。

另外，开放还意味着学习方式、学习评价的开放和多元。在学习方式方面，学习者更多地开展跨学科、跨专业式的学习；在学习评价方面，评价方式要多元且以过程性评价为主，借助大数据技术开展多方位评价。

(九)互联互通

随着信息力量迅速壮大，世界已经从由物理空间和社会空间组成的二元空间进入了由物理空间、社会空间和信息空间组成的三元空间。② 在以互联网为基础的信息空间内，个体学习者与组织生态实现了高度的互联互通。

1. 个体学习者层面的互联互通

网络环境中的学习是学习者积极、频繁地与外界搭建联系、持续发生物质交换和信息交流的过程。③ 在线学习社群中的学习者通过持续参与交流讨论、添加其他学习者、分享个体学习资源、生成系统化知识等活动与其他学习者建立联系，形成具有社会化学习特征的网络。每个学习者都是该网络中的一个节点，通过节点与节点之间的联结形成知识不断流动的传输管道。

2. 组织生态层面的互联互通

各种开放的共同体、社群和小组等非实体、网络化、虚拟的组织机构之间通过互联网实现了互联互通。这样的联通借助自组织、动态化的社区等形式，可以打破时间、空间及现实社会中原有的组织机构、管理规则的局限，实现跨界的联合和创新，并在不断重构、发展、迭代和演化的基础上创生出新的在线学习生态体系。④

---

① 陈丽、逯行、郑勤华：《"互联网+教育"的知识观：知识回归与知识进化》，载《中国远程教育》，2019(7)。
② 潘云鹤：《人工智能 2.0 与教育的发展》，载《中国远程教育》，2018(5)。
③ 李小杉、陈丽、王文静等：《联通主义视阈下的 cMOOC 知识生产的实证研究——基于机器学习的对比分析》，载《中国远程教育》，2020(1)。
④ 王志军、陈丽：《联通主义："互联网+教育"的本体论》，载《中国远程教育》，2019(8)。

学习活动 3-1

教育产品交易平台（如网易有道、腾讯课堂、淘宝同学等）汇聚平台商、机构、教师、课程等资源，普通人也可以是教育产品的提供者，可以在平台上分享资源、获取资源。近年来，哔哩哔哩、快手等文化社区和视频平台的兴起加速了这一文化现象的扩大，用户不仅可以分享资源，还可以通过实时评论功能进行交互。登录这些平台或社区，了解其运行模式，有条件的话可以尝试分享一些课程资源或参与部分课程的学习，在此过程中体会在线学习的自组织、开放共享、互联互通等新特点。

教学活动建议

本节内容是在线学习的内涵和特点。教学重点应放在帮助学习者区分在线学习与传统课堂教学上，并以此为基础理解在线学习的特征。建议教师组织学习者体验不同的在线学习形式，让学习者结合自身经历和体验，深入分析在线学习与传统课堂的不同。另外，可以通过让学习者举例的方式讲出在线学习特点的具体表现形式。

学习活动建议

阅读教材内容，结合相关的学习经历，理解在线学习的特点。

给每一种在线学习的特点提供一个新案例。

第二节　学习支持服务

在远程学习中，无论是早期的函授教育，还是现在大规模在线教育，教师和学生都处于时空分离的状态，即使是在线直播教学，师生也处于不同物理空间，学生在在线学习的过程中会遇到各种类型的问题与困难，可能是课程学习方面的问题，也可能是技术操作、个人情感等方面的问题。但是，在远程状态下，教师无法像在面授课堂中一样随时注意到学生的问题，这些问题若不及时解决就可能影响学生的学习进度，削弱学生的学习动机，使他们产生消极情绪。因此，学习支持服务在教学时空分离的情境下是十分有必要的，在线教师团队通过学习支持服务及时响应学生在学习中的需求、解决问题，从而促进学生的学习参与，确保在线学习顺利有序进行。

> **思考 3-3**
>
> 　　仔细回忆自己的在线学习经历，如 MOOC、新冠肺炎疫情防控期间的线上课程、在线直播课程、移动学习等，想一想在线学习中教师、助教、课程平台等主体分别提供了哪些学习支持服务，重点思考以下问题。
>
> - 你参加的是什么类型的在线学习？
> - 你认为什么是学习支持服务？这门课程提供了哪些学习支持服务？
> - 你认为这些学习支持服务活动可以分成几种不同类型？
>
> _____
>
> _____
>
> _____

一、学习支持服务的内涵

　　学习支持服务的范畴十分广泛，小到提醒学生学习，大到部署整个课程学习工作，不仅包括解决学生学习问题的学术辅导，还包括帮助学生应对其他方面学习障碍的非学术支持。国内外的许多学者都结合自身远程教育的实践，从不同视角解释了学习支持服务的内涵，根据学习支持服务的功能，可大致将其分为四大类。

（一）机构或课程与学生的中介服务

　　1978 年，英国开放大学的大卫·西沃特在《远程学习系统对学生的持续关注》中最早提出学生支持的概念，并于 1993 年在《远程教育中的学生支持服务系统》中将学生支持定义为远程教育系统和学生之间的一种中介手段，通过这种手段，学生可以充分利用远程教育机构提供的各项资源与服务。[①] 西沃特指出，学生支持服务的相关人员应向学生解释远程教育系统中各种复杂的材料和程序，与采用制造业管理模式的课程开发系统不同，学生支持具有服务业的特征。

　　丁兴富是我国较早关注学习支持理论研究的学者，他对西沃特给出的学习支持服务的定义进行了完善：学生学习支持服务是远程教学院校及其代表教师等为远程学生提供的，以师生或学生之间人际面授和基于技术媒体的双向通信交流为主的，各种信息、资源、人员和设施的支持服务的总和，其目的在于指导、帮助和促进学生的自主

---

① Sewart D.，"Student Support Systems in Distance Education，" *Open Learning：The Journal of Open and Distance Learning*，1993(3)，pp. 3-21.

学习，提高远程学习的质量。[①] 丁兴富同样认为学习支持是远程教育机构与学生的中介，并强调学习支持在发挥中介作用时具备交互的特征。

(二)辅助课程有序进行的支持服务

第二代远程教育包括课程开发与学习支持两个阶段，课程开发与学习支持是两个独立的子系统，课程材料通常预先开发，学习支持则以帮助学生更好地进行课程学习为目的。有些学者从该视角出发给出了学习支持的定义。例如，1995 年，英国开放大学的艾伦·泰特提出学习支持是远程教育系统促进与支持具有不同学习兴趣与基础的学生(包括个体和小组)学习标准化课程的重要途径，是弥补远程教育标准化课程可能忽略学生个性化需求与差异的缺陷的重要教育活动。2002 年，英国开放大学的奥蒙德·辛普森指出学习支持服务是课程材料开发之外支持学生学习过程的其他所有措施，并将其归纳为学术型支持和非学术型支持两种类型。[②]

(三)响应学生需求的支持服务

随着互联网技术不断发展，网络教学模式不断普及，国内外学者对在线学习环境中学习支持的定义进行了反思和重构，在线学习的交互性和开放性使得学习支持与课程开发的边界更加模糊，学习支持的功能定位从促进课程材料学习拓展为对学生各类需求的响应。例如，玛丽·索普认为以计算机为媒介的通信和网络使学习支持的概念发生了改变，她给出的学习支持定义为："在学生学习过程前、过程中和过程后，能够对已知学生个体或小组做出响应的所有元素。"[③]索普的定义将学习支持服务的时间跨度扩展到学生整个学习期间，并突出了学习支持的交互本质。索普认为学生在两种情境下需要支持：一是在远程教育院校系统就读的学生需要了解他们在课程学习前、学习过程中和完成后能够获得学校哪些支持；二是在课程学习过程中学生需要支持，如怎样更好地完成某项作业、如何与其他学生联系等。特里·安德森在索普的启发下也对网络教学中的学习支持给出了定义。安德森认为学习支持是教育对已知的学生个体或小组做出反应的所有活动和元素，这些活动与元素用来支持学生在学习过程中认知、情感和系统三个方面的需求。

---

① 丁兴富：《论远程教育中的学生学习支助服务(上)》，载《中国电化教育》，2002(3)。
② Simpson O. , *Supporting Students in Online* , *Open and Distance Learning* , London，Kogan Page，2002，p. 132.
③ Thorpe M. , "Rethinking Learner Support：The Challenge of Collaborative Online Learning，" *Open Learning：The Journal of Open* , *Distance and e-Learning* , 2002(17)，pp. 105-119.

(四)基于用户中心的个性化服务

"互联网+"时代带来了学习方式、过程与组织形式的变化，在这个时代，网络技术日益先进，网络的承载能力和计算能力不断增强，在线学习资源更加丰富，各种智能终端支持下的在线学习更加灵活与开放，在线学习方式也更加多元，越来越多的人习惯随时随地利用网络进行碎片化学习，在线社群也成为学习的重要组织形式，这些变化都对在线学习支持提出了新的挑战。李爽重新反思"互联网+"时代在线教育学生支持实践的特征与功能，将在线学习支持定义为："在线教育机构促进和优化在线学习过程，响应学生在就读前后的各类需求，支持教育产品和服务个性化的所有活动和元素的总和。"①李爽借鉴了索普关于学生支持发生在课程和学校系统两种情境中的观点，认为在线学习支持涉及教学(微观)和教育服务(宏观)两个层面。在教学层面，学习支持的主要功能是促进和优化学习过程；在教育服务层面，学习支持的主要功能是响应学生需求、支持教育产品和服务的个性化。

"互联网+"时代在线教育的学习支持与传统学习支持一样，延续了在教学和教育服务层面的功能，并且都具有服务业的特点，满足现代服务产业的普遍原则。但不同的是，传统学生支持围绕已经开发的课程或项目提供服务，而随着用户定制服务需求的增强，学生支持服务将直接引导课程或项目的生产制作，体现"互联网+"环境中用户中心的特征。

二、学习支持服务的活动类型

(一)学习支持服务活动早期分类框架

学习支持服务的活动类型多种多样，国内外许多学者从不同视角对学习支持服务的活动类型进行了归纳。最早提出学生支持概念的西沃特根据学习支持的提供方式，将学生支持划分为基于人际面授的双向通信支持(连续的通信)和基于技术媒体的双向通信支持(非连续的通信)。索普根据支持服务提供的背景，将学习支持分为学校机构提供的支持服务和课程提供的支持服务。

泰特和辛普森的分类框架是许多学习支持服务系统模型构建的理论基础。泰特根据学习支持所要解决的问题的类型，将学习支持服务分为认知支持、情感支持和系统

---

① 李爽：《基于学习分析的在线学生支持》，3页，北京，中央广播电视大学出版社，2016。

支持三类。① 认知支持是指学习支持作为学生与标准化课程材料之间的中介来支持和发展学习；情感支持是指提供一个能够支持学生和提高学生自我效能感的环境；系统支持是指建设一个有效、透明、友好的行政管理过程和信息管理系统。

英国开放大学和亚洲公开大学都参考泰特的相关思想构建了学习支持服务模型。英国开放大学学者在泰特的分类基础上添加了反思性支持类型，该支持类型指通过给学生提供信息、建议、指导、学费等支持，帮助学生明确学习目标、增强学习动机、提升学习能力，并且构建了 ARCS(情感、反思、认知、系统)学习支持服务模型(如图 3-1 所示)，该模型成为英国开放大学学习支持服务系统的基础模型。② 亚洲公开大学学者在 ARCS 模型中增加了性别支持类型③，该支持类型包括发展生活技能、建立自信心、政策和学习环境等方面的支持(如图 3-2 所示)。

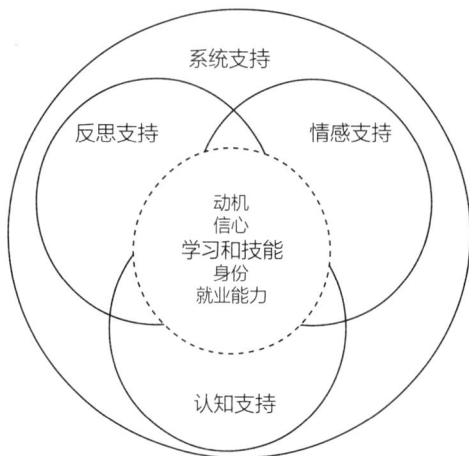

图 3-1　ARCS 学习支持服务模型　　　图 3-2　亚洲公开大学支持服务模型

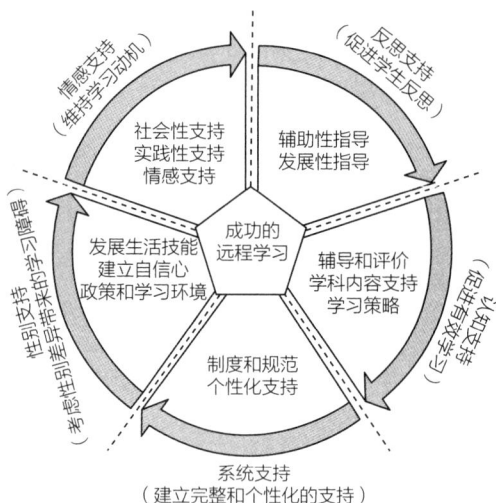

辛普森认为应围绕认知、情感和组织三方面的能力对学生展开支持。他将学习支持分为学术性支持和非学术性支持。学术性支持主要为在具体的课程中、在教学过程中对学生在认知、智力和知识等方面提供的支持；非学术性支持主要是对学生学习时的情感和组织方面提供的支持。④

---

① Tait A.，"Planning Student Support for Open and Distance Learning," *Open Learning*，2000(15)，pp. 287-299.

② Atkins P.，"Transformation and Integration through Research and Enquiry: A Centre for Excellence," *Teaching and Learning Perspective*，2008，pp. 181-192.

③ Jung I.，Hong S.，"An Elaborated Model of Student Support to Allow for Gender Considerations in Asian Distance Education," *International Review of Research in Open and Distance Learning*，2014(15)，pp. 170-188.

④ Simpson O.，*Supporting Students in Online*，*Open and Distance Learning*，London，Kogan Page，2002，p. 133.

泰特和辛普森分别从学生的困难和能力需求对学习支持活动进行归类，有一定的相似性。学生在认知、情感和系统方面的困难与其在认知、情感和组织方面的能力不足密切相关，这也是参与在线学习的学生普遍遇到的困难，这为划分在线学习支持活动的类型提供了一定的参考。此外，泰特和辛普森都将建立或改善机构系统环境以更好地满足和适应学生需求纳入学习支持活动的范畴，可见，学习支持作为机构与学生的中介，同样关注学生需求对机构系统改进的要求，从而促进两者的发展。然而，泰特和辛普森的分类也都有局限性，难以囊括当前学习支持服务的所有实践。例如，辛普森的分类缺乏情感支持，没有清晰界定两类支持中激励动机的差异。泰特将认知支持局限在标准化课程材料学习的范畴，忽略了社会构建和联通学习中的认知支持。

丁兴富根据支持服务的内容及形式将学习支持分为六种类型：信息服务、资源服务、人员服务、协助组织和开展实践性教学、对远程学生的评价、设施服务。[①] 王继磊明确提出学习支持服务的四大要素及其重要性：信息服务是服务先导，教学资源是学习依靠，人员服务是核心，设施服务是保证学习的前提。[②] 陈丽将学生支持划分为补救性支持和发展性支持两类，补救性支持以解决学生学术和非学术问题为主，发展性支持以培养学生学习技能为主。[③]

(二)在线学习支持活动新类型

在"互联网+"时代，各种新技术、新工具、新媒体的应用与普及使在线学习更加开放、便捷和灵活，学习者的需求也更加多样。在这个背景下，在线学习支持服务也呈现出新的特征。一是交互性。交互性是远程教育的基本特征，人际交互是学习支持服务的关键要素，应以学习者的需求为中心，构建灵活多样的交互式教学活动。二是开放性。在线教育打破了传统教育的局限，学习支持服务的开放性特点更为突出，包括给学生提供多样化的技术环境、丰富的课程资源、便捷的咨询指导等。三是系统性。学习支持服务是一项系统性工程，需要集合信息、资源、人员和设施服务等多个要素，为学生提供全方位的支持和关注。四是个性化。在线教育环境中学习者的类型更加丰富，他们的学习需求也更加多样，学习支持服务需要根据不同学习者的需求和问题提供个性化的服务和指导。

在新的时代背景下，支持服务特征的变化使学习支持活动的类型更加丰富。例如，"互联网+"时代个性化教育市场日益扩大，在线教育形式多种多样，教育市场注重用户定制的需求。李爽从该视角出发，在泰特划分的三种学习支持活动的基础上进行调整，

---

① 丁兴富：《论远程教育中的学生学习支助服务(上)》，载《中国电化教育》，2002(3)。

② 王继磊：《浅谈远程开放教育学习支持服务系统的基本要素及运行机制》，载《广播电视大学学报(哲学社会科学版)》，2004(2)。

③ 陈丽：《现代远程教育中学生支持的发展方向》，载《开放教育研究》，2005(1)。

补充了产品定制支持，将在线学习支持活动分为认知支持、情感支持、系统支持和产品定制支持四大类。[1] 认知支持是指为促进和优化学习中的认知过程所提供的支持，既包括对课程学习的引导、辅导与促进，又包括对学生相关学习技能的培养。情感支持是指创建能够做出承诺、激发学习动机、提升自我效能感、增强归属感的人文社会环境，帮助学生解决影响学业的情感问题，并增强学生在就读期间积极的情感体验。系统支持即响应学生关于机构管理制度和资源的需求，并根据学生需求，积极促进机构建设一个有效、透明、友好的行政管理过程和信息管理系统。产品定制支持则是采集、分析、明确学生关于课程、教育项目等在线教育产品的个性化需求，将其反馈到产品生产环节，引导产品生产，作为学生与教育产品生产端的交互中介，支持产品的用户定制。杨成等人提出"互联网+"背景下的智慧学习支持服务，并从智慧学习支持服务要解决的问题出发，将智慧学习支持服务分为管理类、情感类、课业类、技术类和技能类。[2] 管理类支持服务包括学习需求的智慧分析、学业学籍的智慧管理、学习过程的智慧监控、学习效果的智慧评价和毕业学生的智慧跟踪。情感类支持服务包括心理素质的智慧测评和心理问题的智慧疏导。课业类支持服务包括专业选择、课程选择及毕业论文等的智慧指导。技术类支持服务包括学习媒体、学习工具、学习资源等的智慧选择与应用。技能类支持服务包括学习技能、交互技能和评价技能等的培养。

思考 3-4

结合现有的在线学习支持活动分类框架，回忆自己参加过的在线课程，思考其中的学习支持服务并回答以下问题。

- 你所获得的学习支持服务可以分为几类？请进行归纳。
- 你认为自己获得的学习支持服务的有效性如何？有什么不足之处？
- 如果你是课程设计者，你会如何改进该课程的学习支持服务？

_____

_____

_____

学习支持服务主要分为三大类，可根据具体的课程实践适当增加类别。

- **认知支持**：对课程学习的引导、辅导与促进，对学生相关学习技能的培养。
- **情感支持**：帮助学生解决影响学业的情感问题，并增强学生积极的情感体验。
- **系统支持**：响应学生的需求，积极建设一个有效的、透明的、友好的信息管理系统。

---

[1] 李爽：《基于学习分析的在线学生支持》，3页，北京，中央广播电视大学出版社，2016。
[2] 杨成、缪培培、胡旺：《互联网+背景下智慧学习支持服务研究》，载《终身教育研究》，2017(1)。

三、学习支持服务模式的演变与创新

学习支持服务模式的演变与远程教育的形式密切相关，远程教育的发展至今经历了三个阶段，各个阶段的学习支持服务模式也各不相同。

第一代远程教育即函授教育，在这个时期，学习支持服务模式是以师生信件往来为主的一对一交互形式，学生可以通过写信向教师提问或寻求帮助，教师同样通过写信的方式告知学生学习结果、反馈建议和问题解决方法等。

第二代远程教育即多种媒体教学的大规模工业化远程教育，如广播电视大学。在行为认知主义的驱动下，这一时期的学习支持服务模式以教师通过信函、电话、网络等形式与学生个体进行一对一的互动为主，如基于邮件和论坛的答疑解惑、在线作业的提交与反馈等。

第三代远程教育即基于网络信息技术的在线教育，这一时期的学习支持服务模式经历了两个不同的发展阶段。在网络教育普及阶段，在建构主义影响下，互动模式逐渐丰富，除一对一、一对多的师生互动外，还有教师与学生小组、学生小组与学生个体的互动等，如融合了更多协作和对话的学习。在这一阶段，学生小组取代课程材料成为学生学习的重要资源和互动对象，教师支持服务的对象从学生个体转向了学生个体与学习小组并重。随着大规模在线课程的兴起和快速发展，联通主义教学理论迅速发展，在线教育呈现出自组织、去中心化等特点，知识生产实现了草根与领域权威的平等对话，支持服务的提供主体也不再是单一的教师，学习者之间互相支持，出现了学习小组、学习社区等形态的服务模式，如多人研讨、结对指导与互助、多人协作等。

因此，在新的技术环境、市场需求、经济环境、教学理念的推动下，课程层面、机构层面的学生支持服务模式发生了转变，新的技术和服务理念在学习支持的实践中不断渗透。

(一)持续的个性化支持

给学生提供持续的个性化指导与帮助是传统的学习支持服务模式，突出体现了学习支持以学生为中心的核心理念，英国开放大学的导师制是典型的例子。英国开放大学在学生入学时会为学生分配一位辅导咨询教师，负责学生学业指导，通常以面对面的形式展开。在学生入学第一年，该辅导咨询教师主要承担课程辅导的工作，在承担全部基础课程指导的同时完成其他咨询和支持工作，帮助学生快速适应学习的新环境。第一年结束后，辅导咨询教师主要发挥教育咨询的作用，为学生提供持续的支持服务，主要负责学生的发展。这种支持服务模式有效提升了学业完成率，但成本较高。为了提供更加准确、有效与个性化的支持服务，支持人员需要对学生有全面的了解，给学生提供情感、系统、能力发展等多方位的持续支持。这并不是简单的工作，支持的效果也由支持人员的热情和能力决定。但随着技术环境不断发展，出现了更加灵活、可靠且智能化的途径，基于学习分析，为学生提供个性化支持。

(二)同伴互助与支持

随着网络教育的普及和发展，在线学习社区成为在线学习重要的组织形式。在线学习社区的学习者互相分享知识，互相提供帮助与支持，形成同伴互助与支持的新模式。同伴互助与支持能够有效发挥网络快速汇聚信息的作用，学习者自身的经验和知识也能帮助同伴解决问题，同时，在线学习社区具有开放、共享的特征，学习者之间容易形成密集的交互网络，并且同伴关系能够有效消除学习的孤独感。社区内形成的知识网络也是在线学习中重要的学习资源，学习者可以是知识网络的一个节点，也可以是其他学习者获得知识节点的桥梁。例如，许多 MOOC 建立了讨论社区，一方面可以减轻教师答疑和咨询工作的压力，另一方面可以加强学生的学习参与度，当学习者遇到问题向社区进行求助时，其他学习者通常比教师更快地回应，并且能够提出多样化的解决方案。

(三)基于学习分析的智能化服务

当前在线学习支持实践的主流发展方向是用户中心、数据驱动、社会化协同、智能化服务，基于学习分析的智能化学习支持服务成为发展新趋势。随着数据挖掘技术和学习分析技术的发展和应用，越来越多的在线教育机构或课程团队通过智能化分析学生的特征数据、交互数据、学习过程数据等来为学生提供个性化指导，使得智能化支持服务成为可能，一方面可以降低人工成本，另一方面可以提升学习支持服务的效率和质量。基于学习分析的智能化学习支持服务主要体现在三个方面。

第一，学生交互分析的智能化。师生时空分离是远程教育的本质属性，需要通过交互实现远程教与学的重新整合。在"互联网+"时代背景下，随着在线教育教学理念从认知行为主义向建构主义和联通主义演变，社会性学习成为在线学习的重要方式，而社会性交互是社会性学习发生的前提条件与促进因素。随着学习分析的兴起与发展，大量交互分析工具与技术涌现，交互分析逐渐进入实践者的视野，通过交互分析，学习支持团队可以挖掘学生的认知投入、互动网络、话题演变、知识建构、情感体验等，发现学生的问题，并及时为学生提出相应的学习改进方案。交互分析方法包括认知投入分析、社会网络分析、话题与知识分析、情感分析等。例如，认知投入分析描述学生在学习中策略应用的情况，通常包括认知策略应用和自我监控。社会网络分析是对交互过程中学生形成的社会关系结构以及学生个体和小群体在该结构中的作用与角色的分析。话题与知识分析是对学生在交互过程中互动内容主题与知识结构的分析，包括对学生在线交流内容涉及的主题及其转换的分析，以及对学生外显和共建知识及其演变的分析。学生的在线讨论和协作等交互内容体现了学生的许多信息，如思维过程与水平、情绪态度等情感信息及热点话题等，对这些内容进行分析，可以发现学生在互动中的认知投入偏好、特征和存在的问题，了解可能影响交互质量的情感因素、学生课程学习的需求与困难等，进而提供有针对性的辅导与干预。

第二，基于学习过程分析的评价智能化。传统学习评价主要通过作业和测验等方式，而在线学习平台记录的大量学习行为数据蕴含学生学习投入和认知过程等宝贵信息，在学习分析技术的支持下，在线教师能够更直观地实时监控学生的学习状态，对学生进行学习预测和预警，并且能够实现更科学、更高效的基于学习过程的电子化评价。例如，课程信号系统(Course Signals)是由普渡大学开发的一款在线学习预警系统，用于监测学生的学习状态。该系统尝试采用一种新的学生成功算法(Student Success Algorithm，SSA)来判断处于学业危险的学生，并对其进行预警，这种预警类似于交通信号灯，即针对教师和学生的不同状态而设定不同的"警示信号"，根据"警示信号"，教师通过电子邮件、短信、在线消息等方式对学生进行干预，从而促进学生的健康成长。可汗学院的学习仪表盘以信息跟踪技术和镜像技术为基础，对学生的在线学习行为进行精密追踪，记录、整合大量学生的学习信息，并按照使用者的需求进行数据分析，最终以数字、图表等可视化形式呈现出来，从而为在线教育中的学生、教师、研究者和教育管理者提供学习分析。

第三，个性化服务推送的智能化。为学生提供个性化服务需要学习支持团队对学生有充分的了解，并在此基础上给学生提供适合他们需求与发展的教育服务。当今时代学生数据丰富，数据挖掘技术也不断发展，学习支持团队可以获得丰富的学生数据，从而构建各种学生模型，如特征模型、知识模型、行为模型等，学习系统可以依据这些模型，自动给学生推送个性化服务，如自动推荐学习课程、学习资源、资讯信息、学习路径、学习方法，智能辅导学生进行问题解决，等等。例如，英语单词背诵手机软件通过对学生进行一系列测试来了解学生的初始能力、认知水平、学习风格等，从而为学生推荐与初始能力相对应的单词本以及与认知风格相适应的资源呈现形式，如图片记忆、文字记忆、视频记忆等。

四、学习支持服务供应模式创新

(一)以地区为中心的传统供应模式

在远程教育发展早期，学习支持服务的供应模式主要以地区为中心，基于层级式组织架构，即从院校总部到地区中心再到学习中心，各层级为学生提供不同的支持服务。院校总部负责整体的规划、管理和评价，地区中心负责学习支持服务的组织，学习中心则负责真正落实支持服务工作。不可否认，以地区为中心的支持服务模式在促进教与学再度整合、满足本土化需求、给学生提供持续关注、增强学生归属感等方面发挥了重要的作用。然而，该服务模式的质量很大程度上由地区中心和学习中心的服务能力决定，院校总部难以及时根据各地区学生的需求和学习情况进行整体的规划和改进。

案例 3-1

英国开放大学建设了一个管理有效、权责分明的三级学习支持服务系统。

位于伦敦市郊米尔顿小镇的英国开放大学总部主要负责：制作与创新远程教材；制定管理制度；提供学分转换的专项服务；抽样调查学生作业及考卷，处理学生的申诉；发送学生问卷调查并进行相关分析。

分布在英国各地的 13 个地区中心主要负责：协助选课、职业生涯规划；处理缴费、奖学金、学生贷款，或者接受当地政府拨款；提供课程学习场所；解答学生有关学习的各类问题，为学生提供具有针对性的指导和帮助；提供特殊学习需要的设备，同时为本地区残疾学生提供特别服务。

分布在英国各地的 300 多个学习中心（点）主要负责：发放面授辅导的日程安排；组织自助学习小组、新生入学见面会；提供有限的信息技术设施，进行一些视频会议；开展选课、推广活动，收发作业，进行考试。

（二）借助互联网技术的新型供应模式

在"互联网+"新技术和教育需求的背景下，以地区为中心的学习支持服务供应模式不再适用，在线教育机构打破地域限制，形成借助互联网技术整合服务资源的新型供应模式，社会化协同、云服务和 O2O（线上到线下）等模式成为未来学习支持服务供应的主要趋势。

1. 社会化协同模式

要想准确有效地分析学习过程并加以优化、为学生提供个性化服务，就需要在线教育机构通过社会化协同的方式，整合机构之外的支持服务资源。社会化协同是指在线教育机构将部分支持服务业务委托给其他机构或个人，与其他机构或个人基于互联网为学生协同构建一体化的支持服务体系。社会化协同将原本在机构内的支持服务工作拓展到机构之外，整合机构外的专业力量，分担自身的支持工作，从而将机构内有限的资源投入机构本身更擅长的支持工作，如建设和改进课程、进行教学辅导等。公共服务体系就是一个典型的例子，第三方公共服务机构专注于教育服务，与院校开展协同支持服务，减轻院校个性化学习支持服务的负担，使院校将重点放在课程建设和教学辅导上。

> **学习活动 3-2**
>
> 　　2020 年，突如其来的新冠肺炎疫情使全国学生居家学习，在"停课不停学"的号召下，各地开展了大规模的在线教育。在此过程中，学习支持服务的来源不再局限于学校或区域内部，海量学习资源和教育服务来自校外，并向所有教师和学生开放。提供学习支持服务的主体不再只是中小学一线教师，而扩大至大规模的社会群体，如教育企业、辅导机构、高校教师、科研工作者、各领域实践者等。
>
> 　　新冠肺炎疫情防控期间，钉钉、腾讯会议、ClassIn 等平台免费向大众开放，好未来、新东方、腾讯等向全国用户提供免费直播课，科大讯飞、字节跳动等免费提供在线直播教学系统……这些企业提供的资源和服务与学校教师的教育教学服务相结合，社会化协同的教育服务给学生带来了良好的在线学习体验。
>
> 　　调研新冠肺炎疫情防控期间社会化协同在线教育的案例，思考案例的特征以及不同主体在该案例中的角色和作用。

　　2. 云服务模式

　　云计算技术不断发展成熟，支持服务也逐渐数字化和网络化，云服务模式成为支持服务的重要供应模式。云服务是指用户基于互联网获取和使用资源服务，包括设施、平台、软件、数据等服务，支持用户实现跨平台获取工具软件、内容资源、信息咨询等服务。例如，在线教育机构开发灵活的教育类手机软件，发布各种服务资源，为用户提供学习资源推荐、社群互动、自我管理学习、学习智能代理等服务，在云端进行整体部署与调控，从而满足用户个性化需求。

　　3. O2O 模式

　　O2O 是指将线下的商务机会与互联网结合起来，发挥线上和线下的服务优势，搭建具有更好用户体验的一体化服务平台，目前在家电、家居建材等商业领域取得了成功。线上服务在召集用户、采集用户数据、汇聚资源、个性化服务等方面有一定的优势，具有灵活、高效、个性化、低成本等特点。而线下服务在体验式学习、技能训练、促进互动、增进人际关系、文化建设等方面具有优势，可以设置线下服务站点，提供课程教学实验、协作研讨、工作坊、社区线下活动等服务。因此，在线教育机构需要探索 O2O 服务体系：一方面，搭建云服务平台，实现学生在线学习支持服务；另一方面，依托线下教育机构的服务资源，支持用户的线下体验和互动实践。

🎯 教学活动建议

　　本节内容包涵学习支持服务的内涵、活动类型、模式及供应模式。重点应放在学习支持服务模式及供应模式的演变与创新上。建议教师通过案例教学法，引导学习者理解学习支持服务的重要性。教师也可以组织调研活动，让学习者能够在实践中体验和总结学习支持服务的类型和模式。

🎯 **学习活动建议**

认真阅读本章内容，总结学习支持服务类型及不同服务类型的功能。

结合自己的在线学习经历，调研 1～2 个在线教育机构，了解其学习支持服务的类型和模式。

阅读相关文献，思考如何应用新技术工具改善在线学习支持服务。

第三节　自主学习

本章前文介绍了在线学习的内涵和特点，并针对在线学习时空分离的特点，介绍了学习支持服务的内涵、类型模式和供应模式。其实，在线学习不仅对教学组织方式、教学模式、教学服务等具有革新作用，也对学习者的学习能力提出了很高的要求。在学生缺乏教师的持续关注和监督的情况下，自主学习能力是开展高质量在线学习的重要条件。本节介绍自主学习能力的内涵、构成和测评，在此基础上重点阐述自主学习能力的发展途径和培养方法。

> **思考 3-5**
>
> 　　新冠肺炎疫防控情期间，随着全国范围内在线教学的开展，出现了一个网络流行语——网课学困生。这个流行语生动描述了不符合要求或不能适应在线学习的学生的情况。调查显示，我国中小学生在线学习的情况还是不错的，基本都能做到按时上课和积极参与课堂活动，但居家自主学习的情况相对差一些，学生在制订学习计划、自己管理学习、主动交流、自我评价等方面的表现不尽人意。
>
> 　　结合你在新冠肺炎疫情防控期间在线学习的经历，思考以下问题。
>
> 　　• 为什么与面授教学相比在线学习中的自主学习能力更为重要？
>
> 　　• 什么样的学习是自主学习？
>
> _____
>
> _____
>
> _____

一、自主学习的内涵

目前国内外研究者对自主学习的看法尚存在一些分歧。由于研究者的理论立场和研究方法不同，对自主学习概念的理解也不尽相同。根据文献调研，研究者的观点主要有以下三种。

第一种观点认为自主学习是一种学习模式或学习方式。例如，余文森认为自主学习是指学生自己主宰自己的学习，是与他主学习相对立的一种学习方式。[①]

第二种观点认为自主学习是一种主动的、建构性的学习过程。这个观点主要来自社会认知理论，社会认知学派代表班杜拉从个人、行为和环境交互作用的角度首次提出了学生自主学习的观点。齐莫曼在班杜拉思想的基础上提出了一个系统的自主学习模型（如图 3-3 所示），从三个方面对自主学习进行了分析，其认为自主学习是个人（自我）、行为和环境三者之间的交互作用，自主学习者不仅能够对内在的学习过程进行主动的控制和调节，也能够通过外部的反馈来对学习的外部表现和学习环境做出主动的监控和调节。[②]

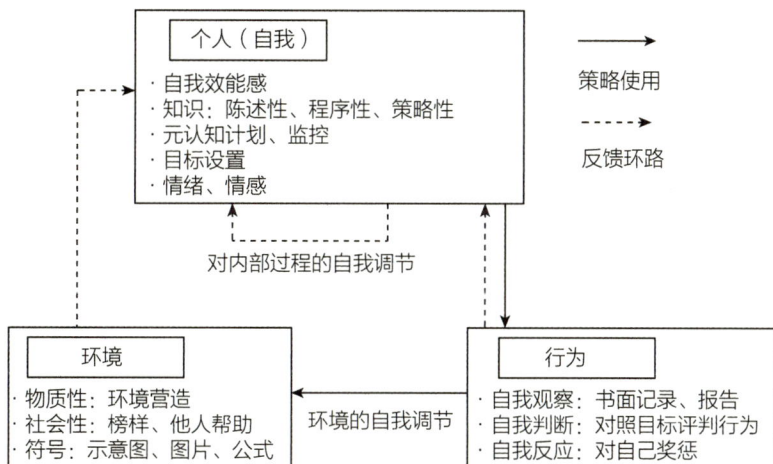

图 3-3　自主学习模型

基于社会认知理论，自主学习并不单指学生在学习的某一个节点或某一个阶段所表现出来的能力，它贯穿于学习者学习的整个过程。判断一种学习是不是自主学习，要依据学习者在学习的不同过程和不同阶段所表现出来的主动、独立、自治的特征。

第三种观点主张从横向和纵向两个维度来定义自主学习，以庞维国为代表。横向

① 余文森：《略谈主体性与自主学习》，载《教育探索》，2001(12)。

② Zimmerman B. J.，"A Social Cognitive View of Self-Regulated Academic Learning，"*Journal of Educational Psychology*，1989(3)，pp. 329-339.

即从学习的各个方面来定义，自主学习的动机是自我驱动的，内容是自我选择的，策略是自我调节的，时间是自我管理的，学生还能主动创建有利于学习的物质环境和社会环境，并能对学习结果做出自我判断和评价。纵向即从学习的整个过程来定义，自主学习是学习者能自定学习目标、自订学习计划、做好学习准备，在学习活动中能够对学习进展、学习方法进行自我监控、自我反馈和自我调节，对学习结果能进行自我检查、自我总结、自我评价和自我补救的学习。[①]

无论哪种观点，都认同自主学习是一种突出学生主体地位的学习形式，具有以下特征：①自主学习是一个将认知、元认知和行为等多方面的因素综合应用的学习过程，其表现为学习者对认知过程和行为的调节和监控；②自主学习是一种学生积极、主动参与整个学习过程的学习形式，表现为对学习目标的自我计划和制定、学习内容的自我选择和调整、学习过程的自我调节和监控以及学习结果的自我预期和评价；③在自主学习过程中，学习者有强烈的内在动机，并产生积极的情感体验。

二、自主学习能力的构成

把自主学习作为一种能力倾向，探讨自主学习能力的培养途径和方法已成为学者关注的热点。作为一种能力的自主学习本身是一个相对稳定的系统，有其内部结构和构成成分，它的形成要经历一个相对漫长的过程。因此，确定自主学习能力的构成成分有助于我们有计划、有步骤地针对不同构成成分开展培养活动。[②]

自主学习能力是各种教育形式对学习者的基本要求。研究者或从自主学习过程的角度，或从认知和非认知两个维度，抑或从终身学习的角度，对自主学习能力的构成进行了分析，综合起来主要包括以下四个方面：信息素养能力，即在学习过程中对资源和信息进行收集、整理、选择、分析和利用的能力；[③] 认知能力，即拥有充足的认知策略并能够熟练运用的能力；[④] 元认知能力，即对学习过程的计划、监控和评价的能力；[⑤] 动机激发能力，即综合运用多种自我效能感、学习兴趣等多种动机性因素进行自我激励，保证学习的内在驱动力的能力。[⑥]

自主贯穿于学习者学习的整个过程，自主学习能够通过学习者在学习的不同过程、

---

① 庞维国：《自主学习——学与教的原理和策略》，5 页，上海，华东师范大学出版社，2003。
② 庞维国：《自主学习——学与教的原理和策略》，5 页，上海，华东师范大学出版社，2003。
③ 张信军：《浅议远程学习者自主学习意识的培养》，载《中国远程教育》，2004(21)。
④ 王大勇：《关于远程学习者自主学习能力的研究》，载《中国远程教育》，2007(5)。
⑤ 地丽热巴·克依木、赵宏、安哲锋：《远程学习者自主学习能力自评量表的结构分析与编制》，载《现代远程教育研究》，2010(3)。
⑥ 米丽：《论远程教育学生自主学习能力提升的策略》，载《中国成人教育》，2008(7)。

不同阶段表现出的主动、独立的特征体现出来。① 随着网络技术的发展，互联网不再仅仅是一种工具或载体，而成为重构生产关系的核心要素。互联网通过个体间的联通，使社会文化逐步从"精英文化"向"草根文化"转变，使双向、去中心化的交流成为主要的交往模式。因此，在"互联网+"时代，学习不再是一个人的事情，而是一个互联互通的过程，建立关系网络和协作共享的能力也成为"互联网+"自主学习能力之一，即与同伴之间建立关系网络，通过交流共享协同解决问题。

自主学习的社会认知学派代表齐莫曼搭建了自主学习的心理维度与学习者的自主学习过程间的桥梁，并将元认知能力视为学习者自主学习能力必不可少的一个组成部分。齐莫曼认为当学生在动机、元认知和行为三个方面都是一个积极的参与者时，其学习就是自主的。在动机方面，自主学习的学生把自己视为有能力、有效的自律者。在元认知方面，自主学习的学生能够对学习过程的不同阶段进行计划、组织、自我指导、监控和评价。在行为方面，自主学习的学生能够选择、组织、创设使学习达到最佳效果的环境。为了进一步解释什么是自主学习，齐莫曼提出了一个比较系统的自主学习研究框架（如表 3-2 所示），对自主学习的实质做了深入说明。齐莫曼认为，确定学生的学习是否自主应该依据研究框架中的第三列（任务条件）。如果学生在该列中的六个方面均可自己选择或控制，其学习就是充分自主的；反之，如果学生在这六个方面均不能自己选择或控制，其学习就无所谓自主。

表 3-2　自主学习研究框架②③

科学的问题	心理维度	任务条件	自主的实质	自主过程
为什么学	动机	选择参与	内在的或自我激发的	自我目标、自我效能价值观、归因等
如何学	方法	选择方法	有计划的或自动化的	策略使用、方法等
何时学	时间	控制时限	定时而有效	时间计划和管理
学什么	学习结果	控制学习结果	对学习结果的自我意识	自我监控、自我判断、行为控制、意志等
在哪里学	环境	控制物质环境	对物质环境的敏感和随机应变	选择、组织学习环境
和谁一起学	社会性	控制社会环境	对社会环境的敏感和随机应变	选择榜样、寻求帮助

后来，现代学习理论家在齐莫曼研究框架的基础上，提出将自主学习从学习动机、

---

① 王焕景：《网络环境下自主学习能力培养策略设计》，硕士学位论文，河北大学，2005。

② Schunk D. H., Zimmerman B. J., "Self-Regulation of Learning and Performance," *Lawrence Erlbaum Associates*, 1994(3), pp. 4-20.

③ Schunk D. H., Zimmerman B. J., "Social Origins of Self-Regulatory Competence," *Educational Psychologist*, 1997(4), p. 198.

学习内容、学习方法、学习时间、学习过程、学习结果、学习环境、学习的社会性八个维度加以界定。充分的自主学习应具备如下特征：①学习动机是内在的或自我激发的；②学习内容是自己选择的；③学习方法由自己选择并能有效地加以利用；④学习时间由自己进行计划和管理；⑤对学习过程能够进行自我监控；⑥对学习结果能够进行自我总结、评价，并据此进行自我强化；⑦能够主动组织有利于学习的外部环境；⑧遇到学习困难时能够主动寻求他人的帮助。①

　　元认知作为个体对认知活动的自我意识和自我调控，是学生实现主体性的前提和保障。元认知和自主学习在很大程度上是相通的，两者都强调学习者对自身学习的监控、调节和评估，它们之间是相辅相成、互为前提、互相促进的。元认知理论为自主学习提供了理论基础，使自主学习成为可能，而自主学习是元认知理论在学习方面的具体体现。学习者的自主学习需要一种对自己的学习过程负责的能力，这种能力要依靠元认知策略来实现。元认知是反映或调节认知活动的任一方面的知识或认知活动②，即对认知的认知，它包含元认知知识、元认知体验、元认知监控三部分。其中，元认知监控是个体在认知活动进行的过程中，对自己的认知活动进行积极且自觉地监视、控制和调节的过程，包括制订计划、实际控制、检查结果、采取补救措施以达到预定的目标等环节。③ 可以看出，在这三种成分中，元认知监控是元认知的核心成分，是自主学习成功的关键，自主学习实际上是元认知监控的学习，学习者在学习过程中必须对计划、控制、调节和评价四大环节负责。

　　自主学习实际上是元认知监控的学习，学习者只有做到对学习的计划、控制、调节和评价才能实现自主学习。因此，自主学习能力可被界定为学习者有意识地对学习过程中的各个阶段进行计划、控制、调节和评价的能力（如图3-4所示）。

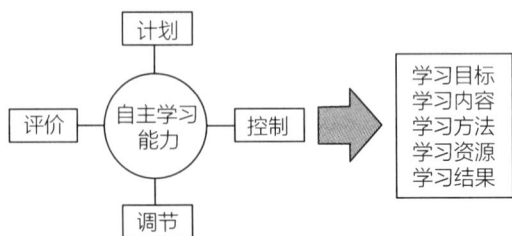

图 3-4　自主学习能力

　　自主学习能力主要包含四个方面，即学习者有意识地对学习过程中各个阶段进行计划、控制、调节和评价的能力。自主学习能力贯穿于整个学习过程的不同阶段，主

　　① 庞维国、刘树农：《现代心理学的自主学习观》，载《山东教育科研》，2000(7)。
　　② Flavell J., *Cognitive Monitoring*，New York，Academic Press，1981，pp.35-60.
　　③ 董奇：《论元认知》，载《北京师范大学学报》，1989(1)。

要表现为对学习目标、学习内容、学习方法、学习资源和学习结果的计划、控制、调节及评价。这里所说的学习资源是指学习内容以外的其他资源，包括学习环境、学习时间、情绪情感因素等。

具体能力包括以下九项。

①制定并在必要的情况下调整学习目标的能力。

②选择学习材料和学习活动的能力。

③选择学习方法并灵活有效运用的能力。

④监控学习活动实施情况的能力。

⑤主动组织有利于学习的外部环境的能力。

⑥合理安排学习时间的能力。

⑦调整情绪、态度、动机等情感因素的能力。

⑧能够与同伴建立联结，形成关系网络，并进行交流和协作的能力。

⑨对学习结果能够进行自我总结、评价，并以此为基础进行改进的能力。

如果学习者具备了以上能力，就表示他具备了很好的自主学习能力。

三、自主学习能力的测评方法与工具

(一)自主学习能力的测评方法

把自主学习作为一种能力倾向来进行测评通常是为了预测学生能否在某些情境下自主学习，目前主要有三种测评方法。[1]

1. 自陈式问卷

自陈式问卷是用统一、严格设计的问卷来测量个体有关行为态度或心理特征的一种方法。由于这种问卷比较容易设计、施测和记分，目前在自主学习能力测评中最为常用。

自主学习自陈式问卷的编制一般涉及三个方面：①编制或收集测试项目，然后对样本的反应做探索性因素分析，考察被试的反应与量表编制者理论构想之间的一致程度；②分析总量表和各分量表的信度系数，一般采用内部一致性系数；③分析总量表和分量表的得分与成绩测验分数的相关程度。

用自陈式问卷测量学生的自主学习能力有三个优点：①费用低，不必花很多时间和精力去训练实施测评的人员；②比较客观、统一，效率比较高，可以用团体方式进行，结果统计高度量化、规范化；③在某些课题研究中，由于问卷不记名，被试可以

---

① 庞维国：《自主学习——学与教的原理和策略》，5页，上海，华东师范大学出版社，2003。

更加开放、真实地反映自己的各种观点和态度。

但是，这种测评方法也有不足之处：一方面，问卷测评的效果受被试阅读理解水平的影响，不同年龄的学生对测评项目本身的理解不同，所测到的结果也会有差异；另一方面，它不够灵活，多数问卷要求以有结构的方式回答问题，使被试感到不能充分说明自己的观点和态度。

2. 教师评估

在与学生的日常交往、教学互动中，教师基于对学生学习情况的长期观察，可以较为准确地评估学生的自主学习情况。由于教师评估是在共同的目标体系下对许多学生进行评价，具有一致且稳定的标准，对其中任一学生自主学习能力的评价都是在与其他学生的比较过程中进行的，这就使得评价结果具有了常模参照的属性，比较适合自主学习的差异性测量，如个体差异、性别差异、年龄差异等。

3. 结构化访谈

自主学习能力的测评还可以采用结构化的访谈形式。一般要求测评者首先确定好要考查的自主学习的维度或情境，然后设计相关的访谈提纲，最后对访谈的内容进行分析。

通过访谈得到的学生的描述或回答一般有两种分析方法。一种是自上而下的分析，又称理论引导的分析，它事先对学生可能做出的自主学习描述进行分类，然后对获得的数据按照事先确定的类型进行归类和量化处理，从而分析自主学习的性质和特点。另一种是自下而上的分析，也就是不经过预设，根据收集到的关于学生自主学习方面的原始数据进行分析，进而进行归类、评价的方法。

（二）自主学习能力的测评工具

目前在国外学者研制的自主学习能力测评工具中，较广为应用的有齐莫曼和马丁内兹-庞斯编制的自主学习访谈表（Self-Regulated Learning Interview Schedule，SRL-IS）、魏因斯坦等研究者编制的学习和探究策略调查表（Learning and Study Strategies Inventory，LASSI）、宾特里奇等研究者的学习动机策略问卷（Motivated Strategies for Learning Questionnaire，MSLQ）。我国则有华东师范大学庞维国教授等人编制的中小学生学习自主性量表和北京师范大学远程教育研究中心编制的成人远程学习者自主学习能力自评量表。

1. 自主学习访谈表

自主学习访谈表是由纽约城市大学的齐莫曼和马丁内兹-庞斯编制的。该访谈表向学生描述了八类学习情境：课堂学习的情境、在家里学习的情境、完成数学作业的情境、完成写作作业的情境、检查英语家庭作业的情境、检查科学家庭作业的情境、不想完成家庭作业的情境、准备测验的情境。研究者提问学生在各种情境下所采用的学习方法。[①]

该访谈表限时 15 分钟，在访谈的过程中，如果学生就某一问题给出一个答案，研究者就进一步提问还有没有其他方法；如果学生不能给出另外的回答，则提问下一个问题；如果在一种情境中学生不能说出任何自主学习策略，对这一情境的提问则终止。研究者对学生回答的自主学习策略从 14 个方面进行归类，采取 4 点记分方法统计学生的回答，如果学生回答出一条或几条策略，就要求他根据策略运用的一致性情况做出评价，"多数时间这样""经常这样""偶尔这样""很少这样"依次记 4、3、2、1 分，最后对学生自主学习策略的回答分数进行统计，获得总分。

2. 学习和探究策略调查表

学习和探究策略调查表是由得克萨斯大学的魏因斯坦教授等人于 1987 年编制的。[②]它用于测量大学生的自主学习情况，1990 年修订后也可用于测量中学生的自主学习。该量表最初由 645 个项目构成，后经筛选、修订确定为 77 个，构成 10 个不重叠的分量表，分别为：动机量表、态度量表、学习时间管理量表、焦虑量表、注意集中量表、信息加工量表、选择要点量表、学习辅助手段量表、自我检测量表、考试策略量表。

3. 学习动机策略问卷

学习动机策略问卷由密歇根大学的宾特里奇教授等人编制，它也是用于测查学生自主学习能力水平的自陈式量表。[③]

该量表有大学版和中学版。大学版采用 7 点记分法，由 81 个题目构成，包含动机和学习策略两个部分。中学版由 44 个项目构成，也采用 7 点记分法，分为动机性信念和自主学习策略两大部分。该量表 5 个分量表的分数都与课堂的学习成绩显著相关，具有较好的内部一致性信度和预测效度。因此，在中学开展自主学习研究时，研究者较常使用这一量表。1999 年，劳和萨齐斯在我国香港特别行政区试用该量表，并将其修订成中文版。

4. 中小学生学习自主性量表

研究者对学生自主学习情况的测评多以学习成绩和教师的评价为参照指标，自陈式测评量表较少。针对此情况，华东师范大学的庞维国教授等人编制了一套适用于测评中小学生学习自主性的自陈式量表，该量表的测评维度如表 3-3 所示。[④]

———————————

① Zimmerman，Martinez-Pons，"Student Differences in Self-Regulated Learning," *Journal of Educational Psychology*，1990(1)，pp. 51-59.

② Weinstein C.，Palmer D.，Schulte C.，*LASSI：Learning and Study Strategies Inventory*，Clearwaer，H & H Publishing Company，1987，p. 2.

③ Pintrich P. R.，Smith D.，Garcia T.，McKeachie W. J.，"The Motivated Strategies for Learning Questionnaire（MSLQ）," *Educational & Psychological Measurement*，1991(1)，pp. 33-40.

④ 庞维国：《自主学习——学与教的原理和策略》，7 页，上海，华东师范大学出版社，2003。

表 3-3　中小学生学习自主性量表测量维度

一级维度	二级维度
学习动机	主动意识、价值意识、自我负责精神、自我效能感、学习兴趣
学习内容	内容选择、目标设置
学习方法	预习策略、理解策略、复习策略、组织策略、精加工策略和一般方法
学习时间	时间计划、时间管理
学习过程	克服身心障碍、学习过程自我监控
学习结果	自我检查、自我总结、自我评价、自我强化
学习环境	营造物质环境、营造社会性环境

5. 成人远程学习者自主学习能力自评量表

北京师范大学远程教育研究中心针对中国成人远程学习者的特点，从元认知理论的角度编制了成人远程学习者自主学习能力自评量表。[①] 该量表由 44 个题目构成，包括 4 个一级维度：计划、控制、调节和评价。每个一级维度都包括 3 个二级维度：学习资源、学习内容和学习结果。该量表经过信效度检验，具有较好的内部一致性信度、内容效度及结构效度。

学习活动 3-3

自主学习能力测量有很多方法，如自陈式问卷、结构化访谈及教师评估等。其中自陈式问卷作为快速有效收集数据的方法最为常用。北京师范大学远程教育研究中心在多年自主学习研究的基础上开发了大学生自主学习能力调查问卷，可扫右侧的二维码进行测试。

请结合该问卷进一步思考：自主学习的主要特征是什么？自主学习能力包含哪些方面？

四、自主学习能力的发展途径及过程

自主学习能力的发展有多种途径，分析自主学习能力的发展和形成规律对自主学习能力的培养起到重要的指导作用。国内外学者从不同角度对自主学习能力的发展进行了论述。

班杜拉认为，人们对行为的自我调节主要包括三个过程：自我观察、自我判断、

---

① 地丽热巴·克依木、赵宏、安哲锋：《远程学习者自主学习能力自评量表的结构分析与编制》，载《现代远程教育研究》，2010(3)。

自我反应。自我观察是自我调节的基础，可以为自我监控、自我调节和自我评价提供信息、产生影响。

麦考姆斯认为，自主学习能力是自我系统发展的结果，其发展过程大致包括三个阶段：目标设置，计划和策略选择，行为执行和评价。其中行为执行和评价最为重要，会影响个体对自我能力的判断、目标设置和结果预期，也影响其对学习过程的自我监控和评价。因此，要促进学生自主学习能力的发展，除了开展系统训练，还要加强其对自身能力的积极认识。

社会认知理论认为，自主学习作为一种重要的能力不是先天具有的，而是随着自我意识的产生与发展，在长期的学习实践中由低级到高级逐渐形成和发展起来的，而且主要是在个体与社会的交互作用过程中形成的。自主学习能力的发展要经历四个阶段：观察、模仿、自我控制和自主。① 该理论认为学生自主学习能力的形成既需要同伴榜样的示范，也需要学生自己有意识地练习，最终达到自主水平。

齐莫曼在动作技能培养和认知发展阶段的基础上提出了自主学习的三个阶段：①预谋阶段，包括任务分析和自我动机激发，包含目标设置、自我效能感和策略计划等认知过程；②执行或意志控制阶段，包括自我控制和自我观察；③自我反思阶段，包括自我判断和自我评价。②

庞维国在综合相关理论关于自主学习能力获得机制的基础上，提出自主学习能力发展是一个从他控到自控、从被动依赖到自觉能动、从单维到多维、从有意识到自动化的过程；而且强调自主学习能力在多数情况下是"教"会的，但这种"教"不是传统意义上的"教"，而是为学生提供"支架"或"示范"，尤其是同伴的榜样作用；并指出自主学习能力的形成是一个渐进的过程，通过练习使自我监控和调节的过程自动化非常重要。

综观以上关于自主学习能力发展过程的论述可以发现以下五点。

第一，自主学习能力是可以培养的，通过特定情景的训练可以让学习者掌握自主学习技能。

第二，自主学习能力的发展是一个动态、渐进的发展过程，在培养过程中要遵循其发展的规律和顺序。

第三，自主学习能力的培养不能通过简单的知识传递来完成，必须通过学生自身的体验来获得；在培养过程中应该通过各种学习活动帮助学生掌握各种策略，从而将这些策略转化为自身的学习技能。

第四，自我反思和评价是自主学习能力发展中非常重要的两个过程，在培养过程

---

① 庞维国：《自主学习——学与教的原理和策略》，2 页，上海，华东师范大学出版社，2003。

② Zimmerman B. J., "Goal Setting：A Key Proactive Source of Academic Self-Regulation," in *Motivation and Self-Regulated Learning：Theory，Research，and Applicatiorn*, London，Taylor & Francis, 2008, pp. 267-296.

中要帮助学生在正确的自我认识的基础上进行合理的自我判断和反应。

第五，同伴的经验和示范对自主学习能力的发展非常重要。在培养过程中要重视发挥学生的榜样作用，通过学生之间的分享和交流帮助其发展自主学习技能。

对自主学习能力发展的分析可以明确自主学习能力发展的重要环节，以及自主学习能力培养应遵循的基本原则，这为我们构建自主学习能力的培养模式奠定了基础。

五、自主学习能力培养的教学模式

近几年国内外关于自主学习能力培养研究的理论基础主要是维果斯基的最近发展区理论和认知建构主义理论，研究的焦点为如何利用脚手架来培养学习者的自主学习能力。这两个理论都强调以学生为中心和以学导教。维果斯基的最近发展区理论从教学与发展的角度提出了有利于指导学生自主学习的教学原则，建构主义理论在此基础上提出了更为具体的教学方法，把有利于学生自主学习的教学环节以一种明确的线性关系排列出来：创设问题情境—学生自主学习—小组讨论—结果评价。在这两个理论的基础上，国外学者针对具体学科的具体问题开展了大量的自主学习能力的培养研究，提出了多种教学模式，具有代表性的有 SCL（Strategy Content Learning，策略性内容学习）模式、SRSD（Self-Regulated Strategy Development，自我调控策略发展）模式、反馈促进自主学习能力发展的模式、自主学习循环模式等，我国研究者与实践者也对自主学习能力培养进行了探索。

（一）SCL 模式

SCL 模式是巴特勒提出的一种策略性内容学习指导的教学模式。[①] SCL 模式强调课堂上通过师生之间的交互来促进学生自主学习能力的培养，并且对教师的教学行为以及学生学习活动的设计提出了建议。SCL 模式认为教师在教学过程中必须完成以下工作：与学生协作完成有意义工作（创设一个交流情境），将策略学习镶嵌在教学情境中；通过仔细倾听学生在有意义学习中的感受，诊断学生的能力及其遇到的挑战；激励学生投入协作解决问题的过程；依据学生的特定需要提供支持以帮助其在认知过程中更有效地学习；要求学生利用语言描述体验；要求学生用他们的语言清晰表达观点。

---

① Butler D. L., Winne P. H., "Feedback and Self-Regulated Learning: a Theoretical Synthesis," *Review of Educational Research*, 1995(3), pp. 245-281.

(二)SRSD 模式

SRSD 模式是格雷厄姆和哈里斯开发的促进学生提升写作能力的教学模式。[①] 该模式以教会学生自主运用写作策略为目标，包括六个教学步骤。

①发展背景知识：帮助学生拥有理解、获得、应用写作策略所需要的先决技能。

②讨论：了解当前写作水平以及完成具体写作任务需要的策略。

③示范：教师向学生描述策略，并且演示如何通过合适的自我指导来应用这些策略。

④记忆：记忆写作策略的步骤和自我指导的方法。

⑤支持：教师与学生合作，共同应用策略，完成具体的写作任务。

⑥独立操作：学生独立使用自主学习策略，如自我评价、目标设定等。

(三)反馈促进自主学习能力发展的模式

尼科尔从反馈与学生自主学习能力发展的关系的角度提出了促进自主学习能力发展的模式(如图 3-5 所示)。[②] 该模式强调内外部反馈对学生自主学习能力培养的作用，提出了内外部反馈的路径或过程，给出了内外部反馈的类型及方法。

在教学过程中，教师布置学术任务(A)，该任务在课堂上完成或作为学生作业，可以触发学生的自主学习过程。为了投入该任务，学生需要利用领域知识、策略知识和动机信念(B)，自己建构对任务及其需求的解释。基于该内部概念，学生形成自己的任务目标(C)。这些目标可以帮助学生形成策略和技巧(D)，从而实现目标，形成内部结果(E)和外部结果(F)。内部结果指在任务完成过程中认知或情感/动机状态方面的变化。外部结果指一些有形的产品(论文)和看得见的行为(学生演示)。外部结果可引发外部反馈(G)。

监控任务与结果之间的交互可以逐渐在不同层次产生内部反馈，也就是认知、动机和行为。这些反馈源于对当前进步和预期目标之间的比较，这种比较帮助学生确定是否继续投入当前学习和是否需要改变。这些内部反馈可能引起对任务的重新解读以及对内部目标的调整或对策略和技巧的调整。学生还有可能修正他们的领域知识或动机信念，进而可能引起相应的自我调节。

---

① Graham S., Harris K. R., Troia G. A., "Self-Regulated Strategy Development Revisited: Teaching Writing Strategies to Struggling Writers," *Topics in Language Disorders*, 2000(4), pp. 1-14.

② Nicol D. J., Macfarlane-Dick D., "Formative Assessment and Self-Regulated Learning: A Model and Seven Principles of Good Feedback Practice," *Studies in Higher Education*, 2006(2), pp. 199-218.

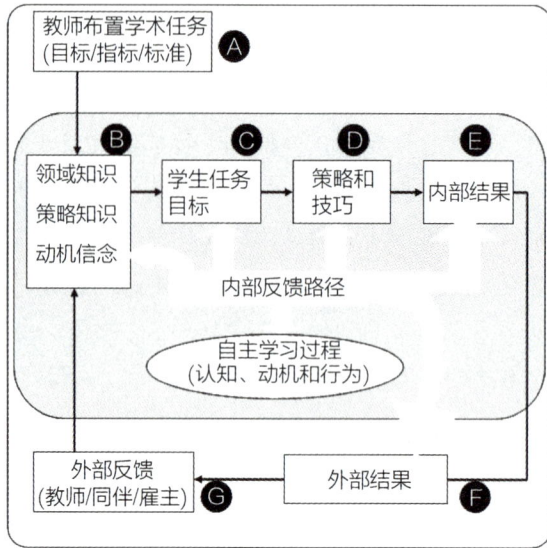

图 3-5　反馈促进自主学习能力发展的模式

(四)自主学习循环模式

自主学习循环模式是齐莫曼于 20 世纪 90 年代提出来的，强调学生应用具体的方法激励和指导自己的学习。[①] 其主要目的是帮助初中生和高中生学会五种基本学习技能：有效地计划和利用学习时间，深刻地理解文本和摘要，改善记笔记的方法，有效预测和准备考试，有效写作。此模式包括四个相互联系的环节(如图 3-6 所示)。

图 3-6　自主学习循环模式

---

　　① 　Schunk D. H. , Zimmerman B. J. , "Social Origins of Self-Regulatory Competence," *Educational Psychologist*, 1997(4), p. 198.

①自我评价与监控：学生根据自己先前学习的表现评价自己在某一学习任务中的现有能力水平。

②目标设置与策略计划：学生分析学习任务，设置目标，计划或改进学习策略。

③策略执行与监控：学生执行自己选定的策略，并监控策略使用情况。

④监控策略使用的效果：确定所使用的策略是否有效或效果大小。

以上这些教学模式都以提高学生对学习策略和学习过程的自我调节能力为目的，试图通过培养学生的自主学习能力来改善他们的学习。它们有三个典型的共同特征：教师扮演的是合作者的角色，而非主导者；强调学生对学习过程的自我管理和监控；重视学生之间的合作、交流与分享。

(五)我国关于学生自主学习能力培养的探索

我国各级各类学校也在培养学生自主学习能力方面进行了大量尝试，目前国内关于学生自主学习能力培养的研究主要有三种方式。

1. 理论探讨

理论探讨主要从自主学习的影响因素这一角度出发，如学习动机、目标设置、归因方式等，探讨培养学生的自主学习能力的方法和途径。例如，张忧通过理论分析和实证分析相结合的方式探讨了科学发展观与大学生自主学习能力培养的关系，根据自主学习的相关理论，从科学发展观的角度出发，把自主学习能力培养的规律总结为五个方面：改变观念、培养兴趣、强化自我效能感、正确归因、加强实践。[1] 王瑾从学习心理学的角度提出了培养和增强大学生自主学习能力应从四个方面入手：培养专业兴趣，平衡内外动机；加强责任意识，让学生对学习行为自觉负责；改善归因，增强自我效能感；培养有效管理和使用时间的能力。[2] 黄翾翾从高职学生存在的基础差、无明确学习目的、无明确学习计划、学习能力差、学习策略使用不当、不会进行自我评价等问题出发，通过文献分析的方法分析了元认知策略与自主学习能力之间的关系，认为培养学生的元认知策略可以帮助他们提高自主学习能力，并提出了规划策略、自我监控和调控策略、自我评估策略三个具体的训练步骤。[3] 章坤分析了远程教育中学习者自主学习能力缺失的原因，提出基于远程学习支助服务的学习者自主学习能力培养策略。[4] 张伟研究发现影响大学生自主学习能力的因素可以划分为内因和外因两大类，内因包括学习策略和学习动机，外因包括学习环境、学习工具、学习伙伴、学习资源等；

① 张忧：《科学发展观视野下我国大学生自主学习能力培养研究》，硕士学位论文，湖南农业大学，2010。

② 王瑾：《提高大学生自主学习能力的几点思考》，载《中国成人教育》，2011(17)。

③ 黄翾翾：《浅谈元认知与高职非英语专业学生英语自主学习》，载《读与写(教育教学刊)》，2011(5)。

④ 章坤：《论远程教育学习者自主学习能力的缺失与培养》，载《高等继续教育学报》，2019(6)。

并且结合翻转课堂教学模式的特点，从教学准备、教学过程和教学评价三个环节入手，设计出大学生自主学习能力培养模式。[①] 这类研究多是基于文献分析和经验总结的理论思辨，缺乏具体的实践和培养方法。

2. 与学科教学实践相结合的研究

这类研究探讨学科教学如何培养学生的自主学习能力，寻找有效的策略和工具。例如，陈晓日在教学中尝试将资料夹作为一种工具来促进学生的学习，提高他们的自主能力。该教学实验表明，使用资料夹可以增强学生运用学习策略的意识，促进学生的自主学习过程，在提高学习成绩的同时有效发展学生的自主学习能力。[②] 董晓在大学物理课堂教学中尝试运用小组合作的形式培养大学生的自主学习能力，结果发现：小组合作的学习形式有效促进了学生自主学习能力的提高，对学生的创新意识有积极影响，是改变学习方式的有效途径。[③] 周吉以小学中高年级语文学习为例，通过调查和访谈分析了学习任务单的设计与使用对学生自主学习能力培养的影响。他发现教师和学生都非常认可学习任务单对学生自主学习能力的积极影响，但目前的学习任务单有待改进，并提出了相应的改进建议。[④] 黄磊、葛仁豪结合医学类专业学习的特点，提出在信息化教学背景下培养医学类学生的自我调控能力、自我反思能力、独立思考能力和创新能力，进而提高学生的自主学习能力。[⑤] 汪微琦、吴俊芳在大学英语试听课上，以专题学习网站为载体来培养学生的自主学习能力，并提出了提高学生自主学习能力的四大策略。[⑥] 这类研究都是针对具体学科的具体问题进行的，不具有普适性，缺乏系统的、规范的培养模式，没有形成科学、系统的体系和方案。

3. 体验式培养方式

体验式培养方式以能力培养为目标，通过活动设计引导学生通过自身体验发展学习技能。其中具有代表性的案例是北京师范大学远程教育研究中心提出的自主学习能力培养模式。在该模式中，自主学习能力培养不能通过简单的知识传递来完成，必须通过学生自身的体验来获得。[⑦] 该模式以凯斯西储大学组织行为学教授大卫·库伯提出

① 张伟：《基于翻转课堂的大学生自主学习能力培养模式设计》，载《西南师范大学学报（自然科学版）》，2020(8)。

② 陈晓日：《将资料夹融入以培养大学生自主学习能力为基础的英语教学中》，硕士学位论文，山东大学，2005。

③ 董晓：《在小组合作学习中培养大学生自主学习能力的研究》，硕士学位论文，扬州大学，2009。

④ 周吉：《基于自主学习能力培养的学习任务单设计研究——以小学中高年级语文为例》，硕士学位论文，上海师范大学，2018。

⑤ 黄磊、葛仕豪：《信息化教学背景下医学类学生自主学习能力培养探索》，载《中国教育技术装备》，2019(16)。

⑥ 汪微琦、吴俊芳：《以英语视听说专题学习网站为载体助力学生自主学习能力的培养》，载《教育教学论坛》，2020(39)。

⑦ 赵宏、陈丽、郑勤华等：《成人远程学习者自主学习能力培养的教学模式探究》，载《中国电化教育》，2014(6)。

的体验学习理论为基础，强调亲历和反思内省，要求学习者投入反思内省的体验，并且将当下的学习与过去的经验联结起来，学习者从其亲历和反思中获得认识和情感，发展能力。该培养模式包括七个环节（如图 3-7 所示）。

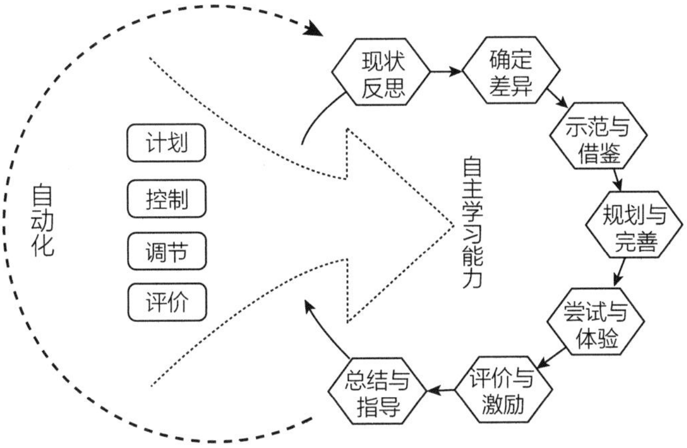

图 3-7　自主学习能力培养模式

（1）现状反思

巴里·波斯纳认为没有反思的经验是狭隘的经验，至多形成肤浅的认识。反思是了解自身实践的镜子。对成人学习者来说，建立在他们过去经验基础上的学习非常重要，但要想将经验转变成需要学习的技能并促进深层次学习，学习者就必须反思。因此，无论是自主学习的相关理论，还是英国开放大学等机构或个人开展的自主学习能力培养实践，都将现状反思作为自主学习技能培养的第一步。在此环节中，教师需要创设问题情境，引导学习者思考以往自己对目前要培养的这项技能的使用情况，从而增进对该项技能的认识和理解。教师一般通过为学习者提供反思工具（如表格、调查问卷或核对单）等方式帮助学习者完成反思过程。学习者则根据自己对先前自主学习表现的观察、记录或回忆，评价自己在该自主学习技能上的现有能力水平。

（2）确定差异

对于成人学习者来说，学习带有很强的目的性，通过让学习者了解自己和同学或示范榜样之间存在的差距，能够激发其学习动机，促进其学习。在此环节中，教师需要创设交流和分享的情境，引导学习者将自己的现状反思结果与同学及教师提供的示范榜样进行比照，从而帮助学习者了解自己在该技能上与同学及与示范榜样之间的不同与差距。学习者需要在教师引导下，通过分享、交流来了解自己与同学及示范榜样之间的差距和自己的优势，思考自己在该能力运用上的问题及如何改进。

（3）示范与借鉴

国外学者对自主学习能力进行了大量研究，提出了获取自主学习能力的三种途径，其中有针对性的教学指导是被实践者大量运用的一种方式。在此环节中，教师要以学习者能够理解和接受的方式，通过示范榜样，为学习者提供该技能的应用方法与过程以及在应用过程中所使用的工具、策略等，帮助学习者形成对该技能应用的整体认识。

（4）规划与完善

在经历了现状反思、确定差异和示范与借鉴三个环节后，学习者对自身技能现状有了清晰的认识，要真正发展和提高自己的技能，学习者则需要根据自身存在的不足和问题，有针对性地制订改进计划，包括哪些方面需要改进、如何改进等。同时，学习者需要将思考的方法与通过分享获得的经验进行归纳，形成初步的改进方案。在此环节中，教师需要为学习者提供规划工具，如编制计划的辅助表格或核对单等。

（5）尝试与体验

技能的培养只有通过体验才能完成。教师在此环节要为学习者设计相应的活动，通过活动步骤为学习者能力发展搭设支架，让学习者执行自己的规划，根据自己的规划尝试技能应用的过程与方法。在这一环节中，教师要鼓励学习者对新习得的技能进行持久的练习，并给予积极的反馈，同时引导学习者讨论如何更有效地发展和提升自己的能力，从而完成由不会到会再到熟练的逐渐发展完善的过程。

（6）评价与激励

评价不是目的而是手段，是一种激励方式。在此环节中，教师要给予学习者更多机会来评价自己的进步，主要采用自评和同伴互评等多种方式帮助学习者确认其自主学习能力获得与发展的情况，肯定学习者的收获与进步；同时创设同伴分享与交流的情境，帮助学习者更好地确定自己的进步与不足，从而为未来的发展提供支持和激励。

（7）总结与指导

此环节是对整个技能培养过程进行提纲挈领的总结概括，同时学习者对整个技能培养过程的不同情况、不同见解进行概括、分析和深化，加深自身对技能的认识和理解。在此环节中，教师可以在提供技能总结的基础上设计更高层次的活动，促进学习者的自主学习能力向更高层次发展。学习者也可以利用教师提供的反思工具进行自我反思，总结自己的收获和体会，从而更好地发展自主学习能力。

整个自主学习能力培养模式是一个循环的过程，学习者在经历了七个环节之后，对应的某种自主学习能力的水平必然有所提高，并进入该自主学习能力应用的相对自动化阶段。在整个模式中，教师扮演的是一个引导者和催化剂的角色，其主要工作是创设培养情境，设计学习活动，提供支架和示范，鼓励和引导学生进行分享与交流，并给予反馈与指导。

自主学习能力的培养实践还需要有效的培养环境的支持。随着网络技术的飞速发展，技术环境也日新月异，尤其是交互媒体技术不断发展，为学习者之间的交互、联

结、分享和协作创造了前所未有的条件。同时，学习分析技术的发展也能够记录学生
交互过程中的行为、认知和情绪等数据，也能对交互所产生的社会关系进行可视化分
析，这些都将提升互联网环境下自主学习能力培养的效果。

> **学习活动 3-4**
>
> 　　北京师范大学远程教育研究中心与北京麦课在线教育技术有限责
> 任公司共同开发了自主学习能力培养课程，此课程是基于上述自主学
> 习能力培养的七个环节开发的，是一门体验式在线课程。现开放"时间
> 管理"模块，可扫描右侧二维码进行体验。请在体验过程中进一步思考
> 自主学习能力培养的方法。

教学活动建议

　　本节的重点是认识自主学习能力的构成，了解自主学习能力的相关测量和培养模
式，并能够应用培养方法设计具体的培养活动。教学重点应放在自主学习能力的培养
方法上。建议教师重点采用案例分享和体验的方法，引导学习者理解和掌握能力培养
的方法，并在此基础上带领学习者完成一个能力培养活动的设计，完成后可以让学习
者之间进行交流和分享。

学习活动建议

　　认真阅读自主学习能力培养模式的相关内容，思考在"互联网+"时代，哪些交互和
协作工具可以支撑和促进自主学习能力的培养，并与同伴交流你的想法和观点。

　　根据自主学习能力培养的七个环节，任意选取自主学习能力的一个维度（如计划能
力、时间管理能力、反思能力等）设计培养活动，可以考虑使用一些交互或协作工具。

自我评价

一、学习经历评价

1. 你是否阅读了第三章的所有内容？

建议：如果答案为"否"，请暂停自我评价，阅读未读过的部分。

2. 你能否理解第三章的所有内容？

建议：如果答案为"否"，请首先列举不理解的内容，然后尝试利用以下方法解决
遇到的问题。

①利用图书馆和网络资源，查找相关文献。

②与同学进行讨论。

③向教师提问，争取教师的帮助。

④将问题发布在线上讨论区，争取更多人的帮助。

二、自测题

1. 请列举在线学习的特点并举例说明。

特点一：_____。

　　举例：_____。

特点二：_____。

　　举例：_____。

特点三：_____。

　　举例：_____。

特点四：_____。

　　举例：_____。

特点五：_____。

　　举例：_____。

特点六：_____。

　　举例：_____。

特点七：_____。

　　举例：_____。

特点八：_____。

　　举例：_____。

特点九：_____。

　　举例：_____。

2. 请列举泰特划分的学习支持服务的类型及对应的功能。

类型一：_____。功能：_____。

类型二：_____。功能：_____。

类型三：_____。功能：_____。

3. 请描述什么样的学习是自主学习，并说出其关键特征。

4. 请列举自主学习能力培养的七个环节。

◎ 推荐阅读文献

[1]陈丽．"互联网+教育"的创新本质与变革趋势[J]．远程教育杂志，2016，（4）：3-8.

[2]董兆伟，李培学，李文娟．"互联网+"时代的新型学习支持服务体系构建研究[J]．远程教育杂志，2015，33(6)：93-98.

[3]管佳，李奇涛．中国在线教育发展现状、趋势及经验借鉴[J]．中国电化教育，2014，(8)：62-66．

[4]李爽．基于学习分析的在线学生支持[M]．北京：中央广播电视大学出版社，2016．

[5]彭飞霞．中国在线学习体系的建构与发展策略[J]．成人教育，2018，38(11)：22-29．

[6]孙雨薇，陈丽．"互联网+"时代下"草根服务草根"模式发展两面观——在线教育领域中草根模式发展的问题分析[J]．开放学习研究，2018，23(5)：26-33．

[7]杨成，缪培培，胡旺．互联网+背景下智慧学习支持服务研究[J]．终身教育研究，2017，28(1)：51-57．

[8]赵宏，陈丽．远程学习者自主学习能力培养方法研究[J]．电化教育研究，2012，33(10)：56-63．

[9]赵宏．成人远程学习者自主学习影响因素分析[J]．中国远程教育，2014，(5)：27-31．

[10]赵宏，陈丽，郑勤华，张善实．成人远程学习者自主学习能力培养的教学模式探究[J]．中国电化教育，2014，(6)：37-41+48．

[11]衷克定．在线学习与发展[M]．北京：高等教育出版社，2011．

[12]杨晓宏，周效章．我国在线教育现状考察与发展趋向研究——基于网易公开课等16个在线教育平台的分析[J]．电化教育研究，2017，38(8)：63-69+77．

在线教学中的学习支持服务　　　　自主学习与自主学习能力的培养

第四章

在线学习资源与建设模式

本章概述

　　资源是教育教学过程的重要构成要素之一，资源建设与应用也一直是教育领域关注的重点内容之一。同时，资源作为教育信息化的核心内容决定了信息化水平，成为推动教育系统性变革的关键要素。教育部印发的《教育信息化 2.0 行动计划》将教学资源服务普及行动放在教育信息化八项实施行动的首位，明确提出完善数字资源公共服务体系，优化"平台+教育"服务模式与能力，以及实施教育大资源共享计划。在"互联网+"时代，教育教学资源的建设、使用及共建共享对提高教育质量、促进教育公平、推动教育均衡发展具有重要意义。

　　本章主要探讨在线学习资源与建设模式，包括在线学习资源概述，典型资源库与资源平台，开放教育资源与应用，资源共建共享的模式。

知识结构图

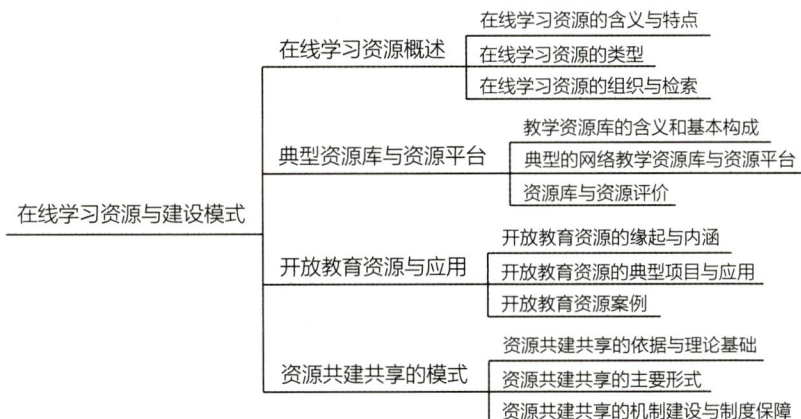

◎ 学习目标

- 理解在线学习资源的含义，了解在线学习资源的分类与存在形态。
- 理解教学资源库的含义与基本构成，知道典型的资源库和资源平台。
- 能够在合适的资源库和资源平台上找到并利用相应的资源。
- 理解开放教育资源的内涵，知道开放教育资源的典型项目，并且能够在学习和生活中适时适当地选择和利用开放教育资源。
- 了解在线教育资源共建共享的理论基础以及资源共建共享的模式。

第一节　在线学习资源概述

一、在线学习资源的含义与特点

(一)在线学习资源的含义

在线学习资源往往指学习者通过互联网能够获得的各类学习资源。当从不同情境和不同角度分析时，学习资源也被称为"教学资源"或"教育资源"等，包括教育、教学、学习过程所涉及的人、物、环境等方面。学习资源的含义有广义和狭义之分。广义上，学习资源可以是学习者能够利用的一切人力与非人力资源，可以是物质的或非物质的，有形的或无形的。狭义上，学习资源仅指学习材料与教学环境。

在《教育大辞典》中，教育资源指支持教学活动的各种资源，分为人力资源和非人力资源。美国教育传播与技术协会（AECT）把教育资源称为"学习资源"，其在 1977 年的定义中将学习资源分为设计的资源和利用的资源（如表 4-1 所示）；在 1994 年的定义中，学习资源是支持学习的资源，包括教学材料、支持系统、学习环境，甚至可以包括能帮助个体有效学习和操作的任何因素。在我国教育部颁布的《中小学教师教育技术能力标准（试行）》中，学习资源是指"在学习过程中可被学习者利用的一切人力与非人力资源，主要包括信息、资料、设备、人员、场所等"。

表 4-1　1977 年 AECT 定义中的学习资源分类

形式		设计的资源	利用的资源
学习材料		音像教材、投影资料、多媒体课件	电子百科、教育音像资料、网上教育信息资源
教学环境	信息资源型	学习资源中心、电子阅览室、数字化图书馆	互联网
	授递型	多媒体教室、语言实验室、微格教室、网络教室	卫星电视、有线电视、图文电视、互联网

从表 4-1 可以看到，随着互联网和信息技术的发展，几乎所有学习资源类别都能够放在网络上，无论是学习材料还是教学环境。因此，广义上，在线学习资源是一切可以帮助教育者、学习者达到教与学目标，可被开发、利用的所有支持在线教与学的资源，包括教与学材料、教与学环境及教与学支持系统。本章主要介绍狭义的在线学习资源，从有助于学习者了解、获取和使用在线资源的视角出发，主要涉及线上典型资源库与资源平台，以及各类学习材料、教学网站、开放课程等开放教育资源。

学习活动 4-1

　　首先，请尽可能多地列举你所感兴趣和常用的学习资源，可具体也可抽象，如书籍、学习伙伴、某种工具、某个网站、某个资源库等，想到什么写什么。

　　然后，请将你列出的学习资源进行整理和分类，并用适当的、形象化的方式（如列表、关系图、层级结构图、思维导图、网状图等）呈现出来。

　　最后，请思考：在对在线学习资源进行分类时，应如何确定分类维度？在线学习资源有哪些存在形态？

（二）在线学习资源的特点

陈丽等人认为，互联网使人类借助新的手段将全部智慧汇聚，出现知识回归现象，将形成一个不断吸纳新知识、不断传播新知识的生态体系。① 在线学习资源作为教育内容的载体，也随之呈现新的特点（如图 4-1 所示）。

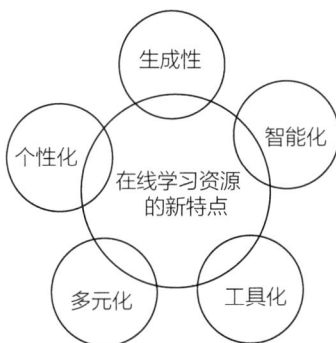

图 4-1　在线学习资源的新特点

1. 生成性

社会成员在网络空间中汇聚集体智慧，共同创建、传播、使用与分享资源，这成为在线资源建设的新模式。同时，计算机技术的发展使用户创作、发布和交互的过程都能够得到完整的记录和保存，这些行为数据和过程数据也成为新的在线资源。新冠肺炎疫情防控期间，此特点尤为突出，如教师把在线教学过程录下来作为新的资源，不仅可以呈现内容，还可以呈现真实的教学互动过程，突显出资源的生成性。②

2. 个性化

回归知识观认为知识不再是群体共识的，可以按需获取，与学习者的个体经验息息相关。③ 因此，资源的生成具有明显的个体特征，尤其是生成性资源，会受到个体价值观、所处的环境和文化背景等的影响。借助相关工具互动而生成的用户资源突显出资源的个性化特征。同时，教与学资源也更加强调学习者的个性化需求，相对于"教"，教与学的资源更多地强调支持学生个性化的"学"。

3. 智能化

随着互联网计算机技术的发展，平台空间互联互通，平台资源可实现自动汇聚、动态更新，资源信息全面互动；同时，利用大数据和学习分析等技术，根据用户的需求和偏好，可实现资源的智能化与个性化推荐。

4. 多元化

网络空间中知识的内涵已经发生了变化，除标准化、结构性、稳定的知识外，动

---

① 陈丽、逯行、郑勤华：《"互联网+教育"的知识观：知识回归与知识进化》，载《中国远程教育》，2019(7)。

② 陈丽：《在线教学助力停课不停学的实践创新》，见微信公众号"中关村互联网教育创新中心"，2020-04-07。

③ 陈丽、逯行、郑勤华：《"互联网+教育"的知识观：知识回归与知识进化》，载《中国远程教育》，2019(7)。

态的、境域化的内容都将成为知识。① 由此，资源作为知识的载体也呈现多元化形态。符号化的知识，使用者的经验、态度、价值观，以及过程性数据等都成为资源。同时，资源形式也呈现多模态特征，既包括视频、音频、图像、文本等形式，也包括认知工具、虚拟仿真资源等。

5. 工具化

随着计算机技术的飞速发展，各种学习、交流、沟通、自媒体等工具性软件层出不穷，逐渐成为学习、展示、做笔记、自我管理、社会交往、联系沟通的工具，走入人们的日常学习与生活。互联网资源的工具化特征日渐突出。

二、在线学习资源的类型

在当今知识爆炸式增长的时代，学习资源类型丰富，尤其是数字化在线学习资源，数量庞杂且增长迅速。有效的分类与管理成为改善在线学习资源服务与利用质量的必要内容。由于互联网技术、虚拟现实、增强现实及智能技术等日趋成熟，传统学习资源的功能几乎都能通过网络实现，因而传统学习资源与在线学习资源的类别在总体上趋于一致。从资源建设、教学方式、存在形态等不同角度，对学习资源可以做出不同的分类。

(一)从资源建设角度分类的学习资源

教育部教育信息化技术标准委员会制定与发布的《教育资源建设技术规范》将教育资源分为媒体素材、试题、试卷、课件、案例、文献资料、网络课程、常见问题解答、资源目录索引九大类。② 同时，该规范将每一个资源从学科类别、适用对象和素材类型三个主要分类属性进行组织。

媒体素材：分为文本、图形/图像、音频、视频、动画五种。

试题：测试中使用的问题、选项、正确答案、得分点和输出结果等的集合。

试卷：用于进行多种类型测试的典型成套试题。

课件：对一个或几个知识点实施相对完整教学的软件，根据运行平台可分为网络版的课件和单机运行的课件。网络版的课件应能在标准浏览器中运行，并且能通过网络教学环境由大家共享；单机运行的课件可通过网络下载后在本地计算机上运行。

案例：由各种媒体元素组合表现的，有现实指导意义和教学意义的代表性事件或现象。

---

① 陈丽、逯行、郑勤华：《"互联网+教育"的知识观：知识回归与知识进化》，载《中国远程教育》，2019(7)。
② 余胜泉、朱凌云：《〈教育资源建设技术规范〉体系结构与应用模式》，载《中国电化教育》，2003(3)。

文献资料：教育方面的政策、法规、条例、规章制度，对重大事件的记录，重要文章和书籍，等等。

网络课程：通过网络表现的某门学科的教学内容及实施的教学活动的总和，包括两个组成部分——按一定的教学目标、教学策略组织起来的教学内容以及网络教学支撑环境。

常见问题解答：针对某一具体领域最常出现的问题给出全面的解答。

资源目录索引：列出某一领域中相关的网络资源地址和非网络资源的索引。

可以看到，上述九大类教育资源从支持教与学的层面可以被归为媒体素材型资源、各类学习材料、网络课程及资源管理系统四大类。这与《现代远程教育资源建设技术规范（试行）》中四个层次的远程教学资源，即素材类教学资源、网络课程、教育资源管理系统和通用远程教学系统支持平台所包含的内容是基本一致的。

此外，在职业教育领域，学习资源建设强调行业企业的功能，在资源分类中加入了职业教育特色。比如，王学东等人将高职数字化资源分为：专业标准（岗位能力标准、课程体系、课程标准、生产性实训标准、顶岗实习标准），网络课程（课程标准、教学模式、课件、录像、实训内容、虚拟实训、测试、辅导），课程资源（文本、图片、音频、视频等），职业资格认证资源（证书分类、标准、试题库、学习资源），专家资源（优秀教师、企业行业专家、讲坛和答疑）。[①] 此种分类方式突显了高职教育的特色，贴合职业学校的资源建设与教学应用实际。

（二）从教学方式角度分类的学习资源

互联网时代呼唤新型教学方式，即以自主、创新、探究和协作为基本特征的教学，强调自我计划、自我监控和自我评价的自主学习，开放性问题导向的探究学习，以及同伴协商、相互激励和善于表达的协作学习。这些教学方式反映到资源形态上表现为个体任务型、微型课件型、过程体验型、小组合作型和邻近经验型五种典型学习资源形态。[②] 其中，个体任务型又称"任务导向型"，以支持学习活动开展为目的；微型课件型以阅读文字、聆听音频或观看视频为主；过程体验型又称"技能训练型"，以指导和支持现实中的操作技能，或者以虚拟实验、在线训练软件的支持为主；小组合作型关注对小组学习任务的支持，学习资源的形态以相应的案例、活动指南与小组任务评价方法为主；邻近经验型又称"协同知识建构型"，关注对个体知识贡献的评价、学习者激励及干预等，资源形态以资源索引、经验分享规则与评价方法为主。这些资源形态

---

①　王学东、李贤彬、刘庆华等：《高职院校汽车专业共享型教学资源库建设》，载《职业技术教育》，2009（14）。

②　黄荣怀、陈庚、张进宝等：《论信息化学习方式及其数字资源形态》，载《现代远程教育研究》，2010（6）。

逐渐被人们尝试和接受，特别是在非正式学习环境和相关培训中，它们正逐渐成为重要的学习资源形态。

(三)各类资源库与资源平台

在互联网上，有很多在线学习资源是利用数据库技术建立的资源仓库与管理平台，并利用数据管理系统和数据挖掘系统实现对资源的添加、修改、删除、处理、分析、制表和打印等多种功能。根据资源仓库与管理平台中内容的不同，可以建立在线课程资源库、媒体素材库、试题试卷库、教学及软件工具库、课件案例库、中高考资源库、数字图书期刊库、教研培训库、电子教材库等可用于教学目的的资源数据库。

(四)在线课程形态的学习资源

MOOC 是典型的在线课程形态的学习资源，如 Coursera、Edx、中国大学 MOOC 等为代表的 MOOC 平台。

> **案例 4-1**
>
> 近年来，MOOC 凭借其免费、高质量的学习资源和较好的学习支持服务在世界各地得到推广和应用。
>
> 调查显示，到 2016 年 3 月，已经有 4180 门 MOOC，参与高校达到 550 所，涵盖社会科学、计算机科学、工程与设计、商业与管理、医疗与健康等不同学科，注册 1 门及以上课程的学生达到 3500 万人。

MOOC 的分类形式有多种。例如，克拉克·奎因根据 MOOC 的不同实践形式将其分为联通主义课程建设模式和斯坦福课程建设模式。联通主义课程建设模式的 MOOC 注重学习者之间的交互，学生基于问题的讨论和对话可促进自身对知识的内化和理解。斯坦福课程建设模式则对课程教学视频和学习材料质量的要求较高，目的是为学习者提供较好的学习体验。这两种模式分别被称为 cMOOC 和 xMOOC。[1] xMOOC 侧重于知识传递，学习者采用自我导向的学习方式进行学习；而 cMOOC 侧重于通过社交或群组交流进行学习和问题解决。[2]

雷恩基于 MOOC 实践形式和个人认识将 MOOC 建设分为三种：基于网络的 MOOC、基于任务的 MOOC 和基于内容的 MOOC。[3] 他依据该分类方式对每种模式的

---

[1]　Quinn C.，"MOOC Reflections，"http：//blog. learn-lets. com/? p＝2562，2014-01-27.

[2]　Baturay M. H.，"An Overview of the World of MOOCs," *Procedia-Social and Behavioral Sciences*，2015(12)，pp. 427-433.

[3]　Lane M. L.，"Three Kinds of MOOCs," http：//lisahistory. net/wordpress/2012/08/three-kinds-of-moocs/，2012-08-15.

实践案例进行了划分（如图 4-2 所示）。依据该分类模式，cMOOC 属于基于网络的 MOOC，xMOOC 属于基于内容的 MOOC，而基于任务的 MOOC 则强调学习者获得工作中所需要的技能并完成任务。[①]

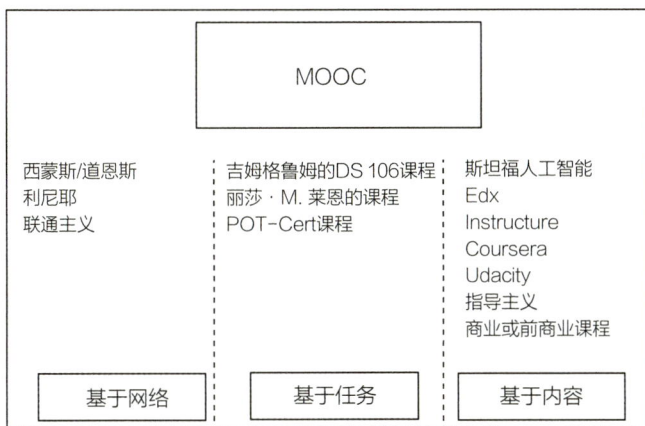

图 4-2　MOOC 课程设计模式的分类

（五）微课程形态的学习资源

一般认为，微课程是具有明确的教学目标、围绕教学目标进行教学设计、集中解决一个问题或阐明一个知识点、学习时间为 5～15 分钟的小课程。它具有目标明确、内容聚焦、短小精悍的特点。

微课程的内容构成有三个基本要素，即教学目标、教学策略和学习评价。一个好的微课程一定有清晰的课程及目标说明，并基于目标设计内容主题；同时提供相关教学策略支持，如情景导入、内容展开、活动设计、资源工具、练习反馈与支持等；学习评价可以在线或离线提供，以检验学习效果，促进学习深入，并且获得教学反馈。

相较于传统课程，微课程具有几个突出特点。①知识组织形式：改变了传统课程结构化、体系化的知识组织形式，具有独立性和松散耦合的特点。②课程设计：知识组织形式的变化使课程设计多采用主体化、模块化的方式。③知识内容：多从一个知识点切入，围绕一个点进行知识建构，内容碎片化、微型化。④可视化：在呈现方式上以情景化、图形化、图像化的方式为主，形象生动，便于接受与理解。⑤泛在性：因资源本身的小粒度与碎片化而具有跨媒体与普适化的特点，方便应用与传播，具有泛在性。⑥关联性：往往以一个知识点为单位，可以按照需要自由组合到不同的内容

---

① 牟智佳、王府：《整合 cMOOC 和 xMOOC 的双层 MOOCs 课程设计模式及学习参与度分析》，载《中国医学教育技术》，2018(5)。

体系中，跨学科、易组合。[1]

学习活动 4-2

有观点认为，知识碎片化在消解体系化、结构化知识的同时也产生了很多变革的力量。它在较短时间内提炼并表现核心知识点的要求有助于人们从框架性的思维定势中跳出来，对知识重新进行拼装、对接和创新。相对细碎的知识点具有更强的针对性，应用更灵活，学习时间更短，学习者的注意力更易集中，学习效果往往会更好。碎片化学习是与当前社会需求相适应、相匹配的学习方式。然而，也有观点认为，知识碎片化对于教与学过程及学习者也产生了许多负面的影响。

什么是知识碎片化？如何看待知识碎片化对于教与学过程及学习者的影响？

认真思考这两个问题，可以查找相应文献资源，把自己的观点进行梳理总结，并用适当的文字或可视化方式进行表达。

三、在线学习资源的组织与检索

在线学习资源是在线信息资源的一部分，在线信息资源的组织与检索方式对在线学习资源也适用。在线信息资源是可以通过互联网络获取、利用的各类信息资源的总和。在线信息资源的组织即利用现代信息技术，对在线信息资源的内容、结构、特征等方面进行分析，并按照一定的原则或标准对其进行逻辑化、有序化组织，从而使在线信息资源的存储、传播、检索及利用过程规范化、系统化。目前，常用的在线信息资源组织方式有以下四种。

（一）分类组织方式

分类组织方式是将各种知识领域的内容按照知识分类原理进行系统排列，并把表示类目的数字、字母等符号作为主题标志，利用数据库、搜索引擎等工具对知识单元和信息单元进行描述的一种组织方式。[2] 分类组织方式对信息资源的范围进行了限定，可以提高检索的准确率。树状组织结构具有提供上下文检索词的功能，方便用户查询检索。此外，分类组织方式的聚类功能及代码标志为非文本信息内容特征的文字表达

---

[1] 单从凯、王丽：《微课程的开发与应用》，载《中国远程教育》，2013(12)。

[2] Russakovsky O., Deng J., Su H., et al., "ImageNet Large Scale Visual Recognition Challenge," *International Journal of Computer Vision*, 2014(3), pp. 211-252.

提供了途径。[①]

(二)元数据组织方式

元数据是关于数据的数据，指从信息资源中抽取出来的用于说明其特征、内容的结构化数据。元数据由数据项目和数据内容构成，具有数字资源描述功能、整合功能、代理功能和保存功能，可用于组织、描述、检索、存储、管理信息资源。元数据使信息的描述和分类实现格式化，从而为机器处理创造了可能。

(三)数据库组织方式

数据库组织方式是将采集和标引的在线信息资源以固定的记录格式进行存储组织，用户通过关键词及其组配查询获取所需要的信息线索，并通过信息线索链接相应的在线信息资源。数据库技术按照指定的结构建立相应的数据仓库，利用数据管理系统和数据挖掘系统实现对数据的添加、修改、删除、处理、分析、制表和打印等多种功能。数据库组织方式能够减少数据存储冗余，实现数据共享，保障数据安全，并能高效地检索和处理数据。

根据数据库的内容可以建立在线课程资源库、媒体素材库、试题试卷库、教学及软件工具库、课件案例库、中高考资源库、数字图书期刊库、教研培训库、电子教材库等可用于教学目的的资源数据库(如表 4-2 所示)。[②]

表 4-2　资源数据库示例

一级目录	二级目录	目录解释
在线课程资源库	学段 学习者 类别(学科) 课程	
媒体素材库	文本类素材 图形(图像)类素材 视频类素材 音频类素材 动画类素材	媒体素材是传播教学信息的学习材料单元
试题试卷库	题库 试卷库	

---

① Deng J. , Dong W. , Socher R. , et al. , "ImageNet: A large-Scale Hierarchical Image Database," 2009 IEEE Conference on Computer Vision and Pattern Recognition, Miami, 2009.

② 李宏伟：《区域数字教育资源建设研究》，硕士学位论文，西北大学，2015。

续表

一级目录	二级目录	目录解释
教学及软件工具库	课程设计软件 学习工具软件	学习工具与模板包括教具、学具以及教学方法的模板
课件案例库	学科 学段 版本 章节 分类	
中高考资源库	学科 进程 考试	包含备考知识讲解、知识复习体系、高考应对策略、模拟考试试卷等的体系化复习备考知识库
数字图书 期刊库	期刊 报纸 图书 文献 工具	期刊、报纸、图书的电子版以及电子教学期刊，通过教育类搜索引擎实现社会教育资源服务
教研培训库	教师属性 课时 学习进度 课程	为基础教育教师提供在线教研培训资料及培训视频
电子教材库	学科 学段 出版社 时间	教育部审订出版的基础教育电子教材

(四)搜索引擎组织方式

搜索引擎对在线信息资源进行组织的原理是根据特定的检索策略，运用特定的计算机程序(如 robots 等自动代理工具)访问互联网，沿着网页中的所有链接漫游至其他网页，并对经过的所有网页通过词频统计、词语位置认定等特殊算法提取页面中的相关信息，并对其进行自动抽取、标引、归并、排序，创建可按关键词查询的网页索引数据库，之后便可根据用户输入的关键词通过匹配算法在索引数据库中进行查询、排序、反馈，使用者能够便捷地获取所需要的相关信息。

同样，在线学习资源采用在线信息资源的分类方法来实现查找、获取与应用。在线信息资源常常采用主题分类法、学科分类法、体系分类法等来对互联网各种庞杂的信息资源进行组织与管理，实现信息资源的查询检索。

学习活动 4-3

　　互联网资源浩如烟海，如何找到并收集所需要的学习资源与教学素材(尤其是多媒体素材)？常见的做法有哪些？

　　找一个感兴趣的主题，运用检索方法与技巧查找相应的资源，并对获得的资源进行初步梳理、学习与分析。反思和整理自己的检索技巧，进行适当的表达。

◎ 教学活动建议

　　本节主要让学习者掌握在线学习资源的含义与特点，了解并收集按照不同视角进行分类的、不同存在形态的学习资源，理解在线学习资源的组织和检索方式。建议教师将教学重点集中在不同学习资源的存在形态和分类以及在线信息资源的组织方法上。建议教师组织学习者查找、检索、体验不同类型的在线学习资源，组织学习者讨论、分享自己常用的优质在线学习资源以及学习资源的检索技巧。

◎ 学习活动建议

　　阅读教材内容，学习课程提供的音视频资源。

　　自定主题，运用检索方法与技巧查找相应的优质资源，并对获得的资源进行初步的梳理与分析。

　　反思和整理检索技巧，联系个人实践中的常用技巧，补充更多检索案例，说明如何高效检索优质资源案例。

　　若你已注册了 cMOOC 课程"'互联网+教育'：理论与实践的对话"，可以在课程中分享你的检索技巧与思考。

第二节　典型资源库与资源平台

一、教学资源库的含义和基本构成

　　有观点认为，传统的教学资源库就是各种教学资源的汇总和集合，是依据一定规范与标准将多种媒体素材的教学资源进行收集与管理，并为教学提供支持性服务的系统。教学资源库具有三个基本特征：首先，它是一个数据库系统，基于当时科技发展的状况，可以是图书馆，也可以是支持教学发展的部门或组织，还可以是现代意义上的电子数据库系统；其次，其基本功能是支持并促进教学效率和教学质量的提高；最后，教学资源库必须有一定的技术规范。[①]

网络教学资源库是借助计算机网络技术而兴起的，依靠一套严格的技术规范和技术标准，将传统的教学资源用多媒体的形式进行收集、汇总，整合形成一套完整的数字化教学资源集合，从而为教学工作提供支持性服务。网络教学资源库采用多样化信息资源形式，提供多元化、个性化的内容，越来越智能、个性化地服务用户需求。网络教学资源库一般包括媒体素材、试题、课件、案例、文献资料、网络课程、常见问题解答、资源目录索引等。

专业教学资源库建设的核心要素包括资源、平台和机制。三要素之间相互依存、协同发展。首先，资源是专业教学资源库建设的内容要素，好的资源能够对接岗位所要求的能力、素质，能够准确对接行业标准；同时要从学习者的角度出发，设计符合学习者需求和学习特质的平台，且要尽可能贴近学习者应用的场景。优质资源是保障用户黏性的第一要素。其次，平台是保证资源得以共享和应用的环境要素，好的平台能够实现对教学资源的集聚、搜索、下载和展示，有基于资源的学习活动组织和设计，还要以用户为中心，从服务教师的教、学生的学、员工职业发展培训等角度实施基于平台的在线教与学改革，为个性化学习需求提供有效支持。平台是资源应用的载体，更是机制发挥作用的中介。最后，机制是促进资源建设与应用的保障要素，有效的机制能够促进资源的有效建设与整合以及优秀团队的组建与发展，提供资源建设、更新及平台运维的经费支持和应用动力。好的机制能保障资源的可持续建设及平台功能的不断迭代更新，保障项目高效、合理、常态化运行。[②]

二、典型的网络教学资源库与资源平台

如果用搜索引擎检索、查找互联网上的资源库，则会发现资源库与资源平台的内容非常多，用不同的关键词检索会出现不同的结果。这里列举一些典型的综合类、各级教育类和不同媒体形式的网络教学资源库与资源平台作为示例。

（一）在线课程类资源平台

中国大学 MOOC 是由网易和高等教育出版社联合建设的在线教育平台，承接教育

---

① 刘艳丽：《医学类网络教学资源库建设与应用研究》，硕士学位论文，山东师范大学，2013。

② 张国民、周建松、孔德兰：《基于资源、平台、机制三协同的专业教学资源库建设机理研究》，载《职业技术教育》，2017(19)。

部国家精品开放课程。中国大学 MOOC 面向大众，汇集了国内顶尖高校的优质课程，将课程和教学过程以 MOOC 的形式呈现到互联网上。

类似的中国 MOOC 平台还有智慧树、网易云课堂、学堂在线等。

可汗学院由萨尔曼·可汗创立，面向大众且免费提供网络视频，现有关于数学、历史、金融、物理、化学、生物、天文等学科的内容，机构的使命是加快各年龄学习者的学习速度。

沪江网校由沪江教育科技（上海）股份有限公司开发运营，课程面向大众，包括语言、留学、升学、职业、职场与个人兴趣等多个领域的在线课程。沪江网校以社群学习为核心，首创以班级为基础的服务体系；倡导班级在线，实现多屏互动，随时随地学习。

（二）基础教育资源平台

中华资源库是面向全国教师的教育资源平台，也是教师可使用的新课程网络研修平台。该平台由华资在线（北京）教育科技有限公司主办，现已经开通下属 60 多个频道，其中包括高中、初中、小学，学校教育科研、教育安全、自主招生、课堂教学等 20 多个学科及专题网站，均由全国知名专家负责主持；同时是一线师生互动平台与培训平台，成为教师、学生学习交流中重要的网络支持平台。中华资源库每天更新数千精品教学资源，拥有丰富的新课程教育资源和先进的流媒体制作技术，为全国中小学教师和学生提供个性化工作和学习的在线资源支持。其中的海量高考数据资源，内容权威全面，更新及时。各类试题、课件、学案等有 200 万条之多，每天更新不少于 2000 条。

此外，学习方法网为广大中学生提供学习方法指导，主要内容包括初中学习方法、高中学习方法、学习计划、时间管理、家长课堂、学习资料下载等。

（三）职业教育资源平台

智慧职教网站是由高等教育出版社建设和运营的职业教育数字教学资源共享平台和在线教学服务平台，是国家"职业教育专业教学资源库"项目建设成果面向全社会共享的指定平台，旨在为广大职业教育教师、学生以及企业员工和社会学习者提供优质数字资源和在线应用服务，促进职业教育教学改革，丰富教与学的方法，扩大教与学的范围，提高教与学的效率与效益，推动学习型社会建设。

该平台开放、汇聚和运营省级、校级及企业资源库的建设成果，为各级各方各类资源库的集成共享和推广应用提供支持服务。平台与相关机构合作，开展职业教育信息化教学领域、职业技能领域的各类培训和比赛，汇聚培训资源和比赛作品，通过信息化手段进行优质资源共享。平台立足于创新资源应用模式、构建资源共享机制探索云服务方式，为有需要的院校或企业开通专属在线教学云平台（"职教云"），帮助其在该平台上构建属于自己的在线教学环境；并且帮助教师或培训师整合平台资源和自有资源，为学生和员工开设专属在线课程，开展线上线下混合教学或培训。

（四）学科资源网站

丁香园是一个医学知识分享网站，主要面向医学生、医务工作者及寻求医疗帮助的大众，以向大家介绍检索经验、传授检索方法和技巧、普及知识共享为主要目的。丁香园利用其医学知识资源（主要为文献）和医务人力资源为广大用户服务。

（五）素材类资源

猿题库是较为典型的题库类素材资源，由北京猿力教育科技有限公司开发，是一款手机智能做题软件。题目资源库主要面向 K12 学生，目前已经完成对初中和高中的全面覆盖。猿题库还针对高三学生提供总复习模式，涵盖全国各省份近六年高考真题和近四年模拟题，并匹配各省份考试大纲和命题方向，用户可按考区、学科、知识点自主选择真题或模拟题练习。猿题库已进入第一批教育 App 备案名单。该公司旗下的另一题库类软件小猿搜题面向中小学生及教师，其资源主要为题目及其解析，部分题目还附有视频讲解，用户通过拍照识别题目即可得到相应解析。

典型的图片素材资源网站之一是花瓣网，该网站为社交分享平台。用户可以将网络上的信息保存下来，通过浏览器插件快速完成信息收集，并且附带原始网页链接，以图片或视频的形式呈现在用户的"画板"里，用来收藏并分类展示"采集"成果。在用户的资源积累到一定量时，花瓣网还能够通过算法为用户推荐资源，以节省用户的资源信息查找时间。同类平台有 Pinterest（由本·希伯尔曼创建）、大作等。图片资源库还有绘画速写教学网、晒图网等。

网易云音乐是面向大众的音乐类素材软件。它以歌单、社交、地理位置为核心要素，主打发现和分享。其音乐资源由用户上传。后台利用"个性化推荐""私人 FM"栏目来根据用户习惯自动匹配。类似的音乐资源平台有 QQ 音乐、酷狗音乐、酷我音乐等。

爱奇艺作为一个视频资源网站，后台拥有大量视频资源，可以为用户提供丰富、高清、流畅的专业视频体验，让用户便捷地获得更多、更好的视频。视频资源网站还有优酷、腾讯视频等。

（六）软件工具类资源

方正字库是典型的字库工具，面向大众，字体在非商用情况下免费。它包括民族文字体 70 多款，有 4 款包含 7 万多汉字的超大字库，主要应用在出版、印刷、包装、设计、广电、办公等领域。类似的字体资源库还有汉仪字库等。

(七)学术及用户资源库

中国知网是典型的学术资源库与资源平台，由清华大学、清华同方发起，面向所有学习者，为其提供文献资源。中国知网既是中国学术知识资源总库，也是数字出版平台和文献数据评价平台，提供多种资源库，每个资源库都有初级检索、高级检索和专业检索功能，关注用户需求，该平台致力于提供更好、更个性化的服务，如个人数字图书馆等。类似的学术资源库还有百度学术等。

文本类资源库的典型代表之一是百度文库，作为一个综合类文本库，它是一个供用户在线分享文档的平台。其内容专注于教育、演示文稿、专业文献、应用文书四大领域，并提供实现专业内容在线交易的"精品文库"服务。同类的资源库还有道客巴巴等。

由百度公司开发的百度网盘是网盘资源库，面向大众，主要为个人用户存储资源服务。其资源由用户上传，并由用户决定是否分享、分享的时限以及私密程度。此类资源库还有坚果云等。

(八)学习资源网站

互联网汇集了很多学习资源，为学习者提供了极大便利。例如，大学资源网以大学课程为核心资源，可以帮助自学、考研、自考的用户。大学自学网也是一个大学课程自学网站，有很多基础理论课程，无论是落下了知识还是想进一步学习的学生都可以在这里查找需要的学习资料。北京大学公开课是北京大学出品的免费公开课视频学习网站。文泉学堂是清华大学开发的资源下载平台。网易公开课也是公开课网站的一个典型案例。

哔哩哔哩也被称为"B站"，是文化社区和视频平台，用户多为年轻人，也有很多学习视频。

简单教程是一个免费的编程开发学习网站，帮助用户从零开始学习编程。此外还有牛客网、实验楼、极客学院等，主要提供IT(信息技术)行业的学习资源。

TED是一家私有非营利机构，其组织的TED大会影响较广，会议宗旨是"传播一切值得传播的创意"。TED诞生于1984年，发起人是理查德·索·乌曼。2001年，克里斯·安德森接管了TED，创立了种子基金会，并运营TED大会。每年3月，TED大会召集众多科学、设计、文学、音乐等领域的杰出人物，分享他们关于技术、社会、人的思考和探索。2006年，TED大会演讲视频被上传到网络，成为大家熟知的分享观点的演讲平台。

三、资源库及资源评价

优质资源库以及资源建设与应用离不开对资源库和资源的评价，即对资源库和资源的建设与使用效果进行判断，并依据评判结果进行改进和提升。评价是保证资源建设质量的重要手段。网络信息资源评价研究始于 20 世纪 90 年代初，其中早期的网络信息资源评价以定性评价为主，国内外研究均以定性指标研究为起点。

1991 年，贝特西·瑞奇姆德提出了网络信息资源评价的"10C"指标，即内容（content）、可信度（credibility）、批判性思考（critical thinking）、版权（copyright）、引文（citation）、连贯性（continuity）、审查制度（censorship）、可连续性（connectivity）、可比性（comparability）和范围（context）。[①] 琼·奥蒙德罗伊德等人借鉴印刷型资料的评价标准提出两类评价指标：基本评价指标和内容评价指标。[②] 与琼·奥蒙德罗伊德等人提出的内容评价体系相似，吉米·卡珀尼对 Web（万维网）网站信息资源提出五项评价指标，即准确性、客观性、权威性、时效性及覆盖面。南加利福尼亚大学教授罗伯特·哈里斯以及大卫·斯托克和艾莉森·库克等人也分别提出了网络信息资源的评价指标，涉及权威性、时效性、准确性、可获取性、信息来源、内容范围、读者对象、信息组织、技术因素、用户支持等。此外，保罗·梅里奥尔多等人提出完全从用户的角度来评价网站的方法体系。[③]

我国对教育资源库的评价涉及资源库项目的评价指标体系构建、职业教育专业教育资源库建设效果评价、高校数字化教学资源库的分类与评价、高职院校数字化教学资源库评价指标体系构建与共享机制研究、国家教育资源公共服务平台评价机制研究等。此外还有大量对资源库的主体教育资源的评价研究。

与教育资源评价相关的标准有《教育资源建设技术规范》《网络课程评价规范》以及网上学习环境评估模型[④]等。《教育资源建设技术规范》涉及资源建设范围的界定、资源开发的质量要求、资源属性标注、资源管理系统的功能要求、教学资源的评价等。同时，对教学资源的质量评价涉及资源的教育性、科学性、技术性与艺术性等。针对网络课程这种特定的资源，《网络课程评价规范》主要从课程内容、界面设计、教学设计、技术四个维度对其质量进行评估，每一个维度都有清晰的定义，还有相应的评价子项来支持。至于对线上学习环境的评估，根据线上学习环境评估模型，主要从远程教育

---

① Richmond Betsy，"Ten Cs for Evaluating Internet Sources，"http：//www. uwcc. cdu/library/guides/tones. html，2020-10-30.

② Omondroyd J.，et al，"How to Critically Analyze Information Sources，"http：//www. library. comell. Edu/okuref/rsesarch/skill26. html，2020-10-30.

③ 高峰：《职业教育专业教学资源库建设效果评价研究》，博士学位论文，北京科技大学，2017。

④ 张伟远：《网上学习环境评价模型、指标体系及测评量表的设计与开发》，载《中国电化教育》，2004（7）。

系统用户(学生)的主观感受的角度,通过问卷法评估内容设计、教学设计、网站设计、教师支持、学生互动、灵活性、技术支持及学习评估八个方面的内容。

我国对网络信息资源的评价主要涉及七个方面。第一,"10C"指标和 CARS(置信度、准确性、合理性和支持度)检验体系。[①] 第二,根据网络信息资源特性而确定的评价标准,包括三方面的内容标准:内容(实用性、全面性、准确性、权威性、新颖性、独特性、稳定性),操作使用(导航设计、信息资源组织、用户界面、检索功能、连通性),成本(技术支持、连通成本)。[②] 第三,定性、定量相结合的网络信息资源评价体系,其中定量分析包括常用站点的定量选择方法以及网络信息资源的定量评价方法;定性分析包括范围(广度、深度、时效及格式等)和内容(准确性、权威性、通用性、时效性、独特性以及与其他资源链接的有效性及精炼性等)。[③] 第四,图形和多媒体设计。第五,目的及对象。第六,评论。第七,可使用性。此外还有从网站内容、网站技术及网站设计三方面进行评价的网站综合测评指标[④],以及基于用户视角构建的资源库可用性测量指标[⑤]等。

从教育资源库评价相关研究来看,国内外评价指标体系的研究主要涉及教育资源库的评价体系以及对资源的内容和形式、资源平台的设计与应用、用户使用体验等方面的评价。从 20 世纪 90 年代开始,作为评价基础的指标体系不断优化和发展。

由于教育资源库评价的目标不同,在实践过程中评价指标体系的设计和评价方式的选择也会有较大差异。在现有教育资源库评价实践中主要有两类评价方式:一是对现有资源库进行鉴定式评价,从而甄选出发展较好的资源库;二是通过评价来帮助资源库发现问题从而进行针对性改进的发展性评价。在两种评价目标下,用户体验都是评价实践中的重要内容。

学习活动 4-4

高校教育教学资源库中的资源很多来自高校传统课堂教学的简单录制,侧重于理论知识讲授和知识型人才培养。有人认为这些资源的质量不高,并且利用率低;资源存在各种问题,如诸多课程缺少完整的在线课程应具备的关键要素,缺乏设计和互动等。

根据自己的经验,总结目前资源库建设或使用中常见的问题,就自己感兴趣的主题进行调研,对下述问题发表自己的观点。

· 依据你的经验,目前资源库使用或建设中常见的问题有哪些?

· 对于教育教学资源库的建设,你有哪些建议?

---

① 李培、刘淑华:《论网上信息资源的评价标准》,载《图书情报工作》,2000(9)。
② 罗春荣、曹树金:《因特网的信息资源评价》,载《中国图书馆学报》,2001(3)。
③ 左艺、魏良、赵玉虹:《国际互联网上信息资源优选与评价研究方法初探》,载《情报学报》,1999(4)。
④ 李东旻:《网站综合评价指标初探》,载《情报理论与实践》,2005(3)。
⑤ 詹向阳:《网络资源库的可用性指标设定及其评价方法》,载《电化教育研究》,2007(5)。

本节主要介绍教学资源库的含义和基本构成、典型的网络教学资源库与资源平台以及资源库与资源评价。建议教师将教学重点放在对典型资源库与资源平台的了解、使用和评价上。建议教师组织学习者对在线教学资源库的使用进行经验分享，并组织学习者开展调研、进行反思，讨论优质教育资源的建设与应用中的问题并给出建议。

根据自己的兴趣与需求，使用、调研尽可能多的资源库和资源平台，并进行总结。

联系个人学习和生活实践，给出 1～2 个自己深入学习过的资源案例，并给予适当的评价，包括资料来源、具体主题或课程、资源或课程特点、学习感受和收获以及对资源的评价等。

联系个人需求与实践，总结自己使用素材类资源的经验。

若你已注册了 cMOOC 课程"'互联网+教育'：理论与实践的对话"，请将你使用资源库和资源平台的经验进行总结，并在论坛中与大家分享。

第三节　开放教育资源与应用

一、开放教育资源的缘起与内涵

开放教育资源运动缘起于 2001 年麻省理工学院的开放课件运动（OCW），是开放教育资源的典型代表。2001 年，麻省理工学院召开新闻发布会，宣布将在 10 年内把麻省理工学院所有的课程资料上传至网络，供全世界的人们自由免费下载。到 2010 年，麻省理工学院已对外公开 2000 余门课程，课件内容涵盖了麻省理工学院 5 个学院 30 个专业的所有学科。此后，很多世界知名高校都相继开展了开放教育资源的项目。

开放教育资源的起源可以追溯到 1971 年的古登堡计划（Project Gutenberg），该计划通过网络提供免费的电子书等文献资源。2002 年 7 月，联合国教科文组织首次提出开放教育资源的定义和内涵：基于非商业性目的，通过信息与通信技术（ICT）来向有关对象提供的，可被自由查阅、参考或应用的各种开放性教育类资源；通常，它可通过互联网来免费获得，主要用于教育机构中教师的教学，也可用于学生的学习，其类型主要包括讲义、参考文献、阅读材料、练习、实验和演示，另外也包括教学大纲、课程内容和教师手册等。[1][2] 在 2002 年的定义中，开放教育资源的传播媒介是信息通信技术，资源类型包括教育类资源，并且资源可以开放给用户。

2006 年，联合国教科文组织对开放教育资源的定义进行了修订：开放教育资源是指基于网络的数字化素材，人们在教育、学习和研究中可以自由、开放地使用和重用这些素材。明确指出开放教育资源是数字化资源，同时将开放教育资源的用途拓宽到"教育、学习和研究"领域。2006 年的定义同时提到了"开放"一词，但没有明确表示其含义。

2007 年，经济合作与发展组织对开放教育资源的定义是指免费开放的数字化材料，教育工作者、学生及自主学习者可以在他们的教学、学习和研究中使用和再次使用这些材料。开放教育资源有三类。①学习内容：完整的课程、课件、内容模块、学习对象、论文集和期刊。②工具：有助于开发、使用、重复使用及传递学习内容的软件，包括内容搜索与组织、内容与学习管理系统、内容开发工具和在线学习社区。③促进材料公开发布的知识产权许可，最佳实践的设计原则和本地化内容。[3]

联合国教科文组织在 2012 年《高等教育中的开放教育资源行动指南》中再次修订了开放教育资源的定义：开放教育资源是置于公共领域的任何媒体形式的教学、学习和研究资料，这些资料在开放许可协议下允许使用者无限制或较少限制地获取、使用、重组、重用并重新散播。在 2012 年修订的定义中，联合国教科文组织提出了开放教育资源是在开放许可协议下进行开放共享，并认为资源包括任何媒体形式的教育、学习和研究资源。

随着实践的推进，2013 年，威廉和弗洛拉·休利特基金会给出了一个新定义：开放教育资源是留存在公共领域的或在知识产权协议下已经发布的，允许别人免费使用和再利用的教学、学习、研究的资源；开放教育资源包括完整的课程、课程材料、模块、教材、流媒体视频、测试、软件及其他任何用以支持获取知识的工具、材料和技术。[4] 与开放课件运动相比，开放教育资源的内涵不仅包括开放的课程资源，还包括支持教师教学与教育质量保证的工具、软件和技术。[5]

---

① UNESCO, "Forum on the Impact of Open Courseware for Higher Education in Developing Countries, Final Report," UNESCO IIEP Report, 2002.

② 赵国栋、姜中皎：《高校"开放教育资源"建设模式与发展趋势》，载《北京大学教育评论》，2009(3)。

③ OECD, "Giving Knowledge For Free: the Emergence of Open Educational Resources," OECD Report, 2007.

④ The William and Hewlett Foundation, "Open Educational Resources," http:// www. hewlett. org/programs/education-program/open-educational-resources, 2013-01-12.

⑤ 陈廷柱、齐明明：《开放教育资源运动：高等教育的变革与挑战》，载《清华大学教育研究》，2014(10)。

开放教育资源的定义不断被修订，一方面，扩大了资源的范围，使概念更加恰当，增强了开放教育资源的影响力和适用性；另一方面，增加了开放许可协议的限制，促进开放教育资源良好应用和推广。但是，开放教育资源的本质依旧是开放和共享。[①]

开放教育资源的开放和共享理念，以及对资源的获取、重组、重用和再传播，不仅改变了人们的学习方式，同样改变了知识的传递和共享方式。开放教育资源鼓励使用者将教育资源进行翻译和本地化应用，这使得社会的教育成本从根本上大大降低，有助于扩大教育受众，促进学习型社会的建设。[②] 正如联合国教科文组织指出的，开放教育资源是缩小教育差距、促进教育均衡发展、推动终身学习的重要动力。[③]

二、开放教育资源的典型项目与应用

（一）开放教育资源的典型项目

从麻省理工学院的开放课件运动的开始，全球开放教育资源运动迅速发展，很多国家的政府、大学等相继开展了开放教育资源项目。例如，英国开放大学开展了"开放学习"（Open Learn）项目；荷兰政府开展了 Open-ER 项目，采用数字化学习方式，增加终身学习的机会；欧洲远程教学大学协会（EADTU）启动了多语言开放自主学习项目（MORIL）；美国卡耐基梅隆大学开展了开放学习创新项目（OLI）。[④]

在联合国教科文组织与威廉和弗洛拉·休利特基金会的支持和推动下，国际开放与远程教育理事会（ICDE）成立了全球开放教育资源工作组。2005 年，开放课件联盟（OCWC）在麻省理工学院成立，它致力于推动开放式课程，促进全球共享正式和非正式学习资源，利用自有、开放、高品质的教育材料组成课程。2011 年，网易宣布正式加入 OCWC，成为 OCWC 在中国的企业联盟成员。同年，上海交通大学正式加入 OC-WC，成为我国第一所加盟 OCWC 的高校。2005 年，日本早稻田大学等 6 所大学成立了开放式课程同盟，致力于推动日本教育资源的共享。2007 年 9 月，《开普敦开放教育宣言》提出三大战略以实现开放教育资源，这是开放教育资源运动中的一个里程碑。这些举措使开放教育资源走向了共建共享、共同发展。

2003 年，中国开放教育资源联盟（CORE）成立。它是部分中国大学及各省级广播电视大学组成的联盟，IET 基金会及威廉和弗洛拉·休利特基金会提供资助。CORE 倡

---

① 王晓晨、孙艺璇、姚茜等：《开放教育资源：共识、质疑及回应》，载《中国电化教育》，2017(11)。

② 樊文强、刘庆慧：《中美顶尖高校 E-Learning、网络教育及 OER 开展比较及启示——基于高校应对时代发展挑战的视角》，载《现代教育技术》，2013(2)。

③ 张婧婧、郑勤华、陈丽：《开放教育资源共享行为及其影响因素的实证研究——以"学习元"为例》，载《中国电化教育》，2014(8)。

④ 黄耕：《基于 UTAUT 模型的开放教育资源个体采纳研究》，博士学位论文，河北工业大学，2015。

导资源共享的理念，引进了麻省理工学院等大学的优秀开放课件及先进教学技术、教学手段等资源，对资源进行汉化工作，方便国内学习者学习，并应用于国内教学。它组织建立了中国教育资源共享的大学同盟，建设了 CORE 双语网站。

2000 年，教育部启动了面向试点高校的"新世纪网络课程建设工程"，为现代远程教育提供网络学习资源；2003 年，《国家精品课程建设工作实施办法》发布；2011 年，《教育部关于国家精品开放课程建设的实施意见》发布，涉及精品视频公开课与精品资源共享课，加强优质教育资源的开放和共享。

可以说，国家精品课程建设是具有中国特色的开放教育资源项目，是政府主导，普通高校作为参与主体，以促进和提高高等教育教学质量、实现优质资源共享为目标的重大教育改革实践项目。国家精品课程资源来自全国不同高校、不同学科领域，向全社会成员免费开放共享。[①] 精品课程分为三级：国家级精品课，省级精品课，校级精品课。课程资料包括课程概况、课程内容、互动交流等几部分，为学习者提供丰富的文字和视频学习资料及互动平台。国家精品课建设与国内教育网站、门户网站合作，通过接入和镜像等方式，借助多方优势进行传播，服务于学习型社会建设。[②]

随着互联网技术、Web2.0 技术不断发展成熟，作为开放教育资源的一种新形式，视频公开课受到学习者广泛关注。2010 年，网易公开课项目启动，推出"国际名校公开课"栏目，用户可以在线免费观看来自哈佛大学等世界知名高校的公开课视频。门户网站如新浪、搜狐等也设立了网络公开课视频专区。

MOOC 是开放教育资源运动的新发展，与前述的开放课程不同，MOOC 除了提供视频资源、文本材料和在线测试，还为学习者提供各种用户交互性社区，建立交互参与机制。

Udacity、Coursera 和 edX 是较具实力和影响力的 MOOC 平台。它们由知名大学直接或联合开设，如 edX 由麻省理工学院和哈佛大学联合创办，我国的清华大学、北京大学、香港大学、香港科技大学也是其合作高校。Udacity 和 Coursera 的创始人都是斯坦福大学的教授，与 Coursera 合作的中国高校有香港大学、台湾大学等。Udacity 旨在提供一种更适合现代劳动力市场的新型终身教育，它主要和企业合作，提供的课程多是技能性的，Udacity 还发布免费就业匹配计划。这些 MOOC 平台的课程大都是免费的，收费项目集中在延伸服务项目上，如参加由第三方组织的有监考的考试并获得认证证书的费用、与招聘公司合作的工作介绍费等。[③]

2012 年，MOOC 热潮席卷全球。2013 年，中国大学加入 MOOC 建设实践。在教

① 王龙：《中国高等教育精品课程资源共建共享的现状、问题、对策与相关分析》，硕士学位论文，首都师范大学，2006。

② 黄耕：《基于 UTAUT 模型的开放教育资源个体采纳研究》，博士学位论文，河北工业大学，2015。

③ 陈廷柱、齐明明：《开放教育资源运动：高等教育的变革与挑战》，载《清华大学教育研究》，2014(10)。

育部和财政部的支持下，高等教育课程资源共享平台"爱课程"网建成。"爱课程"网向广大学习者开放，其目标人群不仅是高校师生，还包括社会大众，所有在线课程都可以免费观看与下载。截至 2014 年，"爱课程"网推出的课程涵盖 12 大学科门类，共计286 门、2144 集视频。[①] 作为开放教育资源运动的一部分，高质、公开、免费、共享也是我国大学公开课的理念和特征。北京大学、清大学华、复旦大学、上海交通大学等已加入世界知名 MOOC 平台，中国式 MOOC 已覆盖了约 300 万在校学生。[②]

(二)开放教育资源的应用

关于开放教育资源应用情况的研究表明，开放教育资源的访问者大致可以分为三类：教师、学生、自学者。有数据显示，麻省理工学院开放课程的使用者中，有 42% 是在校注册学生，有 43% 是校外自学人士；教师使用者主要来自发展中国家，如东亚、拉丁美洲、东欧、中东和北非国家；自学者主要来自北美、东亚和西欧国家。[③]

学习者使用开放教育资源的目的大多为获取知识、拓展知识面和学习课程。2007年的一次关于开放教育资源共同体的调查显示，人们使用开放教育资源的目的，拓展知识面或学习一个新主题的占 29%，跟上流行趋势的占 17%，获得课程或课程学习灵感的占 15%，补充课程或课程学习的占 11%，改进教学方法的占 10%，与兴趣相同的教师或学习者沟通的占 10%，完成课堂作业的占 3%，其他原因的占 5%。[④] 根据麻省理工学院开放课件运动的年度报告，教师使用的目的是课程开发、教学和自身知识扩展，并把开放课程资源推荐给学习者。学生使用的主要情境是：作为正在学习课程的补充材料，扩展个人知识，规划将要学习的课程，学习所在学院未开课程，等等。自学者的使用情境是：扩展个人知识面，掌握领域内最新知识，规划未来学习。

学习者喜欢使用视频资源和学习模块。国际互联网档案馆针对用户对开放教育资源类型的需求进行了研究，发现美国 CORE 的资源使用者中有 49% 是自学者，他们认为视频更重要。使用者获得的开放教育资源相关信息主要来自院校的信息技术部门和专业协会。研究和应用都对版权问题重视起来。[⑤]

开放教育资源的应用模式分为静态共享式和社交互动式两种。[⑥] 静态共享式的特点是由教育者将课件形式的资源在互联网上免费公开，学习者可自行查找及学习，开放教育资源是单向流动、被动式访问的，以静态、正式的形式存在，如大学的网络课程

---

① 陈廷柱、齐明明：《开放教育资源运动：高等教育的变革与挑战》，载《清华大学教育研究》，2014(10)。
② 黄耕：《基于 UTAUT 模型的开放教育资源个体采纳研究》，博士学位论文，河北工业大学，2015。
③ 丁兴富、王龙：《麻省理工学院开放课件运动评述》，载《中国电化教育》，2004(10)。
④ "OER Commons," http：//www.oercommons.org/matters，2020-10-20.
⑤ 余平、祝智庭：《开放教育资源的版权与访问许可研究》，载《开放教育研究》，2009(12)。
⑥ 黄耕：《基于 UTAUT 模型的开放教育资源个体采纳研究》，博士学位论文，河北工业大学，2015。

和视频公开课等。在社交互动式下，教师与学生的界限并不明显，开放的资源有教材、教案、录像，还有通过新技术实现的开放学习[1]，开放资源扩展为整体社会学习领域，是双向流动、主动式访问的，是动态、非正式的学习方式，资源以多种形式存在，如莱斯大学的 Connexions 项目、英国开放大学的"开放学习"项目等。

　　清华大学是我国较早推出 MOOC 平台的高校，使用了 edX 开源平台，并进行了本土化改造，重视用户的行为数据分析。北京大学、上海交通大学、复旦大学等高校先后加入 MOOC 实践。中国大学 MOOC 面临如何推进教育民主化，如何实现可持续发展，如何增强学习体验、提高结业率，如何实现学习成果认证等问题。MOOC 作为舶来物，在中国的实践需要走符合本土特色的道路：从课程开放到大学开放，从开放教育资源平台到构建终身学习公共服务平台。[2]

　　开放教育资源在全球使用、发展和传播的过程中，必然经历本土化过程，受到学习者多样化、教学语言、情景化、本土化、可访问技术、偏远地区的可接入性等各种因素的影响。相关机构、政府和基金组织应关注这些因素。尽管开放教育资源运动在全球催生了许多成功项目，但建立全民受益的开放教育资源不仅需要教育机构，还需要国家层面上的努力。

学习活动 4-5

　　人们曾对开放教育资源在世界范围内极大地变革教育范式抱有很高的期望，但实际上高等教育机构在开放教育资源方面的尝试不尽如人意。教师在教学过程中应用开放教育资源的做法也是比较滞后的，而且应用情况并不理想。开放课件运动等项目的数据显示，开放教育资源的利用率非常低。

　　结合自己的经验，并开展适当的调研，阐述你对开放教育资源应用情况的看法，并思考以下问题。

　　• 影响开放教育资源应用的因素有哪些？

　　• 开放教育资料的应用面临什么样的困境？

　　• 从相关理论、需求、设计、本土化、知识产权、政策法规支持等方面，对开放教育资源的应用，可以提出什么建议？

三、开放教育资源案例

　　目前，互联网上已有较多免费的开放学习资源，这里介绍几个典型案例。

---

[1]　郝丹：《国内 MOOC 研究现状的文献分析》，载《中国远程教育》，2013(11)。

[2]　袁松鹤、刘选：《中国大学 MOOC 实践现状及共有问题——来自中国大学 MOOC 实践报告》，载《现代远程教育研究》，2014(4)。

（一）网易公开课

网易公开课是以中外知名高校的视频公开课为主要资源的平台，首批上线课程有1200集，其中200多集配有中文字幕。用户可以在线免费观看来自中外知名高校的公开课以及可汗学院、TED等教育组织的精彩视频，内容涵盖人文、社会、艺术、科学、金融等领域。该平台面向所有热爱学习的社会人士，力求为爱学习的人们创造一个公开的免费课程平台，秉承开放、平等、协作、分享的互联网精神，力图突破知识的界限。

（二）学堂在线

学堂在线是清华大学于2013年建立的MOOC平台，是教育部在线教育研究中心研究交流和成果应用平台，是国家首批双创示范基地项目，也是联合国教科文组织国际工程教育中心的在线教育平台。

目前，学堂在线上有来自清华大学、北京大学、复旦大学、中国科技大学以及麻省理工学院、斯坦福大学、加利福尼亚大学伯克利分校等国内外知名高校的超过3000门优质课程，覆盖13大学科门类。在学习类型上，有随堂类课程、自主学习课程、微学位认证课（付费）。在学段上，有本科生课程、研究生课程，还有大学选修课、讲座类的直播课程（可回看）。学堂在线还上线了微信小程序。

（三）中国大学 MOOC

中国大学MOOC是爱课程网携手网易云课堂打造的在线课程学习平台，有提升愿望的人都可以在这里学习大学课程，学习完成后能获得认证证书。

该平台的所有课程都提供教师讲课的演示文稿，手机端App可一键下载视频和课程文档。课程面向广大社会学习者，对于大学生则更为实用。但该平台的研究生课程较少，上线的课程有时间段限制，学习者不能完全自主控制课程的学习进度。

（四）极客学院

极客学院原为安卓开发的在线学习平台，后逐步发展为国内领先的信息技术在线咨询及教育平台，提供高质量信息技术课程学习体系。其信息技术职业在线教育视频课程的讲解浅显易懂、清晰顺畅。课程设置比较全面，有移动开发、前端开发、后端开发、基础知识、云计算与大数据、智能硬件与物联网、数据库等。

极客学院的课程以新、快、体系化为特色，有超过 5000 门信息技术方向课程。[①]
同时，极客学院创设了"知识体系图谱""职业路径体系""专项实战营"等体系化内容与
专项训练内容。

（五）中国开发者社区

中国开发者社区创立于 1999 年，致力于成为信息技术人才交流和成长的家园，是
中国最大的信息技术社区和服务平台，为中国软件开发者和信息技术从业者提供知识
传播、职业发展、软件开发等服务，满足他们在职业发展中学习及共享知识信息、建
立职业发展社交圈、通过软件开发实现技术商业化等刚性需求。

截至 2020 年 8 月，中国开发者社区拥有超过 3100 万注册会员，Alexa 全球网站综
合排名第 26 位，社区技术文章累计超过 3400 万篇，新媒体公众号关注者总量达 2000
万，合作科技公司上千家。

除了以上开放教育资源案例，互联网上还有大量极为丰富的开放教育资源。如果
学习者感兴趣、有需求，可以自行进行检索、比较和选择，找到适合自己的资源。

教学活动建议

本节介绍了开放教育资源的缘起与内涵、典型项目与应用以及案例。建议教师将
教学重点集中在开放教育资源的内涵、典型项目及应用案例上。建议教师组织学习者
调研开放教育资源案例，并根据自己的学习经验对开放教育资源（如开放课程）案例进
行评价。

学习活动建议

根据自己的兴趣和需要查找并自主选择中外高校开放课程各两门作为案例，进行
调研与分析。

案例分析包括：课程主题及来源、平台、课程目标、学习者群体、课程内容大纲、
资源特点、学习活动特点、测试及学习工具、课程评价（包括受众评价及自己对课程的
看法和评价）等。

以适当的方式（如各种可视化方式）整理、呈现案例分析结果。

若你已注册了 cMOOC 课程"'互联网+教育'：理论与实践的对话"，请在课程平台
上将案例分析结果进行分享和交流。

[①] 《前沿技术赋能产教研融合创新型人才站上风口》，http：//m.gmw.cn/baijia/2020-09/02/34144042.html，
2020-09-02。

第四节　资源共建共享的模式

关于教育资源共建共享，国家制定了很多政策，给出了很多指导。从《国家中长期教育改革和发展规划纲要（2010—2020 年）》，到《教育信息化十年发展规划（2010—2020 年）》，都明确了资源建设的方向和要求，提出了加强优质数字教育资源开发与应用、促进优质教育资源普及共享的要求。"中国数字教育 2020 行动计划"将优质数字教育资源建设与共享列为五项行动计划之首。

一、资源共建共享的依据与理论基础

（一）资源共建共享的依据

首先，在线教育资源具有内容丰富、数字存储、网络传输、传播使用可增值等特点，资源的使用权可以与他人共同拥有，资源不再具有独占性和排他性，而具有一般公共产品的基本属性。在线教育资源可以在网络环境中实现全社会的共建共享。

其次，学习不再局限于人生的某个阶段，而贯穿于人的一生，人需要终身学习。终身学习的效果很大程度上取决于在线学习资源的质量和丰富程度。在线教育资源变动频繁、分散无序，且在不同行业、学科及地理区域间差异显著，其分布呈现出动态、异构与非均衡的特征。因此，为提高在线教育资源的获取效率，实现优质资源价值和效用最大化，服务于全社会的终身学习需求，就要实现资源建设的集成整合、协同开发与共建共享。

再次，在线教育资源建设初期的经费分配分散，各地各校建设资源有限，很难形成资源建设经费的规模效益，这常常导致在线教育资源的低水平重复建设。通过资源共建共享，国家和教育主管部门统筹调配资源开发经费，统筹平衡资源开发者、利用者与平台建设者之间的利益关系；集中资金，统筹规划，有计划、有步骤地委托相关企业开发优质在线教育资源，集中财力组建区域或国家中心资源库，从而实现资源库建设容量最大化和质量最优化，并促使优质资源不断扩充与更新，实现可持续发展，提高经济效益。

最后，在当前信息化深入发展的时代，网络硬件基础设施基本普及，资源虽然琳琅满目，但真正有用的优质资源仍然不足，并且优质资源的物理与虚拟空间分布差异很大。在这种情况下，应由政府主导，给予持续资金保障，统筹消除地区、收入水平等的差异，实现优势互补和动态均衡，形成公众能够最大限度使用的资源建设成果，让各收入水平、各地区的公民享有同样优质的教育资源，从而促进全社会的教育公平。

(二)资源共建共享的理论基础

资源共建共享是需要多方合作，涉及较多因素(如决策主导者、资源供给者、使用者、设计开发者、指导支持者等)的系统工程。系统理论可为资源共建共享提供方法论指导与理论支撑。

系统的整体性要求资源建设从更高的站位上进行规划，整体协调资源建设各要素之间的关系，加强资源建设的用户、开发者与其他利益集团的交流和沟通，打破条块分割的局面，建立资源建设系统有序发展的保障体系，以保证资源建设系统能够最大化地发挥功能。系统的层次性要求在线教育资源的建设依据一定的技术、方法、标准，组织规划资源建设的内容和序列，完善资源检索系统，构建一个组织化、序列化的资源库系统。系统的相关性认为系统的发展与系统要素的发展紧密相关，想要增强资源共建共享系统的功能性，就要提高各要素的品质和能力，改善共建共享系统的构成组合状况。系统的动态性要求资源的建设与开发即时反映教育教学实际的需求，根据需求的变化与趋势及时地调整内容和结构。

此外，比较优势理论、规模经济理论、区域联盟理论等也为资源共建共享提供了理论基础。不同的区域或部门机构生产不同的资源产品，区域或部门机构集中经费组织开发具有"比较优势"的产品，通过相互的交换共享、优势互补，可以实现更好的资源效益，取长补短，共同受益和发展。同时，相互间基于交换共享进行协调建设可以在一定程度上实现经费转让，节省成本，并打破区域或部门机构之间的界限，充分发挥各自的比较优势，从而提高全社会资源与教育发展水平。例如，高等教育领域发挥"比较优势"，初步形成资源建设的区域协作模式，建立长三角区域协作、泛珠三角区域协作，探索采用行政契约和协商沟通模式实现区域优质资源共享。

二、资源共建共享的主要形式

目前，我国在资源建设方面已初步形成了高校主体、政府支持、社会参与的多主体参与共建共享模式，资源整合与共享主要有以下几种形式。

(一)政府力推的资源整合与共享

政府通过出台政策或指导性文件并投入专项资金，推动数字资源的建设和开放，如基础教育领域的"国家基础教育资源共建共享联盟"，职业教育领域的专业教学资源库建设，高等教育领域的国家精品课程建设和 MOOC 建设，等等，都是由政府牵头，统筹、协调教育资源建设和使用。国家的政策机制和政府的鼓励机制是推动资源建设和整合，促进资源合理配置的主要力量和推动力，可有效提高教育质量，推进教育公平。

例如，2010 年教育部启动了职业教育专业教学资源库建设项目，以专业建设为口径，以国家战略和行业急需为目标，重新研究专业定位，共同制定专业教学标准，跨区域组织建设力量，汇聚了全国同类专业的优秀教学成果和优势教学资源。我国已经形成了国家、省、学校三级职业教育专业教学资源库建设体系，已立项支持建设的资源库覆盖了高职教育全部专业大类以及大部分中职专业大类；同时探索建立资源库共建共享和学习成果认证制度，初步形成了全国范围内职业院校和行业企业教育资源的整合与共享机制。

(二) 民间性质的资源整合与共享联盟

随着市场机制的推动和供给模式的改革，企业、出版社及非营利性公益组织也开始参与数字资源建设，面向不同群体提供教育资源。这些主体建设以组建战略联盟的形式推动资源开放和共享。例如，面向多领域的微课程资源共建共享联盟，以图书馆为主体的全国地方文献资源共建共享联盟，以及继续教育领域的资源建设联盟，等等，都是民间性质的推动资源共享的典型案例。联盟一般采用非政府组织模式运作，一方面促进联盟成员之间的共建共享，另一方面搭建学校、政府、企业和出版社等不同主体之间沟通的桥梁，在优化资源配置、推动优质资源建设和共享方面起到积极作用。

近年来，为解决资源建设中标准不一致和重复建设等问题，高等院校也在探索校际、校企、校地等资源共建共享机制。通过组建联盟，各联盟成员秉持共享发展与协同创新理念，精选输出优质资源，择优引进外校资源，共同制定资源研发的技术标准，打破教育资源开发利用的传统壁垒，推进校际资源共建共享。例如，70 多所高校联合倡议并成立了高校继续教育数字化学习资源开放与在线教育联盟，北京交通大学、福建师范大学等高校发起并成立了网络教育教学资源研发中心，全国高校现代远程教育协作组牵头成立了百校千课共享联盟，等等。这些探索打破了高校、出版社、企业之间的合作壁垒，实现优势互补，在课程互选、学分互认方面取得良好进展，促进了高水平教育资源的整合与共享。

(三) 市场调节的资源共建共享机制

在互联网时代，学习方式的变革、学习需求的多元化、网络文化理念的渗透、技术的不断革新等诸多要素共同催生了我国数字化教育资源建设的新动向和新机制，教育资源共建共享机制由初期的无序状态逐渐走向市场调节的状态。如图 4-3 所示，信息化 1.0 时代资源建设从机构内部小范围、无规则、持续性差的无序状态，经过机构之间范围广、有规则、有一定持续性的状态，最终走向信息化 2.0 市场机制阶段，形成范围广、有规则、有机制、持续性强的状态。[①]

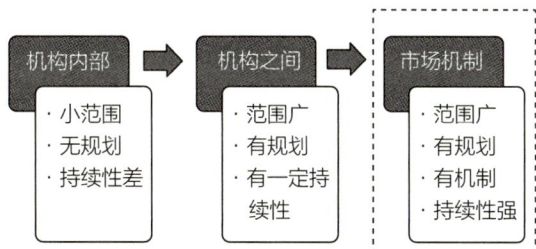

图 4-3 教育资源共建共享机制变化

（四）多主体参与的资源建设模式

在互联网时代，教育资源建设呈现多主体参与的建设模式。在此过程中，所有主体（政府、企业、出版社、学校、教师、学生）既是建设者也是参与者，各主体都会参与资源建设的过程，尤其是学校、教师、学生，他们不仅是资源的使用者，还是资源的建设者，数字资源由原来主要由专业人员开发转变为由社会大众（学校、教师、学生）在使用中与专业人员共同建设的模式，逐渐体现去中心化、使用者贡献、动态变化、内容与过程数据相结合、资源服务数字化等特点。

三、资源共建共享的机制建设与制度保障

教育资源建设和共享是一个庞大而复杂的系统工程，需要创新的建设机制和完善的制度保障。

第一，建设机制创新。机制是激发多主体参与资源建设的活力，是市场调节的基础，也是推动多主体协同的保证。因此，加强资源建设各方动力机制和利益均衡机制的研究，确保资源质量和持续性建设，是建设教育资源新生态的重要保证。通过建设资金投入机制、资源配置机制、利益分配机制等，加强教育资源用户、资源开发商和其他利益集团的交流与沟通，打破过去资源建设中条块分割、各自为政的局面，构建应用驱动、政府主导、企业开发、主动服务的共建共享互换配置新模式。在优质教育资源共享中应适当引入有偿共享机制，从"谁投资，谁受益，谁的权益受保护"的角度出发，鼓励商业化建设和运作，探索和制定资源购买计费方式和购买互换模式，激发资源建设活力，实现区域之间的教育信息资源服务共享，实现更大范围的优质信息资

① 赵宏、蒋菲：《"互联网+"时代教育资源建设新模式探析》，载《电化教育研究》，2020(7)。

源服务均等化，提高全社会的资源建设质量。

第二，制度保障完善。优质资源建设既需要政府财政的大力支持，也需要政策上的保障。制度建立可以最大限度地保护参与者的权益，促进资源共享，同时保证资源质量和可持续发展。例如，开发包括技术标准、资源标准、服务标准、管理标准等的相关标准体系可以保证不同地区建设的平台和资源标准统一，推动平台互通和资源共享，从而避免由标准不统一带来的资源平台孤岛现象，打破资源质量认定和互换的壁垒，助力实现信息化 2.0 大资源共享和服务的构想。另外，建立知识产权保护制度，切实保护资源建设者的权益，从而提升资源提供者共享资源的积极性，扩大优质教育资源的辐射范围。

🎯 教学活动建议

本节主要学习内容为资源共建共享的依据与理论基础、资源共建共享的主要形式、资源共建共享的机制建设与制度保障。教学重点应放在帮助学习者真正理解促进资源共建共享的动因及形式上。建议教师将理论与案例相结合，调动学习者调研与思考的积极性，实现主动的学习。

🎯 学习活动建议

深入理解教育资源的共建共享，并基于网络调研对以下问题进行梳理和总结。

①国家对于教育资源的共建共享有哪些政策或文件要求？

②你了解哪些相关的资源建设实践？就你所了解的与教育资源相关的实践，资源的建设由哪些部门或人员参与？资源使用的人员范围如何？建设和使用涉及哪些协议、条件或限制？请用实例给予说明，包括资源的具体类型、资源平台、建设参与人员、参与机制、用户群体、资源的使用条件等，并与大家分享。

🎯 自我评价

一、学习经历评价

1. 你是否阅读了第四章的所有内容？

建议：如果答案为"否"，请暂停自我评价，阅读未读过的部分。

2. 你能否理解第四章的所有内容？

建议：如果答案为"否"，请首先列举不理解的内容，然后尝试利用以下方法解决遇到的问题。

①利用图书馆和网络资源，查找相关文献。

②与同学进行讨论。

③向教师提问，争取教师的帮助。

④将问题发布在线上讨论区，争取更多人的帮助。

二、自测题

1. 查找、检索、体验不同类型的在线学习资源，分别列举并分析一个案例，反思自己的在线学习资源检索技巧。

类型一：_____。

　　资源案例：_____。

类型二：_____。

　　资源案例：_____。

类型三：_____。

　　资源案例：_____。

类型四：_____。

　　资源案例：_____。

类型五：_____。

　　资源案例：_____。

反思在线学习资源检索技巧：_____

_____。

2. 说明教学资源库的含义与基本构成，调研、使用典型的资源库与资源平台，根据自己的兴趣，选取适当的案例给予分析、说明与经验分享，并基于案例进行资源库及资源评价。

教学资源库的含义与基本构成：_____，

_____。

典型资源案例分享一：_____

_____。

典型资源案例分享二：_____

_____。

资源库及资源评价一：_____

_____。

资源库及资源评价二：_____

_____。

3. 说明开放教育资源的内涵，调研、学习并列举开放教育资源的典型案例，并根据自己的学习体验对开放教育资源案例进行评价：

开放教育资源的内涵：_____

_____。

开放教育资源典型案例分享一：_____

_____。

开放教育资源典型案例分享二：_____

_____。

开放教育资源典型案例评价一：_____

_____。

开放教育资源典型案例评价二：_____

_____。

4. 说明资源共建共享的依据与理论基础，并举例说明资源共建共享的主要形式。

资源共建共享的依据与理论基础：_____

_____。

资源共建共享形式一：_____

_____。

资源共建共享形式二：_____

_____。

推荐阅读文献

[1]陈丽，逯行，郑勤华."互联网+教育"的知识观：知识回归与知识进化[J].中国远程教育，2019，(7)：10-18-92.

[2]常正辉，龚鹏飞，赵荣生."互联网+"时代高校继续教育资源库建设的现状与方案[J].当代继续教育，2020，38(3)：4-9.

[3]周衍安.职业教育专业教学资源建设研究——基于42个国家资源库建设方案的统计分析[J].职业技术教育，2014，35(32)：5-8.

[4]赵宏，郑勤华，陈丽.中国MOOCs建设与发展研究：现状与反思[J].中国远程教育，2017，(11)：55-62+80.

[5]张国民，周建松，孔德兰.基于资源、平台、机制三协同的专业教学资源库建设机理研究[J].职业技术教育，2017，38(19).

[6]张伟远.网上学习环境评价模型、指标体系及测评量表的设计与开发[J].中国电化教育，2004，(7)：29-33.

[7]陈廷柱，齐明明.开放教育资源运动：高等教育的变革与挑战[J].清华大学教育研究，2014，35(5)：109-117.

[8]张婧婧，郑勤华，陈丽，许玲.开放教育资源共享行为及其影响因素的实证研究——以"学习元"为例[J].中国电化教育，2014，(8)：73-81.

[9]张婧婧，许玲，郑勤华.中国开放教育资源研究发展脉络探析——社会网络分析的视角[J].电化教育研究，2015，36(5)：64-72.

［10］董艳，杜国，徐唱，郑娅峰，胡秋萍．国内开放教育资源平台建设的现状与发展［J］．中国电化教育，2017(11)：36-42.

［11］袁松鹤，刘选．中国大学 MOOC 实践现状及共有问题——来自中国大学 MOOC 实践报告［J］．现代远程教育研究，2014(4)：3-12+22.

［12］叶志祥．"互联网+教育"背景下校企合作教育资源共建共享模式构建研究［J］．数码世界，2020，(7)：143.

［13］刘宏金．区域数字资源平台共建共享机制探索——以深圳市宝安区教育资源公共服务平台为例［J］．教育信息技术，2020，(Z2)：128-131.

在线学习资源与资源的共建共享

第五章

在线教育的过程监控与精准管理

本章概述

　　在线教育中的教与学行为都可以用数据的方式记录下来，分析产生的实时数据可以实现对在线教育过程的监控与精准管理。本章全面介绍在线教育如何实现对教学过程的动态监测以及通过数据挖掘实现精准的学习服务和教育管理。数据是实现过程监控与精准管理的关键，本章充分阐述大数据对在线教育的重要意义，以及基于大数据开展教与学分析的基本流程，并通过案例分析介绍大数据在教与学服务和管理中的应用潜能及发展趋势，同时阐述在此过程中教育数据标准的地位与作用。本章的主要内容包括：在线教育的数据采用与数据治理；基于大数据的个性化在线学习服务；基于大数据的精准在线教育管理与质量监测。

知识结构图

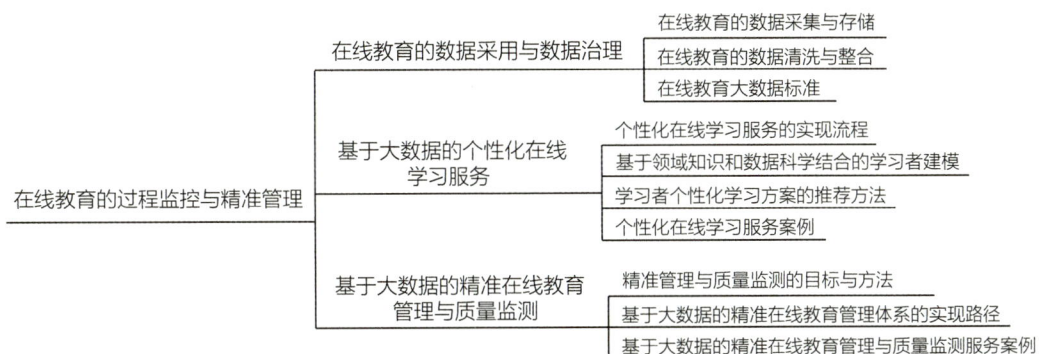

🎯 学习目标

- 能够列举在线教育数据的主要来源和类型。
- 能够列举在线教育数据采集与存储、清洗与整合的方式和工具。
- 能够叙述在线教育数据清洗的基本流程。
- 能够列举在线教育大数据的相关标准并理解其重要性。
- 能够描述基于大数据的个性化在线学习服务流程。
- 能够结合领域知识与数据科学进行学习者建模。
- 能够说出并理解学习者个性化学习方案的推荐方法。
- 分析至少两个典型的个性化在线学习服务应用案例。
- 理解在线教育管理与质量监测的目标与内容，以及基于大数据的精准在线教育管理体系的实现路径。
- 分析至少两个精准教育管理与质量监测服务的案例。

第一节　在线教育的数据采集与数据治理

一、在线教育的数据采集与存储

在线教育的数据采集与存储包括两个环节——数据采集与存储。数据采集与存储是整个学习分析过程的基础阶段，对后续流程的展开和学习分析目标的实现具有重要意义。本节内容从数据采集与存储两个方面展开介绍。

(一)在线教育数据的采集

1. 在线教育数据采集的相关概念、原则

数据采集是对在线教育数据进行处理的第一步。在线教育数据产生，首先要完成采集工作，之后才能进行存储、清洗、整合等。数据采集的应用领域广泛。预算会计领域将数据采集定义为"把分散的、没有秩序的数据收集起来，整理成用户所需要的形式，以满足数据加工和存储等的要求"[1]。在线教育应用情景下的数据采集是指根据一定的研究目标，选取不同来源和类型的在线教育数据，并借助数据采集方法和技术工具，收集成待存储和处理分析的数据。

依据在线教育平台的六大通用功能模块(课程学习模块、资源管理模块、在线讨论模块、互动问答模块、练习测试模块、总结反思模块)，在线教育数据的主要来源包括课程学习行为数据、资源管理行为数据、在线讨论行为数据、互动问答行为数据、练习测试行为数据及总结反思行为数据。[2] 在线教育数据的类型既可以按照其来源进行划分，也可以按照其他标准进行分类。按照教育数据产生的环节，可分为过程性数据和结果性数据：过程性数据是在活动过程中采集到的、难以直接量化的数据(如课堂互动、在线作业、网络搜索等)；结果性数据常表现为某种可量化的结果(如成绩、等级、数量等)。[3] 按照数据的结构特征，可分为结构化数据、非结构化数据和半结构化

---

① 张复英:《预算会计辞典》，2页，沈阳，辽宁人民出版社，1992。

② 杨现民、田雪松等:《中国基础教育大数据 2016—2017：走向数据驱动的精准教学》，74～83页，北京，科学出版社，2018。

③ 杨现民、唐斯斯、李冀红:《发展教育大数据：内涵、价值和挑战》，载《现代远程教育研究》，2016(1)。

数据。①

　　对在线教育数据进行深度挖掘与分析需要有大量数据作为支撑。为了保证后续环节合理进行，数据采集作为分析过程的开端必须从数据源头坚持基本的数据采集原则。第一，目的性原则，即数据的收集需要以分析目标为导向，保证收集的数据与分析的目标高度相关。第二，科学性原则，即为保证分析结果的有用性，数据采集过程必须具备可信度与可靠性，既要获取可靠的数据来源，又要避免数据采集过程中的交叉和重复。第三，全面性原则，即在大数据时代数据的收集需要充分考虑数据的多样性，除了传统的结构化数据，还需要采集大量非结构化数据，从而有效保障分析结果的准确、可靠与科学。

　　2. 在线教育数据采集的技术、方法与工具

　　在研究目标的指导下，确定待采集分析的在线教育数据来源和数据类型后，就要按照数据采集的基本原则，选择不同采集方法，借助对应的采集技术和采集工具来完成数据采集工作。

　　(1)在线教育数据采集技术

　　近几年在线教育蓬勃发展，在线教育数据采集技术也不断更新发展，采集工具日益多样化。在线教育数据主要由平台采集类技术进行采集，具体的技术种类主要为日志搜索分析技术、在线学习与管理平台技术、移动手机软件技术、网络爬虫技术、埋点技术，涉及各种在线与管理数据、移动学习过程数据、运维日志与用户日志数据、教育网络舆情数据等。

　　日志搜索分析技术：通过日志管理工具，对日志进行集中采集和实时索引，提供搜索、分析、可视化和监控等功能，最终实现线上业务实时监控、业务异常原因定位、业务日志数据统计分析、安全与合规审计。一方面，该技术可以实时监控教育设备及资产的运行状况，如设备耗电量、故障信息、安全威胁等，为智能运维提供数据支撑；另一方面，该技术可以详细记录用户的操作行为，如系统登录次数、登录时间、增删查改操作等，用于教师、学习者及管理者的行为模式诊断。

　　在线学习与管理平台技术：在线学习与管理平台是当前在线教育数据采集的重要载体，可以采集大多数线上学习、教研与管理活动的数据。各种在线学习与管理平台因定位和功能不同，支持采集的教育数据范围和类型也有所不同。通常情况下，在线学习平台主要负责课程学习数据的采集，如课程基本信息、课程资源、课程作业、师生交互信息、课程考核结果等。管理平台(如资产管理系统、人事管理系统等)主要负责学籍、设备资产、科研、财务、人事等信息的采集与管理。

　　移动手机软件技术：本质上和在线学习与管理平台技术类似，但采集渠道来自移

---

　　① 孙洪涛、郑勤华：《教育大数据的核心技术、应用现状与发展趋势》，载《远程教育杂志》，2016(5)。

动终端，采集方式更加灵活多样。学习者可以通过无线网络，使用移动终端(智能手机、平板电脑等)与云端学习平台进行互动。通过移动终端定位技术，系统实时采集学习者的学习地点、学习时间、学习内容及学习状态等信息，服务于教师对学习者学习情况的实时监测，进而实现个性化智能辅导。

网络爬虫技术：网络爬虫又称网页蜘蛛、网络机器人，是自动下载网页的计算机程序或自动化脚本，是搜索引擎的重要组成部分。[①] 该技术在数据采集领域有着广泛的应用，可以定期采集各大门户网站的数据，监控各大社交网站、博客，自动抓取企业产品的相关评论。随着互联网新媒体(如门户网站、微博、微信公众号)的兴起，教育领域的信息传播呈现传播速度快、波及范围广和内容多样化的特点。网络爬虫技术可以实时监控、采集教育领域网络舆情数据，从而为有效处理各种突发事件提供可能。

埋点技术：随着网络分析挖掘应用的不断发展而产生，分为代码埋点、可视化埋点和无埋点等方式。其基本原理是通过在网站放置相应代码或网站调用相关服务的方式，记录用户访问网站时的各类操作行为。埋点技术可以完整地记录用户的在线行为过程。

(2)常见的在线教育数据采集方法与工具

随着在线教教育的发展，常见的在线教育数据采集方法有数据库直接获取、问卷调查法及网络爬虫。

数据库就是一个存放数据的仓库，这个仓库按照一定的数据结构(数据的组织形式或数据之间的联系)来组织、存储。最常用的数据库模型有两种：关系型数据库和非关系型数据库。最常见的关系型数据库产品有 MySQL 和甲骨文数据库。通过关系型数据库获取的大多为结构化数据，以二维表的方式存储。通过非关系型数据库则能获取更多非结构化数据。通过数据库直接获取的数据通常具有格式规范、结构完整的特征，但仍需要结合收集目的对数据库表结构和字段结构进行分析，以筛选抽取真正有用的数据。数据库直接获取的重点用于采集各类学习平台和学习管理系统的数据。

问卷调查法是通过制定详细周密的问卷，要求被调查者对问卷进行回答以收集资料的方法。通过设置与研究目标有关的问题编制问卷，作为数据收集的工具。网络技术的发展使电子问卷采集在线教育数据具有一定的便捷性，出现了一些电子问卷编制和发放工具，如问卷星。

网络爬虫可以分为通用网络爬虫、聚焦网络爬虫、增量式网络爬虫、深层网络爬虫四种类型。实际运用的网络爬虫系统通常是几种爬虫技术的结合。[②] 对于一般小型网页数据，网络爬虫系统常常根据实际需求自主编写爬虫程序。一些成熟的网络爬虫工

---

① 孙立伟、何国辉、吴礼发：《网络爬虫技术的研究》，载《电脑知识与技术》，2010(15)。

② 孙立伟、何国辉、吴礼发：《网络爬虫技术的研究》，载《电脑知识与技术》，2010(15)。

具可以更便捷地抓取数据，使整个抓取过程更为简单与自动化，用户能够有条不紊且快速地抓取网页，无须编程，并将数据转换为符合其需求的各种格式。常见的网络爬虫工具如表 5-1 所示。

表 5-1　常见的网络爬虫工具

网络爬虫工具	工具特色
八爪鱼	· 分为简易模式和自定义采集模式 · 结构化格式有 ELS、TXT、HTML 和数据库 · 正则表达式工具和 XPath 配置工具精确定位万维网元素 · 可以自动识别验证码以及代理 IP 切换，有效避免网站防采集
HTTrack	· 适用于 Windows、Linux、Sun Solaris 和其他 Unix 系统 · 可以将一个站点或多个站点镜像在一起(使用共享链接) · 提供代理支持，通过可选身份验证最大限度地提高速度
Scraper	· Chrome 扩展程序，有限的数据提取功能 · 适合初学者，自动生成较小的 XPath 来定义要抓取的 URL · 有助于在线研究并将数据导出到谷歌表格 · 可以使用 OAuth 轻松将数据复制到剪贴板或存储到电子表格
Spiderman	· Java 开源万维网数据抽取工具 · 运用了 XPath、正则表达式等技术来实现数据抽取 · 微内核+插件式架构，灵活，可扩展性强，多线程保证性能

(二)在线教育数据的存储

1. 在线教育数据存储的相关概念和原则

在数据采集过程中及数据采集之后需要将数据存储起来。数据存储的应用领域多种多样，在线教育应用情景下的数据存储是指将收集的数据以一定的存储方式保存在计算机存储器中，以保证数据的完整性，同时为随时使用和加工处理做准备。

数据在数据库中存储的常见格式为字符型数据和数值型数据。用户 ID(身份标识号)、时间、资源名称等一般会存储为字符型数据，而可计量和运算的数据如资源访问次数、在线学习时长等一般会存储为数值型数据。学习行为建模过程强调分析学习者的显性和隐性在线学习行为数据，以此分析学习者的表现。[①] 显性行为数据多以结构化数据的形式存储在数据管理系统中，隐性行为数据多以非结构化数据的形式存储在数据管理系统中。非结构化数据需要经过数据整合成为易于分析的结构化数据，最终集中加载进数据仓库。数据仓库是数据存储过程中的一种特殊数据存储形式，其在教育数据分析中占据重要地位。随着在线教育数据的量越来越大、更新速度越来越快、结

---

① 祝智庭、贺斌：《智慧教育：教育信息化的新境界》，载《电化教育研究》，2012(12)。

构越来越复杂，数据仓库不得不融合海杜普（Hadoop）等大数据技术以更好地提供服务。[1]

考虑到采集的数据可能跨越不同的在线教育平台或系统，数据存储过程需要重点注意两条原则。第一，准确性原则，即要保证采集数据的连通，要打通数据壁垒，以保证数据的唯一、准确与完整。第二，规范性原则，即在存储过程中需建立相应的存储规则和规范，为对接不同平台和系统、数据处理和分析提供规范可用的数据集。

2. 在线教育数据存储的方式和工具

在实际进行学习分析的数据存储过程中，由于分析规模和数据量的特点，往往不需要建立起完整的数据仓库。下面介绍更为常见的在线教育数据存储方式及对应的存储工具。

（1）数据库存储

结构化的数据通常直接存储在关系型数据库二维表结构中。最常见的关系型数据库产品有 MySQL 和甲骨文数据库，这两个及其他常见关系型数据库产品的特点及应用范围如表 5-2 所示。

表 5-2　常见关系型数据库产品的特点及应用范围

数据库产品	特点	应用范围
甲骨文数据库	大型关系型数据库管理系统，产品支持较广泛的操作系统平台	传统大企业、政府、金融、证券等
MySQL	中小型关系型数据库管理系统，体积小，速度快，总体拥有成本低，开放源码	互联网领域，如大中小型网站、游戏公司、电商平台等
SQL Server	大型关系型数据库管理系统，功能比较全面，效率高，只能在 Windows 系统下运行	部分企业电商、使用 Windows 服务器平台的企业
Access	入门级小型桌面数据库，界面友好，易学易用，开发简单，接口灵活，能够存取 Access/Jet、SQL Server、甲骨文数据库以及任何 ODBC 兼容数据库的资料，但性能、安全性都一般	个人管理或小型网站使用

非结构化数据通常直接存储在 NoSQL 等非结构化数据管理系统中。常见的非关系型数据库的类型、特点与典型产品如表 5-3 所示。

---

[1]　Santoso L. W., Yulia, "Data Warehouse with Big Data Technology for Higher Education," *Procedia Computer Science*, 2017(124), pp. 93-99.

表 5-3　常见非关系型数据库的类型、特点与典型产品

非关系数据库类型	特点	典型产品
键值存储数据库	哈希表特定的键指针指向特定的数据，简单、易部署、高并发	Memcached、Redis、Memcached、Berkeley DB
列存储数据库	列族存储，应对分布式存储的海量数据	HBase、Cassandra
面向文档数据库	数据存储的最小单位是文档，同一个表中存储的文档属性可以是不同的，数据可以使用XML、JSON、JSONB等多种形式存储	MongoDB、CouchDB
图形数据库	使用灵活的图形模型，并且能扩展到多个服务器上	Neo4j、InfoGrid

（2）数据仓库存储

在大数据环境下，数据仓库的面向主题、集成性和时间跨度大等特点具有重要意义。数据仓库设计和建立的过程包括三步：第一，选择合适的主题，建立数据模型和数据仓库的物理设计；第二，原始库解析，通过数据采集获取原始库后，需要对表结构和字段内容进行解析，以针对数据分析目标对数据进行标记和抽取；第三，选择数据仓库技术和平台，如 Kettle 等软件工具，从操作型数据库中抽取、净化和转换数据至数据仓库。

（3）电子表格存储

对于结构简单、数据量较少的结构化数据来说，电子表格的存储功能就能够满足要求，且后续处理分析阶段的各类软件基本都支持电子表格格式的文件，例如 Excel 的工作簿和工作表是二维表结构，各个表之间无法自动建立关联，所以通常采取确定唯一标识字段和增加属性字段的方法来实现不同表数据的关联。

（4）文本存储

对于数据量较少的非结构化数据来说，直接以文本方式存储为 CSV 文件也能够满足基本的存储要求，且后续处理分析阶段的各类软件也基本都支持 CSV 格式文件，如关系网络中的关节点数据和边数据通常采用 CSV 格式来满足分析需求。

二、在线教育的数据清洗与整合

数据清洗与整合是整个学习分析过程的准备阶段，对后续流程的展开和学习分析目标的实现具有重要意义。

（一）在线教育数据的清洗

1. 在线教育数据清洗的定义和原则

目前对数据清洗尚未形成统一的定义。南京理工大学王曰芬等人给数据清洗下的定义为：清除错误和不一致数据的过程，并需要解决孤立点和元组重复问题；并不是简单地对脏数据进行检测和修正，还涉及在属性级维度的整合与分解，即数据的整合与分解。[①] 数据清洗作为学习分析的关键环节之一，其目的是检测和消除数据中存在的质量问题以提升数据的质量，保证后续学习分析结果的正确性和科学性。同时，数据清洗不是完全清除错误数据，而是将其控制在不影响后续分析结果准确性的程度之内[②]，在最大程度上保持数据的真实性，避免信息的丢失。

数据清洗对于在线教育数据分析与挖掘的重要性不言而喻，在进行数据清洗时必须满足数据特性，完成数据清洗的基本环节等。数据特性包括：①一致性，指关联数据在不同的存储位置或数据获取时间上的一致程度，表现为数据存在关系、等值关系、逻辑条件关系等保持一致；②完整性，指数据的完整程度，具体表现为数据库整体结构的完整程度、数据集中对象的完整程度、数据表中的字段在表的功能结构上的完整程度、数据参照表的完整程度、不同的数据表之间引用关系的完整程度；③有效性，指各数据项的值在合理的取值范围之内，采用统一标准的定义方式，在一段时间内数据分析应用价值较高，满足时效性。在线教育数据清洗包含五个步骤，如图 5-1 所示。

图 5-1　在线教育数据清洗的五个步骤

2. 在线教育数据清洗的工具

目前市场上专门进行数据清洗的工具较多，一些通用工具也有部分数据清洗的功能，如 Excel、SPSS，但当数据量太大时，如当 Excel 处理超过 100 万条数据时，通用工具就会出现卡顿、运行超时等问题，因此有必要寻求一些专门的工具。下面介绍在线教育数据清洗的一些主流工具。

（1）OpenRefine

OpenRefine，原名 Freebase Gridworks，是一款具有数据画像（使用统计方法发现数据的结构、内容、质量，预发现包含的错误信息）、清洗、转换等功能的工具。OpenRefine 的数据分析和清洗功能主要包括：数据排序、数据透视、简单单元格转换、

---

① 王曰芬、章成志、张蓓蓓等：《数据清洗研究综述》，载《现代图书情报技术》，2007(12)。
② 潘玮、牟冬梅、李茵等：《关键词共现方法识别领域研究热点过程中的数据清洗方法》，载《图书情报工作》，2017(7)。

数据类型转换、移除重复行、处理多值单元格、相似单元格聚类、单元格值转换、增加源列、行列转换。

OpenRefine 的优点有：免费；可以导入和导出多种格式的数据，如标签或逗号分隔的文本文件以及 EXL、XML、JSON 文件；在数据导入的时候，可以根据数据类型将数据转换为对应的数值和日期型等；可以根据单元格字符串的相似性来聚类，并且支持关键词碰撞和近邻匹配算法；在单元格值替换时，能够对表达式进行出错的处理，如保留原值、置空或使用错误值；可以控制表达式运行的次数；提供排序和筛选等分析功能；基于 Java 环境，可以方便地使用正则表达式查找需要的字段或数值。

OpenRefine 的缺点有：虽然 OpenRefine 像 Excel，但无法实现电子表格的计算功能，因此涉及计算时需要将数据导出来；如果数据集较大，OpenRefine 给出的建议可能会很多，需要花时间来检查是否接受其建议；OpenRefine 并不提供传统意义上的两个数据集之间的关联查询和处理，如 MySQL 中的 join 操作等。

（2）Kettle

Kettle 是构建数据集成解决方案的 ETL（抽取－转换－加载）工具，也是 ETL 的一种开源工具，纯 Java 编写，可在 Windows、Linux、Unix 上运行。Kettle 能够对不同格式的数据进行接收和输入，包括 XML、Access、Cube、Excel 等。接收数据后，Kettle 可以在相应的法则下进行源数据结构分析、清洗及解码，最后实现数据的整合。[①] Kettle 有三个主要组件——Spoon、Kitchen、Pan。Spoon 是一个图形化界面，Kettle 的帮助文档可以在 Spoon 中找到。

Kettle 的优点有：容易上手，部署简单；数据抽取高效稳定，在数据转换、处理中应用较多，拥有良好的插件扩展功能，支持集群操作；允许管理来自不同数据接口的数据，通过提供一个图形化的用户环境来描述用户想做什么，而不是用户想怎么做；支持很多种输入和输出格式，包括文本文件、数据表及数据库引擎。

Kettle 的缺点有：数据处理速度较慢；在数据捕获方面，对数据库进行实时监控时，Kettle 通常采用 CDC（变化数据捕获）方式，需要部署在核心数据库服务器上，会对核心数据库造成一定压力；由于是开源软件，因此不可避免地存在性能瓶颈、中文支持等问题。

（3）DataCleaner

DataCleaner 是一个基于 Java 环境的数据质量分析、比较、验证和监督软件，主要用于主数据管理（master data management，MDM）。MDM 解决的问题就是数据的质量，如清除重复条目、解决用户数据填充方式不同等问题。DataCleaner 进行数据清洗需要用到的组件有空值过滤器、完整性分析仪、日期间隔分析器、参照完整性、唯一

① 王曰芬、章成志、张蓓蓓等：《数据清洗研究综述》，载《现代图书情报技术》，2007(12)。

键检查、键值分配/频率分析、键值匹配等。

DataCleaner 的优点是可以访问几乎所有数据库，包括甲骨文数据库、MySQL、dBASE 等。其缺点则是收费。

(4)DataWrangler

DataWrangler 是一款由斯坦福大学开发的在线数据清洗、数据重组软件，用现行的阿尔法码编写，但阿尔法码还在改进中。DataWrangler 的核心功能包括去除无效数据、提取部分数据、自动填充数据、删除无用数据、数据重构。与传统的数据处理软件相比，其独特的智能分析和建议功能极大方便了用户的数据处理操作。DataWrangler 还会列出数据修改的历史记录，用户可以极为方便地查看过去的修改，并可以撤销某一条修改操作。

DataWrangler 的优点有：文本编辑非常简单；是一款在线工具，省去了安装软件的烦琐过程，也摆脱了操作系统对软件使用的限制。

DataWrangler 的缺点有：建议功能虽然强大，但某些时候的建议是无用的，或者很难理解；由于 DataWrangler 是基于网络的服务，必须把数据上传到外部网站，不适合敏感的内部数据。

(二)在线教育数据的整合

1. 在线教育数据整合的定义和原则

数据整合是把不同数据源的数据在收集、整理、清洗、转换后加载到一个新的数据源，为数据消费者提供统一数据视图的数据继承方式。数据整合和数据集成的区别在于数据集成涵盖的范围比数据整合广。数据整合的核心任务是将互相关联的分布式异构数据源集成到一起，使用户能够透明地访问这些数据源。

对在线教育数据进行整合有利于消除在线教育发展过程中的数据孤岛现象。对在线教育数据进行整合必须考虑到可能出现的问题，遵循数据整合的基本原则：第一，模式集成与对象匹配问题；第二，冗余问题；第三，数据值冲突的检测与处理问题；第四，数据变换问题。

2. 在线教育数据整合的工具

在线教育数据整合常用的工具有：Kettle、Informatica、Datastage、ODI、OWB、DTS、HaoheDI、Teradata。可以根据对平台的支持程度、对数据源的支持程度、数据转换和加工功能、继承性和开发性来选择合适的工具。下面介绍其中一些工具。

(1)Datastage

Datastage 是 IBM 公司开发的一款数据集成软件平台，能够帮助企业从散布在各个系统的复杂异构信息中获取更多的价值。

Datastage 的优点是简单易用。相较于 Informatica 和 Kettle，Datastage 的所有操

作都在同一界面，不用切换界面就能够看到数据的来源，而且数据处理速度较快。但
Datastage 部署比较麻烦。

（2）Informatica

Informatica 是全球领先的独立企业数据集成软件提供商。分布在世界各地的很多
组织机构都依赖 Informatica 为其重要业务提供及时、相关、可信的数据，从而赢得竞
争优势。全球众多知名企业依靠 Informatica 使用及管理其在本地、云和社交网络上的
信息资产，以挖掘信息潜能，并达到卓越的业务目标。

Informatica 的优点为简单易用，且数据处理速度较快。但对数据的操作无法撤销。
使用 Informatica 时需要安装客户端和服务器。

三、在线教育大数据标准

在教育信息化推进的过程中，在线教育大数据存在数据互通低效、协同困难和拓
展受限等诸多问题，而在线教育数据的标准化对于解决上述问题具有基础性和引领性
作用，对于规范在线教育相关产业发展也有现实意义。本节内容对国内外在线教育大
数据相关标准进行梳理，以展现在线教育大数据相关标准的研制情况及其对发展在线
教育大数据的重要性。

（一）国外在线教育大数据相关标准

1. ISO／IEC JTC 1 标准

截至 2019 年 10 月，国际标准化组织国际电工委员会第一联合技术委员会（ISO/
IEC JTC 1）协同 16 个参与国及 25 个观察国，制定了包括大数据基本概念和重要术语
的《大数据——概述和术语标准》（ISO/IEC 20546），以及包括用户视图和功能视图的
《大数据参考架构——第三部分：参考架构标准》（ISO/IEC 20547-3），其大数据分析框
架如图 5-2 所示，为在线教育大数据的标准化工作提供了重要参考。

2. ITU-T Y. 3600

在国际电信联盟（ITU）范围内，大数据标准主要由电信标准化部门（ITU-T）发起和
推进，有 10 个相关研究组。其中，最活跃的是第 13 学习研究组（SG13），其研究主题
聚焦于包含移动和下一代网络在内的未来网络。2015 年 11 月，ITU-T 发布《基于云计
算的大数据需求与能力标准》（ITU-T Y. 3600），详细规定了以云计算为基础的大数据
需求、能力和使用案例，并设计了大数据情境模式（如图 5-3 所示）。此外，SG13 还发
布了《大数据——数据交换的框架和需求标准》（ITU-T Y. 3601），并且正在研制《大数
据——数据集成的概述和功能需求》和《大数据——元数据框架与概念模型》等大数据相
关标准。

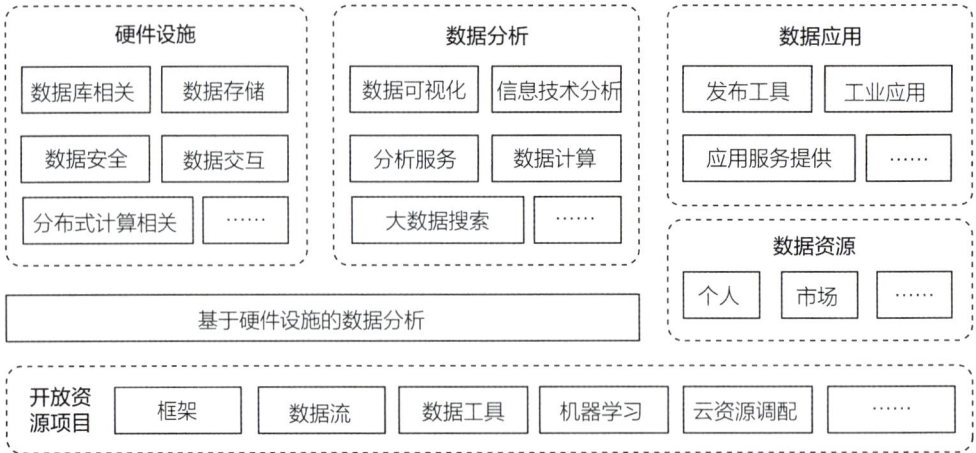

图 5-2　ISO/IEC JTC 大数据分析框架

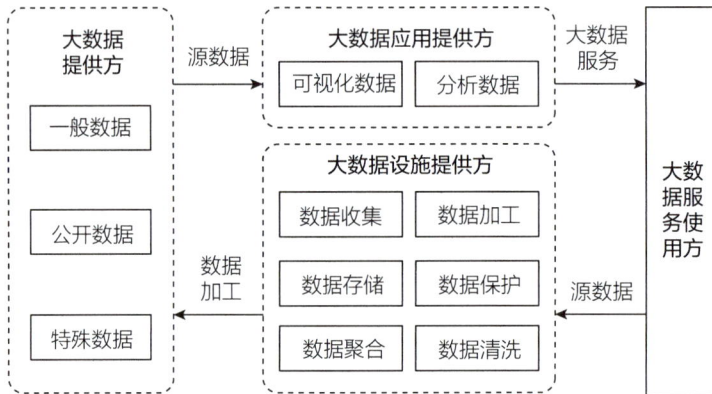

图 5-3　ITU-T Y. 3600 大数据情境模式

3. NBD-PWG 大数据参考框架

美国标准及技术研究所(NIST)为响应白宫提出的大数据研究国家战略 12，同时满足市场需求，于 2013 年 6 月成立大数据工作组(NBD-PWG)。NBD-PWG 的重点是联合工业界、学术界和政府，形成大数据的定义、术语、安全参考体系结构和技术路线图。NBD-PWG 大数据参考框架如图 5-4 所示。

(二)国内在线教育大数据相关标准

1. 相关标准研制进展

在通用大数据标准研制方面，一方面，我国积极参与国际标准组织关于 ISO/IEC 20546 和 ISO/IEC 20547-3 的研制工作。另一方面，我国于 2014 年成立全国信息技术标准化技术委员会大数据标准工作组，开展《信息技术 大数据 技术参考模型》《信息技

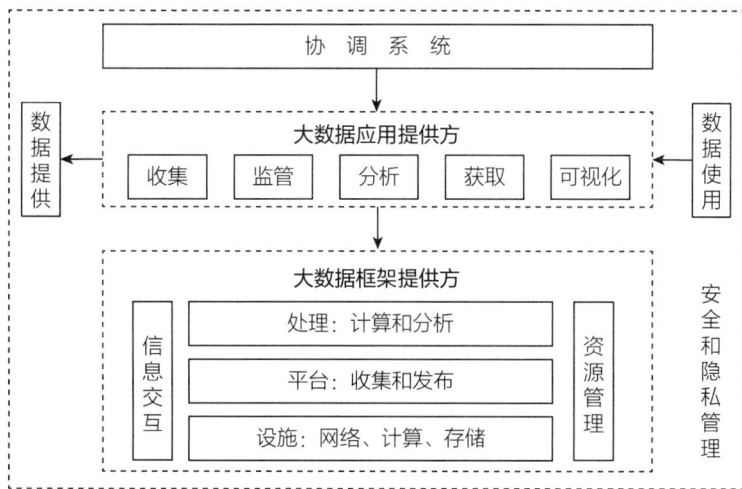

图 5-4　NBD-PWG 大数据参考框架

术 大数据 术语》等十多项国家大数据相关技术标准研制工作。

在教育大数据标准研制方面，全国信息技术标准化技术委员会教育技术分技术委员会（CELTSC）于 2017 年成立教育大数据标准工作组，推进教育大数据标准的研制，包括《信息技术 学习、教育和培训 教育大数据标准框架》《信息技术 学习、教育和培训 教育大数据互操作接口服务规范》《信息技术 学习、教育和培训 教育行为数据框架、模型与元数据》《信息技术 学习、教育和培训 教育大数据存储服务规范》《信息技术 学习、教育和培训 课堂教学行为编码规范》《信息技术 学习、教育和培训 基础教育 学习者刻画/画像》《信息技术 学习、教育和培训 教师刻画/画像》《信息技术 学习、教育和培训 学校刻画/画像》等。

2. 大数据标准体系

中国电子技术标准化研究院、全国信息技术标准化技术委员会大数据标准工作组在 2018 年联合发布了《大数据标准化白皮书（2018 版）》，提出了大数据标准体系框架，由基础标准、数据标准、技术标准、平台和工具标准、管理标准、安全和隐私标准、行业应用标准七个类别的标准组成，为不同领域大数据标准的制定提供了指导，尤其为教育大数据标准化工作的开展指明了方向。

基础标准：为整个标准体系提供包括总则、术语、参考模型等基础性标准。

数据标准：主要针对底层数据相关要素进行规范，包括数据资源和数据交换共享两部分，其中数据资源包括元数据、数据元素、数据字典和数据目录等，数据交换共享包括数据交易和数据开放共享。

技术标准：主要针对大数据相关技术进行规范，包括大数据集描述及评估、大数据处理生命周期技术、大数据开放与互操作、面向领域的大数据技术四类标准。

平台和工具标准：主要对大数据相关平台和工具进行规范，包括系统级产品和工具级产品两类。

管理标准：作为数据标准的支撑体系，管理标准贯穿于数据生命周期的各个阶段，主要是对数据管理、运维管理和评估三个层次进行规范。

安全和隐私标准：作为数据标准体系的重要部分，安全和隐私标准贯穿整个数据生命周期，既关注传统的数据安全和系统安全，又关注基础软件安全、数据分类安全等。

行业应用标准：主要是针对大数据为各个行业所能提供的服务制定的规范，包括教育、政务、服务等领域。

根据大数据标准体系框架，发布、报批、在研以及拟研制的大数据领域国家标准共有 94 项，这些标准可极大地促进教育领域的大数据标准化工作，为消除教育系统"数据孤岛"现象奠定基础。

3. 教育大数据标准体系

教育大数据标准化工作的开展是国家教育信息化发展的战略需要，是教育大数据平台建设的技术需要，是教育主体智能发展应用的需要。CELTSC 副主任委员吴砥及其团队在借鉴大数据标准体系框架的基础上，融合教育发展需求，划定了教育大数据标准体系的层次结构（如图 5-5 所示），并明确了各模块及内容间的相互关系，使各项标准与规范有机结合，为在线教育大数据开发利用提供重要支撑，为促进在线教育平台互联互通和实现在线教育数据全生命周期管理提供基础保障。[①]

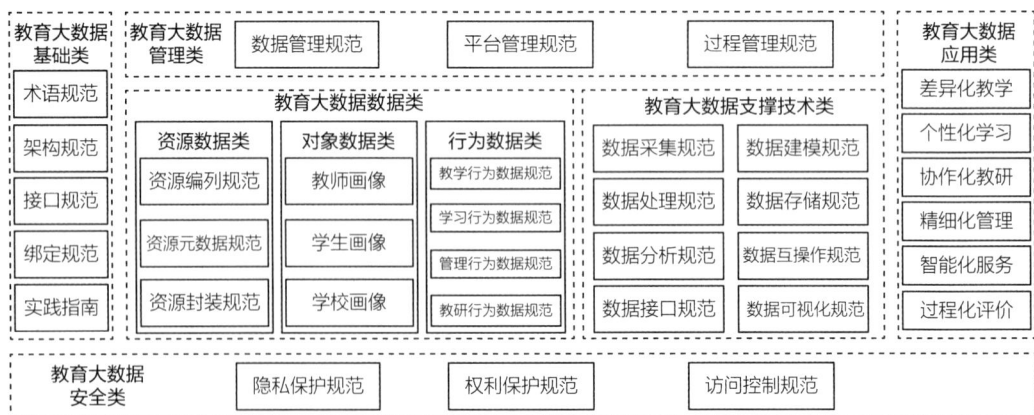

图 5-5　教育大数据标准体系

（1）教育大数据基础类规范

教育大数据基础类规范是教育大数据标准的基础性、通用性规范，用以支持教育

---

① 吴砥、饶景阳、吴晨：《教育大数据标准体系研究》，载《开放教育研究》，2020（2）。

大数据标准体系其他标准的复用。其中，术语规范主要明确教育大数据标准体系涉及的术语定义、符号说明和术语解释；架构规范旨在通过对标准体系整体结构及相互引用关系的描述，提供结构化、易于管理、便于实施且可扩展的标准框架；接口规范旨在为教学、管理和服务平台之间业务复用提供基础接口调用与交互规则；绑定规范规定各类教育信息模型 XML 语言描述语法；实践指南是指导构建和利用教育大数据标准的指导性文件，规定教育大数据标准体系各项标准的应用领域、使用场景和使用方法。

（2）教育大数据管理类规范

教育大数据管理类规范包括数据管理规范、平台管理规范和过程管理规范。数据管理规范规定教育数据开放和共享的基本策略，定义开放共享数据的知识领域、敏感程度和开放权限，为数据开放程度定级和元数据结构设计提供参考。平台管理规范规定教育大数据平台有形和无形的运营支撑环境，提高教育大数据平台运行的兼容性。过程管理规范规定对教学活动中各重要过程节点的管理，包括定义和管理不同时空尺度的教学过程信息及教学过程间的关联关系。

（3）教育大数据数据类规范

教育大数据数据类规范是教育大数据标准体系的核心，主要包括资源数据、对象数据和行为数据的相关规范。

资源数据类规范定义各类教育资源的组织方式，包括资源编列规范、资源元数据规范和资源封装规范。资源编列规范规定各类教育资源的编码规则，确保开放共享教育资源标志的唯一性，便于教育数据的大范围分发和应用；资源元数据规范规定各类教育资源的描述方法；资源封装规范定义各类教育资源互操作所需要的数据结构以及教育资源统一的包装规则，支持教育资源在教育平台之间的传输、复制、买卖和分发。

对象数据类规范包括教师画像、学生画像和学校画像。教师画像规定教师对象的信息模型和要素，包括教师的基本信息、教学活动组织信息、教学资源创建信息、教学效果评价信息等。学生画像规定学生对象的信息模型和要素，包括学生的身份标识、学力定义、学习风格、学习能力、知识掌握程度、学习偏好等。学校画像规定学校对象的信息模型和要素，包括学校的基本信息、办学条件信息、师资力量信息、学生结构信息、办学水平信息等。

行为数据类规范包括教学行为、学习行为、管理行为和教研行为方面的数据规范。其中，教学行为数据规范规定有效教学行为的界定方法和特征，并定义各类教学行为的信息模型和数据结构。学习行为数据规范规定学习行为要素、分类和数据模型，定义学习行为数据记录框架。管理行为数据规范规定教育管理过程的维度和特征，并定义管理行为数据模型和数据结构。教研行为数据规范规定教研行为的行为要素和分类方法，并定义教研行为的数据模型和数据结构。

（4）教育大数据支撑技术类规范

教育大数据支撑技术类规范包括数据采集规范、数据建模规范、数据处理规范、数据存储规范、数据分析规范、数据互操作规范、数据接口规范和数据可视化规范。数据采集规范规定教育数据的采集类别、采集指标、采集频率和采集要求等信息。数据建模规范规定各类教育数据的抽象组织结构，确定数据库中数据的组织形式等。数据处理规范规定教育数据录入、审核、修改、提交和汇总的操作规范。数据存储规范规定教育大数据在存储介质中的存储与交换方法。数据分析规范规定对复杂教育过程逐渐拆分处理的判断标准和分析范式，以实现对复杂教育过程的深入理解。数据互操作规范规定不同教育平台之间以及不同教育环节之间数据交互操作的语法与语义。数据接口规范规定教育平台之间业务数据传输格式，方便系统平台之间业务数据的共享与交换。数据可视化规范规定教育数据可视化的基础图形元素和表现形式等，定义教育数据可视化设计语言的语法与语义。

（5）教育大数据应用类规范

教育大数据应用类规范涵盖差异化教学、个性化学习、协作化教研、精细化管理、智能化服务和过程化评价六大类规范。差异化教学规范规定教师将时间、精力和教学素材等资源差异化地分配给不同背景、基础、技能水平和兴趣的学生，以促进学生成长的教学模式标准。个性化学习规范规定学生依据个体特征、个体需求和个体差异，开展自主学习活动的学习行为标准。协作化教研规范规定校际协作参与教学经验总结、教学问题发现和教学方法研究的教研模式标准。精细化管理规范规定学校对教育教学各环节制定的制度、规程和评价指标的管理模式标准。智能化服务规范规定教育系统通过捕捉教育用户的访问信息，结合先验知识，构建需求模型，主动推送优质教育资源的教育服务模式标准。过程化评价规范规定教学和管理效果的过程化评价模式标准，支撑教育过程的实证分析。

（6）教育大数据安全类规范

教育大数据安全类规范包括隐私保护规范、权利保护规范和访问控制规范。隐私保护规范规定对教育用户隐私信息和教育领域敏感数据的保护措施。权利保护规范规定教育主体拥有获得与自身相关的全部教育信息和数据的合法权利，保护教育数据的分层分级合理利用。访问控制规范规定教育大数据的访问控制机制，制定教育主体对教育数据的访问控制规则。

🎯 教学活动建议

本节教学内容的重难点是在线教育的数据采集与存储以及数据清洗与整合，需要学习者有计算机等方面的知识基础。如果学习者已有相关基础，建议教师在系统讲解的基础上带着学习者体验一些工具。如果学习者没有相关知识基础，建议教师通过视频资源与专家报告相结合的方式进行教学，重点放在原理阐述，不侧重于技术实现方法。

🎯 学习活动建议

本节学习内容涉及跨学科知识，建议学习者利用网络，并咨询大数据技术、教育技术领域专家，全面理解数据方面的原理性知识，同时积极探究、体验相关工具。

第二节　基于大数据的个性化在线学习服务

一、个性化在线学习服务的实现流程

随着大数据技术不断成熟发展，在线学习越来越个性化和精准化。在线学习海量数据的生成为绘制学习者画像、精准建模提供了条件，有利于发现学习者的学习优势、学习薄弱点等。本节以个性化适应性学习为核心，梳理基于大数据的个性化适应性学习的实现流程。

（一）个性化适应性学习概述

个性化适应性学习是指基于学习者个性特征差异提供个性化学习服务，记录、挖掘和深入分析学习行为历史数据，以可视化方式呈现数据结果，用于评估学习过程、发现潜在问题和预测未来表现，并进行个性化干预、指导，促进有效学习的发生。[①] 目前，经过几年的摸索，关于个性化适应性学习已经有了一些成熟的做法与实践案例，取得的效果得到了较广泛的认可，典型平台有 Knewton、Smart Sparrow、DreamBox Learning、猿题库、作业帮、一起作业网等。

（二）基于大数据的个性化适应性学习过程

基于大数据的个性化适应性学习利用协同过滤技术实现向学习者推送与其有相同或相近兴趣偏好特性学习者的学习信息，即整个学习过程既可实现学习者控制学习、自我调节学习、教师个性化干预指导，又可实现系统根据用户特征适应性推送物化资源

---

① 杨现民、田雪松：《互联网+教育：中国基础教育大数据》，112~115 页，北京，电子工业出版社，2016。

以及具有相似学习兴趣偏好的学习者信息，其学习过程如图 5-6 所示。[①]

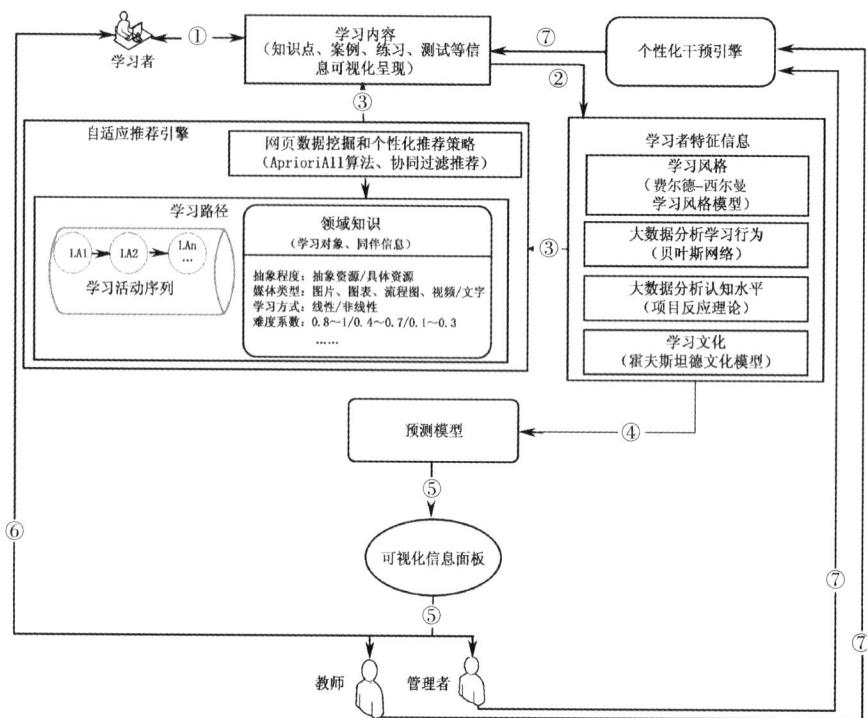

图 5-6　基于大数据的个性化适应性学习过程

基于大数据的个性化适应性学习过程由七个环节组成，充分说明学习者可实现学习的途径和方法。

在图 5-6 中，通过环节①④⑤⑥可以实现学习者根据仪表盘中的可视化信息（如学习者特征、学习结果、学习需求等）进行自组织学习，制订并执行学习计划，自主选择学习策略、学习资源，对学习进行自我评估，有助于提高学习者的学习能动性和主动性。

通过环节①②③，系统可采用贝叶斯网络、项目反应理论、费尔德-西尔弗曼学习风格模型及霍夫斯坦德文化模型等判定学习风格、兴趣偏好、知识水平、学习文化等学习者特征，适应性呈现个性化、可视化的学习路径、学习资源、同伴信息、工具等，有助于提升学习者的自我效能感。

通过环节①②④⑤⑦，教师、管理者可以根据信息面板中的可视化信息调整教学策略，实施个性化指导和教学干预，有助于掌握学习者的学习规律、优化学习过程、

[①]　姜强、赵蔚、王朋娇等：《基于大数据的个性化自适应在线学习分析模型及实现》，载《中国电化教育》，2015(1)。

改进学习效果、提升教育质量。

二、基于领域知识和数据科学结合的学习者建模

模型是大数据应用科学化、精准化、可干预的核心基础。领域知识的介入和数据科学的结合是大数据时代学习者建模的必经之路。下面对基于领域知识和数据科学结合的学习者建模的概述、流程、方法及应用场景进行详细阐述，以深度理解大数据时代学习者建模的重要性与意义。

(一)基于领域知识和数据科学结合的学习者建模概述

1. 相关概念

领域知识起源于人工智能领域，指在某一个领域内概念之间的相互关系和有关概念的约束的集合，具有知识本身所有属性的特点。[①] 美国教育心理学家亚历山大在总结知识表征分类后提出，领域知识是指个体所拥有的关于某个特定领域的所有知识，包括陈述性知识、程序性知识和条件性知识三部分。[②]

在大数据时代，数据不仅是科学领域研究的成果，而且是科学研究的重要基础。随着数据越来越受到重视，学界对数据科学的探讨逐渐兴起。从不同的视角出发，数据科学有不同的含义，但基本具备两个主要内涵：一是针对数据本身，研究数据的各种类型、状态、属性及变化形式和规律；二是为自然科学和社会科学研究提供一种新的方法——科学研究的数据方法，其目的在于揭示自然界和人类行为的现象和规律。[③]

学习者模型源于智能计算机辅助教学(ICAI)理论，是与在线学习相关且随着智能在线学习兴起而快速发展的一个重要理论。学习者模型是对真实学习者的一种抽象表示，代表学习者的知识技能、认知行为、情感体验等方面的水平和特征。[④]

2. 领域知识和数据科学在学习者建模中的关键作用

大数据建模也叫数据挖掘，数据挖掘涉及数据采集、数据管理、数据分析、数据建模和数据应用等过程，需要充分运用数据科学的方式方法。数据采集和数据管理通常由数据工程技术专家完成；数据建模由数学与统计学专家完成；数据分析涉及领域知识的问题，领域知识是沟通大数据处理的核心环节。因此，结合领域知识与数据科

① Dhondt M. , Dhondt T. , "Is Domain Knowledge an Aspect", *Workshop on Object Oriented Technology*, 1999, pp. 293-294.

② Alexander P. A. , Schallert D. L. , Hare V. C. , et al. , "Coming to Terms: How Researchers in Learning and Literacy Talk About Knowledge", *Review of Educational Research*, 1991(3), pp. 315-343.

③ 朱扬勇、熊赟:《数据学》, 12 页, 上海, 复旦大学出版社, 2009。

④ Chrysafiadi K. , Virvou M. , "Review: Student Modeling Approaches: A Literature Review for the Last Decade," *Expert Systems With Applications*, 2013(11), pp. 4715-4729.

学方式方法在建模过程中能够帮助识别教育大数据的用途，帮助建立正确的学习者模型，帮助处理数据分析样本，从而保证数据分析结果的准确性，进而实现学习者模型构建的科学性和精准性。

(二)基于领域知识和数据科学结合的学习者建模流程

目前来看，学习者建模有两个取向：一是把行为数据聚合成特征变量，以特征变量为核心开展数据监测服务，从而通过特征值挖掘相应的行为规律，最终为有效干预提供支撑；二是通过教育教学理论建立某个教与学变量，并且基于理论建模和数据科学形成从底层数据到特征值再到教与学变量的数据指标聚合，从而使学习分析结果的可阅读性和可干预性更强。[1] 这里以郑勤华等人提出的学习者综合评价参考模型(S-SERI 模型)为例阐述基于领域知识和数据科学结合的学习者建模流程，即自上而下构建理论模型和自下而上构建算法模型。[2]

1. 学习者模型之理论模型构建

理论模型构建是自上而下的，首先确定模型类型，然后形成模型下的维度，最后为每个维度选择合适的指标。在结构上，一个理论模型包含多个维度，每个维度包含多个指标，指标有时也包含多个数据项。

郑勤华等人运用理论演绎和专家访谈法，在加涅的目标分类基础上，根据在线学习特征及在线学习者(主要是成人学习者)的特点，构建了 S-SERI 模型(如图 5-7 所示)。S-SERI 模型由维度和指标构成，其中维度满足对学习者某方面评价的需求，具有一定概括度和抽象层次，可能包含多个指标。指标则是对维度的具体分解。例如，衡量学习者在线学习的"投入度"维度包括"认知投入""情感投入""行为投入"三个指标。维度和指标的确立主要基于两个原则：一是典型性原则，评价指标应选取最能反映学习者在该评价目标上发展水平的典型特征；二是可操作性原则，各维度一级级分解成的最终指标应该是具体的，可以观察、描述和测量。

(1)投入度

从活跃性、持续性等方面对学习者在线学习的投入程度进行评价。对投入度的评价除行为投入外，还包括更深层次的认知投入及情感投入。投入度是对学习者学习过程进行表征的重要维度。

(2)主动性

包括完成自主学习任务的主动性、参与强制活动的主动性及进行交互的主动性。

---

[1] 郑勤华、孙洪涛、陈耀华等：《基于学习分析的在线学习测评建模与应用——综合建模方法研究》，载《电化教育研究》，2016(12)。

[2] 郑勤华、陈耀华、孙洪涛等：《基于学习分析的在线学习测评建模与应用——学习者综合评价参考模型研究》，载《电化教育研究》，2016(9)。

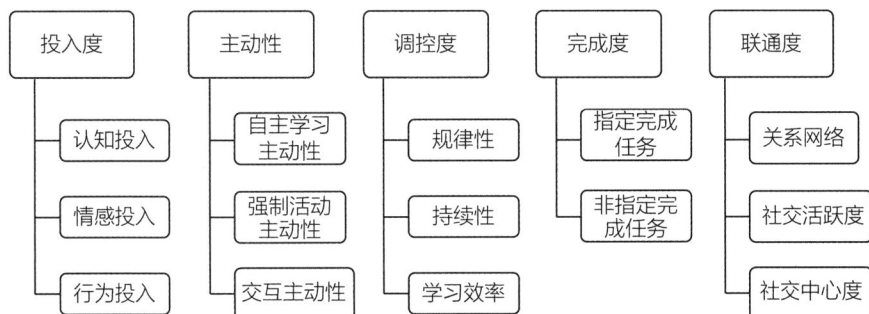

图 5-7　S-SERI 模型

主动性可在一定程度上表现学习者的学习动机水平与变化情况。

（3）调控度

从学习的规律性、持续性、学习效率三方面对学习者调控自己学习过程的水平进行评价，调控度是对学习者认知策略、自主学习能力进行表征和评价的重要维度。

（4）完成度

以课程的教学目标为标准对学习者实际完成情况进行评价，不同类型课程的教学目标侧重点不同，完成度的指标及权重设置也会有相应的调整。

（5）联通度

对学习者建立社会化认知网络的能力进行评价，包括建立连接的能力、维护连接的能力等。联通度的评价核心是交互，包括学习者与资源的交互、学习者与教师及学习同伴的交互。

2. 学习者模型之算法模型构建

郑勤华等人在构建 S-SERI 模型时指出，由于维度建模源自理论演绎和专家访谈，下一步的重点是将构建的维度模型进一步细化，并提炼出相应的数学结构，从而为量化评估提供可操作的依据。

理论模型构建是自上而下的，而算法模型的构建是自下而上的，即先确定各维度下最底层指标的计算方法，再将这些指标进行聚合，最终得到维度算法模型，模型构建的具体流程如图 5-8 所示。

（1）原始数据汇聚与预处理

学习者的原始学习数据往往是多源异构的，分散存储在内容管理系统、学习管理系统、教务管理系统等各系统中。将这些数据汇聚到一起并尽可能地对学习者的学习过程进行还原是科学和全面评价的基础。这就要求对各个平台的数据有一个全面完整的认识，理顺数据中的业务逻辑，提取在线教育各类业务工作中的关键主体、要素和流程。业务所涉及的流程是相互交织的一系列复杂过程，包含多种动态和静态信息。流程往往体现了要素的状态变化和行为过程。在此基础上，需要将在线教育的核心教

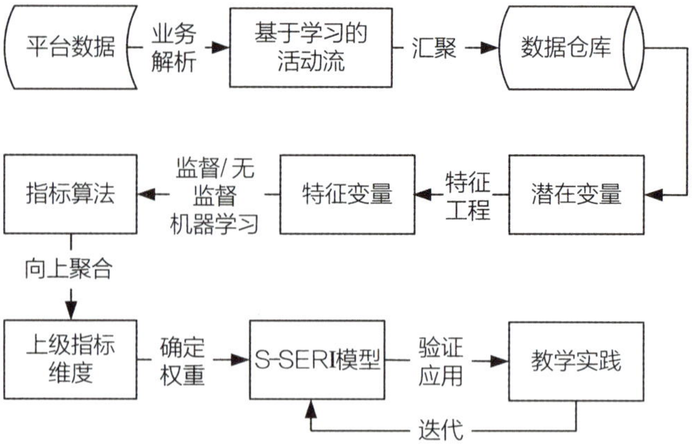

图 5-8　S-SERI 模型构建具体流程

学与管理业务分解，形成覆盖学习者学习过程的完整数据描述。

　　之后，参考 xAPI 的理念，基于业务解析提取出关键学习主体、要素和流程，进一步构建基于学习的活动流。活动流由必要属性和可选属性构成：必要属性包括活动主体、动作及活动对象三类；可选属性包括活动时间、活动结果等若干类。通过这些属性可以对学习者的学习活动过程进行描述，如××（活动主体）在××时间（活动时间）观看了（动作）关于××知识点的视频（活动对象）。表 5-4 列出了一些可能的必要属性，在不同教学设计、教学情境中，这些属性需要做出一定调整。

表 5-4　活动流中一些可能的必要属性

活动主体	动作	活动对象
教师、学习者、小组	浏览、观看、编辑、评论、提问、回答、笔记、分享、标注、创建、收藏、取消收藏、得分、下载、发表、回复、搜索、删除、参与、尝试、暂停、继续、跳过、完成、退出、通过、失败	文件、问题、协作、视频、页面、讨论、作业、消息、笔记、学习计划、测试、档案、模块

　　构建基于学习的活动流可以方便不同数据源按照统一的规范进行整合，提高数据汇聚的效率。按照这种规范描述的学习过程最终会以具有语义结构的数据进行存储，也便于机器理解和学习。同时，由于学习分析主要基于行为数据进行，对数据预先进行基于（行为）活动的描述和封装有助于后续研究的进行。

　　在解析业务方面，学习活动数据化的过程会遇到数据质量问题。当前在线教育的数据质量整体水平比较低，缺失比例较高，可能出现异常值、不确定的定义和编码、无效或错误的数据以及数据不一致等情况。在这个阶段要及时地发现数据质量存在的问题，对数据进行清洗，尽可能提高数据质量，为后续的分析奠定基础。

（2）潜在变量生成

潜在变量是指从原始数据库中获得的在意义上与模型可能相关的变量。这些变量与评价需求相关，而且数据质量较好。潜在变量的生成是在之前数据汇聚的基础上，提取出能够描绘学习活动核心要素和流程的关键数据，这些数据是后续模型构建的基础。原始数据汇聚阶段的数据集合是对教学活动和学习者学习经历的完整描述，潜在变量则是在此基础上进行提炼的结果，是一系列能够表征教学与学习情况的有效标准数据项。

潜在变量生成阶段仅通过对机构教学要素和教学流程的分析得出有效的数据项，应尽量避免复杂计算。如必须进行复杂计算，则只有通用性的、能够对机构的教学与管理起到重要监测作用的变量才可以被纳入潜在变量。这些数据项可以是基本的属性量，也可以是行为计数，还可以是简单计算的结果，在少数情况下可以是需要较为复杂计算的结构，如教学交互的有效性等。

（3）特征变量选取

特征变量是从潜在变量中选出的，统计分析证明具有足够好的数据质量，可以进一步进入算法构建的变量。特征变量选取又称特征工程，根据具体的评价指标，用特定领域知识或数据科学的方法来选择、删除、组合潜在变量得到特征变量，作为指标的计算变量。之所以需要进行特征变量选取，是因为多余的变量会对模型训练产生干扰，有可能造成模型的过拟合。另外，在数据体量越来越大的情况下，变量过多会大大降低模型的训练和计算效率。

特征变量与评价指标有较大不同，它是评价指标构建的基础，可以通过不同类型的计算成为监测教学与管理状态的重要指标。当需要计算的指标较为简单、潜在变量较少时，可以让专家基于特定的领域知识来人工选取特征变量。在指标算法复杂，涉及较多变量的情况下，人工的方法存在一定的局限性，可能影响指标算法的准确性，所以应综合采用以下几种方式来选取特征变量。

第一，计算变量与对应指标的相关性，选择与指标有相关性的变量作为特征变量。第二，将潜在变量组合后再选择特征变量，如对学习者的人口学数据（性别、年龄、前置学历等）进行组合，获得较大的特征集，组合特征能够同时兼顾全局模型和个性化模型。第三，在数据构造较为复杂的时候可以采用深度学习的方法来自动识别特征变量，深度学习又被称作无监督特征学习，具有自动学习的能力，可以从大规模未标注数据中凸出学习数据的本质特征。

维度值和特征变量的关系如表 5-5 所示。表 5-5 并没有列出所有特征变量。特征值都有两个数值，一是原始特征值，如学习频次，某个学习者以周为单位的学习频次是15 次，那么记录的特征值就是 15。二是百分制数值，因为综合评价需要将特征值聚合成维度值，所以需要将原始特征值转换为百分制，一般通过聚类、Z 分数、逻辑回归等方法将特征值加以转换，如学习频次 15 转换为百分制为 90。

表 5-5　维度值与特征变量的关系

投入度	V1 学习频次		V2 学习时长		V3……	
	原始特征值	百分制数值	原始特征值	百分制数值	原始特征值	百分制数值
主动性	V1 回答问题频次		V2 论坛发帖频次		V3……	
	原始特征值	百分制数值	原始特征值	百分制数值	原始特征值	百分制数值
调控度	V1 作业提交延迟时间		V2 单次视频学习时长		V3……	
	原始特征值	百分制数值	原始特征值	百分制数值	原始特征值	百分制数值
完成度	V1 视频完成率		V2 作业完成率		V3……	
	原始特征值	百分制数值	原始特征值	百分制数值	原始特征值	百分制数值
联通度	V1 社交活跃度		V2 社交参与度		V3……	
	原始特征值	百分制数值	原始特征值	百分制数值	原始特征值	百分制数值

(4)模型构建

指标算法构建主要有两种类型：一种是通过问卷、量表或其他测量方法获得指标因变量的值，在这种情况下采用有监督的机器学习(如人工神经网络或一些分类算法)，通过调整参数进行模型训练，选择准确度较高的算法即可；另一种主要是通过机器学习方法对指标进行分析，在这种情况下需要先将专家知识通过某种方式传授给机器，再由机器完成专家所不能够完成的整合分析。例如，对学习者的活跃度这个指标进行分析时，可以找到在线时长、登录次数等特征数据，专家对不同活跃水平的学习者贴标签，然后对各类学习者进行聚类等各种分析，并对分析的结果进行初步的模型计算；接下来根据计算结果，确定学习者活跃度的分析算法；两种类型的指标算法确定以后，采用专家模糊层次分析和机器学习相结合的方法确定各个低一级指标的权重，最后一步步向上聚合成更高级别的指标、维度，最终构建 S-SERI 模型。

(5)模型验证迭代

模型的信度和效度是重要的衡量指标。除一般性数据挖掘指标外，需要将其同业务数据进行对比，并根据平台当前的数据情况确定其置信区间。模型构建需要多轮迭代，需要尝试各种特征变量的组合与各种不同类型的模型计算方式的结果，通过比较计算结果最终确定模型算法。

(三)基于领域知识和数据科学结合的学习者建模方法

作为建模流程的指南，建模方法是完成学习者建模的重要内容。图 5-9 展示了学习者建模的开发流程，以及领域专家和数据科学方式方法在流程中各环节的位置和作用。在实际研究与实践中，因建模目标不同，学习者建模的流程、方法略有差异。

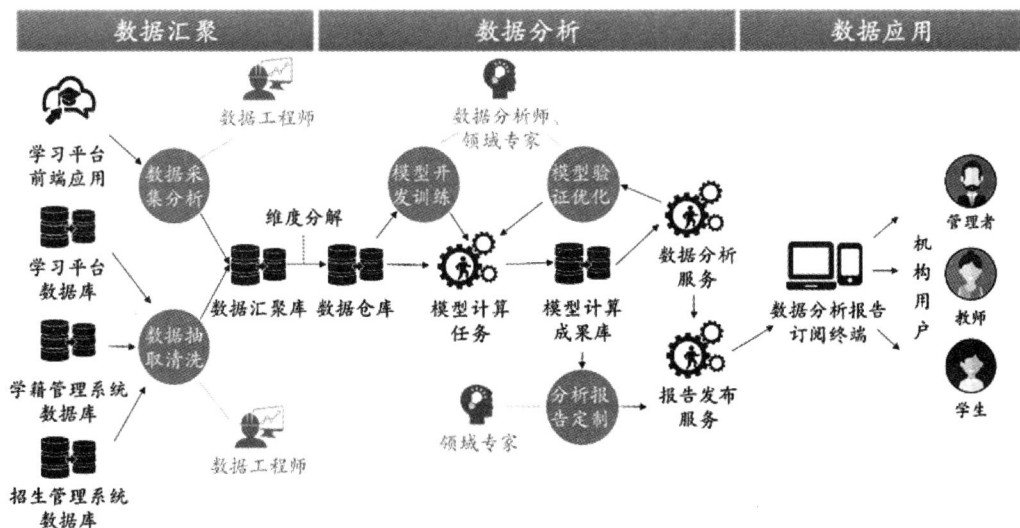

图 5-9　基于领域知识和数据科学结合的学习者建模开发流程

　　这里以郑勤华等人提出的在线学习综合测评模型的构建方法为例，以其建模流程为线索，通过关于评价的核心问题、综合建模过程中的特征工程、模型构建中的应用迭代三个层面来阐释学习者建模的方法。[①]

　　在线学习综合测评模型的构建从教育学规律和数据的聚合两个角度相向而行，形成同时保证科学性与可行性的模型解决方案，具体的构建流程如图 5-10 所示。

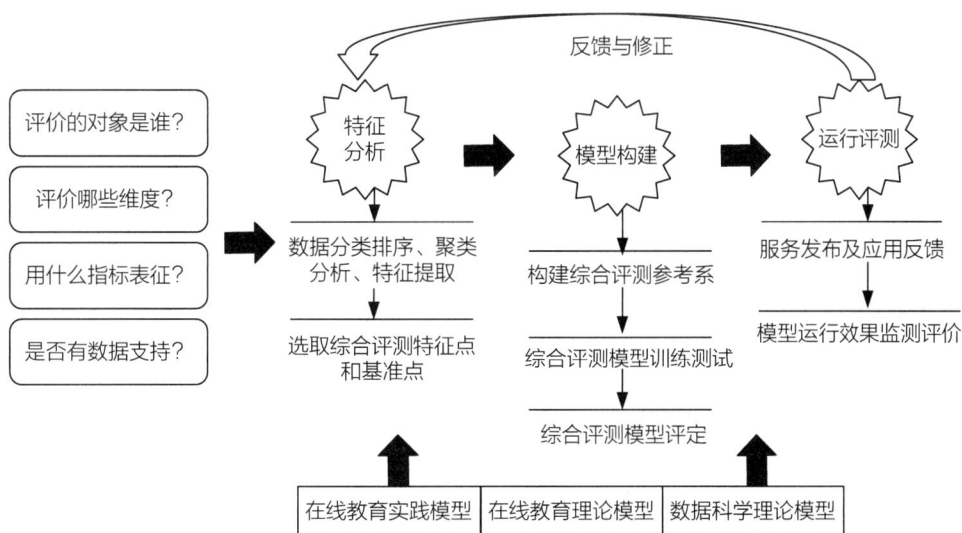

图 5-10　在线学习综合测评模型的构建流程

---

　　①　郑勤华、孙洪涛、陈耀华等：《基于学习分析的在线学习测评建模与应用——综合建模方法研究》，载《电化教育研究》，2016(12)。

1. 关于评价的核心问题

(1)评价对象

评价对象主要依据评价服务的需求来确定。评价对象既可以是学习者，也可以是学习；既可以是学习者的某个方面，也可以是学习的某个特征。在"基于学习分析的在线学习测评建模与应用"系列研究中，郑勤华等人分别以学习者、教师、课程为评价对象进行了探索性研究。之所以选这三者，是因为它们是在线学习最核心的主体，适应性服务基本都围绕这三者展开。

(2)评价维度

评价维度是重点也是难点。郑勤华等人以投入度、主动性、调控度、完成度、联通度这五个维度进行了综合建模。之所以选择这五个维度，一方面是因为评价的对象是成人在线学习者，这些学习者的学习评价不能仅从认知目标进行判断，需要从多个维度全面衡量其学习状态，从而为个性化的学习干预提供支持；另一方面是因为成人在线学习需要强调其交互的发生和交互的质量，要重点考察联通度这一维度。单纯的五个维度无法对学习者进行精确描述和评价，需要对这五个维度进行细化解读，从而真正实现模型的可用性。比如，主动性这一维度需要专家通过系统的文献研究、理论演绎、实践调研来确认哪些指标能够表征。可以看出，五个维度的设计首先来自办学机构对于学习者评价的直观需求，其次来自远程教育领域的相关学习理论，最后来自数据科学的相关研究成果。

(3)维度表征指标

用什么指标来表征维度是建模过程中的核心难点。从某种意义上说，评价模型从理论上的科学性到实际操作上的可行性需要维度表征指标来承上启下。要解决这一问题，专家需要通过系统的文献研究、理论演绎、实践调研去确认哪些指标能够表征相应的维度。比如，主动性中的自主学习主动性这一指标，从理论逻辑上可以将非强制性学习任务理解为自主学习活动，那么这一类学习任务的参与频次、参与时间、参与效率、相应绩效等都可能作为解读该指标的数据，为保证指标的完备性、有效性，需要用有监督的机器学习或无监督的机器学习进行这一细化指标的专项研究。可以说，每一个维度的提出和指标化都是一项系统研究，只有经历了严谨的研究过程，才有可能真正实现维度的指标化，从而为后续的研发应用提供坚实基础。

(4)数据支撑

数据支撑是建模过程中的底层基础。"巧妇难为无米之炊"是对这个阶段实际工作的生动描述。要保证模型的科学性和强解释度，在理论建模和维度设计时就需要尽量考虑完备性，但在指标化过程中常常会发现想要的数据并没有足够的支撑。比如，对学习者参与自主学习活动的时间这一指标，学习平台可能记录了学习者登录和登出的时间点，但对于每一学习活动的时间并没有明确的记录，这就可能需要通过数据埋点来二次抓取相应数据，这无疑会增加系统的负载。总体来看，有了数据才能够进行相应的学习分析研究和应用，这个问题在今天的在线学习环境中已经得到了很好的解决，但离理想的教育应用还有一定的距离。

2. 综合建模过程中的特征工程

特征工程是对特征变量提取的过程，是从潜在变量中选择具有较好的数据质量并能够支持算法构建的变量的过程。这一过程中主要是根据具体的评价对象及教育学意义的解读，用在线教育领域知识或数据科学的方法来选择、删除或组合潜在变量，进而形成模型中某一具体维度的计算变量。和学习者学习相关的变量非常多，甚至从逻辑上说所有的变量都可能是学习状态的某一表征，但过多的变量会对模型的训练和解读产生极大干扰，会造成模型的过拟合以及教与学解读困难，因此，需要开展特征工程，以最优的方式保证模型的训练和计算效率，并支持教育决策。

3. 模型构建中的应用迭代

模型构建并不能一蹴而就。郑勤华等人构建模型时经历了特征工程、理论建模、实践应用的多轮迭代，在第一轮建模后，开发基于评价模型的工具，并嵌入实践机构的教与学应用。实践反馈了三个方面的问题：一是评价的准确性，如基于模型的评价分值和教师的主观感受有一定的差异；二是评价模型的解释性，如教师对于联通度这一概念普遍不太理解；三是模型指标维度权重确定困难，因为在部分的模型应用中，教师或管理人员拥有调整权重的权利，反而在一定程度上让其无所适从。

这三个方面的问题有些是模型设计尤其是算法设计中的必然问题，需要根据实践应用效果调整某些参数，以使评价的准确性提升；有些是认识问题，需要增加模型的可阅读性；有些是工具开发中的问题，在此不再赘述。总之，模型构建的过程是一个多主体参与、理论联系实际的多轮迭代过程，也是一个不断精准支持教学应用的过程。

在其他应用场景下的学习者模型构建的方法与这里介绍的评价类模型的方法是一致的。首先要回答关于模型构建的核心问题——评价对象、评价维度、维度表征指标、数据支撑，必要时可支撑理论模型的构建；其次要完成特征工程，即选取特征变量，要求特征变量可支撑算法模型构建；最后要模型迭代。

(四)基于领域知识和数据科学结合的学习者建模应用场景

从学习者模型能够解决教与学中哪些问题的角度，可以将学习者模型的研究与应用分为三个场景进行讨论：统计性分析与评价、学习情绪与专注度监测、能力与知识追踪。

1. 统计性分析与评价

学习分析过程就是围绕学习者模型对学习行为大数据进行分类、整理与呈现，因此，学习者模型在教与学中最基本的功能即实现对学习者行为大数据的统计性分析与评价。典型作用有：实时获取学习者评价数据和阶段评价数据；对知识点覆盖情况、知识点能力层级、个体与班级对比情况等进行可视化；形成直观的、系统化的报告，并结合系统的诊断库为报告反映的问题提供诊断和指导。

2. 学习情绪与专注度监测

随着表情识别技术及可穿戴设备在教育中的应用，学习者的学习情绪与专注度能够受到更好的监测。

基于课堂采集的师生视频数据，可以利用计算机视觉分析技术对学习者进行多个维度的实时情绪测量，如高兴、沮丧、生气、惊讶等。结合教师方面的数据，也可以分析教师在课堂上的情绪饱满度，评估教师在不同情绪下授课所实现的学习效果。

除视频与图片信息外，可以利用可穿戴设备（如智能手表、皮肤电传导手环、智能眼镜等）对学习者行为数据进行采集。例如，额头和上眼睑的变化通常可以表示短时间内的混乱与挫折感，而嘴部的放松可以表示积极学习的情绪。

可穿戴设备通常会配备多个传感器，包括三轴加速度传感器、角速度传感器及心率传感器等；在此基础上，利用特定的机器学习算法，可以较准确地识别学习者在课堂中的举手、记录笔记、起立回答问题等行为。

基于已经识别的学习行为，利用现有的学习科学理论和数据标注方法，综合考量不同类别的行为，进而判断学习者当前的学习专注度与学习情绪。

3. 能力与知识追踪

在智能教育系统中，学习者模型帮助系统对学习者的能力与知识掌握状态进行准确区分与量化。例如，计算机自适应测验（CAT）提供基于被试能力的题目，应用于GRE/GMAT考试；智能教学系统（ITS）提供个性化学习与练习内容，包括 Knewton、智慧学伴等；人工智能领域中知识推理的各类模型，如贝叶斯网络，被大量应用于知识追踪问题，用于计算学习者掌握给定知识点的概率。

基于领域知识的学习者建模首先要依据领域知识进行理论建模，同时领域知识在算法建模过程中也发挥着重要作用。不同领域知识指导建立的学习者模型对学习者发展的不同阶段、不同层面发挥着重要作用。基于领域知识的学习者建模是一个庞大的系统，未来如果能建立起基于领域知识的学习者模型系统，学习分析技术则可在学校教育中发挥重要作用。

三、学习者个性化学习方案的推荐方法

个性化学习方案的推荐能够有效解决学习者在线学习迷途问题，从而实现对学习者在线学习的动态指导与监控。个性化学习方案的推荐方法包括个性化学习资源推荐、个性化学习伙伴推荐、个性化学习路径推荐以及个性化学习行为监管。

（一）个性化学习资源推荐

1. 基于推荐算法的个性化学习资源推荐

常用推荐算法包括基于内容的推荐、协同过滤推荐及混合推荐等。基于内容的推荐算法通过识别和提取资源内容的特征来构建学习者特征模型和资源特征模型，将两者匹配度较高的学习资源推荐给学习者。协同过滤推荐算法通过对学习者偏好的挖掘，基于不同的偏好对学习者进行分组，并将相似的学习资源推荐给各组。协同过滤推荐算法能有效降低模型构建的复杂性，但存在矩阵稀疏和冷启动等问题。混合推荐算法将资源内容特征与学习者特征联合考虑，根据学习者的学习风格和习惯为学习者推荐学习资源。总的来说，保证资源推荐模型构建的合理性和科学性一直是传统推荐算法应用于个性化学习资源推荐的难题。

2. 基于机器学习的个性化学习资源推荐

随着机器学习在计算机视觉、语音识别等领域成功应用，其在在线教育领域的应用也逐渐成为研究热点。许多学者致力于降低学习资源推荐过程的模型依赖性，发挥历史学习数据对资源推荐过程的服务作用，开展将机器学习应用于个性化学习资源推荐的研究工作。韦辛等人通过测试学习者状态与挖掘服务器日志来识别学习者的学习风格与习惯，开展个性化资源推荐研究[1]；艾赫等人利用半监督机器学习及历史数据，较为准确地为学习者推荐了课程[2]；巴图什等人提出一种基于无监督机器学习的教学资源推荐方法，采用改进的人工神经网络获得了较为合理的推荐结果[3]；赵蔚等人提出了知识推荐技术与本体技术相融合的个性化资源推荐策略[4]；文孟飞等人采用了一种支持向量机与深度学习相结合的方式来实现网络教学视频推送服务，提升了教学视频资源的利用率和获取率[5]；塔鲁斯等人构建了一种本体与序列模式挖掘相结合的混合知识推荐系统，为在线学习者推荐个性化资源[6]；另有研究者提出了基于 LSTM 神经网络的在线学习路径推荐策略[7]。

---

[1] Vesin B. , Ivanovic M. , et al. , "E-Learning Personalization Based on Hybrid Recommendation Strategy and Learning Style Identification," *Computers in Education* , 2011(3) , pp. 885-899.

[2] Aher S. B. , Lobo L. M. , "Combination of Machine Learning Algorithms for Recommendation of Courses in E-Learning System Based on Historical Data," *Knowledge Based Systems* , 2013(1) , pp. 1-14.

[3] Batouche B. , Brun A. , Boyer A. , et al. , "Unsupervised Machine Learning Based on Recommendation of Pedagogical Resources," *European Conference on Technology Enhanced Learning* , 2014(9) , pp. 548-549.

[4] 赵蔚、姜强、王朋娇：《本体驱动的 e-Learning 知识资源个性化推荐研究》，载《中国电化教育》，2015(5)。

[5] 文孟飞、胡超、于文涛：《一种基于特征提取的教育视频资源推送方法》，载《现代远程教育研究》，2016(3)。

[6] Tarus J. K. , Niu Z. , Mustafa G. M. , et al. , "Knowledge-Based Recommendation: A Review of Ontology-Based Recommender Systems for E-Learning," *Artificial Intelligence Review* , 2018(1) , pp. 21-48.

[7] Zhou Y. , Huang C. , Hu Q. , et al. , "Personalized Learning Full-Path Recommendation Model Based on LSTM Neural Networks," *Information Sciences* , 2018(2) , pp. 135-152.

（二）个性化学习伙伴推荐

移动互联网的发展使海量学习资源可以随时随地获取，但学习者在学习过程中难以及时有效交流，这种分散性、封闭的自学模式易催生学习孤独感，导致学习者的学习热情、学习效率与学习质量都有所下降。学习者画像功能可以将具有相似学习背景与共同兴趣爱好的学习者组织在一起，建立一个合作、共享的学习社区，通过交流讨论有效提高学习的积极性，改进学习效果。因此，可以基于学习者画像呈现的不同学习风格与偏好兴趣为学习者推荐特点相似或风格互补的学习伙伴。此外，基于学习者画像还可对学习者的兴趣方向进行判定，从而为其推荐同一层次、同一专业的学习伙伴。同时，通过分析学习者画像记录追踪的学习迁移轨迹，可以向学习者推荐具有相同学习行为的同学，如访问相同学习资源、检索相近关键词、下载近似资料的学习者。

（三）个性化学习路径推荐

个性化学习路径推荐是指围绕学习者的个性化学习目标、学习需求与学习风格来为学习者设计最佳学习方案。根据学习者画像的动态迭代更新，可以分析出学习者的即时学习兴趣，结合其学习风格和行为特征，能够预测其下一步的学习内容，从而提供个性化的课程路径导航服务。具体而言，可根据学习者画像挖掘学习者个性化学习特征和学习媒介平台的资源属性（每个平台具有主题分类、知识点标注、知识点难度、测评类型等属性标注），同时借助语义关联技术分析学习资源间的内在关系，由此得出学习者已有的知识储备和新的学习内容之间的关系，从而为其提供个性化适应性学习策略。需要指出的是，由于学习者的教育背景、研究层次和认知能力不同，学习路径在推荐形式上呈现出多样化、复杂化及非连续性等特征。因此，提供推荐服务需要充分结合学习者的学习特征，对其画像进行动态修正，以此保证学习路径与学习者的目标内容、学习方式相匹配。

（四）个性化学习行为监管

在拥有海量资源的网络中，在线学习者获取学习资源的便捷性得到大幅提高，但同时存在知识供求关系不均衡的问题。换言之，个性化学习缺乏有效的监管，学习者自我监管能力的缺乏会导致学习行为散漫、学习效率低下，造成学习资源的极大浪费，这也是长期阻碍个性化学习效果提升的主要问题。大数据深度画像可以为学习者提供及时、高效、有针对性的个性化学习监督服务，能够在较大程度上降低学习过程中的沉淀率与辍学率，从而提升学习者的学习自主性。具体而言，将消极学习的行为检测作为个性化学习监管的前提，为在线学习者的学习任务和学习行为设置最低目标值；同时通过构建学习者画像模型追踪并记录画像的更新变迁，及时掌握学习者的学习进程和当前存在的问题。当低于目标值时，系统有针对性地给出学习预警，如当在线讨论参与次数少于两次时，可认定学习者该周期的在线学习行为存在消极现象，系统及时提供适合学习者学习风格的个性化干预方案，尽量减少辍学和停滞行为的发生，提高学习效率和质量。

四、个性化在线学习服务案例

个性化在线学习是在线教育大数据应用服务的主要阵地，各类个性化在线教育平台能够采集学习者在线学习过程中的行为数据，并对学习者的学习兴趣、知识水平、学习风格、学习进度等做出分析和预测，以提供个性化的在线学习服务。

案例 5-1

个性化在线学习企业 Knewton 并没有创建内容或建设自己的平台，而是与其他学习公司（如培生、霍顿·米夫林、麦克米伦等）合作，为它们提供 Knewton 引擎，以强化学习应用程序。Knewton 将数据科学、统计、心理测量、内容图表、机器学习、标签技术和基础设施整合在一起，以实现大规模的个性化学习。Knewton API 与其他公司产品有着千丝万缕的联系，可以为数学等学科领域提供自适应学习环境。Knewton API 是连接应用场景与合作平台的桥梁，以云服务的方式由第三方企业调用，如图 5-11 所示。

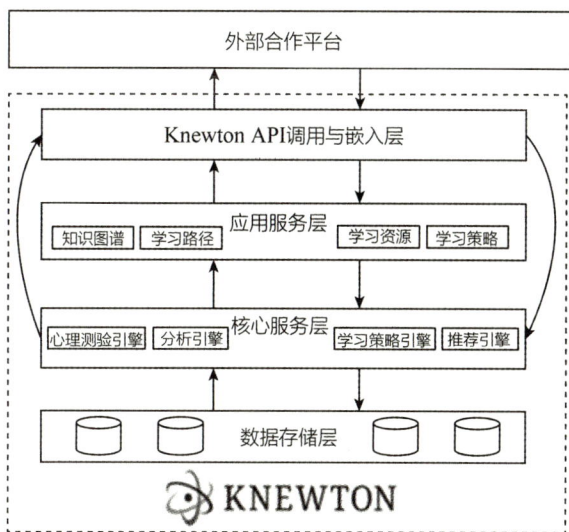

图 5-11　Knewton API

请结合上述框架，查阅关于 Knewton 的相关资料，思考 Knewton 的自适应学习服务有哪些，以及这些自适应学习服务如何为学习者提供个性化在线学习服务。

案例 5-2

北京师范大学未来教育高精尖创新中心的智慧学伴是基于学科素养、学科能力、大数据技术及人工智能技术研发的智能公共服务平台。平台为中小学生提供在线测评，可以诊断学科素养、学科能力，提早发现学科优势和学科问题，推送个性化报告与学习资源，提供一对一在线教师辅导和学习伙伴等服务。平台帮助教师适应教育改革，提升精准个性化教学能力，指导教师发现学科特长生，帮助学习困难学生解决问题，使教师在提升课堂教学质量的同时快速适应教育改革方向。平台帮助家长动态掌握孩子的学习表现、学科优势与学习问题，了解孩子的个性特点，从而使孩子的成长变得轻松，减轻家长的压力。总而言之，平台通过大数据采集、分析、预测等功能为学校、教师、学生和家长提供个性化的智能教育服务。

请查阅更多关于智慧学伴平台的资料，如研究论文、新闻报道等，思考该平台能够采集学习者哪些方面的数据，以及基于这些数据平台如何为学习者提供个性化的在线学习服务，并画出实现流程图。

🎯 教学活动建议

本节教学的重点是个性化在线学习服务的实现流程、基于领域知识和数据科学结合的学习者建模、学习者个性化学习方案的推荐方法；难点是基于领域知识和数据科学结合的学习者建模。建议教师采用视频资源和案例分析相结合的方式进行授课，侧重于引导学习者深刻理解大数据技术在实现个性化教学服务方面的潜力。

本节内容的目的是让学习者理解基于大数据的个性化在线学习服务，包括实现流程、学习者建模及推荐方法，并能对典型的个性化在线学习服务应用案例进行分析。

🎯 学习活动建议

本节涉及跨学科的知识，建议充分利用网络，咨询大数据技术、教育技术领域专家，并以小组合作的形式广泛调研，分析个性化在线学习服务应用的其他案例，全面理解基于大数据的个性化在线学习服务的基本原理。

第三节　基于大数据的精准在线教育管理与质量监测

一、精准管理与质量监测的目标与方法

在线教育管理与质量监测是提升在线教育质量的一种手段，尤其是在大数据、人工智能等技术不断发展成熟的大背景下，其逐渐成为促进在线教育发展的一把利器。这里重点阐述在大数据支持下的精准在线教育管理与质量监测的目标以及实现这一目标的方法。

(一)基于大数据的精准在线教育管理与质量监测的目标

1. 实现个性化服务

在线学习环境给予了学习者充分的自主权，学习者可以自主决定学习速度，选择感兴趣的学习资源和学习活动等。然而，学习者常常面临"接下来学什么"的问题，导致信息迷航、认知过载。在线教育的发展，尤其是大数据技术、人工智能技术赋能教育实践的不断深入，使大规模个性化学习的实现成为可能。通过采集、分析和处理学习者全流程的在线学习行为和学习过程数据，可以对学习者的知识学习能力进行精准诊断，并根据诊断结果为学生提供旨在提升知识水平的个性化学习服务。同时，在智能技术和装备的加持下，捕获、识别和分析学习者的个性化学习需要变得更方便容易，并且能根据学习情境的变化动态调整和推送满足学习者情境化需要的个性化服务。最终，在个性化学习理念与智能技术深度融合发展的过程中，实现为在线学习者提供千人千面的学习服务。

2. 实现教育质量动态监测

在线环境中，数据每天都产生与流动，使得教育质量监测变得开放、公开、透明，并且具有动态性。在线考试数据、测评数据及作业过程数据等教育质量监测数据实时地汇聚于教育质量监测系统中，将阶段性、静态的调查转变为全过程、动态化的监测。进一步，基于教育质量监测数据，利用教育建模技术构建教育质量监测模型，通过实时、综合分析来动态监测学习者的学习过程及质量，进而形成科学有效的教育质量监测报告及问题解决方案，最终实现教育质量动态监测。

3. 实现科学化教育决策

在线教育的发展积累了海量的教育数据，这为教育的科学化决策提供了强有力的

技术支持。对于教育管理部门而言，通过对在线教育管理系统采集、汇聚的各类数据（如各类教育事业发展统计数据、在线教育培训机构办学数据等）进行深度挖掘、分析与建模，在综合应用多种模型与数据的基础上，能够获得针对在线教育发展状况的多种决策路径与决策建议。对于教学者而言，可以利用大数据技术分析在线教学系统中的学习者全过程学习数据（如学习交互数据、学习投入数据等），绘制学习者画像，深度挖掘学习者在学习过程中的问题，进而做出较为科学的教学干预，促进师生共同发展。总体而言，建立"用数据说话、用数据决策、用数据管理、用数据创新"的机制，可以有效提高教育教学决策水平的针对性与科学性。

（二）目标的实现方法

大数据技术、方法的先进性为复杂目标的实现提供了支持。整合多维数据是基础，采用可视化方式动态、直观地展现数据，进而开展全过程数据的实时监控，最终实现个性化服务、科学化决策与质量动态监测。

1. 开展多维数据整合

以往单维或单一模态的数据仅能提供部分过程信息，会降低数据分析结果的准确性，而真实的教育或学习过程往往是复杂多维的，可能是多平台、多场所、多方式的混合。随着数据采集技术的不断发展成熟，获取的数据也越来越丰富、越来越多元，整合声音、视频、图片、文本、生理、心理等多维度、多模态的数据对于精准在线教育管理与质量监测具有重要的现实意义。现行的整合方式主要有：①多对一，即用多维度、多模态的数据表征一个测量指标，以提高测量的准确性，如用声音数据和表情数据表征情感；②多对多，即用多维度、多模态的数据表征多个测量指标，以提高信息的全面性，如同时用眼动数据表征注意力，用脑电数据表征认知。[①] 多维数据整合的价值体现在提高在线教育管理的精准性和质量监测的准确性，为个性化服务、科学化决策与质量动态监测的实现提供基础方法支持。

2. 采用可视化方式呈现

尽管已经有先进的大数据挖掘与分析技术帮助管理者、教师及学习者依据大量的数据分析得出结果，但要在纷繁复杂的数据中获得对相关信息的全面、正确、深入理解，这些技术则远远不够。数据可视化为在线教育大数据的创新应用提供了一个展示的窗口。当下，各类数据大屏、数据驾驶舱都以数据可视化的方式展示数据分析结果，为不同群体的决策发挥关键性作用。在线教育管理与质量监测亦是如此，通过数据采集与预处理、可视化表征、创建模型与验证假设、获取知识等数据可视化分析的操作

---

① 穆肃、崔萌、黄晓地：《全景透视多模态学习分析的数据整合方法》，载《现代远程教育研究》，2021(1)。

流程①，再辅以基于传统可视化图表的展示、基于地图的展示、基于传统可视化图表与地图相结合的展示以及基于数据流的拓展展示模式②呈现数据分析结果，让管理者及教师明确教育教学的问题所在，辅助科学决策，同时让学习者获得清晰的自我认知，支持其个性发展。

3. 基于全过程数据的实时监测

全过程数据的实时汇聚为监测学习者的学习情况与教育质量提供了便利。在监测在线学习者的学习方面，在线教学平台获取的在线时长、交流讨论次数、在线活跃度、在线交互等学习行为过程数据可以通过可视化的方式呈现，也能够清晰呈现在线学习者的学习结果，还能展现实时的学习变化情况。针对这些数据结果，在线教学平台能够自动推送个性化学习资源，一定程度上满足学习者对个性化学习服务的需要。在教育质量动态监测方面，教育质量监测系统能够可视化地展示不同区域、学校的教育质量结果，并以汇入的动态数据为基础，实时、动态地展现教育质量的变化情况，如横纵对比的教育质量监测结果，进而达到动态监测的目标。

二、基于大数据的精准在线教育管理体系的实现路径

在大数据时代，学生、教师、家庭、企业等主体产生的教育数据和教育需求愈加多样。当前我国教育正从管理向治理转型，这种转型不仅体现在学校这一微观层面，而且体现在整个教育系统(含在线教育)的科学化、精细化、个性化发展方向上。教育管理向教育治理的转型不是简单的升级技术，也不是仅将数据收集起来进行可视化呈现。实现基于大数据的精准在线教育管理要立足于整个教育系统的转型，支撑教育管理系统的底层架构和流程必须在技术升级的基础上进行解构和重组，从而适应新的教育变革。具体而言，构建基于大数据的精准在线教育管理体系需要从制定规划、组建团队、搭建平台、汇聚数据、深化应用、机制保障六个策略方向进行考虑，如图5-12所示。

(一)因地制宜，制定规划

需求是基于大数据的精准在线教育管理的出发点，决定了在线教育管理是否指向真正的教育问题。教育需求具有区域特征，不可千篇一律或照搬成功经验，需要因地制宜地制定各类规划，从战略规划、任务规划、工作规划三个层面进行推动。在区域

---

① 　Keim D. A., Mansmann F., Schneidewind J., et al., "Visual Analytics: Scope and challenges," *Visual Data Mining*, 2008(4), pp. 76-90.

② 　杨现民、郭利明、邢蓓蓓：《区域教育大数据分析架构与展示设计研究——以江苏省A市为例》，载《电化教育研究》，2020(5)。

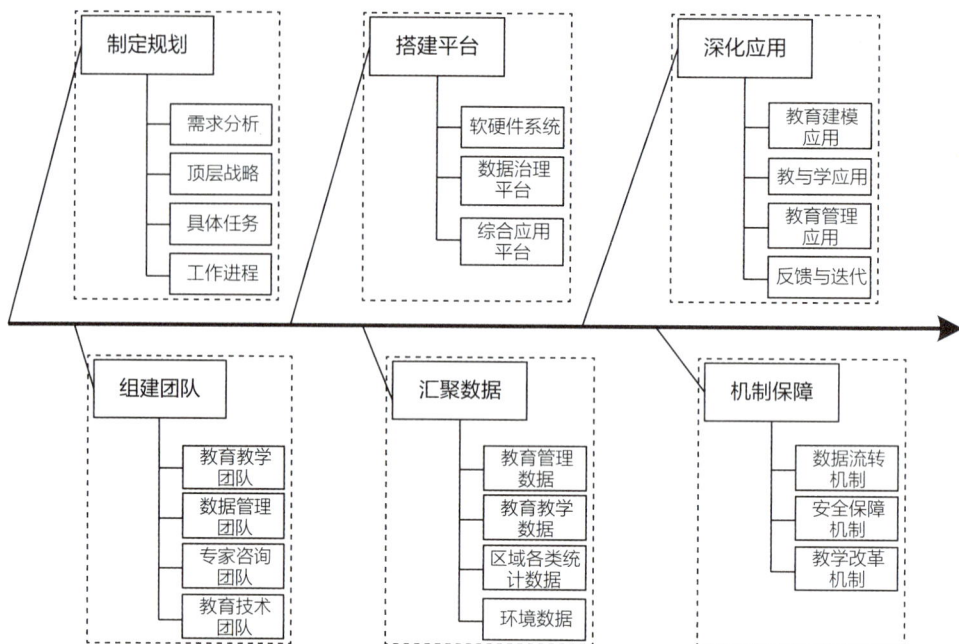

图 5-12　基于大数据的精准在线教育管理体系

精准在线教育管理的战略规划层面，需要设计复合方案，面向区域内各教育主体进行持续的需求采集，充分整合多方治理目标，依据社会需求进行规划，统筹区域内不同类型、不同层级教育主体之间的统一性需求和个性化需求。在任务规划层面，需要确认区域精准教育管理的总目标及子目标，分解达到项目目标所需完成的任务单元，确保目标与需求之间环环相扣。在工作规划层面，需要结合实际精准教育管理的条件和周期，分析各级目标的完成难度，明确工作进程，提高基于大数据的精准教育管理的效率，从而保证精准教育管理紧扣区域本身迫切的、真实的需求目标。一般而言，可以将需求归为四类：一是描述性的需求，强调借助大数据技术，将教育的全貌用可视化的方式展现；二是诊断性的需求，强调在全貌展示的基础上进行价值判断，并发现问题；三是预测性的需求，强调在诊断的基础上对未来发展态势进行研判和预测；四是干预性的需求，强调在预测的基础上找出关键要素和节点，发现干预的着力点和干预建议。

(二)学科融合，组建团队

在基于大数据的精准在线教育管理的各项任务目标确立的基础上，应考虑负责团队必备的各项能力，将其与各类学科专业进行匹配，实现"专人做专事"。在完整的基于大数据的精准在线教育管理方案中，应该至少配备教育教学团队、教育管理团队、专家咨询团队及教育技术团队，以确保所遵循的教育理论的科学性和工作落地的可行性。教育教学团队对接在线教育场景与教育需求，设计精准的在线教育管理方案，并反馈效果。教育管理团队搭建全流程数据服务体系，根据分析需求设计数据存储逻辑，维护并管理数据。专家咨询团队论证精准在线教育管理方案与科学教育理念、区域教育政策的一致性，避免发生根本性错误。教育技术团队作为方案的推动者，串联各环节的需求及成果，提高机制运行的效率，不断优化团队协作和平台功能。其中，教育技术团队以交叉学科人才的身份，以各自的专业术语与其余三个团队积极对话，尽量避免由高成本沟通或专业差异导致的纰漏，发挥至关重要的作用。

（三）数据中心，搭建平台

数据中心平台是实现科学化精准在线教育管理的主轴，是保障整个在线教育治理系统稳定运行的技术关键。大数据时代精准在线教育管理的基础是依托各种类型的数据，利用教育信息化系统，通过大数据分析、人工智能、云计算等技术，实现人、财、物更加高效的配置和管理，实现科学、智能、高效的管理、决策和服务。数据中心的精准在线教育管理平台应该包括两个基本平台：数据治理平台和综合应用平台。数据治理平台解决各信息系统联通问题，对数据进行统一标准的集中管理，打破数据孤岛现象，具有统筹作用。综合应用平台面向实际的精准在线教育管理方案，链接应用方案与教育问题，形成基于数据的中央管理系统。综合应用平台能更直接地对应各类在线教育场景的需求，同时也为现阶段的新需求提供对照，促进全流程的持续改进。

（四）多维分层，汇聚数据

清晰、多维、全面的数据是精准在线教育管理的基础。精准在线教育管理中多维数据库的建立依靠线上线下多种汇聚方式，形成层次性强、数据种类全、数据质量高的结构化数据采集和存储方案，保证数据能够支撑教育管理方案的落实。区域各类统计数据往往具有系统性和概括性。教育管理数据来自不同教育机构的人员、物资等，能够进一步说明资源的配置和使用情况。教育教学数据直接来自教学流程，是对教学质量的直接反映。此外，因为教育本身离不开经济、社会等复杂因素之间的关联，这些因素往往对精准在线教育管理的方案制定起到关键性作用，所以还应该综合教育系统之外的环境数据。值得注意的是，数据采集及处理作为基础性工作，耗时较长，所得数据体量庞大，因此，需要制定精准的数据规范和流程以提升数据质量水平。

（五）建立模型，深化应用

基于大数据的教育建模决定了精准在线教育管理在应用层面的高度和深度，是数据推动科学化教育管理的根本基础。为建立科学化教育管理机制，平台及数据所提供的信息需要进行深层次加工，从而挖掘简单现象背后的复杂原因：在教育建模相关理论指导下，为各类在线教育场景提供模型支撑，更加长远地服务于精准在线教育管理；为相关学术理论提供实证，丰富或调整学理逻辑，助力各项教育研究成果落地；使教育模型与教育管理系统对接，辅助在线教育教学的质量检测、绩效评估、学业预警等工作。在在线教育教学应用环节，需要定向、定点、即时地获取实施效果的反馈，不断迭代更新，以适应未来教育需求。

(六)标准规划，机制保障

规范化的数据治理流程是精准在线教育管理长久运行的保障。规范化的数据治理流程应摆脱对系统硬件设施使用的简单描述，而应站在系统的高度为各个环节提供实施标准。除规范化治理流程外，还需要完善各类保障机制：优化数据流转机制，统一数据标准，划分权限及监管职责，保障数据交换工作的有序进行；建立安全保障机制，坚持以人为本、以学生个性化发展为首，遵循数据伦理，推进数据隐私的技术保护和法律法规保障；完善配套教学改革机制，充分考虑在线教育系统的复杂性，从政策层面为在线教育质量的提升保驾护航，避免大数据时代下的精准在线教育管理成为"技术孤岛"。

三、基于大数据的精准在线教育管理与质量监测服务案例

基于大数据的精准在线教育管理与质量监测是实现在线教育智能管理与服务的重要途径。教育智能化管理和服务的基础是依托各种类型的数据，利用教育信息化系统，通过大数据分析、人工智能、云计算等技术，实现对人、财、物更加高效的配置和管理，实现全方面的科学、智能、高效的管理、决策和服务。这里围绕动态监测教育过程、把控教育现状、辅助教育决策以及助力优质教育资源共享四个方面的案例，展现精准在线教育管理与质量监测服务因技术的介入而变得更加科学和高效。

案例 5-3

"智慧线"在线学习分析云平台是由北京师范大学远程教育研究中心开发的在线教育数据分析平台。"智慧线"的核心功能是挖掘在线教育机构日常教学和管理数据的价值，通过对数据的汇聚、建模、分析和可视化为机构用户提供精准管理的数据支持，帮助用户监测机构运行、发现深层规律、预警潜在风险，进而优化工作和管理效率。

作为在线教育大数据服务平台，"智慧线"首先通过数据抽取工具抽取汇聚在线教育机构使用的应用系统中的数据，核心是体现教学行为和管理行为的动态数据。作为在线教育大数据服务平台，"智慧线"还需要使用数据 ETL(extract-transform-load)工具，抽取并汇聚机构基本信息、静态教学与管理和动态教学与管理等数据，

能够动态表征机构管理与教学状况的数据是汇聚的重点。数据汇聚后通过数据清洗和标准化，将不同来源、不同类型的数据加以整合，并存储至数据仓库。数据分析师则基于汇聚的数据来构建针对机构的定制评价、预测模型。基于构建的数据模型，机构可以获得教学与管理状况的分析结果。这些分析结果会以数据分析报告的形式通过 web 端或移动终端（智能手机软件）定向推送给用户，不同角色的用户将收到与其业务相关的数据分析报告，如招生部门会收到招生数据分析报告，教师会收到教学报告，决策者会收到机构工作综合分析报告。

　　思考：该平台能够采集哪些数据？提供服务的基本流程是什么？如果要用该平台监测一个在线学习者的学习发展状况，具体的思路是什么？

案例 5-4

　　区域教育大数据展示大屏能够可视化呈现区域内的教育主体规模、办学条件、教育经费投入、教育信息化建设、教育信息化应用的情况。在教育主体规模方面，对学校的规模、分布、性质、所属学段等信息进行分析，对教师的规模、性别比例和教龄等情况进行归纳，对学生的规模、性别比例和分布进行刻画，呈现出区域教育规模的基础信息。在办学条件方面，分学段对建筑面积、教学及辅助用房面积、体育活动场地面积、绿化面积等核心办学条件指标进行展示。在教育经费投入方面，按照不同的学段和公办民办的分类进行经费投入统计。在教育信息化建设方面，分别统计存储容量、累计资源数量、人均上线时长和共享数据次数等指标。在教育信息化应用方面，通过大数据计算，按学段、学科和用途维度分类统计网络应用的人数和时长。区域教育大数据展示大屏可全面反映区域的教育资源需求、教育资源分布、教育信息化建设和教育信息化应用的关系。

　　查找更多教育大数据展示大屏的应用案例，思考：对于教管理者而言，这些教育大数据展示大屏为什么能够把控一个地区或一个学校的整体教育状况，其背后的逻辑是什么？

案例 5-5

　　北京市基础教育资源配置政策模拟平台是由北京师范大学基础教育大数据应用研究院"宏观教育综合评价与决策支持平台"研究团队开发、维护的平台。该平台的基本功能包括现状分析、人口情景预测、人口—教育系统耦合及政策模拟，在应用方面具有公共服务和个性化定制两方面的优势：一是公共服务，即提供平台，用户输入基础数据，自行设置相关政策变量，得到对关键教育资源配置指标的情景分析结果；二是个性化定制，即用户若对相关产品感兴趣，可以定制管理信息系统，用户提供详细的人口普查数据、近年学校统计数据以及相关资源，据此开发决策支持系统，帮助进行情景预测；同时也可以根据用户要求，给出不同政策取向下的教育管理政策建议。

登录北京市基础教育资源配置政策模拟平台，查看平台相关信息，思考：该平台是从哪些方面、用哪些数据对北京市整体及各区县进行教育资源配置模拟的？还能从哪些方面进行教育资源配置模拟？数据该如何采集？

案例 5-6

百度教育大脑 3.0 是将数据挖掘和人工智能技术应用于教育行业的系统平台。基于百度教育大脑 3.0 的三大核心能力——教育知识图谱、教育用户画像、教育数据智能，百度智慧课堂能够串联、匹配优质教育资源，有效提高教育资源流通效率，推动区域化教育资源共享。针对区域教育资源难以互通的问题，百度智慧课堂构建网络学习空间，以个人空间、教学空间、区校空间的形式帮助教师实现云端资源管理，协助学校积累校本资源，从而实现区域教育资源优势互补。

基于以上的介绍，查阅更多关于百度智慧课堂的应用案例，思考：百度智慧课堂为何能帮助解决区域优质教育共享的问题，其背后的逻辑是什么？

🎯 教学活动建议

本节教学内容的重点是精准管理与质量监测的目标与方法、基于大数据的精准在线教育管理与质量监测服务的案例，适合以案例分析为基础的学习。建议教师采用专家报告、视频资源与小组合作相结合的方式进行教学，带领学习者深入分析精准教学管理与质量监测服务的各类典型案例，鼓励学习者思考案例中的方法进一步应用的可能。

🎯 学习活动建议

本节的内容与创新实践结合得非常紧密。建议努力深入教材提及的每个典型案例，以小组合作的方式分析各种创新实践的原理，并进一步思考这些原理是否可以拓展到其他教育问题领域。

🎯 自我评价

一、学习经历评价

1. 你是否阅读了第五章的所有内容？

建议：如果答案为"否"，请暂停自我评价，阅读未读过的部分。

2. 你能否理解第五章的所有内容？

建议：如果答案为"否"，请首先列举不理解的内容，然后尝试利用以下方法解决遇到的问题。

①利用图书馆和网络资源，查找相关文献。

②与同学进行讨论。

③向教师提问，争取教师的帮助。

④将问题发布在线上讨论区，争取更多人的帮助。

二、自测题

1. 列举在线教育数据采集的技术和方法，并选择一种工具对其应用场景做简要说明。列举在线教育数据的存储方式。

在线教育的数据采集技术有：_____、_____、_____、和_____。方法有：_____、_____和_____。

在线教育数据采集工具的应用场景为：_____。

在线教育数据存储方式有：_____、_____、_____和_____。

2. 列举在线教育的数据清洗与整合工具，并选择一种数据清洗或整合工具进行体验。

在线教育的数据清洗工具有：_____、_____、_____、_____等。

在线教育的数据整合工具有：_____、_____、_____等。

3. 简述个性化在线学习服务的实现流程，并举一个案例进行说明。

4. 简述基于领域知识和数据科学相结合的学习者建模的流程、方法及应用场景。

5. 列举学习者个性化学习方案的推荐方法，并尝试用案例进行简要说明。

方法一：_____。案例一：_____。

方法二：_____。案例二：_____。

方法三：_____。案例三：_____。

方法四：_____。案例四：_____。

6. 简述在线教育管理与质量监测的目标、内容，并通过一个案例对基于大数据的精准教育管理与质量监测进行说明。

推荐阅读文献

[1]姜强，赵蔚，王朋娇，王丽萍．基于大数据的个性化自适应在线学习分析模型及实现[J]．中国电化教育，2015，(1)：85-92.

[2]潘玮，牟冬梅，李茜，刘鹏．关键词共现方法识别领域研究热点过程中的数据清洗方法[J].

图书情报工作，2017，61(7)：111-117.

[3]孙洪涛，郑勤华 . 教育大数据的核心技术、应用现状与发展趋势[J]. 远程教育杂志，2016，34(5)：41-49.

[4]孙立伟，何国辉，吴礼发 . 网络爬虫技术的研究[J]. 电脑知识与技术，2010，6(15)：4112-4115.

[5]王曰芬，章成志，张蓓蓓，吴婷婷 . 数据清洗研究综述[J]. 现代图书情报技术，2007，(12)：50-56.

[6]文孟飞，胡超，于文涛，刘伟荣 . 一种基于特征提取的教育视频资源推送方法[J]. 现代远程教育研究，2016，(3)：104-112.

[7]吴砥，饶景阳，吴晨 . 教育大数据标准体系研究[J]. 开放教育研究，2020，26(2)：75-82.

[8]杨现民，田雪松，等 . 中国基础教育大数据 2016－2017：走向数据驱动的精准教学[M]. 北京：科学出版社，2018：74-83.

[9]杨现民，田雪松 . 互联网+教育：中国基础教育大数据[M]. 北京：电子工业出版社，2016：113-115.

[10]赵蔚，姜强，王朋娇，王丽萍 . 本体驱动的 e-Learning 知识资源个性化推荐研究[J]. 中国电化教育，2015，(5)：84-89.

[11]郑勤华，陈耀华，孙洪涛，陈丽 . 基于学习分析的在线学习测评建模与应用——学习者综合评价参考模型研究[J]. 电化教育研究，2016，37(9)：33-40.

[12]郑勤华，孙洪涛，陈耀华，刘春萱 . 基于学习分析的在线学习测评建模与应用——综合建模方法研究[J]. 电化教育研究，2016，37(12)：40-45.

基于大数据的个性化在线学习服务　　基于大数据的精准在线教育管理与质量监测

第六章

在线教育服务供给模式

本章概述

　　传统学校教育难以满足人民群众日益增长的对优质、个性化、灵活、终身教育的需要，而且这一矛盾日益突出。互联网空间和互联网思维为化解新时期教育的主要矛盾提供了全新的服务供给模式。本章内容集中探讨互联网环境下全新的教育服务供给模式。通过本章学习，学习者可深刻认识教育服务供给模式改革的必要性，以及"互联网+"带来的新教育服务供给模式对教育的赋能。本章内容包括：教育服务供给模式改革的必要性；时空灵活的教育服务供给模式；消费驱动的教育服务供给模式；碎片化的教育服务供给模式；个性化的教育服务供给模式；多元化的教育服务供给模式。本章内容既面向宏观，又侧重实践，建议学习者将案例作为本章学习的出发点，应用本章知识体系去理解和反思其他众多实践案例。

知识结构图

学习目标

- 能够系统阐释我国教育服务供给模式改革的必要性。
- 能够系统阐述各类新教育服务供给模式的特点、典型案例和支撑条件。
- 能够列举其他新教育服务供给模式的创新案例，并尝试进行分析。

第一节　教育服务供给模式改革的必要性

以互联网为核心的新一代信息技术正在将人类从工业社会带入信息社会，并正在从根本上改变工业社会的生存理念、组织体系和生活方式。与此同时，社会经济和信息技术的快速发展也对教育教学提出了更高的要求和期待，希望培养出适合未来社会发展的各类人才。但传统教育教学已难以支撑广大学习者更高水平的教育追求，存在诸多问题，如规模化教育和个性化培养之间的矛盾，区域间、城乡间和学校间教育资源配置不均衡等。

一、我国教育主要矛盾的发展变化

当前我国教育的主要矛盾已转变为标准化教育供给与多元化、个性化、优质、灵活、终身教育需求之间的矛盾。[①] 受生产力变化的影响，人类教育经历了从原始的个别教育到个性化的农耕教育再到班级授课式的规模化教育的大变革。近年来，随着互联网、人工智能、物联网等新兴技术飞速发展，我国教育正在发生第三次革命性变化——从班级授课式的规模化教育转向灵活、多样、开放、终身的个性化教育。这种变化不是传统意义上的改良，而是生产力引发的生产关系变化对教育体系提出的新要求。[②] 标准化的传统学校教育难以满足这种新需求。

二、互联网提供的新供给模式

以互联网为代表的现代信息技术作为一种新的生产力形式，正在推动生产关系的变革，深刻改变着经济社会的各个领域，推动着各领域业态的优化、增长和创新。

面对教育的新矛盾、新机遇和新挑战，国家高度关注以互联网为代表的现代信息技术在教育领域的深化应用，"互联网+教育"创新实践为教育服务供给模式改革提供了众多有益探索。十九届四中全会强调：构建服务全民终身学习的教育体系；发挥网络

[①] 陈丽、郭玉娟、王怀波等：《新时代信息化进程中教育研究问题域框架》，载《现代远程教育研究》，2018（01）。

[②] 周洪宇、鲍成中：《扑面而来的第三次教育革命》，载《辽宁教育》，2014（16）。

教育和人工智能优势，创新教育和学习方式，加快发展面向每个人、适合每个人、更加开放灵活的教育体系，建设学习型社会。

为了应对信息时代对教育的新要求，也为了应对新时期教育的新矛盾和新挑战，世界各国积极推进基于互联网的教育服务模式改革。以斯坦福大学附属在线高中、斯坦福大学"开环大学"、密涅瓦大学为代表的新型学校在混合式教学、灵活学习、个性化学习、整合社会资源等方面进行了有益探索。例如，斯坦福大学附属在线高中采用在线教学的形式培养特长学生和天才学生，将在线讨论作为学生学习的主要方式。密涅瓦大学利用互联网整合了全球优秀教育资源，实现了以在线教学为主的多中心组织模式，为学生提供沉浸式全球化学习体验。通过在线教学，学生既可以实现自定义学习节奏的灵活学习，又可以与分布在全球各地的著名教授交流、互动，真正实现无处不在的教室、无处不在的学习。

我国基于互联网的教育服务创新实践也蓬勃发展。我国现代远程教育工程在基于网络的人才培养方面积累了宝贵经验，近年来涌现出大量的互联网思维教育服务创新案例。

学习活动 6-1

查找以下教育服务创新案例的相关资料，体会互联网时代教育服务供给模式的变革。想一想：还有哪些互联网时代教育服务供给模式创新的案例？

• 基于互联网的双师模式、异地同课异构等多种创新教学模式和教研模式为教育均衡发展提供了解决方案。

• 基于互联网、大数据及人工智能技术的学习工具和认知工具为学习者提供了个性化资源、个性化测评、个性化辅导等教育服务。

• 北京师范大学远程教育研究中心开设的 cMOOC 课程采用基于"互联网+"时代新知识观和本体论的社区型在线课程新形态，通过促进学习者间的交互发展其的问题解决能力和创新能力。

• 北京市教委与北京师范大学未来教育高精尖创新中心启动"北京市中学教师开放型在线辅导计划"，通过"教师走网"的形式汇聚全市优质教师资源，为偏远地区薄弱校的学生提供全覆盖、个性化的辅导服务。

• 在 2020 年新冠肺炎疫情下，在线教育史无前例地大规模应用，政府、科研机构、互联网教育企业为各级各类教育提供了各种教育解决方案，加快了互联网变革教育供给模式的步伐。

三、"互联网+"时代教育服务供给模式的发展趋势

2015 年,《国务院关于积极推进"互联网+"行动的指导意见》发布,指出把互联网的创新成果与经济社会各领域深度融合,推动技术进步、效率提升和组织变革,提升实体经济创新力和生产力,形成更广泛的以互联网为基础设施和创新要素的经济社会发展新形态。"互联网+"亦为应对当前教育实践中的问题与挑战提供了新思路。教育服务的供给主体、供给内容、供给单元、供给方式和供给关系都呈现出新的发展趋势。在"互联网+"的推动下,以集中面授为主的教学服务供给方式逐渐转向线上线下融合、时空灵活性的教学,以供给驱动为主的教育服务供给关系逐渐转向消费驱动,以整体化为主的教育资源供给单元逐渐转向碎片化,以标准化为主的教育供给内容逐渐转向个性化,以学校为单一主体的教育服务供给模式逐渐转向多元化。

在"互联网+"时代,能有效解决传统教育教学结构性难题的众多供给模式可以被归结为五类:时空灵活的教育服务供给模式,消费驱动的教育服务供给模式,碎片化的教育服务供给模式,个性化的教育服务供给模式,多元化的教育服务供给模式。

🎯 教学活动建议

本节旨在引出五类教育服务供给模式,建议教师注意引导学习者通过联系个人学习经历、实际案例等感受现阶段我国教育主要矛盾的发展变化,以及"互联网+"对教育矛盾解决提出的新思路;在此基础上,和学习者一起归纳总结"互联网+"时代教育服务供给模式的发展趋势。

🎯 学习活动建议

阅读教材内容,通过各类检索工具查找相关实践案例和学术文献。

结合自己的成长经历,借鉴其他领域的服务供给方式变革,思考教育中的哪些问题可以通过改变供给模式来解决。

第二节　时空灵活的教育服务供给模式

一、针对的问题

学习活动 6-2

　　阅读下面的案例并思考：偏远地区和乡村小学的学生面临着什么问题？可以有哪些解决路径？

　　在偏远地区，特别是规模较小的乡村小学，不少教师同时任教多个科目。"开齐音体美课、配齐专业老师并不容易，而且老师的专业素质也不高。"一位基层教育部门负责人说，"'数学是体育老师教的'这个说法虽然夸张了点儿，但'体育是数学老师教的'还挺普遍的。"①

学习活动 6-3

　　阅读下面的案例并思考：成人学习者面临着什么困难？可以有哪些解决路径？

　　目前来看，成人学英语最大的问题就是时间问题。很多人都需要应对忙碌的工作，还要兼顾家庭，时间往往非常紧张。传统的英语学习需要到教室接受面授教学，不仅耽误时间，也要承受较高的压力。

　　学习活动 6-2 和学习活动 6-3 分别呈现了学校面授教学难以有效解决的两大问题：优秀师资匮乏和工学矛盾。在传统教育教学中，授课时间严格，教学场所固定，难以满足学习者对优质教学资源和时空灵活的学习的需要。尽管面授教学可催生强烈的归属感、集体感，但也有诸多时空限制。首先，由于区域差异，贫困地区的学生难以享有与发达地区学生同样优质的教育资源，仅仅依靠学校面授教学难以解决偏远地区、薄弱学校优质教育资源匮乏的问题。其次，由于人口因素，大班额是普遍的现象和现实问题，面授教学难以有效解决规模化教育与个性化培养之间的矛盾，难以满足学习者个性化、差异化的学习需要。最后，随着学习型社会建设以及大众对各式各样教育内容和方式的需求

---

　　①　杨文明、李发兴：《课开不齐、上不好农村学校学生如何减负提质？》，http://xinhuanet.com//politics/2018-04/04/C_1122635123.htm，2018-04-14。

逐渐增加，学校面授教学亦不能满足信息时代学习者对开放灵活的终身学习的需要。

二、创新的供给模式

> **学习活动 6-4**
>
> 　　阅读并思考：针对学习活动 6-2 中的问题，下面的案例带来了什么启发？
>
> 　　深秋时节，在南秦岭里，甘肃省甘南藏族自治州舟曲县罗家峪小学修葺一新的教室里暖意融融。12 名学生围坐在一台多媒体教学一体机前上音乐课，他们跟着画面里的老师拍手、摇头，歌声在校园里飘荡。
>
> 　　"过去学校没有专业的音乐、美术老师，都是由其他学科的老师兼带，学生们提不起兴趣，课堂效果不佳。现在有了网络直播课堂，学生们对音乐、美术等课程的兴趣明显提升，脸上的笑容也多了。"学校校长说。现如今，学校不仅能开齐开全音乐课、美术课，而且上课的老师是陇南师范高等专科学校音乐、美术专业的学生，直播课成了学生们最盼望的课。
>
> 　　罗家峪小学的变化来自甘肃省教育部门实施的"互联网+"师范院校支教服务项目。由甘肃省教育部门统筹安排，陇南师范高等专科学校依托"互联网+"师范院校支教服务项目，以远程传递课堂的形式送教下乡，让舟曲县的乡村学校和教学点享有优质的教育资源，解决了艺术类课程开不全的问题。[①]

> **学习活动 6-5**
>
> 　　阅读、体验并思考：针对学习活动 6-3 中的问题，下面的案例带来了什么启发？
>
> 　　由于传统教学的局限，成人在学英语时更倾向于线上学习。目前已有很多针对成人英语学习的在线产品。例如，开言英语通过情景对话，帮助成人学习者在了解英美文化的同时提高英语水平。这种在线学习方式由于有较强时空灵活性，可有效解决成人英语学习的困难。

　　学习活动 6-4 和学习活动 6-5 中的新教育服务供给模式是典型的时空灵活的教育服务供给模式，可以使学习者自主控制学习的时间、地点和进度，不拘泥于特定的线下教学时空。一方面，它能够促进教育资源的跨区域、跨城乡、跨学校流转，推进教育公平。"互联网+"条件下的"名师课堂"和"名校网络课堂"使专家教师、特级教师的智力资源在更大范围传播，帮助广大农村教师提高教学水平和整体素质，有助于解决无法形成教师持续成长点和推动力的根本问题。另一方面，它能够方便师生基于互联网采

---

　　① 杨军、高建国：《让山区孩子都能享有优质教育资源》，见《中国教育报》，2019-11-06。

取多种教学方式，满足灵活开放的学习需求。

三、模式的特点

（一）开放性：促进优质教育资源共建共享

时空灵活的教育服务供给模式的特点之一在于开放。首先，在互联网的推动下，学校的优质教育资源可以更好地向校外扩散。其次，互联网能够有效整合社会蕴涵的丰富教育资源，为教育服务。两者并不是简单的叠加，而是促进学校与社会的高度融合。这一开放性可促进全社会优质教育资源的共建共享，促进教育资源的跨区域、跨城乡、跨学校流转，推进教育公平。

（二）灵活性：促进弹性教学与灵活学习

时空灵活的教育服务供给模式使教与学更加灵活。在充满各种类型教育资源的环境中，在教学支持人员的帮助下，教师能够方便灵活地采用启发式、探究式、讨论式、参与式、混合式等灵活教学方式，学习者可以自主控制学习的时间、地点和进度，不拘泥于特定的线下教学时空。未来随着互联网与学校、教学、评价等教育各要素的深度融合与流程再造，教育供给方式将更加灵活和多样。

四、典型的案例

案例 6-1

2013 年 9 月，受神舟十号太空授课活动的启发，中国人民大学附属中学将课堂教学实况录制下来，通过网络传输给广西、内蒙古、重庆等 5 地共 13 所乡村学校，利用信息技术使资源共享。为了促进优质师资共享、解决教育资源分布不均衡的问题，每个乡村实验班配备两位教师，一位是中国人民大学附属中学远程授课的教师，另一位是项目学校的任课教师。2016 年 1 月，南宁选出实验学校，开展三年级语文、数学、英语以及七年级语文、数学的双师教学试点工作。随着教学试点工作不断扩大，2018 年，南宁的项目负责人鼓励和组织城市优秀教师录课，将课程送到试点学校，资源主要有同课异构、评课、座谈等形式，每个试点学校推荐 5 名教师作为双师教学项目优秀实验教师。双师教学在南宁已经大面积推广和使用。[①]

[①] 乜勇、闫慧聪、穆萍：《"双师教学"：一种促进基础教育优质资源均衡发展的新模态》，载《数字教育》，2020(1)。

请分析：南宁双师教学项目是通过什么方式为乡村学校开放灵活的教育服务的？是如何体现时空灵活的教育服务供给模式特点的？

你是否了解更多的双师教学案例？请查找资料并列举三个案例。

活动反馈：此案例是较早的双师教学案例。我国偏远山区和乡村小学存在开不齐、开不好课的现实问题，乡村学生无法享有和城市学生相同的优质教育资源。这个重大的教育问题是社会各界迫切希望解决的。然而，如果仅仅依靠学校面授难以有效解决这一问题。和学习活动 6-4 一样，双师教学实质上就是通过互联网将城市教学资源共享于乡村学校，促进乡村学校教学质量的提高和教师专业化水平的提升。

案例 6-2

2013 年以来，以学堂在线、中国大学 MOOC 等平台为支撑，清华大学、北京大学、上海交通大学等高校纷纷开设 MOOC，面向社会共享在线课程。一方面，MOOC 打破了面授教学的局限，也打破了高校与社会之间、高校与高校之间的壁垒，通过开放、灵活的在线课程形式，让全社会的学习者都能够享有优质教育资源。尤其是新冠肺炎疫情防控期间，多个 MOOC 平台的海量开放课程资源和灵活教学模式使广大学习者可以居家学习。另一方面，MOOC 也为教育教学改革提供了契机和平台。例如，高校基于 MOOC 开展混合式教学改革；基于 MOOC 探索微专业，重构人才培养方式；通过学分互认的方式让学生在 MOOC 平台上进行选课和学习；等等。

请分析：MOOC 主要满足了学习者的哪些需要？是如何体现时空灵活的教育服务供给模式特点的？

活动反馈：此案例有效解决了传统大学课程开放灵活性不足的问题。长期以来，我国和其他国家的高等院校提供教育教学的方式和范围还比较有限，主要面向本校学生提供以面授为主的教育教学。校外人员难以享有高校的教育教学资源，同时校外的优质资源也难以进入高校，高校与社会相对割裂。而且高校之间教育资源也难以真正共享。MOOC 在我国的建设和发展促进了高校间的交流以及大学与社会的融合。

五、模式的支撑条件

(一)典型的资源支撑：网络化优秀教师资源和中国 MOOC 的建设

1. 网络化优质教师资源

在双师教学模式中，由于乡村学校教学资源缺乏，网络化优秀教师资源的支持显得格外重要。它既能够直接促进乡村学校的学生接触优质教师，又能通过网络教研提升乡村学校教师的教学能力。

例如，在重庆市彭水县郁山镇大坝村双师教学的实践过程中，城市优秀教师通过网络面向大坝村学生直接授课，建立了学生和优秀教师之间的联系。更为重要的是，城市优秀教师通过合作教研带动乡村教师提升教学能力，从而保障学生的持续良好发展。在这一过程中，城市优秀教师和技术人员携手完成教学资源的制作与发布，乡村教师接收资源并完成备课和授课。课后，乡村教师进行教学反思，并利用社交软件和城市优秀教师进行交流，从而不断提升教学能力。[①]

2. 中国 MOOC 的建设

在政府、高校、企业的共同支持下，我国多个 MOOC 平台拥有了内容丰富、层次多样的课程，能够实现优质教育资源的共建共享。我国 MOOC 建设呈现出平台定位多元、课程内容丰富的特点。从学科门类来看，已有的 MOOC 覆盖了全部一级学科，既包含高中、大学、研究生和博士生层次的通识课和专业课，也有面向职场、帮助在职人员提升专业技能、扩宽专业知识面的课程。课程建设单位多为知名高校，主讲教师水平比较高。同时，学校与企业之间的合作使教育资源更贴近社会，符合社会发展需求。MOOC 有利于实现优质教育资源的传播与分享，为教育公平的实现提供了新的途径。[②]

(二)典型的技术支撑：基于网络的视频会议系统和在线课程平台

在双师教学模式中，基于网络的视频会议系统提供了重要的技术支撑。一方面，通过实时视频，优秀教师可以直接向偏远地区的学生授课，或者实时传输优秀教师在学校上课的场景，并由本地教师对学生加以针对性辅导。另一方面，通过视频会议系统，优秀教师可以开展教研培训，提升偏远地区教师的教学能力。在线课程平台是 MOOC 的重要技术支撑。在线课程平台能够容纳海量的课程资源，并能实现大规模学习者同时在线学习。MOOC 平台在共享高等教育资源方面做出了突出的贡献。

(三)典型的制度支撑：学校联盟制度和学分认证机制

在双师教学模式中，如果缺少学校联盟制度，学校间互帮互助、共同发展的动力则会大大降低。学校联盟制度一方面可以鼓励优质学校带动薄弱学校发展，建立基于网络的学校联盟，扩大优质资源覆盖面；另一方面可以支持农村小规模学校结盟，搭

---

① 乜勇、闫慧聪、穆萍：《"双师教学"：一种促进基础教育优质资源均衡发展的新模态》，载《数字教育》，2020(1)。

② 郑勤华、张玄、陈丽：《中国 MOOCs 发展评述与支撑制度研究》，载《中国电化教育》，2016(9)。

建资源共享平台，化解联盟内资源短缺问题，各校协同发展、相互支援，探索自下而上的教育改革。

　　MOOC 的学分认证有助于促进 MOOC 精细化和优质化发展，以此为抓手，可以真正促进 MOOC 成为教育教学实践的有机组成部分。当前 MOOC 中的学分认定课程还没占据主体地位，高等学校对 MOOC 的学分认定措施和学分认定实践还处于起步阶段。质量保证是学分认证的重要前提。建立 MOOC 课程质量评价机制，对学生在线学习的过程和结果以及教育机构的在线教育质量进行评测，一方面可以约束在线教育规模的盲目扩张，形成良好的在线教育发展生态；另一方面可以为 MOOC 学分认证提供支持。[①]

◎ 教学活动建议

　　本节旨在让学习者体会与理解时空灵活的教育服务供给模式，建议教师从本节的案例出发，引导学习者思考时空灵活的教育服务供给模式针对的问题；在此基础上，通过对案例的归纳，系统阐释时空灵活的教育服务供给模式的特点和支撑条件。

◎ 学习活动建议

　　阅读教材内容，思考学习活动中的教育问题和解决方法。

　　结合自己专业学习的经历，查找其他利用时空灵活的教育服务模式的案例。

第三节　消费驱动的教育服务供给模式

一、针对的问题

> **学习活动 6-6**
>
> 　　体验国家精品课程和中国大学 MOOC，结合以下内容比较两者之间的差异，并思考：为什么国家精品课程的使用情况不如中国大学 MOOC 的课程？
>
> 　　国家精品课程项目于 2003 年正式启动。该项目在 2003—2007 年的第一阶段建设了 1500 门国家精品课程，主要是本科生的基础课程。2007 年开启的第二阶段的目标

---

　　① 　郑勤华、张玄、陈丽：《中国 MOOCs 发展评述与支撑制度研究》，载《中国电化教育》，2016(9)。

是建设 3000 门国家精品课程。国家精品课程资源中心于 2011 年对 3000 多门精品课程的网站运行情况进行了监控，统计结果显示，65％的课程网站访问情况良好，超过 23％的课程网站可访问率在 50％以下，19％的课程网站无法打开。有研究者随机查看了国家精品课程集成项目网页上的 20 门不同年份、不同层次、不同地区、不同高校的课程，每门课程平均点击量只有 497，国家精品课程网站资源的闲置现象非常严重。①

案例二：中国大学 MOOC 非常重视课程的口碑，有众多人气好课，如"沟通心理学""C 语言程序设计"和"数据结构"，这些课程均有数十万学员报名学习。平台自 2014 年上线后，注册人数和选课人次呈现稳步增长态势，现已与 700 多所高校合作，选课人次达 4000 万，是国内参与建设高校较多、开课数量较多、选课人数较多的 MOOC 平台。②

在传统教育教学供给关系中，供给驱动是教育资源建设、应用和配置的主要方式，容易与学生的真实学习需求脱节。在教育教学服务中，提供方输出教育构成"供给"，教育对象接受教育构成"消费"或"投资"。③ 供给驱动是指在供给侧由政府决策如何供给、供给什么和供给多少的发展方式。由供给驱动的教育教学服务面临供需失衡和脱节的问题。例如，学习活动 6-6 中的国家精品课程是由专家从专业角度按照统一的指标体系评审的，未考虑到地域分布、学校类型和专业学科等复杂的差异性，不是从学习者的需求来考虑的。又如，在教育信息化供给中出现了欠缺与过剩并存的问题：科技与创新要素含量高的中高端教育信息化产品和服务欠缺，而基础性产品和服务供给过剩，难以满足学习者获得未来社会所要求的信息意识、计算思维、信息社会责任及其他非认知能力的需求。④

二、创新的供给模式

学习活动 6-7

阅读并思考：针对学习活动 6-6 中的问题，下面的举措带来了什么启发？学生的学习需求是如何得到满足的？

北京市教委、财政局联合制定了《北京市中学教师开放型在线辅导计划（2018—2020 年）（试行）》，推行一项政府主导的免费在线辅导计划。每名北京市中学生都拥有

---

① 潘爱珍、沈玉顺：《国家精品课程建设回顾与检视》，载《高等工程教育研究》，2012(3)。

② 云燕：《中国大学 MOOC 发布 2016 年度最受欢迎慕课》，http：//www.caigou.com.cn/news/2017011128.shtml，2017-01-11。

③ 周海涛、李虔、张墨涵：《论激发教育服务的消费潜力》，载《教育研究》，2016(5)。

④ 任友群、郑旭东、冯仰存等：《新时代教育信息化的供给侧改革——市县级需求与问题的分析视角》，载《电化教育研究》，2018(1)。

一个智慧学伴账号，可参与多种形式的教师在线辅导。这种基于网络的线上教师资源配置并非固化的，学生可根据自身的学习需求来选择不同的在线教师。

如何使线上教师资源配置根据学生的需求不断变化、流动和重组呢？关键在于付费机制的变革。辅导费由市级财政保障。学生能够评价教师的在线辅导质量，作为在线教师获取辅导费的重要参考。这可以促进教师以学生实际学习需求为导向提供在线教学辅导服务，使教师智力资源的整体配置变换更快速、灵活、准确和高效。

学习活动 6-7 中的新教育服务供给模式就是典型的消费驱动的教育服务供给模式。随着服务业在各国经济结构中占据越发重要的地位，教育被纳入广义服务业的范畴，具有了消费品特质。[①] 我国正处于转变经济发展方式的改革发展关键期，由投资和出口驱动转向消费、投资和出口协调驱动，从而调整和重构经济发展动力。[②] 消费驱动是指在需求侧由消费决定供给什么和供给多少的发展方式。同样，教育领域在"互联网+"的推动下，也开始深入探索和应用消费驱动的供给关系，以期有效解决由供给驱动模式带来的一系列结构性难题。在消费驱动的教育服务供给模式下，北京郊区的学生也能够根据自身的学习需求寻求市区优秀教师的帮助，同时市区的优秀教师也能够面向其他学校的学生提供教育服务。

三、模式的特点

(一)需求性：学习需求成为供给动力

消费驱动的教育服务供给模式将教育真实需求作为供给的出发点和落脚点。以消费驱动的教育服务供给能有效避免教育资源建设和应用的盲目性，减少浪费现象。更为重要的是，消费驱动能够给教育提供即时、可靠的反馈机制，不断提升教育资源建设质量，完善应用方式，真正满足学习者的教育需求。

(二)激励性：全社会力量主动供给

消费驱动的教育服务供给模式能够进一步调动全社会的力量，使其主动提供教育服务。社会蕴藏丰富的教育资源，但难以为教育所用，消费驱动则能使隐藏在社会各领域、各行业的不同主体提供各式各样的教育服务。随着消费驱动的教育服务供给模式进一步发展，个体有可能既是教育服务的消费者又是供给者，使教育服务在全社会

---

① 周海涛、李虔、张墨涵：《论激发教育服务的消费潜力》，载《教育研究》，2016(5)。
② 刘东皇、谢忠秋、潘冬：《新常态下消费驱动需要驱动消费》，载《当代经济管理》，2016(1)。

充分流转，满足个体的教育需求。

四、典型的案例

> **案例 6-3**
>
> 　　学习活动 6-7 中的北京市中学教师开放型在线辅导计划就是"教师走网"的典型案例。在"走网"过程中，教师的服务质量完全由学生评定，服务结果可以按照服务时间和质量折算成一线教学工作经历、继续教育经历或交流经历等。这种消费驱动的师资供给关系不仅强调学生的获得感，也能提升教师的职业成就感和满足感[1]，还从根本上实现基本公共教育服务供给的提质增效，促进教育公平和教育改革发展。
>
> 　　请分析："教师走网"是如何体现消费驱动的教育服务供给模式特点的？
>
> 　　活动反馈："教师走网"的有效之处在于教师（或通过资格审核的社会人士）能够以学生个性化实际需求为导向，在移动互联网、大数据、云计算等现代信息技术的支持下，通过精细化诊断、答疑、辅导等方式在线贡献智力资源，从而帮助学生成功获得精准服务，也让教师获取合理收益。[2] 这种典型的消费驱动的教育服务供给模式有效解决了供给驱动下学习需求难以满足的问题。

五、模式的支撑条件

（一）典型的资源支撑：优质教师资源

　　资源是消费驱动的教育服务供给模式的基础要素。不同的教育服务供给内容需要相应的资源支撑，对于"教师走网"这一案例来说，最为关键的资源支撑是优质教师资源。为使"教师走网"能够持续进行，教师需要相应的激励，这对于优质教师的智力资源流转来说是非常必要的。未来要进一步扩大优质教师队伍，除学科教学名师外，还要补充面向提升时代需要的创新能力、问题解决能力、综合实践能力等的优质师资。这些优质师资既可能来自学校，也可能来自社会各行各业。

（二）典型的技术支撑：在线服务平台和移动互联网

　　技术是消费驱动的教育服务供给模式的必要条件。"教师走网"这一案例能够很好地体现了在线服务平台和移动互联网的技术支撑作用。该案例中在线服务平台使用的

---

　　① 　李奕、赵兴龙：《教师队伍建设的新动能——北京市教师走网带来的启示》，载《教育研究》，2019(1)。

　　② 　赵兴龙、李奕：《教师走网：移动互联时代教师流动的新取向》，载《教育研究》，2016(4)。

是北京师范大学未来教育高精尖创新中心开发的智慧学伴平台，以"双师微课"的形式对教材中的知识点和学生常遇到的问题进行拆解，并由擅长相应知识点和问题讲解的教师录制微课，上传至智慧学伴平台。平台通过智能推荐实现微课服务和学生需求的精准匹配，为学生提供个性化的学习资源服务。[①] 这背后更为基础的支撑是移动互联网技术，它使学生不局限于学校，可以通过移动终端设备随时随地访问学习资源，并和教师互动学习。

（三）典型的制度支撑：顶层政策设计

制度是消费驱动的教育服务供给模式的核心要求。北京市"教师走网"的成功实施离不开北京市教委和财政局联合出台的《北京市中学教师开放型在线辅导计划（2018—2020 年）（试行）》。为让全市中学生根据自己的需求自主选择适合的教师开展在线学习，促进优质教育资源供给侧结构性改革和教育服务模式创新，这项政策对关键着力点做出了全面、系统的部署。

在组织上，北京市教委成立了市级协调小组，北京师范大学未来教育高精尖创新中心设立了协调小组办公室，各区教委成立区级协调小组及办公室，各中学和教师研修机构成立校级协调小组。在平台建设上，北京师范大学未来教育高精尖创新中心组织开放型在线辅导计划运营主体，建设教师在线辅导云平台。在教师数据库建设上，在线教师的招募和管理机制确立。在教师在线辅导实施上，在线辅导的方式确定，在线辅导记录与评价机制建立。在经费保障上，资金来源、支出方向和拨付程序确定。可以看出，"教师走网"的成功实施需要建设一系列新体制机制，并从顶层推动，保障消费驱动的教育服务供给模式的有效性和可持续性。

🎯 教学活动建议

本节是教育服务供给模式较难理解且非常重要的一节，建议教师在课前鼓励学习者学习经济学的基本知识，转换思维方式，课上结合本节案例，引导学习者思考消费驱动的教育服务供给模式针对的问题；在此基础上，通过对案例的归纳，系统阐释消费驱动的教育服务供给模式的特点和各类支撑条件。

🎯 学习活动建议

课前自主学习经济学相关知识，转换思维方式，尤其是消费驱动的相关内容。

阅读教材内容，体会真实情景中的教育问题和解决方法。

[①]　陈玲、刘静、余胜泉：《个性化在线教育公共服务推进过程中的关键问题思考——对北京市中学教师开放型在线辅导计划的实践反思》，载《中国电化教育》，2019(11)。

利用各类信息检索工具，查阅其他供给驱动的教育问题和解决方式案例，并用消费驱动的教育服务供给模式的知识体系尝试分析查找到的案例。

第四节　碎片化的教育服务供给模式

一、针对的问题

学习活动 6-8

阅读、体验并思考：精品视频公开课存在什么问题？粗放型教育供给有哪些缺陷？

为进一步促进国家精品课程开放教育资源共享，提高使用率和受众满意度，2011年我国精品视频公开课建设工作启动。精品视频公开课由科学文化素质教育网络视频课程与学术讲座组成，对教育资源的开放和共享起到了一定的推动作用。精品视频公开课属于典型的课程网上搬家，缺乏精细化、碎片化编排，有研究对 310 门课程进行分析后发现，每门课程平均约 7 讲，每讲平均时长约为 39 分钟，每门课程平均播放 1.5 万次，其中 32 门课程的播放次数低于 1000 次。这个播放率相对于十几亿人口、几千万在校大学生而言，显得不尽如人意。[1]

传统教育教学供给单元较为粗放。教学资源通常以课程为供给单元，难以适应学习者在现代社会生活中个性、灵活、多样内容组合的学习需要。首先，粗放型教育供给不利于学习者快速、灵活获取所需知识。现代社会工作和生活节奏都大大加快，为满足工作效率提升和社交生活需要，学习者需要快速获取多类型的学习内容。粗放型教育供给存在学习时间长、内容单一等缺陷，既难以根据学习者自身需要灵活组合，也缺乏对学习者学习兴趣的激发。其次，粗放型教育供给不利于学习者紧跟领域前沿。粗放型教育供给和传统知识生产传播往往是把早已达成共识的知识内容经过一系列冗长的程序印刷到教科书上，再由作为知识传播者的教师传递给学习者。这使学习者难以关注最新热点和前沿问题，并且难以体会、见证和参与多类型、多来源知识共同碰撞、演化和更新的过程。

---

[1]　范建丽：《中国大学视频公开课现状与发展探究》，载《现代教育技术》，2014(2)。

二、创新的供给模式

> **学习活动 6-9**
>
> 阅读、体验并思考：针对学习活动 6-8 中的问题，下面的内容带来了什么启发？MOOC 碎片化后有哪些好处？
>
> MOOC 在刚开始应用时也受到了视频公开课的影响，但经过发展，MOOC 逐渐找到不同于公开课的发展思路，即碎片化的教育服务供给模式。如今的 MOOC 致力于对课程进行合理切分，保证学习者能够方便快捷地定位和找到自身所需要的资源，并支持灵活的资源重组。MOOC 平台汇聚的大量碎片化课程资源极大满足了学习者碎片化的学习需求。

学习活动 6-9 中的新教育服务供给模式就是典型的碎片化的教育服务供给模式。以整体化为主的教育资源供给单元在"互联网+"的推动下逐渐转向碎片化。随着移动互联网在教育领域的深度应用，碎片化的教育服务供给模式可以使学习者借助碎片化媒体，利用碎片化时间，整合碎片化资源，进行正式与非正式学习。

三、模式的特点

(一)重组性：促进学习资源灵活重构

碎片化的教育服务供给模式的首要特点为对学习资源进行灵活重构。不同的学习者在不同的学习情景中，对不同的学习资源的需求程度也不同。碎片化的教育服务供给模式可以按照学习者的不同需求，提供低颗粒度的资源和服务，这有利于学习者快速、灵活获取所需知识，并紧跟领域前沿。而且对于学校和教师而言，这种供给模式能使他们充分行使自主权，提升积极性和创新能力，教师灵活运用所需资源开展多种新型教学，服务学生成长。

(二)扩展性：促进学习成果高效提升

碎片化的教育服务供给模式的特点还在于对学习时间和内容进行扩展优化，促进学习效率高效提升。首先，学习者碎片化的时间能够被有效利用起来，叠加起来的碎片化学习时间是巨大且额外的时间资本，可以提升学习成果。更为重要的是，碎片化内容既是系统化学习的重要补充，也是其应用场所。系统化学习更具抽象性，而碎片化内容更具体，两者相得益彰。学习者唯有在抽象和具体中不断消化和思考，才能真正促进各方面能力和素养高效提升。

四、典型的案例

案例 6-4

　　"一师一优课、一课一名师"是教育部从 2014 年开始部署的活动，旨在贯彻落实党的十八届三中全会提出的构建利用信息化手段扩大优质教育资源覆盖面的有效机制。通过该活动的开展，力争使每位中小学教师都能够利用信息技术至少上好一堂课，使每堂课至少有一位优秀教师能够利用信息技术讲授。

　　请分析一下："一师一优课、一课一名师"是如何实现碎片化供给的？能够给师生带来怎样的益处？

　　活动反馈：该活动突破了"一门学科一位教师"或"一本教材一位教师"的传统做法，而是以一节课为单位，经过教师晒课和评委评选，每节课都是同类型课的标杆，最符合活动要求。这些碎片化的资源能够在全国范围内共享，学生、教师、学校能够根据自身需要灵活应用。尤其是新冠肺炎疫情防控期间，为做好"停课不停学"工作，教育部在"一师一优课、一课一名师"的资源积累基础上，建设国家中小学网络云平台，提供优质学习资源，服务学生学习，供学校自主选择使用。

案例 6-5

　　对于学习者碎片化时间难以有效利用以及碎片化资源难以有效获取的问题，微博、知乎、哔哩哔哩等碎片化媒体能够在一定程度上有效解决。

　　请登录上述平台，体会这些商业平台的碎片化的教育服务供给模式。想一想：这些商业平台是如何实现碎片化学习的？能够满足学习者怎样的需要？

　　活动反馈：微博实时更新不同主体发布的内容，并通过广大用户的自组织形成实时热门话题。在自主式微博教学下，作为学习活动组织者和学习资源提供者的教师辅助和引导学习者在不同学习环境中主动选择和创建知识，并和其他学习者积极协商、交流和讨论。[1] 知乎为广大用户搭建综合性知识问答社区。[2] 每位学习者既可以发布各式各类的问题，也可以回答问题。哔哩哔哩的视频弹幕文化为不同时空的学习者创设了独有的学习交互临场感，方便学习者利用碎片化时间观看视频和交流。有研究发现，相较于传统课堂，在弹幕学习方式下学习者的情感表达更为直接，情感交流也更加频繁。[3]

---

　　①　黄光芳、程志、张子石：《泛在学习环境下自主式微博教学情境的设计探究》，载《电化教育研究》，2015(9)。
　　②　娄岩、杨嘉林、黄鲁成等：《基于网络问答社区的老年科技公众关注热点及情感分析——以"知乎"为例》，载《情报杂志》，2020(3)。
　　③　张婧婧、杨业宏、安欣：《弹幕视频中的学习交互分析》，载《中国远程教育》，2017(11)。

五、模式的支撑条件

(一)典型的资源支撑：自主学习类资源

碎片化的教育服务供给模式能够支撑学习者自主学习，其中当然少不了自主学习类资源的支撑。自主学习类资源要覆盖学习者需要的各类内容，尤为重要的是自主学习能力的培养，这也是其他内容学习的重要前提。除了教学内容的丰富性，自主学习类资源还要具备多种学习方式，从而有效支持学习者碎片化的学习特点。还有一点要说明的是，自主学习类资源并不完全抛弃教师的引导和帮扶作用，也需要教师加强对学生自主学习资源选择的指导以及对学生学习过程的支持。

(二)典型的技术支撑：知识付费平台和第五代移动通信技术(5G)

案例6-4中的"一师一优课、一课一名师"和国家中小学网络云平台都是教育公共服务的体现，而且是免费的。案例6-5中的微博、知乎、哔哩哔哩及其他平台都有付费内容，也被称为知识付费平台。在知识付费平台上，无论你是大学教授、中小学教师还是可提供教育资源的社会大众，只要能够得到学习者的认同、学习者愿意付费，就可以获取收入。知识付费平台也搭建了知识交流与分享社区。未来支撑知识平台的更为基础性的技术是第五代移动通信技术，其高速率、低延迟的特性不仅能使学习者更加方便地获取现有教育资源，而且有望实现虚拟现实、全息投影等资源类型升级，并支持立体互动、模拟演示等新型学习模式。

(三)典型的制度支撑：资历框架制度

除了资源和技术对碎片化教育服务供给模式的支撑，要想使这一模式发挥更大作用，必须有资历框架制度的支撑，来认证学习者通过正规教育、非正规教育和非正式教育获得的学习结果。资历框架是由政府教育部门联合不同利益群体共同制定，反映各类学习成果的等级和通用标准体系，旨在建立各级各类教育系统和劳动力市场之间相互衔接的认证制度。资历框架能够满足互联网时代更加开放灵活的终身学习需求，通过各类学习成果的认证、积累和转换，畅通学业提升通道、职业晋升通道等。[1] 资历框架认可人们在工作和生活中所获得的知识、技能以及各类业绩，实现教育和劳动力市场有效互通和衔接。[2]

---

① 张伟远：《国家资历框架的理论基础和模式建构》，载《中国职业技术教育》，2019(18)。
② 陈丽、郑勤华、林世员：《"互联网+"时代中国开放大学的机遇与挑战》，载《开放教育研究》，2017(1)。

教学活动建议

本节旨在让学习者体会与理解碎片化的教育服务供给模式，建议教师从本节案例出发，引导学习者思考碎片化的教育服务供给模式针对的问题；在此基础上，通过对案例的归纳，系统阐释碎片化的教育服务供给模式的特点和各类典型的支撑条件。

学习活动建议

阅读教材内容，体会学习活动中的教育问题和解决方法。

利用各类信息检索工具，查阅其他不适应碎片化学习需要的教育问题和实际解决方案，并用碎片化的教育服务供给模式的知识体系尝试分析所查到的案例。

第五节　个性化的教育服务供给模式

一、针对的问题

> **学习活动 6-10**
>
> 湖南省新化县教育局提供的数据显示，2018 年新化县共有义务教育阶段学生 16 万多人，全县 56 人及以上大班额的班级有 1333 个，占 37.14％；66 人及以上超大班额的班级有 846 个，占 23.57％。面对这样的现实问题，若仅依靠传统面授教学，在标准化集体讲授中，教师则难以照顾到每个人的兴趣和偏好差异，个性化与有针对性的教学也只能停留在美好的想象中。[1]
>
> 你或身边的同学有在大班额或超大班额班级中教课的经历吗？这个案例反映了怎样的教育问题？

传统学校教学的标准化集体讲授方式难以满足学生个性化的发展需要。在授课内容上，传统学校教学更重视标准化国家课程，而对学生个性化发展所需要的内容缺少关注。在授课方式上，由于教学规模和技术发展程度的限制，传统教学难以有效和精确把握学习者的个性化需求，使学生在一定程度上处于个性化发展和标准化学习的矛盾中。

---

[1]　洪克非：《"超级大班"挤爆新化中小学》，载《中国青年报》，2018-07-09。

二、创新的供给模式

学习活动 6-11

苏州教育大数据中心对学生学习过程中产生的数据进行全方位采集，包括学习行为、考试、作业、课外实践、社团活动、信息技术竞赛等综合素养数据，实现在以学习者为中心的背景下学习全过程的数据采集、编码、存储、分析和反馈，对学生在校期间的学习和发展状况进行全方位测评。

借助相关教育数据采集工具，教与学及相关教育行为数据将被采集、记录、分析，以更好地勾勒出教育教学的真实形态，有效推进教学信息化，深度促进教学方式变革。主要包括学生学业监测数据、学生课堂行为监测数据、学生发展综合评估数据。借助教育大数据技术，教师可以对学生的发展情况有全方位把握，从而进行个性化指导，助力学生的全面发展。

通过采集各类教育管理和教育服务数据，教师还可以利用数据来提升教育教学质量与教育管理服务水平，从而更好地推进教育治理体系和教育治理能力现代化。教育治理内容主要包括学生学业能力发展情况、教师绩效能力提升情况、学生综合素质发展情况，以此来对学生的学习情况和教师的教学状态进行全方位评估，对教学活动采取相应的改进措施，使教学活动朝着更积极、有效的方向发展。

苏州教育大数据中心的规划、建设、利用、评价帮助教师、学生和教学管理人员逐步适应教育大数据环境的教学生态，使教育大数据的运用成为苏州教育发展的常态化工作。[1]

请想一想、说一说：在这个案例中教育大数据为学生的个性化发展提供了哪些支持？哪些是传统教学难以实现的？

学习活动 6-11 中苏州教育大数据中心的教学与管理服务是典型的个性化的教育服务供给模式。以标准化为主的教育供给内容在"互联网+"的推动下逐渐转向个性化。个性化的教育服务供给模式既能够满足不同学习者培养路径的差异化需要，也可以支持不同学习者学习结果取向的个性化差异。

---

[1]　苏州市电化教育馆：《苏州积极推进教育大数据工程促进教育评价方式变革》，http：//www.shou.com/a/298161386_529048，2019-02-28。

三、模式的特点

（一）数据性：促进培养路径个性化

个性化的教育服务供给模式的特点之一在于数据驱动，可以适应不同学习者培养路径的差异。基于教育大数据的教育质量保证和监测能够科学反映学生的认知新规律，诊断个体发展水平，揭示教与学的交互过程，从而有效描述学生的学习水平，提供精细、准确、多维度的学习资源推送与教学干预服务。[①] 例如，各种智慧课堂工具通过学习分析技术、智能测评技术来分析学生的学习状态和学习结果，确定学生的潜在学习需求，预测学生的学习路径，最终提供有针对性、差异化的学习内容。

（二）生成性：促进学习结果个性化

个性化的教育服务供给模式的特点还在于利用生成性资源，以此支持不同学习者学习结果取向的个性化差异。生成性学习资源是与预设性资源相对应的生产方式学习资源类型，具有更强的扩展性、进化性和适应性，可以根据教师的教学需求和学生的学习需求动态调整。[②] cMOOC"'互联网+教育'：理论与实践的对话"就是典型的生成性资源网络课程。cMOOC下的知识生产和传播更加注重去标准化和去权威化，不同学习主体都可以共建共享课程资源，并根据自身工作、生活和兴趣需求，选择和参与不同的课程内容建设，从而解决和自身需求紧密相关的特定教育教学问题。

四、典型的案例

> **案例 6-6**
>
> 英语流利说是一款基于学生口语水平提供个性化学习内容的英语口语学习软件。微软小英公众号利用语音识别技术和自然语言理解技术，个性化识别学习者的跟读文本和表达含义。
>
> 请体验使用英语流利说和微软小英，体会个性化的教育服务供给模式的特点。请思考并分析：这两个产品是如何实现个性化服务供给的？各有什么特点？
>
> 活动反馈：传统英语学习中一个突出的问题在于，学习内容难以根据学习者的背

---

① 陈丽、郭玉娟、王怀波等：《新时代信息化进程中教育研究问题域框架》，载《现代远程教育研究》，2018（1）。

② 杨现民、余胜泉：《生成性学习资源进化评价指标设计》，载《开放教育研究》，2013（4）。

景、兴趣和经历来进行个性化调整。英语流利说首先引导学生完成英语水平定级测试，然后基于学生的学习目标、学习基础、学习喜好和学习轨迹，适时调整学习内容和学习方案，推荐个性化、定制的英语学习场景和课程内容。微软小英根据情境相关度和语法语义的正确性识别重点单词、易错单词，推荐口语学习场景和主题，并对场景的重点词汇和用法做个性化总结，帮助用户加深记忆、巩固知识。个性化英语学习类产品通过分析学习者的各类学习数据，根据学习者的特点，生成符合学习者需要的学习内容并及时推送，满足学习者的个性化学习需要。

案例 6-7

　　晓羊教育的"一人一课表"走班管理平台提供了中高考改革下"走班管理"的整体解决方案。智学网是一个为学校教师提供有针对性的教与学服务的智能化学习平台。

　　试用这两个产品，体会个性化教学服务供给模式的特点。晓羊教育和智学网分别从哪个角度实现个性化教学服务？它们各自有什么特点？

　　活动反馈：传统的教学服务往往容易"一刀切"，虽然，方便了管理者的管理，但被管理者的众多个性化问题依然存在。而"互联网＋"支持下的个性化教学服务供给模式为这一问题的解决提供了契机。晓羊教育以基本信息、用户信息、教室信息、课程信息为智能排课的基础数据，为学生、教师、管理者提供排课选课、课表查询与变动、在线选课、排教室等多种功能，极大地促进校级资源与学生个性化学习需求的精准匹配。智学网通过构建个性化教与学系统，采集学生学习全场景、全过程的动态数据，分析学生知识点的掌握情况和学习状态，通过学习结果可视化呈现、学习路径智能化分析和预测的形式帮助教师开展个性化、有针对性的教学和辅导；在教学环节，基于学习行为数据和结果数据，帮助教师即时了解每位学生的学习状态、聚焦于薄弱点内容和重难点内容，开展个性化、有针对性、证据导向的教学；在辅导环节，智能化批阅系统不仅减少了教师的工作量，而且系统基于学生的作业生成每位学生的学习结果诊断报告书，能够帮助教师聚焦于典型问题、重难点知识，为个性化辅导和讲解提供参考，大大提高课后辅导的效率和效果。

五、模式的支撑条件

（一）典型的资源支撑：教育大数据中心

　　个性化的教育服务供给模式的特点之一为数据驱动，离不开教育大数据中心的资源支撑。学习活动 6-11 介绍了苏州教育大数据中心，除此之外，我国各地区和学校根据自身不同的教育发展需要，建设了一些教育大数据中心。例如，山东省实验中学的大数据中心利用极课大数据自主研发的教育智能平台，在不改变传统大班教学模式的基础上，通过图像识别、计算机深度学习等人工智能核心技术，对作业和考试等数据进行动态化采集，并进行大数据智能分析，帮助教师更好地开展工作，因材施教，实现个性化教学。

（二）典型的技术支撑：学习分析技术

学习分析旨在通过收集、分析、报告关于学习者行为和兴趣的大量数据，实现对学习过程的评价、对学习成效的预测、对学习过程的干预等。学习分析技术从学习管理系统等数据库中自动采集数据，使对学习过程的及时评价、自动评价成为可能。教师需要及时了解学习者的学习状态，了解学习者在学习过程中的认知水平，从而及时提供恰当的教学干预。在教学实践中，教师只能凭借个人直觉和经验来判断学习者的大致学习状态。教师往往只能关注到极少数表现积极的学生，而大部分表现不够积极的学生往往被教师忽略，可能更加消极。用户画像类学习分析工具通过可视化的方式呈现学习者的学习行为数据，帮助教师更加直观、全面、及时地了解每个学习者的在线学习状况。[1]

（三）典型的制度支撑：数据共享机制

个性化的教育供给服务模式离不开数据的支持，教育实践存在种种数据孤岛现象，这就需要数据共享机制来发挥作用。通过数据共享机制，各部门能够通力协作，建设教育条件、学习资源、学生发展、科学研究、教育管理等各类专项教育数据库，并根据实际情况确定开放权限。在此基础上，教育数据管理与应用中心能动态汇聚与深化应用各类教育数据，监测与预警教学过程，提高教育管理的精准性和教育决策的科学性。

◎ 教学活动建议

本节旨在让学习者体会与理解个性化的教育服务供给模式，建议教师从本节案例出发，引导学习者思考个性化的教育服务供给模式针对的问题，在此基础上，通过对案例的归纳，系统阐释个性化的教育服务供给模式的特点和各类支撑条件。

◎ 学习活动建议

阅读教材内容，体会学习活动中的教育问题和解决方法。

---

① 冯晓英、郑勤华、陈鹏宇：《学习分析视角下在线认知水平的评价模型研究》，载《远程教育杂志》，2016(6)。

利用各类信息检索工具查阅其他不适应个性化学习需要的教育问题和实际解决方案，并用个性化的教育服务供给模式的知识体系尝试分析所查到的案例。

第六节　多元化的教育服务供给模式

一、针对的问题

学习活动 6-12

　　阅读并思考：以下调查内容反映了哪方面的教育问题？可以有哪些解决路径？

　　一份针对中学生的问卷调查显示了学校科普能力的不足。从对航天知识感兴趣的程度来看，54.6％的学生表示对航天知识非常好奇，渴望全面了解；33.0％的学生表示希望知道相关的航天知识；12.4％的学生表示了解或不了解都无所谓；没有一位学生选择不感兴趣。与之相对，在对学校科普教育的评价方面，60.2％的学生认为学校的科普教育不能满足他们的求知欲。从这些调查数据可以看到，学生对于航天或其他科普知识有非常强烈的求知欲，但目前学校的科普教学相当薄弱，学生对航天或其他科普教育的需求难以得到满足。[1]

　　传统教育服务的供给渠道主要为学校。从学校教育的历史发展、学校的功能定位来看，学校教育的职能一开始就是为了标准化知识、共性知识的传递，这种定位带来了规模化教学与个性化需求的矛盾。[2] 学校长期以来采取以讲授为主的、基于行为认知主义的传统教学模式，运用偏重结果和选拔的评价方式，不适用于培养学习者的高阶能力。学校的历史功能定位及传统教学模式都使其难以满足日益增长的对优质、个性化教育的需求。

二、创新的供给模式

学习活动 6-13

　　阅读、体验并思考：优质的校外辅导和学校教学之间是什么关系？

---

　　① 侯冬华：《科普教学薄弱科普教育如何满足学生求知欲？》，http://edu.enorth.com.cn/system/2008/10/20/003729448.shtml，2020-10-20。

　　② 冯晓英、王瑞雪、曹洁婷等：《"互联网+"时代三位一体的教育供给侧改革》，载《电化教育研究》，2020(4)。

在杨利伟成功飞天 17 周年之际，"杨利伟给青少年的航天课"在学而思网校正式上线，全国用户可免费观看，了解中国航天人的故事，传承载人航天精神。该系列课程由七堂课组成，围绕杨利伟的成长、研究与航天探索展开，呈现以他为代表的航天员所经历的选拔、训练、太空生活和科研试验。①

学习活动 6-13 是典型的多元化的教育服务供给模式。以学校为单一主体的教育服务供给模式在"互联网+"的推动下逐渐转向多元化。学校教育固然重要，但在新时代学校教育的固有缺陷也制约着学习者更加多样化的追求和发展。多元化的教育服务供给模式正在改变这一状况，充分调动社会力量，打破学校与社会之间的壁垒。

三、模式的特点

（一）多主体：挖掘全社会的创生潜力

多主体是多元化的教育服务供给模式的特点之一，全社会都可为教育做贡献。在传统教育中，只有获得专业资格的教师才能为学生提供正式的教育教学服务，而且局限在学校中。在多元化教育服务供给模式下，任何有能力提供教育服务的主体都可以贡献自身的力量。教育服务供给主体正由政府和学校扩展至企业、社区乃至个体，多元主体以相互竞争、相互制衡的方式参与教育服务供给。②

（二）多模态：促进学习方式丰富多样

多元化的教育服务供给模式还能够使学习方式更加丰富和多样。学习者综合素养的发展要依靠教育资源的丰富性以及在此基础上的学习方式的多样性。学校作为单一的教育资源供给主体已越来越难以满足社会发展对人才培养的新需要。多元化的教育服务供给模式能够使学校和社会充分融合、优势互补，提供学习者需要的自主学习资源、生成性资源等多种类型的资源，支持基于网络的自主学习、社群化学习、游戏化学习等各种学习方式，并打破正式学习和非正式学习的壁垒。

---

① 徐珊珊：《中国首飞航天员、航天英雄杨利伟联合学而思网校打造公益航天课》，载《信息时报》，2020-10-16。

② 冯晓英、王瑞雪、曹洁婷等：《"互联网+"时代三位一体的教育供给侧改革》，载《电化教育研究》，2020（4）。

四、典型的案例

案例 6-8

新冠肺炎疫情暴发后，学而思网校与学习强国合作，向全国中小学生提供与校内时间同步的全年级各学科直播课和自学课。北京四中网校为全国多地区若干公立学校免费提供在线智慧教学平台。北京翼鸥教育科技有限公司将其研发的在线互动平台 ClassIn 免费向所有公立小学、中学、大学、职业学校等非营利教育机构开放。

体验上述互联网教育资源，思考互联网教育企业在新冠肺炎疫情防控中的作用。

活动反馈：全国学生由于在家上学，不仅不能和教师面对面沟通，又难以获取纸质学习资源。针对这一问题，互联网教育企业在新冠肺炎疫情防控期间为广大师生在线教学提供了大量的免费资源以及平台和服务，有效支持了史无前例的"停课不停学"。

案例 6-9

腾讯和北京荷风艺术基金会共同发起"艺术行动"公益项目，联合中央音乐学院、中国爱乐乐团等多个国家专业院团和艺术院校，共同探索"互联网+艺术教育"，推进城乡艺术教育普及。

请查阅关于此公益项目的更多资料，思考慈善组织在艺术教育服务供给中的作用。

活动反馈：一直以来，受学生评价指挥棒的影响，学校艺术教育的开展严重不足，农村地区、边远地区艺术教育师资匮乏现象尤其严重。针对这一问题，"艺术行动"项目发起"为孩子写首歌"活动，征集优秀儿歌作品，与腾讯云叮当合作，将语音识别、人机对话等人工智能技术与优质内容结合起来，激发学生学习艺术的兴趣。

案例 6-10

淘宝教育是阿里巴巴旗下的教育类产品交易平台。有一技之长的用户可在淘宝教育上发布课程或申请在线直播权限。

请登录淘宝教育网站，并思考草根个体在教育服务供给中的作用。

活动反馈：除了学校系统，广大社会成员其实也渴望为教育教学贡献一己之力，但总被"无情"地阻隔在教育之外。淘宝教育为这一问题提供了解决之道。淘宝教育打破了教育产品的中心性，学校与专门教育机构不再具有天然的学术霸权，社会上任何人都可以成为教育产品的提供者，促使教育产品多样化。大众可以像在淘宝网上选择商品一样，在平台上寻找并付费获取自己需要的教育资源，满足个性化学习的需求。[1]

五、模式的支撑条件

(一)典型的资源支撑：各类教育资源

在多元化的教育服务供给模式中，有能力贡献教育资源的主体可以参与教育资源供给。能够满足学习者需求、促进教育发展的教育资源就是优质资源。各种类型的资源是多元化的教育服务供给模式的资源支撑。而且资源质量的优劣和受众规模的大小没有必然联系，关键是能否得到受众喜爱并真实满足其教育需要。从这个意义上来说，小众的教育资源只要符合上述要求，也可以是优质的教育资源。

(二)典型的技术支撑：区块链技术

在多元化的教育服务供给模式中，由于突破了学校的限制，学习者学习成果的有效认证是一个大问题。区块链技术的发展及其在教育中的应用给学习成果认证提供了有力保障。区块链是随着比特币等数字加密货币的日益普及而逐渐兴起的一种全新的去中心化基础架构与分布式计算范式，具有去中心化、时序数据、集体维护、可编程和安全可信等特点。[2] 可替代性数字证书可以将学习者在接受正规教育、非正规教育和非正式教育过程中的档案信息、各种学习成果、行为表现等数据放在区块链上，并转换为学分，既可以防止资历信息丢失或被恶意篡改，又方便学习者学习成果的去中心化认证，去除存储转换的障碍和壁垒，构建安全、可信、不可篡改的学分体系，解决资历学分认证的信用难题。[3]

(三)典型的制度支撑：质量保证机制

在多元化的教育服务供给模式中，因为提供教育资源的主体多元，所以质量保证机制的建设必不可少。在这项机制中，首先要出台机构、专业、课程层次的在线教育

---

① 孙雨薇、陈丽：《"互联网+"时代下"草根服务草根"模式发展两面观——在线教育领域中草根模式发展的问题分析》，载《开放学习研究》，2018(5)。

② 袁勇、王飞跃：《区块链技术发展现状与展望》，载《自动化学报》，2016(4)。

③ 谢青松、张亦弛：《资历框架的成果认证路径：可替代性数字证书+区块链》，载《中国职业技术教育》，2020(24)。

质量保证标准。质量保证标准是前提，只有在这个基础上才能进一步健全质量保证机制；然后建立在线教育机构的认证标准，根据技术服务、资源服务、在线辅导等各类企业的特点健全资质认证机制；接下来建立在线教育的专业认证标准，健全专业的准入和退出机制。还要健全在线课程认证标准，推动第三方课程评估机构开展课程认证工作，鼓励各级各类学校探索基于认证的学分互认制度。

◎ 教学活动建议

本节旨在让学生体会与理解多元化的教育服务供给模式，建议教师从本节案例出发，引导学习者思考多元化的教育服务供给模式针对的问题；在此基础上，通过对案例的归纳，系统阐释多元化的教育服务供给模式的特点和各类支撑条件。

◎ 学习活动建议

阅读教材内容，体会真实情景中的教育问题和解决方法。

利用各类信息检索工具查阅其他不适应多元化学习需要的教育问题和实际解决方案，并用多元化的教育服务供给模式的知识体系尝试分析所查阅到的案例。

◎ 自我评价

一、学习经历评价

1. 你是否阅读了第六章的所有内容？

建议：如果答案为"否"，请暂停自我评价，阅读未读过的部分。

2. 你能否理解第六章的所有内容？

建议：如果答案为"否"，请首先列举不理解的内容，然后尝试利用以下方法解决遇到的问题。

①利用图书馆和网络资源，查找相关文献。

②与同学进行讨论。

③向教师提问，争取教师的帮助。

④将问题发布在线上讨论区，争取更多人的帮助。

二、自测题

1. 阐释教育服务供给模式改革的必要性。

2. 说明传统教育服务供给的问题，并分别列举一个案例。

问题一：＿＿＿＿＿＿＿＿＿＿＿＿＿＿＿＿＿＿＿＿＿＿＿＿＿＿＿＿。

　　案例：＿＿＿＿＿＿＿＿＿＿＿＿＿＿＿＿＿＿＿＿＿＿＿＿＿＿＿。

问题二：＿＿＿＿＿＿＿＿＿＿＿＿＿＿＿＿＿＿＿＿＿＿＿＿＿＿＿＿。

　　案例：＿＿＿＿＿＿＿＿＿＿＿＿＿＿＿＿＿＿＿＿＿＿＿＿＿＿＿。

问题三：_____。

  案例：_____。

问题四：_____。

  案例：_____。

问题五：_____。

  案例：_____。

3. 请说明"互联网+"催生的新教育服务供给模式的特点，请分别列举一个案例。

模式一：_____。

  案例：_____。

模式二：_____。

  案例：_____。

模式三：_____。

  案例：_____。

模式四：_____。

  案例：_____。

模式五：_____。

  案例：_____。

4. 请选择一类新教育服务供给模式，说明其支撑条件及内涵。

典型的资源支撑：_____。

典型的技术支撑：_____。

典型的制度支撑：_____。

5. 请列举你查阅到的其他新教育服务供给模式实践案例，并用本章知识体系尝试理解和分析。

推荐阅读文献

[1]陈丽，郭玉娟，王怀波，郑勤华 . 新时代信息化进程中教育研究问题域框架[J]. 现代远程教育研究，2018，(1)：40-46+87.

[2]乜勇，闫慧聪，穆萍 ."双师教学"：一种促进基础教育优质资源均衡发展的新模态[J]. 数字教育，2020，6(1)：15-20.

[3]郑勤华，张玄，陈丽 . 中国 MOOCs 发展评述与支撑制度研究[J]. 中国电化教育，2016，(9)：44-50.

[4]胡俊杰，杨改学，魏江明，杨永亮 . 国家精品课程对精品视频公开课建设的启示——基于对2003－2010 国家精品课程的调查引发的思考[J]. 中国远程教育，2014，(6)：89-94.

[5]周海涛，朱玉成.教育领域供给侧改革的几个关系[J].教育研究，2016，37(12).

[6]李奕，赵兴龙.教师队伍建设的新动能——北京市教师走网带来的启示[J].教育研究，2019，40(1).

[7]陈丽，郑勤华，谢浩，沈欣忆.国际视野下的中国资历框架研究[J].现代远程教育研究，2013，(4)：9-18.

[8]冯晓英，王瑞雪，曹洁婷，黄洛颖.“互联网+”时代三位一体的教育供给侧改革[J].电化教育研究，2020，41(4)：42-48.

[9]孙雨薇，陈丽.“互联网+”时代下“草根服务草根”模式发展两面观——在线教育领域中草根模式发展的问题分析[J].开放学习研究，2018，23(5)：26-33.

互联网推动教育服务供给模式改革的方向

第七章

在线教育公共服务平台与典型案例

本章概述

在互联网时代，社会公众对教育发展的需求不断升级，教育的主要矛盾发生变化。公众对优质教育的需要与传统教育服务供给模式和机制之间的矛盾日益突出：公众更需要灵活、个性化、终身化、有质量的教育，而基于学校的标准化、供给驱动的传统教育服务供给模式与机制难以满足这样的需求。面对不断升级的教育公共服务需求，建立在传统教育服务供给机制基础上的教育公共服务体系亟须系统变革。社会对于整合互联网思维、技术与文化，转变教育公共服务范式，构建新型教育公共服务体系的需求日益强烈，突出表现在三个层面的变革：一是环境变革，建设以互联网为主、平台有机整合线上线下各类教育服务资源的教育服务公共基础条件和技术环境，从而支撑新型教育服务体系的构建；二是机制创新，统筹规划和搭建教育公共服务平台，联通、整合已有教育服务平台和社会资源，整合学校与社会的力量，通过开放共享、网络协同提供服务；三是模式创新，探索在新型教育公共服务平台上整合学校与社会的力量，重新规划和设计教育服务分工体系，探索人才培养、教育教学、监测评价、管理决策的模式创新与流程再造。

近几年，在大数据、云计算等互联网技术的助力下，一些通过互联网汇聚、集成和共享各类技术、资源与服务以满足社会公众多样化教育服务需求的在线教育公共服务平台出现并快速发展，有力推动了教育公共服务传统范式的转变，成为"互联网+"时代教育改革与创新的重要实践成果。

本章阐述在线教育公共服务的模式、典型平台及其运营，介绍当前在线教育公共服务平台的主要服务内容、方式与技术，分析在线教育公共服务如何利用互联网技术有效汇聚和配置社会教育资源，使其转化为公共资源与服务以满足大众升级的教育发展需求，为破解新时期教育公平难题、应对个性化教育挑战提供新的路径。本章包括三节：第一节包括在线教育公共服务产生的背景与需求，在线教育公共服务的内涵与特征，以及三层在线教育公共服务模式；第二节通过深入的案例分析介绍直播教学平台、MOOC 平台和现代远程教育学习支持公共服务平台；第三节基于实践案例分析这三类服务平台的运营。

知识结构图

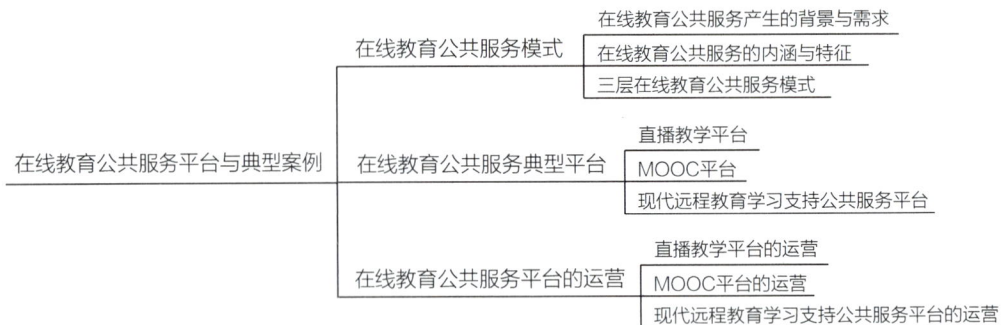

学习目标

- 能够说出在线教育公共服务产生的背景与需求。
- 能够说出在线教育公共服务的内涵。
- 能够说出在线教育公共服务的主要特征。
- 能够举例阐述三层在线教育公共服务模式。
- 能够举例阐述三种在线教育服务典型平台的服务定位与服务模式。
- 能够举例阐述三种在线教育服务典型平台的运营方式。
- 能够分析在线教育公共服务实践案例。
- 能够说出在线教育公共服务对于互联网时代教育创新与变革的意义。

第一节　在线教育公共服务模式

　　在公共行政与管理领域中，教育作为一种公共服务，一直被视为政府的重要职能。随着公共服务实践与理论的发展，公共服务的对象、目标、内容与供给机制也不断演变，政府在公共服务中扮演的角色也发生转变。进入互联网时代，面对社会公众对教育公共服务需求的转变与升级，以及云计算、大数据、云服务等技术与服务理念带来的新发展机遇，各种在线教育公共服务创新模式兴起，推动教育公共服务模式的变革。

一、在线教育公共服务产生的背景与需求

　　信息时代的到来加速了教育信息化的进程，推动了数字化教育资源的建设与传播，

促进了教育机会与服务的开放与共享。同时，网络的应用普及也促生了社会公众对教育发展的更多需求。基于互联网技术向社会公众和组织提供各类公共教育产品和服务成为教育公共服务在互联网时代的新发展要求。在线教育公共服务在这样的背景下应运而生。

随着互联网技术的快速发展，在互联网思维与技术的影响和驱动下，社会各行各业正在经历一场"互联网+"行业变革与升级，教育同样也在经历这场变革，教育信息化进入融合创新的阶段。一方面，在线教育公共服务面临着新时期教育发展的新问题和新需求；另一方面，也迎接机制与技术创新的新机遇。认识这些新问题、新需求和新机遇可为理解在线教育公共服务的模式转变和创新实践提供背景依据。这里对互联网时代在线教育公共服务面对的新问题、新需求、新机遇进行介绍，帮助理解在线教育公共服务创新的条件与目的。

（一）公共教育供给和服务的新问题

随着经济社会的快速发展，拥有优先发展战略地位的教育事业已经取得显著进步，教育投入持续增加，教育规模稳步增长，规模化教育、教育全覆盖的问题基本解决。但是，教育资源总量虽在迅速增长，但可供选择的个性化教育资源和教育服务还不够丰富，教育资源存在结构化短缺问题，如教育资源类型交叉造成的资源低水平重复建设、资源供需不匹配等[1]。我国市场上已有的优质资源并不多，教师很难找到合适的、具有针对性的教学资源。除此之外，已有资源的整体应用与共享程度也较为有限。教育资源利用率低下主要体现在：虽然各地建设了大量相关资源库，但很多教师仅仅把网上的数字资源当作特殊时期的救急工具，无法将数字资源与传统教学结合起来，造成大量数字资源被闲置。资源共享程度较低主要体现在：部分数字教育资源库只供地方或合作院校的学生使用，没有充分开放共享权限或向社会推广。

此外，教育发展不均衡的问题仍然存在，数字鸿沟成为网络时代教育公平的新障碍，在此基础上凸显的教育公共服务需求差异化问题成为教育公共服务面临的新问题。已有教育公共服务体系难以满足多样化的公共教育需求，东西部之间、城乡之间教育公共服务布局的差异难以消除[2]。以区域教育发展需求为例，不同区域的教育资源总量和质量以及教育公共服务需求均存在较大差异。经济较发达地区的数字化教育资源数量与质量状况明显优于经济欠发达地区，由于缺乏统一的资源建设与管理规范以及有效的资源共享机制，区域间资源共享也面临挑战。各地区教育发展水平的差异使其教

---

[1]　柯清超、王朋利、张洁琪：《数字教育资源的供给模式、分类框架及发展对策》，载《电化教育研究》，2018(3)。

[2]　李连芬、刘德伟：《我国公共教育供给短缺的原因分析》，载《经济体制改革》，2010(5)。

育发展公共需求存在差异。部分经济欠发达地区仍然需要完成基础设施升级，解决教师资源供给不足问题；而一些经济较发达地区可能已开始关注个性化教育供给和终身教育公共服务体系的构建。

如前所述，公共教育供给面临资源结构性短缺、资源共享与应用有限、教育公共服务需求差异化等问题，这些问题成为在线教育公共服务体系在新时期需要应对的新问题。

(二)社会公众对教育的新需求

随着时代的发展，一方面，公共教育资源日益丰富，服务体系日益健全；另一方面，社会公众对教育的重视程度不断加大，对教育公平、教育质量和教育改革成效的要求也不断升级。在当前阶段，公共教育实际供给未能满足公众教育需求这一问题仍然未能有效解决。[①]

公众的教育需求从机会公平向获得公平转变[②]，从学历教育向个性化教育、终身教育转变。尽管互联网极大增强了教育机会的可获得性，但公众对教育的需求开始从机会公平转向获得公平，后者强调个体都能获得与其个性、特长、能力相匹配的教育服务，每个人都能得到充分的发展。[③] 公众个性化的教育需求不断释放，教育也更加重视个性化需求的满足，从原来盲目追求学历的教育转向更适合个人实际发展需求的开放灵活的学习项目，非正式在线教育项目兴起。各年龄段人群的自主学习意识被唤醒，终身学习理念被越来越多的人接受，终身教育需求日渐突出。此外，社会对人才需求的变化也改变了公众对教育的期待与需求，公众不再满足于知识共享与知识本位的学科教育资源服务，素质教育、素养培育成为更普遍的教育需求。当前教育供给体系存在侧重"讲、测、考、练"的中低端产品过剩、聚焦于素质教育的高端产品不足，传统应试教育产能过剩、素质教育结构性有效供给不足等问题。[④] 迫切需要建设与新型人才培养相匹配的学科整合式、情景化、项目式、能力本位的公共教育资源。

由上可知，社会公众对教育的需求日益高端化、多样化和个性化，且具有更强的自主性，以政府一己之力难以应对，需要更大程度地激发、释放和整合社会力量参与教育公共服务的供给[⑤]；在政府主导和引导下，探索教育公共服务的社会协同服务供给机制，丰富服务内容，优化服务方式和技术。

---

① 余胜泉、李晓庆：《基于大数据的区域教育质量分析与改进研究》，载《电化教育研究》，2017(7)。
② 余胜泉、李晓庆：《基于大数据的区域教育质量分析与改进研究》，载《电化教育研究》，2017(7)。
③ 余胜泉、李晓庆：《基于大数据的区域教育质量分析与改进研究》，载《电化教育研究》，2017(7)。
④ 余胜泉、李晓庆：《基于大数据的区域教育质量分析与改进研究》，载《电化教育研究》，2017(7)。
⑤ 陈玲、刘静、余胜泉：《个性化在线教育公共服务推进过程中的关键问题思考——对北京市中学教师开放型在线辅导计划的实践反思》，载《中国电化教育》，2019(11)。

（三）技术发展带来的新机遇

网络基础设施的升级，智能终端的普及，以及人工智能、云计算、大数据、物联网等网络技术的快速发展，为教育公共服务体系破解新时期教育供给矛盾、应对公众教育需求转变提供了新的解决方案与技术支撑。

网络基础设施的升级、智能终端的普及和物联网等技术的发展促进了大量在线教育数据和资源的生成、联通与传播，为在线教育公共服务的发展和创新奠定了良好的技术基础。大数据技术为教育资源的精准匹配、优化配置、个性化服务提供了技术支撑，在一定程度上缓解了教育资源配置不均衡、个性化需求难以满足等问题。与此同时，大数据技术也支持了学生在线学习的有效诊断、科学评价与及时促进，大大提升了学习服务的质量。智能检索与推荐技术不仅提升了教育资源供给的智能化和个性化，而且较大程度地调动了学生学习的主观能动性，使学生积极主动地寻找适合自己学习风格的教育资源和学习模式，提高了学习者在学习过程中的参与度。[①]

云计算技术的应用和推广为汇聚、整合社会各方教育资源，开展相关公共教育云服务提供了技术支撑。广义上讲，云计算是一种与信息技术、软件、互联网相关的服务；狭义上讲，云计算就是一种提供资源的网络。云计算以互联网为中心，提供快速且安全的计算服务与数据存储，让每一个使用互联网的人都可以使用计算资源与数据中心。[②] 在云计算技术的支撑下，各类教育资源可以在虚拟化、数字化后在互联网中共享，这就是教育云。[③] 教育云服务平台通过互联网连接各种智能教育终端，汇聚海量教育资源和大数据，为大众获得个性化教育服务提供选择，帮助用户精准匹配教育资源与服务，支持教育资源的有效汇聚与优化配置。此外，云计算技术还有力支撑了一种社会协同的公共服务供给机制的形成与发展，支持院校、企业、社会等教育供给主体实现基于云计算、有机沟通与协作的教育教学资源建设和服务供给。

综上所述，新时期教育供给的新问题和不断升级的教育需求要求教育公共服务体系的服务内容、方法与机制进行改革与创新，而这种改革与创新需要打破原来以政府为主导的单一、僵化的教育供给[④]，有效发挥互联网在汇聚资源、支持社会协同等方面的优势，集聚各方力量，把各自发展的利益统一起来，鼓励民间资本或公益资本进入，在政府的监管下使消费性、创新性、个性化的教育服务通过市场供给，实现多元教育

---

① 陈玲、刘静、余胜泉：《个性化在线教育公共服务推进过程中的关键问题思考——对北京市中学教师开放型在线辅导计划的实践反思》，载《中国电化教育》，2019(11)。

② 罗晓慧：《浅谈云计算的发展》，载《电子世界》，2019(8)。

③ 许子明、田杨锋：《云计算的发展历史及其应用》，载《信息记录材料》，2018(8)。

④ 余远方：《教育供给问题研究》，载《经济研究导刊》，2011(15)。

服务供给的"统一战线"①，推进让人民群众有"教育获得感"的多元供给教育公共服务体制机制改革。

二、在线教育公共服务的内涵与特征

（一）基于云技术的互联网服务模式兴起

1. 云与云技术

在互联网技术刚兴起时，人们习惯用一朵云来表示互联网，所以基于互联网的新一代计算方式被称为"云计算"。② "云"概念的兴起和互联网是紧密相关的。"云"指的是海量、虚拟的共享资源网络。其海量的特点体现在："云"包含几十万甚至上百万台计算机，是数据存储和应用服务的中心，用来完成存储和计算的工作。③ 其虚拟的特点体现在："云"突破了时空的界限，将教育资源虚拟化，通过虚拟网络共享、处理、利用海量数据。

云计算是在线教育发展依赖的重要技术之一，但目前对云计算的定义尚未统一。云计算有时指云计算技术，有时指相应的计算服务模式。美国标准化技术机构将云计算定义为一种资源利用方式，它能以方便、友好、按需访问的方式通过网络访问可配置的计算机资源池（如网络、服务器、存储、应用程序和服务），这种模式可以实现快速供应并以最小的管理代价提供服务。云技术即云计算技术，它是一种分布式计算技术，以网络为依托，以多个分布式异构数据库为对象，将多部服务器组合成一个庞大的服务系统。④ 云计算技术的应用大大提高了数据的处理效率，为海量的数据处理提供了基础，同时也使大数据的分析处理及管理成为可能，并为基于数据处理的数据服务提供了发展空间。云计算的关键技术包括编程模型、海量数据分布存储技术、海量数据管理技术、虚拟化技术及云计算平台管理技术等。

云计算是一种基于分布式计算、网格计算等技术的计算模型，主要在数据、平台、软件等方面提供服务，能够在数据处理、服务效率等方面实现较大的突破。在教育领域中，数据服务主要体现在教育资源的汇集、整合、及时更新等方面；平台、软件服务主要体现在教育资源共享、促进教学交互、完善教学环境等方面。

2. 云平台与云服务

云服务是指云能够提供的服务，通常理解为将信息技术相关的处理需求以服务的

---

① 余胜泉、李晓庆：《基于大数据的区域教育质量分析与改进研究》，载《电化教育研究》，2017(7)。

② 方巍、文学志、潘吴斌等：《云计算：概念、技术及应用研究综述》，载《南京信息工程大学学报（自然科学版）》，2012(4)。

③ 王萍、张际平：《云计算与网络学习》，载《现代教育技术》，2008(11)。

④ 叶敏、林敏：《论云技术在军队档案远程服务中的运用》，载《中国档案》，2010(6)。

方式提供给用户，允许用户在不了解服务的技术、没有相关知识及设备操作能力的情况下通过互联网获取需要的服务。① 云计算服务的类型可以分为基础设施即服务（IaaS）、平台即服务（PaaS）和软件即服务（SaaS）。IaaS 是指基础设施提供商将信息技术和数据中心作为服务提供给客户；PaaS 是指平台提供商向使用者提供集成的开发环境、服务器和硬件等资源供使用者部署相应的应用程序和软件；SaaS 则指软件提供商将应用软件统一部署在远程数据中心的服务器或服务器集群上供用户使用。②

云计算技术提供的服务在我们的生活中较常见，除了网络存储应用，还有云数据中心服务，如中国移动"大云 5.0"主要用于中国移动的业务支撑、信息管理和互联网应用，包括数据挖掘、海量数据存储和弹性计算。此外，也有为用户提供云平台和云服务的案例，如阿里云提供的计算、存储和网络服务，主要用于各种电子商务。③

云服务进入教育领域后也掀起了教育云服务的浪潮。教育云服务是指利用虚拟化及云计算等技术，通过云计算平台集合各种资源、平台和应用，满足教育用户线上教育各方面的需求，完成信息沟通、资源分享、数据处理、决策评价等活动。④ 云计算在教育中的应用除了在数据存储、分析以及学习环境建构等方面提供支持，也为学习环境及教学空间提供教和学的支持。

（二）在线教育公共服务的内涵：公共服务的概念重构

公共服务这个概念源自公共行政领域，由莱昂·狄骥在 1912 年提出。莱昂·狄骥给公共服务下了定义：为实现和促进社会团结，必须由政府加以规范、监控和保障的活动。⑤ 可见，最初公共服务的概念与政府的职能和作用密切相关，这也体现了公众对政府在社会福利、社会保障、社会文化方面发挥更大作用的期待。

随着公共行政与管理、公共经济学理论与实践的发展，公共服务的内涵与服务范式不断演变。公共服务逐渐从服务于委托人和选民利益的、由政府设计和执行的政府行为，演变为通过政府主导、市场驱动等多种途径，由各类社会机构参与供给，服务和满足公民与各类社会团体公共利益的服务活动或产品。⑥ 政府在公共服务中的角色从最初的设计者与执行者转变为协调者与服务者，其主要职能转变为通过建设公共、私人和非营利机构的联盟等方式协商和协调公民与社会团体的利益，促进共同价值观的

---

① 张进宝、黄荣怀、张连刚：《智慧教育云服务：教育信息化服务新模式》，载《开放教育研究》，2012(3)。
② 黎春兰、邓仲华：《云计算环境下的信息资源共享研究》，载《中国信息界》，2011(12)。
③ 方巍、文学志、潘吴斌等：《云计算：概念、技术及应用研究综述》，载《南京信息工程大学学报（自然科学版）》，2012(4)。
④ 张进宝、黄荣怀、张连刚：《智慧教育云服务：教育信息化服务新模式》，载《开放教育研究》，2012(3)。
⑤ 唐铁汉、李军鹏：《公共服务的理论演变与发展过程》，载《新视野》，2005(6)。
⑥ 罗伯特·B. 丹哈特、珍妮特·V. 丹哈特、刘俊生：《新公共服务：服务而非掌舵》，载《中国行政管理》，2002(10)。

建立。在公共服务范式的演变过程中，通过多种途径有机整合社会各界力量与资源以响应和满足社会公众多元化需求成为公共服务范式创新的主要方向。

教育公共服务作为公共服务的一种，也同样经历范式的演变。进入互联网时代，社会公众对教育公共服务的需求扩大且升级，教育公共服务一方面需要应对公共教育供给资源结构性短缺、共享与应用有限、公共服务需求差异化等新问题，另一方面要应对社会公众日益强烈的高端、个性化教育服务需求。然而，无论是依靠政府的组织与主导，还是市场化驱动，传统服务技术与方法在有效采集和挖掘多样化教育服务需求、有机整合与优化社会资源以满足这些需求上存在局限，教育公共服务的范式演变与内涵重构势在必行。

云技术的发展与云服务的兴起为教育公共服务应对互联网时代新的公共服务供给问题与需求提供了一种技术与机制层面的解决方案，教育信息化建设与网络教育蓬勃发展为教育云平台与云服务的建设与供给奠定了基础。网络教育应用推动了各类教育资源以及教育教学服务与管理等业务流程上线，网络教育资源日益丰富，新型教育教学及其管理业务也逐渐形成。云技术一方面促进了原本封闭、孤立、分散的教育资源的开放共享与优化配置，另一方面促进了教育的教学过程变革、服务流程再造与管理机制创新，进而促进教育公共服务与互联网深度融合，使教育领域呈现平台扁平化、信息透明化、供需规模化等互联网特征，推动以政府主导、规范和监管为主的传统教育公共服务供给体系向一种开放共享、社会参与、社会协同、社会共治、共赢共生的在线教育公共服务范式转变。

由云技术支撑、体现互联网思维与平台经济特征的在线教育公共服务范式丰富和发展了教育公共服务，并引发人们对在线教育公共服务概念内涵的反思。究竟该如何定义在线教育公共服务？网络对于公共服务而言不只是一种服务供给媒介，而具有更为深远的意义。相应的，在线教育公共服务并不是在传统教育公共服务体系下借助网络手段提供教育公共产品和服务，而是引入互联网思维和平台经济模式系统，变革传统教育公共服务体系，从而解决资源结构性短缺、优化配置等新的教育公平与均衡问题，并满足新时期社会公众对教育公共服务不断升级、多元化的需求。综上所述，在线教育公共服务的定义为：政府、非政府公共组织、企业等各类社会组织机构与团体基于云计算、大数据等互联网技术，依托各类教育服务云平台，有机整合网上各类分布式资源，通过一种网络协同的方式向社会公众提供教育产品与服务，以满足新时期社会公众与团体对教育产品和服务多样化、个性化日益强烈的需求。

该定义是在"互联网+"时代对教育公共服务内涵的发展。其中公共服务中的"公共"一词不再只意味着政府职能、普惠性、公益性，更突出开放性、共享性、社会参与等特征，在大数据与云计算等技术的支撑下，个性化需求被挖掘和汇聚，分布在互联网不同节点的教育资源或供给主体以一种协同方式响应需求、提供服务，从而实现最大限度地挖掘教育资源以满足大多数人的个性化教育服务需求。可见，在线教育公共服务已经突破了传统教育公共服务以政府为主导的教育供给模式，也突破了以普惠性、公益性为主要特征的服务性质。对应对新时期公共教育供给的新问题以及已经变化与升级的教育公共服务需求来说，这种突破十分必要。

在线教育公共服务借助云技术有效挖掘与整合社会教育力量与资源，与传统教育系统一起参与社会公众教育服务的生产与供给，不仅能够响应新时期社会公众对教育服务升级的需求，而且可以助力"互联网+教育"系统变革，加速教育系统与社会系统的融合，构建一种在教育供给、教学流程、育人模式、教育管理、教育评估等方面都充分体现开放共享、联通融合、社会协同、社会共治、共生共赢、以人为本等互联网思维特征的全新教育生态体系。

(三)在线教育公共服务的特征

在线教育公共服务不再运用传统的教育公共服务范式，也不再具有传统教育公共服务的公益性、政府主导等特征，而被赋予公共性、普惠性等新特征。

1. 努力满足人人获得有质量的个性化教育的需求

关注社会公众多样化和个性化需求是在线教育公共服务区别于传统教育公共服务的重要特征。由政府主导、规范、保障的传统教育公共服务体系主要关注社会公众教育发展的共同需求，以基础性公共教育产品供给与服务为主，主要应对社会公众对教育机会公平的需求。在线教育公共服务则主要关注社会公众教育发展需求的差异，更注重个性化需求，主要应对社会公众对教育获得公平的需求。可见，两者均符合社会公众教育发展的共同利益，都旨在让社会大众从服务中受益，只是所满足的需求层次不同。从这个意义上讲，在线教育公共服务这一特征是对传统教育公共服务普惠性特征的发展。

2. 基于云平台的开放共享

在线教育公共服务体系的服务供给侧具有显著的开放共享特征。一方面，各类供给主体冲破原有体系的束缚，在公共服务平台上共享自己的教育资源、产品与服务；另一方面，公共服务平台将其汇聚、整合的各类教育资源、产品与服务信息向社会公众开放共享，促进需求侧与供给侧的有效匹配。在线教育公共服务体系中的各类教育组织机构与社会机构将其教育资源、产品与服务通过统一云平台向社会公众开放共享，公共服务平台对于社会公众具有公平的可获得性；在该云服务平台上，教育产品与服务信息较为透明且全面，为社会公众有效选择所需要的教育产品和服务提供了有力支撑。在线教育开放共享的特征是对传统教育公共服务中公共性特征的发展。

3. 社会协同的供给机制

社会协同是在线教育公共服务体系供给机制的突出特征。在传统教育公共服务体系中，政府在服务的设计、供给与监管上扮演着重要的角色，具有主导作用。然而，随着公众教育服务需求的转变，凭政府一己之力已难以满足社会公众多元化、个性化、高端化的服务需求。面对这一困境，在线教育公共服务基于云计算的社会协同机制，整合多个供给主体向社会公众提供服务。社会协同机制支持多个服务供给主体根据自身的优势与特色，在教育产品和服务的生产与供给链条或流程中主要承担某个环节或业务，通过线上协作的方式完成教育产品与服务的生产与供给，并根据其贡献与投入获得收益。可以说，在线教育社会协同的特征是对传统教育公共服务中政府主导特征的发展。

4. 社会共治的运营管理

社会共治是在线教育公共服务体系运营管理的突出特征。与政府规范、监管的传统教育公共服务体系不同，在线教育公共服务体系的供给主体、服务对象和社会公众共同参与对在线教育公共服务的设计、过程和质量的监管与评估，相关人员通过民主协商的方式在公共服务的设计、规范、标准等方面达成一致意见，并共同监管公共服务的实施过程与成效。这种社会共治的机制能够保证公共服务产品对社会公众需求的及时响应，并将基于体验的社会性评价纳入服务质量标准的评价依据，避免传统公共服务评价指标僵化、脱离实践体验等问题。

5. 数据驱动

数据驱动是在线教育公共服务体系区别于传统公共服务体系的技术特征，是在线教育公共服务体系实现为人人提供有质量的个性化教育服务目标的前提，是其充分发挥互联网大数据、数据汇聚与分布式计算等技术优势，实现社会参与、社会协同、大规模优质公共服务供给新格局的技术保障。只有通过对需求数据、服务数据的及时采集与高效分析，在线教育公共服务才能实现公共服务资源优化配置、供给侧与需求侧相互驱动、个性化服务大规模供给、多供给主体协同服务以及公共服务社会共治。

6. 发展性

公民与各类社会团体对教育和发展的需求随着时代的变化而变化。在不同时代，社会经济发展水平不同，社会对人才与社会团体的要求也发生变化。相应的，人们对在线教育公共服务的基础性需求、核心需求都发生变化，因此，在线教育公共服务具有发展性特征。随着社会发展进步，人们对教育发展的共同需求也不断演变，从关注教育机会的公平性到对符合自身需求的优质教育服务的期待，从对获取丰富教育资源的追求到对教育过程服务和体验改善的追求，这一系列演变不断推动在线教育公共服务的服务内容、技术、方式与机制升级。

三、三层在线教育公共服务模式

随着云技术在教育领域的推广应用，以及社会大众教育理念与自我发展需求的变化，在线教育公共服务的内容与形式不断丰富和演变，目前已经形成包含技术与环境、内容与资源、学习支持三个层级的多种公共服务实践模式，这种三层在线教育公共服务模式基于大数据、云计算等互联网技术从技术到资源再到学习服务，构建了多种教育公共服务云平台，为满足多元、个性化的教育需求提供了不同层次的支持。下面介绍这个三层在线教育公共服务模式每一层的服务定位、实践发展与典型实践模式。

(一)技术与环境

1. 服务定位

对技术条件与技术环境的需求是在线教育开展的基础性需求。对在线教学活动而言，网络通信技术与教学交互技术环境是基本要素，是整合时空分离的教与学行为的前提，也是教学交互与各类教学活动得以实施的基本条件。随着在线教育迅猛发展，人们对各类在线教育支撑技术条件与环境的需求日益增加，而且服务需求升级。一方面，对教学通信的及时性、实时性、多媒体性有了更高要求；另一方面，对线上教学空间的交互性、沉浸感、智能性、联通性也有了更高要求。在线教育支撑技术与环境服务就是在这样的背景下应运而生的。

技术与环境层级的在线教育公共服务是借助云计算、大数据等技术，利用和整合分布在网络上的软硬件资源与通信资源，面向社会公众的各类在线教育需求提供的教育通信服务与教育技术环境平台服务。在该服务中，云计算、大数据等互联网技术发挥了重要作用，面对不断升级的教育通信与环境需求，只有借助云计算、大数据等互联网技术，才能充分挖掘网络已有软硬件资源与网络通信资源，搭建高效数据传输网络与通信网络，构建具有交互性、智能性、沉浸式且相互联通的在线教学环境。技术与环境层级的在线教育公共服务实践可推动以互联网为主平台并融合物理空间、网络空间教育资源的教育服务基础条件和技术环境的建设，为构建新型教育服务体系奠定基础。

2. 实践发展

在线教育技术与环境建设是开展在线教育的基础条件。在云计算、大数据等互联网技术的支撑下，能够促进在线教育空间与数据的便捷联通，为在线教育搭建联通性、交互性、沉浸式、智能性更强的技术环境。该层次较为典型的教育公共服务实践是2012年教育部发起的"三通两平台"(宽带网络校校通，优质资源班班通，网络学习空间人人通；建设教育资源公共服务平台、教育管理公共服务平台)中的"网络学习空间人人通"。2012 年 3 月，教育部颁布《教育信息化十年发展规划（2011—2020 年）》明确提出教育信息化的发展任务。2012 年 5 月，教育部副部长就教育信息化建设做出了重要指示，提出把"三通工程"作为工作重点。2012 年 9 月，时任国务委员刘延东在全国教育信息化工作电视电话会议上提出了"三通两平台"，"三通两平台"的概念得以确立。网络学习空间是指由教育主管部门或学校认定，融资源、服务、数据为一体，支持共享、交互、创新的实名制网络学习场所，空间包括个人空间、机构空间、集成的公共应用服务和数据分析服务等。网络空间的联通既包括不同角色的互联互通，实现信息沟通与数据交换，也包括各类公共应用服务的汇聚与调用，实现服务贯通。

"网络学习空间人人通"需要实现数据汇通、信息沟通、资源融通与服务贯通等联通，而在这些联通中，数据汇通为其他联通提供技术，使整个网络学习空间的服务得以展开。实现整个网络学习空间的联通就需要在收集海量数据的同时对不同的数据进行分析与管理，建立不同数据的连接接口，便于数据的转换交流，而这些关键技术的突破都和云计算息息相关。在某种意义上，网络学习空间搭建了一个能够为教师、学生、家长提供各类服务的在线教育服务云平台，该平台不仅可以通过数据分析和云计算汇聚更多学习服务供学校、师生和家长选择，支持个性化服务需求的满足，而且可以拓展教学空间、实现教学流程的再造，推动课堂教学和学校教育的深层次变革。网络学习空间服务模式如图 7-1 所示。

支持教学互动、教学服务与管理的在线教学平台也是这一层级服务的实践。在线教学平台的发展经历了内容管理系统、学习管理系统、学习内容管理系统和学习活动

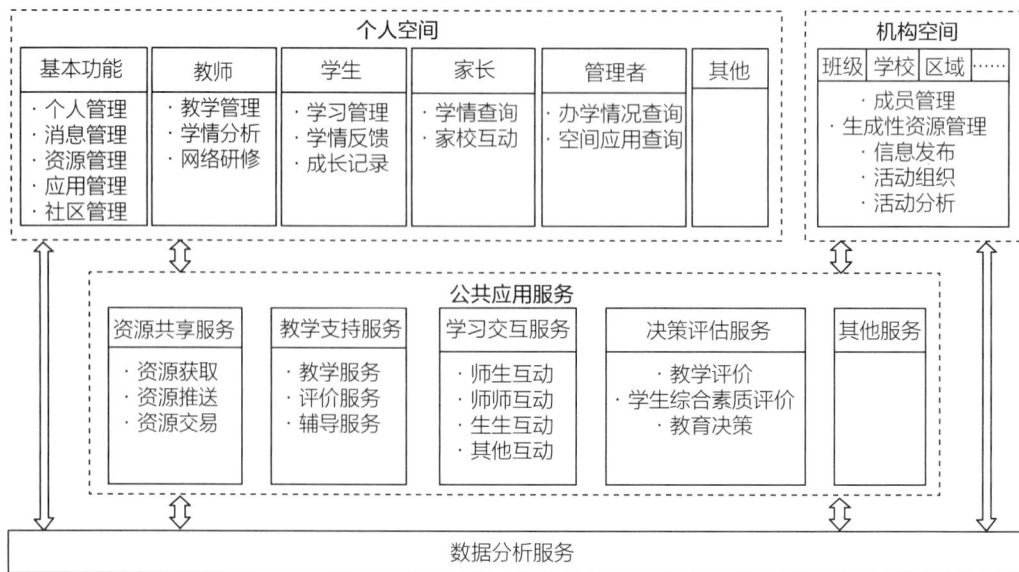

图 7-1　网络学习空间服务模式

管理系统等阶段。早期的内容管理系统还不能对课程或用户进行系统化管理，学习内容主要以网站内容的形式呈现，系统主要以网站、论坛等形式出现。到了学习管理系统阶段，平台开始注重对系统的管理，既有对平台内容的管理，也有对学习者的管理，目前我国使用的主要产品也是学习管理系统，如 blackboard 平台、moodle 平台、WebCT 平台等。学习内容管理系统在进行系统管理的基础上，为学习者提供个性化学习内容管理。学习活动管理系统则包含整个教学环境的管理，包括学习管理环境、教师监测学生等。学习内容管理系统和学习活动管理系统在个性化学习和智能化学习方面更加深入。[①] 从在线教学平台发展的历程也可以看出，用户对于在线教学环境的要求也不断变化，跨平台的联通、教与学数据的联通与分析、更突出的个性化与智能化功能需求等都对大数据和云计算等互联网技术有更强的依赖，在线学习平台逐渐具有更突出的云平台特征。

近几年来，网络基础设施的完善与升级以及云计算、物联网、虚拟现实等互联网技术的快速发展为在线教育的开展提供了相对良好的教育传播与互动技术环境。公众对在线教育技术环境也有了更高的要求，开始关注网络通信环境与教学环境在支撑优质教学交互和多元化教学需求方面的能力，如环境的交互性与联通性、互动的自然性与丰富性、教学场景的沉浸性、教学时空的缩放性等。相应的，技术与环境层级的公共服务需求开始转向师生间实时直播互动环境、虚拟教学实验室、沉浸式教学技术与环境、数字化校园建设、学校内外教育空间与场景的联通等。满足优质教育交互和多元教学需求的技术平台开始进入公共服务的视野，教育空间开始向物理空间和信息空间的融合空间发展。技术的革新为公众新诉求的满足提供了可能，混合现实、可穿戴设备、眼动技术、仿真技术、全息技术、人工智能、区块链、虚拟助手等技术的发展在人和环境之间建立了更深入、更多维度的连接，公众所处的教育环境也更加智能化、人性化。

在追求沉浸性和互动性的同时，公众对在线教学的及时性要求也越来越高，直播教学的出现较好地满足了公众的及时性和互动性需求。2020 年新冠肺炎疫情防控期间，直播教学成为各类院校应对疫情开展教学的重要方式，腾讯会议、钉钉、ClassIn 等视频会议与在线直播教学系统广泛应用，刷新了公众对在线教学的认识，其沉浸式交互体验及便捷的资源与屏幕共享等特征使得直播教学成为在线教学的重要形式，对直播教学平台服务的需求与日俱增。

3. 典型实践模式

(1)政府主持，社会参与

该实践模式是由政府组织社会力量建设在线教育相关支撑技术环境，并提供技术环境运维和应用相关服务。在该模式中，政府是技术环境公共服务的策划者与组织者，

---

① 万力勇：《 e-Learning 综合应用平台的演变规律探析》，载《中国电化教育》，2007(9)。

组织社会各类机构参与或配合，共同搭建在线教育公共服务体系。此类模式以推动在线教育基础设施与环境建设、满足公众在线教育基本需求、促进教育公平为主要目的。

学习活动 7-1

"三通两平台"的建设是政府主持、社会参与的典型案例之一。在推进"三通两平台"建设过程中，政府协同社会力量和学校力量一起开展工作，推进教育信息化进程。"三通两平台"需要强大的技术支持，仅靠政府力量难以完成，需要整合社会力量加入。

"三通两平台"从网络技术、资源服务到学习空间实现不同层面的联通，强调搭建教育资源公共服务平台和教育管理公共服务平台，实现教育资源共享及数据化教育管理和决策。在具体落实过程中，条件不同的地区实现的方式也有所不同。

以湖南省教育厅为例，湖南省教育厅在推进"三通两平台"的过程中采用与企业合作的方式。湖南省教育厅与北京安氏领信科技发展有限公司签署了合作框架协议，由企业投资参与农村中小学"校校通"建设，此外，湖南省教育厅和中国电信湖南公司签署协议，建立电信"村村通"及"数字湖南"等。在推进"三通两平台"建设的过程中，企业作为主导力量，汇集了社会各界的力量和资源，协同推进任务，学校在该过程中成为重点扶助对象，成为"三通两平台"的重要反馈者。

请收集相关资料，思考推进"三通两平台"建设过程中的三个问题。

政府发挥了什么作用、扮演了什么角色？

社会力量发挥了什么作用、扮演了什么角色？

学校力量发挥了什么作用、扮演了什么角色？

（2）企业主体，政府监管

在该模式中，政府从供给主体转变为支持者与监管者，支持相关优质技术环境软硬件产品的研发和运营企业，在政府的引导和监督下引入市场机制，以企业为主体向公众提供在线教育相关公共产品与服务。这类实践模式以针对特定在线教学需求与情境的技术环境服务供给为主。面对多样化的教学应用场景和需求，政府很难凭一己之力实现各种在线教学技术以及环境产品与服务的供给，通过引入市场机制，调动社会力量，可以发挥企业在技术研发和运营管理方面的优势，鼓励企业与政府、学校多方合作，向公众提供所需要的相关产品与服务。例如，blackboard 平台、WebCT 平台皆由企业研发，通过校企合作等方式，向学校和学习者提供在线教学技术环境服务。

学习活动 7-2

学习管理系统等在线教学平台的技术服务是企业主体、政府监管的典型代表。这一类平台主要由企业进行研发，为各个学校和机构提供相应的服务，在中小学及各高校都有广泛的应用。企业在为各学校和机构提供服务的同时，其服务质量也受到政府的监督和管理，从而形成学校、企业和政府三主体协同服务模式。

许多学校都会和学习管理平台进行合作，以便进行教学管理。请和同学一起，选择一个与自己所在学校合作的学习管理平台，对以下问题进行调查，并整理分享结果。

该平台上可以提供哪些服务？

哪些服务是由校方提供的，哪些服务是由企业提供的？

在平台和学校合作的过程中，平台提供了哪些服务内容？学校提供了哪些支持辅助？

（二）内容与资源

1. 服务定位

教育内容与资源是在线教育的关键要素，是在线教育教学发展的生命线。在教育公共服务中，内容与资源服务一直是促进教育公平与均衡发展的重要因素。进入互联网时代，无论是从促进教育均衡发展的需求出发，还是从满足日益增强的个性化学习和终身学习的需求出发，多元化优质教育资源都愈发重要。与此同时，互联网技术的应用和发展有力支撑了教育资源的汇聚、传播、共享、协同生产与更新，大大促进了以资源服务为核心的教育公共服务的实践发展。除了将传统资源数字化并借助互联网进行传播和共享外，一些适应在线教育和学习环境的新型资源出现。与此同时，发挥互联网技术特色，多主体通过社会协同方式参与的教育资源生产与供给服务模式也萌芽。在线教育资源公共服务基于教育资源云平台汇聚相关教育资源，并依托资源云平台开展以教育资源供给与应用为核心的公共服务，涉及资源建设、资源供给、资源应用支持、资源管理、资源更新等方面的服务。

该层级的公共服务实践不仅促进了社会各类教育资源的汇聚，而且对社会协同开展教育资源建设进行了有益尝试，并且推动了各类资源线上应用技术环境建设。基于各类教育资源云平台的公共服务实践为统筹规划并搭建服务于社会公众各类教育教学需求的一体化教育公共服务平台提供了重要基础，也为新型公共服务供给机制的探索积累了丰富的实践经验。

2. 实践发展

在在线教育兴起和发展初期，资源服务是在线教育公共服务的主要服务内容，政府在推动在线教育资源建设与供给上发挥了重要作用。教育部印发《教育信息化2.0行动计划》，将数字资源服务普及行动放在未来教育信息化八大实施行动的首位，明确提出了完善数字教育资源公共服务体系、优化"平台+教育"服务模式与能力以及实施教育大资源共享计划等重大目标。从《国家中长期教育改革和发展规划纲要（2010—2020

年)》，到《教育信息化十年发展规划（2011—2020 年)》《教育信息化"十三五"规划》等，国家在政策指导中明确了资源建设的方向和要求，中央和地方都积极启动数字教育资源建设公共服务平台与应用项目。例如，"三通两平台"工程中的教育资源公共服务平台旨在促进优质教育资源汇聚与共享，推动信息技术与教育教学深度融合；"教学点数字教育资源全覆盖"项目通过卫星、互联网等将优质数字教育资源传输到全国的教学点，帮助农村边远地区开齐、开好基础课程；"一师一优课、一课一名师"活动组织学科教师利用信息技术与数字资源上好一堂课，提高教师对信息技术推进教学改革、改善教学质量重要性的认识水平，形成一套覆盖中小学各年级课程的生成性资源体系。这些项目极大地推动了我国数字教育资源的建设与应用。

但是，现有数字资源供给体系的资源服务还存在一些问题，例如，资源内容单一，以教学资源为主，学习资源较少；资源类型交叉严重，资源低水平重复建设[1]；数字教育资源未能及时更新；资源供需不匹配，资源服务结构化短缺，不同资源供给机制尚未形成合力[2]；资源推广与应用的发展路径不明晰；等等。一方面，教育实践需要更多可重复使用且适用于更多教学场景的资源；另一方面，教育实践需要更多类型的学习资源，满足机构与个体的个性化学习需求。与此同时，微视频、微课等小粒度教学资源出现，公众对资源的需求从可获得转向优质、个性化。

云计算技术可以实时共享信息，在教学资源的共建、共享与管理，避免资源库重复建设等方面发挥了积极的作用。各地建立的教育云服务平台构建了新的学习者个人学习环境与教育资源信息系统，一方面，学生可以通过教育云服务平台自主选择学习方式与学习内容，更好地利用资源信息与服务；另一方面，教育管理者可以更好地做出资源建设、供给和管理决策。

其中，对于"三通两平台"的建设，2012 年时任国务委员刘延东对此做出了批示，要求在建设国家教育资源平台、推动教育信息化时采用云技术[3]，即利用云技术与云服务搭建国家教育资源云平台，整合各方面的云应用、云资源，提供各种终端应用的基础环境，依托中央电化教育馆、各地电化教育馆，向社会用户提供空间应用及资源服务。[4]

人们对资源的个性化需求越来越强，政府统一组织资源建设与供给的服务模式难以满足多元需求。学校与企业等多方主体开始参与教育资源云平台建设，汇聚优质教

---

① 柯清超、王朋利、张洁琪：《数字教育资源的供给模式、分类框架及发展对策》，载《电化教育研究》，2018(3)。

② 柯清超、王朋利、张洁琪：《数字教育资源的供给模式、分类框架及发展对策》，载《电化教育研究》，2018(3)。

③ 王珠珠：《国家教育资源公共服务平台及数字资源中心建设与教育资源共建共享》，载《中国教育信息化》，2013(1)。

④ 王珠珠：《国家教育资源公共服务平台及数字资源中心建设与教育资源共建共享》，载《中国教育信息化》，2013(1)。

育资源，并依托云平台提供各种教育资源服务。企业、非政府组织等组织机构与个体参与的资源协同生产与供给服务模式出现，如北京交通大学、福建师范大学等高校发起的网络教育教学资源研发中心、全国高校现代远程教育协作组牵头成立的百校千课共享联盟等，打破了高校、出版社、企业之间的合作壁垒，实现优势互补，在课程互选、学分互认方面取得了良好进展，促进了高水平继续教育资源的整合与共享。[①]

合作壁垒被打破，教育公共服务从传统的以政府为主体的供给体系转变为非政府组织、企业、高校、联盟等多元主体参与的供给体系，政府的职能也发生了转变。在传统的以政府为主体的供给体系中，政府具有建设资源设施、决定资源内容、监督与管理资源等职责；在多元主体参与的供给体系中，政府的职责被分散，但政府并不完全放手。资源供给决策与管理权下放到共同参与的多元主体，供给哪些资源、如何供给、如何监管与决策等都需要高校、非政府组织、企业等多元主体的参与决策，政府作为上级单位，带领其他主体跨界融合，形成能满足学生个性化学习需求的资源供给生态格局。

数字教育资源公共服务发展至今，在资源建设、服务载体等方面均发生了变化。如图 7-2 所示，资源建设方式经历了由自建到共建共享再到汇聚的演变；资源服务载体经历了由资源库到资源公共服务平台再到资源公共服务体系的转变。相应地，资源服务机制由分级服务转变为协同服务。建设数字教育资源公共服务协同体系可以进一步丰富各级各类教育资源服务平台的资源，随着资源推送技术的完善，数字教育资源公共服务将从面向群体的供给转变为面向个体的精准、个性化、适应性供给。[②]

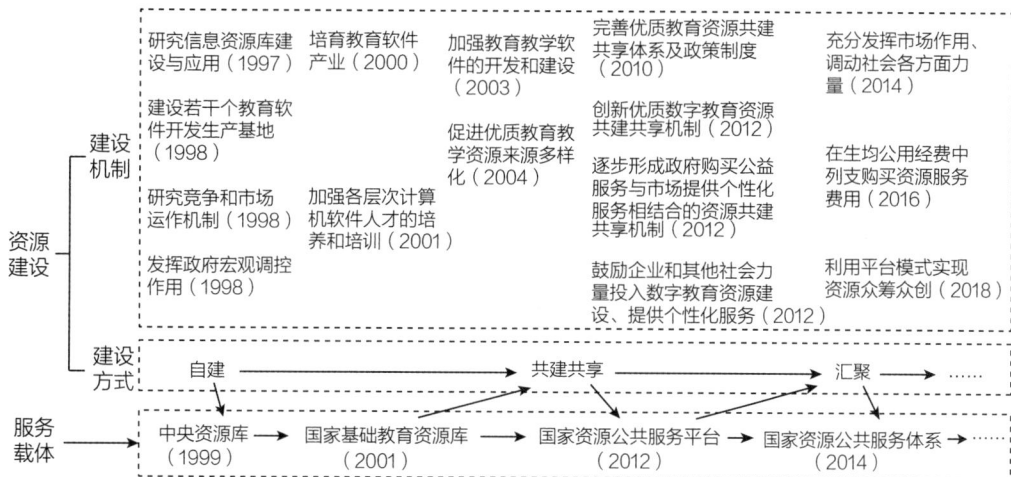

图 7-2 数字教育资源公共服务资源建设与服务载体的演变[③]

① 赵宏、蒋菲：《"互联网+"时代教育资源建设新模式探析》，载《电化教育研究》，2020(7)。
② 余胜泉、李晓庆：《基于大数据的区域教育质量分析与改进研究》，载《电化教育研究》，2017(7)。
③ 高铁刚、李艳坤、寇海莲：《基于政策文本分析的数字教育资源公共服务机制研究》，载《现代教育技术》，2019(9)。

高等教育领域及继续教育领域积极推动以课程为主的教育资源建设。自 2003 年我国启动国家精品课程建设项目以来，高校经历了从大规模课程建设到精品课程建设再到 MOOC 建设的转变。[①] 高校是课程开发的主体，学校与学校、学校与企业之间形成良好合作，在共建共享的政策指导与发展理念下，越来越多的优质课程通过课程平台向社会公众开放。继续教育领域继续积极推进 MOOC、网络课程、微课等数字资源的建设。世界知名高校加盟、企业化运作的 MOOC 平台成为在线教育资源公共服务的典型平台。

3. 典型实践模式

(1)政府主导建设的国家资源云平台

这种模式是政府部门主导、组织与推动资源服务平台建设，向学校师生提供数字教育资源。政府部门提供数字资源是为了保障学校的基本数字教育资源需求与课堂教学质量。[②] 例如，"三通两平台"的教育资源公共服务平台已经建成了面向基础教育的国家教育资源公共服务平台，以及面向开放教育、职业教育、继续教育等的国家数字化学习资源中心。

国家教育资源公共服务平台有两个特点：一是以优质资源为核心支持平台健康持续发展；二是以教师为主体带动学生、家长和机构的空间应用。平台需要政府规范引导、企业建设运营、学校购买服务，同时要建立资源共享机制，保护资源使用者和开发者的利益。在提供资源上传下载服务的基础上，强调以学习空间为核心的资源推送。

在 2020 年新冠肺炎疫情防控中，政府主导的国家资源云平台在教育资源供给与决策中的重要地位与作用凸显。新冠肺炎疫情防控期间，国家中小学网络云平台上线，覆盖所有省级行政区，为新冠肺炎疫情防控期间中小学师生开展线上教与学提供了有力的支撑。国家中小学网络云平台利用先进恰当的云服务与网络技术，政府协同多地互联互通，为全国师生提供以实名制网络空间为基础的教育资源与应用服务，使全国范围的大规模在线教学行动平稳进行。[③]

> **学习活动 7-3**
>
> 　　由政府主导建设的国家资源云平台是提供教育资源公共服务的典型实践模式，它整合社会力量参与数字教育资源供给，并面向社会大众开放共享。
>
> 　　请登录国家中小学网络云平台，体验并总结这一平台提供的教育资源的特点。

---

① 赵宏、蒋菲：《"互联网+"时代教育资源建设新模式探析》，载《电化教育研究》，2020(7)。

② 柯清超、王朋利、张洁琪：《数字教育资源的供给模式、分类框架及发展对策》，载《电化教育研究》，2018(3)。

③ 杨非、王珠珠：《国家在线教育资源公共服务在抗疫中的战略作用及疫后发展》，载《教育研究》，2020(8)。

①适用对象：_____。

②适用的情境：_____。

③资源形式：_____。

④资源品质：_____。

⑤其他：_____。

在 2020 新冠肺炎疫情防控期间的"停课不停学"教学实践中，你家乡的学校是否统一使用了某些国家资源云平台？如果使用了，请思考并讨论：在教学实践中，有哪些资源需求没有被满足？

我家乡的学校统一使用的国家资源云平台有：

①_____；

②_____；

③_____。

教学实践中没有被满足的需求有：

①_____；

②_____；

③_____。

请在完成上述活动的基础上，与教师和同伴讨论：如何完善国家资源云平台的服务并推进更广泛的应用？

（2）企业运营、多方供给的资源云平台

除了政府主导建设的国家资源云平台，企业运营、多方供给的资源云平台也是推动教育资源建设与发展的强大且鲜活的力量。这类资源云平台不是由政府主导与统一组织的，而是依托于企业运营，吸引世界知名高校、教师、教育机构等资源供给方达成合作、共同建设，形成一个多主体协同参与的教育资源建设与发展生态圈。MOOC平台是典型的企业运营、多方供给的资源云平台。

大家熟知的 MOOC 平台，如网易云课堂、学堂在线、中国大学 MOOC 等，通过独立部署一整套在线教学云平台，在资源汇聚、课程内容、服务流程、资源更新与改进等方面具有独特的特点。在资源汇聚方面，MOOC 平台与教育相关部门、国内外高校、专业教育机构、社会组织与企业等展开合作，共同建设或引进优质课程资源。在课程内容方面，与 MOOC 平台合作的高校及教师在提供课程时需要满足平台制定的标准，以学习者的学习需求为中心，根据学科特点和学习需求来设计与开发课程。在服务流程方面，MOOC 在提供学习内容的同时，通过组织间结构化的紧密合作，为学习者提供全程的学习支持服务，帮助学习者收获更好的学习效果与学习体验。在资源更新方面，MOOC 资源按照开课计划进行更新，学习者既可以跟随课程计划学习，也可以自定步调选择性学习。此外，MOOC 的课程资源具有自身迭代与优化特征，MOOC 平台有成熟的反馈机制，可以收集学习者对课程资源的建议，为改进与优化下一轮课程提供参考。

(三)学习支持

1. 服务定位

随着在线教育在技术环境、资源与服务上有所发展，人们对在线教育的需求从教育机会和资源转向教育质量，并逐渐认识到学习服务是实现优质在线教育的根本保障。教育内容与教育活动最终要通过在学习者的学习活动来发挥作用，促进学习与认知过程的教学交互是教学活动的本质。在线教育中教师与学生的时空分离会使教学要素对学生和学习过程的影响产生变化，学习者在更加独立自主的学习环境中进行学习时会遇到更多困难，这些困难不仅会影响他们的学习成效，还会影响他们学习的坚持性。因此，学习者进行独立自主学习的情景必须重构教与学的关系，在学生自主学习过程中向学生提供支持服务是重构教与学关系的关键。

在线学习支持服务就是依托在线学习服务云平台的学习支持服务体系，向多所院校的学生和社会学习者的学业学习或各类教育项目的学习者提供给认知、情感和系统方面的支持服务的总称。这类支持旨在帮助学习者在独立自主的学习过程中解决学习问题，推进学习进程，获得良好学习体验，从而提升学习者学业绩效，满足其个性化学习需求。在线学习支持服务的创新实践实质上是对传统教育服务分工模式的颠覆式创新，突破原有以学校为服务供给主体的服务分工范式，发挥互联网技术优势，拓展教与学时空，重构教学服务流程，吸纳更多社会优质教育资源，使其依托学习服务云平台以一种更加灵活、网络协同的方式在不同教学环节和学习阶段为学习者提供个性化优质学习服务。这类实践的发展可有力推动线上线下融合的人才培养、教育教学、监测评价、管理决策的模式创新与流程再造。

2. 实践发展

学习支持服务是以英国开放大学为代表的第二代现代远程教育院校的实践创新。因为学习支持服务面向每个学习者和他们的学习过程，所以往往需要大量的人力、物力和资金。对于很多资源有限的远程教育院校而言，承担学习支持服务往往是力不从心的。于是，由第三方向远程教育院校的学生提供学习支持服务的模式出现。法国国家远程教育中心较早对此进行了探索，为我国远程教育公共服务体系的发展提供了重要借鉴。法国国家远程教育中心是法国教育部直属的远程教育机构，与高校合作承担远程教育的运营管理等职能，负责向远程学习者提供学习支持服务。该中心以技术人员、行政人员、中等学校学生等为主要教育对象，设立了 8 个学院、130 个教学辅导站来为这些远程学习者提供学习支持服务，包括向学生提供教材、教学大纲等教育资源以及教学辅导、技术支持等。[①]

　　在借鉴国外经验的基础上，我国出现了以奥鹏教育现代远程教育公共服务体系为代表的现代远程教育学习支持公共服务平台。2005年，教育部正式批准建设现代远程教育公共服务体系，以中央广播电视大学奥鹏教育为具体运营机构。2007年，弘成教育、知金教育两家公司的公共服务体系也获得批准。我国现代远程教育学习支持公共服务平台开始发展。

　　现代远程教育学习支持公共服务平台是为现代远程教育试点院校提供在线学习过程支持的公共服务体系，其核心职责是向远程教育的学习者提供学习支持服务。现代远程教育学习支持公共服务平台是一种由政府认证和监管，以企业为主体运营，组织专业技术支撑，有效汇聚、整合服务资源，为多家在线教育机构提供学习支持的公共服务模式，是在线教育服务模式的重要创新。政府认证和监管可以有效保证教育公共服务的质量，赋予其一定的公信力，有效发挥公共性的特点。企业化运营可以发挥企业在技术与服务等方面的优势，激励企业参与学习服务的供给，是在线教育公共服务组织上的创新。同时，这类在线教育公共服务模式为高等院校和学习者之间搭建了重要的桥梁。高校负责提供优质教育资源，现代远程教育学习支持公共服务平台负责搭建与运营平台，对远程学习者进行规范化与专业化管理，为其提供更全面的、个性化的全过程学习支持服务。

　　随着在线教育的蓬勃发展、线上线下教学的深度融合，教育教学的灵活性和开放性特征凸显，越来越多的学习发生在更加独立自主的情境中，对学习过程的支持与服务需求日益增强，面向学习过程的学习支持服务成为许多在线教育和混合式教育项目的有机构成。学习支持服务的对象从早期面向远程教育院校和在线教育项目的学生拓展到传统院校的学生和各类教育项目的社会学习者。为适应多种学习需求，多样化学习支持服务模式出现，学习服务从单一主体供给到多元主体供给，学习服务内容与方式也根据不同情境的学习需求呈现灵活多样的形态，从针对特定教育教学项目学生群体的专属支持服务，到面向相同学段或学历学习者特定学习需求与问题的学习服务，如答疑解惑、个性化学业辅导、学习管理、技能培训、寻求学习伙伴、学习或能力测试与诊断服务、心理咨询等。在大数据、学习分析、云计算、人工智能等互联网技术的支持下，学习服务也呈现出大数据驱动和智能化特征，学习服务从人工服务向人工与智能协同服务转变。在学习云平台的支撑下，上述学习服务可以有效汇聚起来，以供更广大学习者根据他们的需求进行选择。

　　学习支持服务模式的发展与演变有力推动了教学时空与流程的拓展与重构，教学不仅发生在传统院校内，而且拓展到校外时空。摆脱时空束缚的教学流程将给予学生更多与教师和同伴互动、自主学习、探究创造的空间。

　　[①]　吴洪伟：《法国国家远程教育中心简介》，载《世界职业技术教育》，2003(6)。

3. 典型实践模式

(1)由政府认证，基于第三方机构的学习支持服务

现代远程教育学习支持公共服务平台是教育公共服务体系的重要组成部分。目前，我国主要有奥鹏教育、弘成教育、知金教育三家企业向多所院校提供学习支持服务。企业提供的公共服务模式在合作高校和学习者之间架起了重要桥梁，既为合作高校减轻了工作负担，又为学习者提供了规范化管理和个性化学习支持。现代远程教育学习支持公共服务平台为消除有限的教育资源与学生多元化的学习需要之间的矛盾提供了可能性。丰富的公共教育资源与个性化学习支持服务的有效配合可以促进在线教育质量的提高。后文将以奥鹏教育现代远程教育公共服务体系为典型实践案例，从服务模式、平台运营等实践层面深入介绍。

(2)由政府主导，基于智能教育公共服务平台的学习支持服务

随着在线教育公共服务模式不断发展，政府不再只关注学习者群体的共性问题，也开始关注学习者个体的个性化学习需求，将其纳入教育公共服务的范围。智能教育公共服务平台正发展为提供学习支持服务的在线教育公共服务体系的重要组成部分。北京市较早对智能教育公共服务平台的建设与应用进行了探索。2018 年，北京市教委、北京市财政局印发《北京市中学教师开放型在线辅导计划(2018—2020 年)(试行)》，开启基于智慧学伴平台的双师服务。双师服务是基于智慧学伴平台，在大数据、人工智能等互联网技术支撑下的新型教育公共服务模式。在各级教委、各中学和教师研修机构的组织实施下，教育系统中已有的教师资源依托智慧学伴平台，向本区域学生提供在线辅导，实现区域内教师的在线流转与智能化配置。智慧学伴平台由北京师范大学未来教育高精尖创新中心研发，平台具有大数据的精准分析、建模、预测等功能，对教师和学习者进行全方位分析，根据双方的数据特点进行精准匹配，为学习者提供跨区域、个性化、精准化的教师辅导、教育资源和学习支持服务，为政府的精准决策提供数据支持。

学习活动 7-4

基于智慧学伴平台的双师服务是基于智能教育公共服务平台的学习支持服务的典型实践案例，其核心功能是为学生提供实时的个性化在线辅导。请阅读《个性化教育公共服务模式的新探索——"双师服务"实施路径探究》①等双师服务相关文献，思考以下问题。

在该案例中双师服务中的师生精准匹配是如何实现的？

请描述案例中双师服务的两种形态分别是如何实践开展的？

双师服务的意义是什么？

---

① 陈玲、余胜泉、杨丹：《个性化教育公共服务模式的新探索——"双师服务"实施路径探究》，载《中国电化教育》，2017(7)。

教学活动建议

本节介绍在线教育公共服务模式的概念和原理，是本章的核心内容，也为学习者学习后两节内容提供理论基础。建议教师首先帮助学习者深刻理解互联网时代教育公共服务范式转型的必然性，并将教学重点放在对在线教育公共服务的内涵、特征与价值的解读上。这部分内容偏理论，相对抽象，为了帮助学生理解，可以给学生提供更多实践案例，引导学生结合案例分析和实践调研进行学习。在讲授三层在线教育公共服务模式时，教师可以有意识地引导学生将三层公共服务创新实践与教育公共服务技术环境建设、教育公共服务平台与机制建设、教育公共服务分工与教育模式创新建立联系。

学习活动建议

本节介绍了在互联网时代公共教育需求演变与升级的背景下，云计算、云服务等互联网技术、互联网思维与平台经济对教育公共服务的重构与发展，并介绍了具有云服务特征的三层在线教育公共服务模式。本节是本章学习的理论基础，相对而言有些抽象，需要基于更多案例分析和实践调研来帮助理解。本节设计的学习活动可以帮助了解在线教育公共服务的实践，有助于理解在线教育公共服务的内涵与特征，以及不同服务模式的特点和应用情况。请基于本节内容核对本节学习活动的完成情况，如有未完成的活动，请按照内容提示完成。如已完成所有活动，请思考并与教师和同伴交流下列问题。

互联网技术在促进教育公共服务范式转变中扮演了怎样的角色？

在线教育公共服务和传统教育公共服务有什么异同？

三种在线教育公共服务模式之间是什么关系？

第二节 在线教育公共服务典型平台

第一节对在线教育公共服务的内涵进行了探讨，介绍了三层在线教育公共服务模式。本节选取了在线教育公共服务的三个典型平台——直播教学平台、MOOC 平台、现代远程教育学习支持公共服务平台，结合具体案例详细介绍这三种公共服务平台的服务定位与方式，旨在帮助加深对在线教育公共服务模式的认识，促进理解三类典型平台的价值与服务机制。

一、直播教学平台

随着互联网技术的发展，网络直播成为一种新型直播方式，其互动的沉浸感与便捷性受到了师生的欢迎，近几年在教育领域广泛应用。网络直播教学吸收和延续了互联网的优势，采用视讯方式进行现场直播与互动交流，将相关内容通过互联网平台进行直观、快速的分享。[①]即时的互动体验显著增强了在线教学的教学临场感与社会临场感。

在 2020 年新冠肺炎疫情防控期间，直播教学成为各级各类院校应对疫情的重要在线教学方式，许多直播平台也在此期间得到了大众的广泛使用，改变了大众对于直播教学的刻板印象。在此背景下，直播教学成为在线教育最有发展前景的教学形式之一，人们对直播教学技术平台的需求与日俱增。支持直播教学的技术系统与平台纷纷出现，这些技术系统与平台基于云计算、大数据等技术，搭建出能够支持音视频高质量通信、文件与屏幕共享、教学演示、基于内容的师生互动、教学评价与管理等的直播教学平台。这些技术系统与平台向社会公众开放，下载与安装方便简单，为社会公众开展直播互动教学提供了多样化的技术解决方案，相应平台供给方为教育用户提供技术应用服务。

学习活动 7-5

　　早期的直播平台出现在零售和电子游戏等领域，这些网络直播平台的出现改变了大众的直播体验，随着互联网的发展，网络直播平台也逐渐应用于教育领域，出现直播教学平台。

　　你接触过哪些早期的网络直播平台呢？如果你没有体验过早期的网络直播平台，可下载并体验，思考以下问题。

　　和电视直播相比，早期的网络直播平台有哪些吸引受众的特点？

　　当这些网络直播平台应用在教学领域时，有哪些优势与不足？

　　请结合前两个问题思考：教育教学的需求是什么？网络直播平台如何满足这些需求？

(一)直播教学平台类型

已有直播教学平台大致可以分为两大类：一类是支持实时多人互动的视频会议系统，另一类是针对直播互动教学需求的直播教学技术平台——线上直播教室。

[①]　蔡智超、曹天虹、曾建军等：《网络直播教学模式的研究及分析》，载《西部素质教育》，2017(14)。

1. 视频会议系统

视频会议系统是指使两个及以上不同场所的个人或团体通过通信传输媒介和多媒体设备，以声音、影像、文档资料等多种方式实现即时互动的信息交流的系统。[1] 视频会议系统可分为软件视频会议系统和硬件视频会议系统，主要技术有多点处理单元、丢包恢复技术、服务质量（QoS）、混合型网络视频应用技术等[2]，基于这些技术可以实现多方音视频交互、电子白板书写、动态演示文稿显示、文件共享、协同浏览及多媒体播放等功能。常见的音视频会议系统有腾讯会议、快会、米亚圆桌、云视讯、Boom云视频会议、小鱼易连、好视通视频会议等。视频会议系统能够使师生进行面对面交流，通过直观的音视频反馈交流，削弱师生因身处异地而产生的距离感，提升师生的教学体验。此类视频会议系统更强调基于音视频的人际互动和沟通分享，支持屏幕共享、文件分享、文件协同等功能。在教学支持方面，其在教学多样化互动和教学管理方面存在功能局限，对中等规模和大规模在线课堂教学互动与管理的支持较弱。因此，此类视频会议系统更适用于直播类教学，以及对管理和多样化教学互动要求较低的研讨类或讨论类课程教学。

下面以腾讯会议和Boom云视频会议为例，介绍视频会议系统的相关功能和特点。

（1）腾讯会议

腾讯会议是由腾讯云旗下的云视频会议产品，该会议系统支持用户进行远程音视频会议，具有在线协作、会管会控、会议录制、指定邀请、布局管理等功能。除支持开展线上会议外，腾讯会议也可以通过网络与线下会议室进行连接，让线下会议室设备连上云会议。腾讯会议不仅可以应用在企业会议中，也可以应用在远程教学和远程面试中，为身处异地的用户提供便捷的沟通交流平台。

（2）Boom云视频会议

Boom云视频会议是由济南慧云量子科技有限公司研发的一款适合多人云视频的会议软件。Boom云视频会议具有多人视频通话、分享屏幕批注演示、文字聊天、会议录制、会议管理和控制、投屏分享等功能。Boom云视频会议可以快速发起会议，操作界面简洁，能够较好地应用于会议场景和大型直播。免费版Boom云视频会议支持20名参会者、限时45分钟的群组会议，不限制会议次数，支持多人同时共享，并设置联席主持人。

2. 线上直播教室

线上直播教室主要采用音视频采集编码技术、流媒体传输技术、内容分发技术、终端解码技术等，借助这些技术可以使音视频及文档远端传输，并实现同步实时播放。

---

[1] 冷云华：《软件视频会议系统技术方案与故障维护》，载《长沙通信职业技术学院学报》，2013(2)。

[2] 郑宏莉：《流媒体应用研究》，载《科技广场》，2014(9)。

常见的线上直播教室有钉钉在线课堂、ClassIn 在线教室、UMU 互动学习平台、来课、共学云等。线上直播教室提供多方音视频交互渠道，具有文件共享等功能。这些功能可在很大程度上支持异地师生的教学交互，师生具有相同的操作权限，学生参与课堂的权利和空间扩大。但也由于师生在平台上的操作权利平等，教师难以控制课堂，对教师提出了较高的教学要求，也对学生的自主性提出了更高要求。

下面以钉钉在线课堂为例来介绍线上直播教室的功能与特点。

钉钉在线课堂是由阿里巴巴研发的在线教育直播平台，支持百人内的视音频互动，也支持外界手绘板输入，提供屏幕书写工具，支持图片、演示文稿等多种形式的文件共享，也支持视频回放。相较于视频会议系统，钉钉在线课堂提供更多的教学支持，如文件共享、文本标记等功能，更加有助于师生开展教学活动。

学习活动 7-6

请从视频会议系统和线上直播教室中各选择一个产品下载体验，对比它们功能的差异，完成表 7-1，并思考视频会议系统和线上直播教室有何异同。

表 7-1　视频会议系统与线上直播教室的比较

功能维度	选择的视频会议系统	选择的线上直播教室
教学互动		
课堂管理		
教学管理		
学习管理		

(二)直播教学平台服务模式

直播教学平台的服务通常以企业为主体进行技术研发与应用服务运营，根据服务用户的类型可以简单分为面向个体的平台服务模式和面向组织机构的平台服务模式两类。

1. 面向个体的平台服务模式

针对个体用户，直播教学平台通常会提供限时或不限时的免费直播教学平台服务，包括：①实时视频互动的基本功能性服务，如创建会议或直播课、会议或直播课邀请、视频通信、屏幕共享、文件共享、文本互动等；②支持文件存储与管理的云盘服务；③相应技术系统的应用指南、应用案例、常见问题解决方案等支持用户掌握直播系统应用方法的指导服务；④技术问题咨询与支持服务。这些服务通常由企业运营方直接提供给个体用户，不对用户开放的权限会根据用户的级别有所差异。

2. 面向组织机构的平台服务模式

针对组织机构用户，直播教学平台服务进一步升级，如增加平台参会人数量，提供更多支持互动、共享的功能性服务以优化教学体验，提供课程录制服务，拓展云盘服务的存储空间，增加直播课教学管理方面的服务（如排课、班级管理、上课通知等），配备针对组织机构的专属技术服务团队，提供专门的技术系统培训服务，提供课程数据管理的共享服务，等等。有些平台会根据组织机构的直播教学需求提供一些定制化服务，如直播教学空间设计服务，特定互动功能的用户授权，直播教学课程管理，直播教学不同应用模式的技术支持，等等。此模式通常由企业机构和其他机构合作提供服务，双方进行技术需求对接，并协同为使用者提供技术支持。

（三）案例分析

ClassIn 在线教室是由翼鸥教育研发的在线教育产品，该产品为师生异地教学互动提供技术支持，构建互动视频直播课堂，师生通过音视频进行教学互动，借助课堂工具开展教学活动。在新冠肺炎疫情防控期间，该平台与许多高等院校及社会组织进行合作，为学校线上教学和会议直播提供支持。目前该平台已经有超过 2000 万的师生使用，覆盖 100 多所高等院校和 300 多所中小学，其用户群体涉及 150 多个国家。

不同教学平台在提供通信服务和教学服务时会针对不同的服务对象进行设计优化。ClassIn 在线教室除提供基本的软件设备外，还提供配套服务以保证用户体验。在平台功能的设计、使用和优化过程中，翼鸥教育进行了一定的迭代，同时也针对用户进行宣传，并安排专业人员为用户提供培训指导。

学习活动 7-7

请你下载 ClassIn 在线教室，体验其相关功能，对其功能进行归类，并思考下列问题。

ClassIn 在线教室有哪些功能？这些功能可以如何分类？

ClassIn 在线教室适合哪些群体？可以适用于哪些教学情境？

ClassIn 在线教室的功能设计有哪些做得比较好的地方？有哪些不足之处？

---

1. 服务定位

ClassIn 在线教室可用于少儿英语、基础学科教育、公益组织、留学指导、国际学校教育、职业培训等领域。ClassIn 在线教室针对不同用户的需求提供不同场景的教学服务，包括一对一、小/大班课、双师课堂、网页大直播及会场直播等。虽然平台的应用场景有所差异，但共同之处是搭建了异地沟通环境，借助技术工具实现异地情境中的"面对面交流"。

2. 服务模式

ClassIn 在线教室为不同用户的不同应用场景搭建了较为完善的环境，其功能主要分为教学办公和直播讲解两种，针对不同的场景提供不同的功能，具体功能如表 7-2、表 7-3 所示。

表 7-2　ClassIn 在线教室教学办公功能

应用场景	音视频实时互动	课件互动展示	互动工具应用	云盘资源共享
小班教学	多路台上视频随意拖拽缩放，学生上台、下台、轮播	自由板书，生成复习图片	答题器，抢答器，小黑板，作业，骰子，计时器，随机选人	云盘授权，机构皮肤
在线办公	多路台上视频随意拖拽缩放，参会者上台、下台、轮播	扫码上传，拍照上传	授权，个人述职，小黑板，桌面共享，作业，计时器	机构云盘，云盘授权，个人云盘，机构皮肤

表 7-3　ClassIn 在线教室直播讲解功能

应用场景	音视频实时互动	课间互动展示	互动工具应用	招生引流方式
大班教学	多人班级，直播，回放，一键上台、下台、轮播	演示文稿，图片，音频，视频，文档	答题器，抢答器，桌面共享，作业，举手，随机选人	二维码、班级名片、主动加入班级
在线直播	实时同步，十万并发，扫码，点击链接参与，支持内嵌到官方网页，手机软件	演示文稿，图片，音频，视频，文档	禁言管理，直播评论，场内外打通，后台直播留言数据统计	直播页面支持开放，主动加入班级入口

由表 7-2、表 7-3 可知，虽然 ClassIn 在线教室为不同场景提供的功能有所不同，但主要包括软件管理服务、直播互动服务、教学管理服务、资源管理服务和数据分析服务。在为不同用户服务时，ClassIn 在线教室并不是设计不同的服务模式和内容，而是将原有的功能进行重组，形成不同的服务模式，以适应不同情境的需求。在教学办公中，ClassIn 在线教室通常提供互动式服务模式，使用户可以进行互动交流；在直播讲解中，ClassIn 则主要提供讲授式服务模式，缩小用户的权限，同时增加平台的容量。

从 ClassIn 在线教室的功能可以看出，线上直播教学主要以在线教学平台为载体，在线教学平台为师生提供信息空间，所以在线教学平台除了需要考虑师生的教学活动迁移至线上空间所需要的技术和可能遇到的困难，还需要考虑远程教育的特点，通过提供学习支持促进教学交互。同时，随着学习理论的发展和学习者能力要求的变化，自主学习、协作学习、探究学习等学习形式也逐步与在线教学结合，通过平台开展多种多样的学习，培养学习者多方面的能力，对学习者的关注焦点也从总结性评价转变为过程性评价，借助学习分析对学习者进行全面的评价总结。

3. 技术架构

ClassIn 在线教室的技术架构如图 7-3 所示。由图 7-3 可知，ClassIn 在线教室的技术架构包括软件云服务架构以及与院校教学管理系统和校园硬件平台对接的技术方案。在软件云服务架构中，为支持在线课堂的高效互动与多场景运用，ClassIn 在线教室提供了即时通信、资源/书包、课表/上课/学情、作业、云盘/课件、数据留存等功能，各项功能由多项底层技术支撑，包括底层云通信、云存储、视频云服务、多方白板技术、多方屏幕共享与远程控制、视频播放器等。在前端进行直播时，后台能够记录师生操作互动的数据，并录制在线教室的教学互动过程，以供教师进行学情分析与教学实录分享。为支持在院校教学中整合基于 ClassIn 在线教室的直播教学，ClassIn 在线教室提供了与高校教学管理系统数据对接的技术方案，实现数据共享共用，对直播互动教学与学校线下教学的统筹安排与管理提供支持。此外，ClassIn 在线教室技术架构也支持双师模式，在学校有相应硬件设备支持的情况下，教师可以借助 ClassIn 在线教室进行异地直播教学。

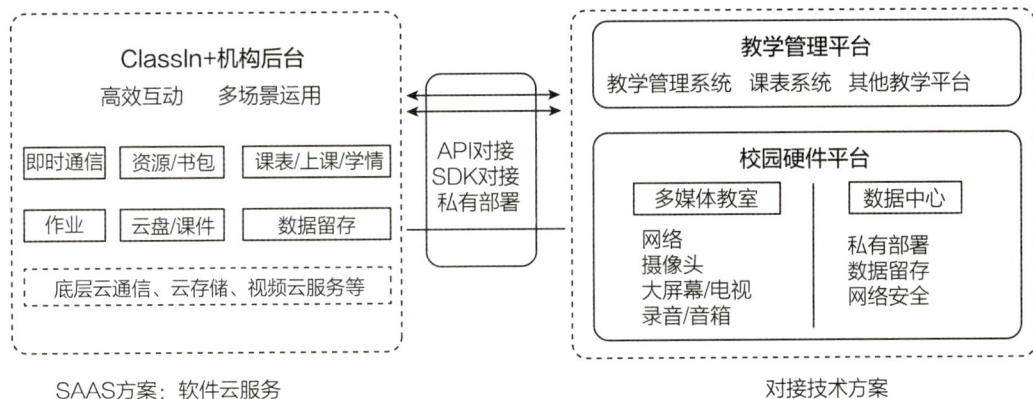

图 7-3 ClassIn 在线教室的技术架构

二、MOOC 平台

随着个性化、终身教育理念的普及以及学习者学习需求的多元化，大众对于 MOOC 的需求日益增强。MOOC 是开放教育与网络学习实验的演化产物[1]，它是远程教育、在线课程、开放教育资源和学习管理系统的最新发展，体现了开放教育资源从

---

[1] 斯蒂芬·哈格德、王保华、何欣蕾：《慕课正在成熟》，载《教育研究》，2014(5)。

单纯的资源到课程与教学的转变。① MOOC 碎片化的学习方式与短小精炼的学习内容符合学习者多样的学习需求，不仅是学习者课外学习的辅助资源，也是促进自主学习的工具与途径。在此背景下，向社会大众提供 MOOC 服务的公共服务平台出现，使社会学习者和各类组织机构可以自由选择所需要的 MOOC 并开展 MOOC 学习。MOOC 平台汇聚高校优质课程，对于满足知识经济时代社会公共对于终身学习日益增长的需求，以及解决中国教育长期存在的发展不均衡问题来说，都是一个契机。②

（一）MOOC 平台简介

MOOC 平台服务是一种依托公共技术平台，联合知名高校、专业教育机构、知名教师等机构与个人为社会公众提供的在线课程学习服务。MOOC 平台不仅为用户提供课程，而且为课程提供标准化的学习平台以及课程学习的认证服务。一方面，MOOC 平台像一个课程超市，汇聚由不同组织机构和个体按照一定质量标准开发的课程资源，满足公众课程学习的个性化需求；另一方面，MOOC 也为课程教学提供相对良好的教与学技术支撑平台。参与 MOOC 平台服务供给的主体涉及政府部门、高校、在线教育机构与教师个人等，各主体协同合作，面向社会学习者、学校学生、企业员工等提供课程公共服务。MOOC 平台服务架构如图 7-4 所示。

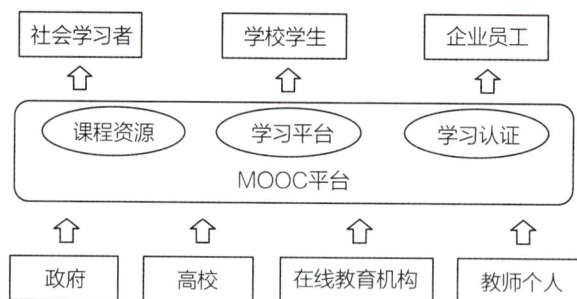

图 7-4　MOOC 平台服务架构

2011 年，斯坦福大学教授赛巴斯蒂安·图伦和彼得·诺威格在网络上分享了人工智能课程，这是优达学城平台的雏形，2012 年，斯坦福大学教授吴恩达与达芙妮·科勒共同创办了 Coursera 平台。2012 年，非营利性质的 edX 平台由麻省理工学院和哈佛大学共同成立，为大众免费提供这两所学校的课程。从国外的 MOOC 平台发展概况来看，美国的优达学城，Coursera 和 edX 三大平台为 MOOC 发展打下了基础，随后，英国的 FutureLearn、德国的 Iversity 相继出现。这些平台上的视频大多是在线微视频，

① 王萍：《大规模在线开放课程的新发展与应用：从 cMOOC 到 xMOOC》，载《现代远程教育研究》，2013 (3)。

② 黄健青、李芳：《MOOC 模式对我国开放教育发展的启示》，载《电化教育研究》，2015(10)。

并增加了促进学习者在线学习的元素和交互性设计。① 除此之外，国外 MOOC 平台还有可汗学院、Open 2 Study、Alison 在线学习系统、OpenupEd 等。与国外 MOOC 平台相比，我国 MOOC 平台起步较晚，但优质 MOOC 平台也拥有大量注册用户，如高校自建 MOOC 平台——学堂在线，个体学习者 MOOC 平台——超星慕课，社团建设 MOOC 平台——智慧树，MOOC 资源交流网站——果壳 MOOC 学院，等等。②

此外，MOOC 平台提供学习成果认证服务，学习成果认证是指由主管部门对一个人在正规、非正规或非正式场合所获得的学习成果（包括知识、技能和能力）对照预先设定的标准和要求进行确定的活动，通常是与证书相联系的。③ 在实践中，在线开放课程学习成果认证有学分认证和非学分认证，我国 MOOC 学分认证主要为大学主导的校内学生学分认证、高校联盟内部学分互认、教育行政部门协调的区域高校学分互认等类型。④ 国内 MOOC 平台学分认证的主要服务对象是在校生，如学堂在线和智慧树；国外 MOOC 平台则面向社会人员，如 edX 和优达学城。⑤ MOOC 认证分为两种，一种是课程教师个人认证颁发，这类课程一般可免费学习，学习者达到学习要求即可，主要作用是鼓励学习；另一种是院校或机构认证颁发，学习者学习付费课程并需要通过认证考试，证书具有正规效力。⑥

各类 MOOC 平台在合作机构、组织特点、模式运行类别等方面具有一定差异，较为典型的 MOOC 平台有两类。

1. 企业运营类 MOOC 平台

这类 MOOC 平台一般依靠大平台或有较强互联网背景的企业，企业为授课者和学习者提供平台，开发各种功能，吸引高校与机构入驻，将自身的流量分发给平台上的各类课程。如网易云课堂、Coursera、优达学城、学堂在线等，它们是在线教育创业公司建设的 MOOC 平台，由合作院校与签约教师负责课程内容供给，企业负责提供课程学习平台。

2. 学校联盟类 MOOC 平台

学校联盟类 MOOC 平台主要是院校合作联盟，建立联盟独有的平台，实现各校课程、专业、师生资源共享与校际学分互认等，探索跨学校、跨区域的教育教学。如

---

① 王美静、王海荣：《基于学习者视角的国外 MOOC 平台比较研究及启示》，载《现代教育技术》，2014(7)。
② 刘和海、李起斌：《"中国式 MOOC"概念探讨及平台优化策略研究——基于中文 MOOC 平台的调查分析》，载《现代教育技术》，2014(5)。
③ 王海东：《欧洲非正规与非正式学习成果认证策略述评》，载《中国远程教育》，2017(6)。
④ 殷丙山、郑勤华、陈丽：《中国 MOOCs 证书授予及学分认定调查研究》，载《开放教育研究》，2016(2)。
⑤ 高欣峰、林世员、郑勤华：《中外大规模在线开放课程学习成果认证分析——基于 9 个慕课平台的比较研究》，载《现代远距离教育》，2019(3)。
⑥ 胡涛、余忠、陈思桦：《中国慕课平台发展面临的困境与对策——基于国外"三大主流"平台的经验借鉴》，载《湖北民族学院学报(哲学社会科学版)》，2015(5)。

edX、FutureLearn、中国大学 MOOC、好大学在线等 MOOC 平台实质上就是学校联盟建设的 MOOC 平台，联盟学校与合作学校基于已有网络教育资源负责课程内容供给，平台提供课程学习支持服务。

政府在推动 MOOC 平台的建设、推广与应用中扮演了重要角色。政府积极支持 MOOC 平台的研发与建设，如教育部在线教育研究中心联合慕华教育投资有限公司，以学堂在线为载体，遵循"一体两翼"的可持续发展模式。政府在特定情境或需求驱动下充分发挥 MOOC 平台公共服务优势，让更多人从 MOOC 平台的服务中受益。例如，在新冠肺炎疫情防控期间，教育部在 2020 年 2 月 4 日发布文件指出："面向全国高校免费开放全部优质在线课程和虚拟仿真实验教学资源。截至 2020 年 2 月 2 日，教育部组织了 22 个在线课程平台制定了多样化在线教学解决方案，免费开放包括 1291 门国家精品在线开放课程和 401 门国家虚拟仿真实验课程在内的在线课程 2.4 万余门，覆盖了本科 12 个学科门类、专科高职 18 个专业大类，供高校选择使用。"

（二）MOOC 平台的应用模式

因为 MOOC 资源供给主体及合作方式不同，MOOC 平台具有不同的应用模式。我国 MOOC 应用模式主要有三种，体现了高校与互联网企业参与建设、互相合作的特点。

1. 以课程切入的高校 MOOC 模式

此模式的主要目的是提升学校品牌影响力，并以此促进优质教育资源共享，推动学校的教育教学改革。我国已有的 MOOC 联盟实践形式主要是学校之间的联盟，各联盟通过开发自己的平台，通过平台整合各方资源，将平台的课程与校内学生的学习挂钩，实现合作高校间的课程共享和学分互认。[①]

例如，UOOC（优课）联盟是地方高校优质 MOOC 资源共享平台，在国家相关政策的引导下，该平台本着共创、共建、共享的原则，旨在整合地方高校优质教学资源，建设 MOOC，形成优质课程共建共享机制，为联盟高校学生及社会学员提供课程学习服务，力争提升地方高校人才培养水平和社会服务能力，促进我国高等教育均衡化发展。该平台的高校成员与课程数量不断增加，学校参与度较高，选课学生人数不断增加；运行机制不断完善，制定了《地方高校 UOOC（优课）联盟章程》《地方高校 UOOC（优课）联盟建设与运行管理办法》《地方高校 UOOC（优课）联盟在线课程质量与学分互认管理办法》等规章制度，实现了地方高校间优质 MOOC 资源的共建共享及学分互认，并开展了在线教育理论研究。

---

① 王海荣：《公共服务体系在中国 MOOC 发展中的地位与作用》，载《中国成人教育》，2014(14)。

2. 以平台切入的互联网企业 MOOC 模式

此模式解决资源入口问题，通过搭建公共平台，与学校、政府或企业合作，由学校或教师提供课程，向社会大众免费开放共享，如网易云课堂、中国大学 MOOC 等。此模式采用入口免费、增值服务付费的方式，即课程的基本服务是免费的，但课程认证、职业发展服务、企业员工认证项目等增值服务是收费的。

例如，网易云课堂是背靠一线互联网公司的在线教育平台，网易云课堂与高校、专业培训机构、优秀讲师等合作，邀请他们成为课程入驻方，高校、网易杭州研究院、外部机构为主要教学机构，共同构建汇聚优质资源的平台。但是，以平台切入的互联网企业 MOOC 模式在教学过程服务方面没有固定的师资团队，无法保障学习的科学性、专业性和个性化。[①] 网易云课堂通过与高校之间的合作提升了平台的课程内容水平，并且邀请了一些细分领域的专业教学机构与团队参与，他们在一定程度上为高质量内容平台的建设保驾护航。[②]

3. 以"平台+内容"切入的校企合作 MOOC 模式

此模式主要是高校与企业平台合作，建设特定领域的开放学习平台。采用"平台+内容"模式的企业多数为具有传统教育背景的企业，它们与知名高校合作并实行课程认证与学分转换。

开课吧是此模式的典型例子，开课吧提供泛信息技术类学科在线课程，与高校或行业合作承认学分。开课吧整合全球前沿信息技术和互联网企业优质师资及实战项目，提供 Java、网页前端、数据分析、Python、人工智能、产品、设计、运营等热门领域的体系化在线实战赋能和进阶课程，满足用户多层次和个性化的学习需求，实现职业提升和可持续成长。2020 年 3 月，开课吧推出企业版，为企业数字转型储备全局优化的数字人才，帮助企业构建数字化能力，提供技术人才培养解决方案。

MOOC 平台是典型的教育云服务平台，基于云平台的 MOOC 资源推荐算法能够整理课程资源特征，建立 MOOC 资源特征库，然后分析学生的学习行为数据特征，根据一定的关联技术为学生推荐最合适的 MOOC 资源，满足学生的个性化学习需求。[③] 企业、学校等也可以依托 MOOC 平台开展教、学、管、评一体化教学方案，如中国大学 MOOC 是网易联手高等教育出版社推出的在线教育平台，帮助学校、企业建立自己的在线课程，提供从技术方案、课程内容、教学管理到大数据支持的课程全流程一站式解决方案。

---

① 王海荣：《公共服务体系在中国 MOOC 发展中的地位与作用》，载《中国成人教育》，2014(14)。

② 汪程可：《职业培训类在线教育平台运营方案设计——以网易云课堂为例》，硕士学位论文，浙江大学，2019。

③ 徐福江：《基于云平台的慕课资源协同过滤推荐算法》，载《微型电脑应用》，2020(5)。

学习活动 7-8

国内外 MOOC 平台众多，提供涉及广泛学科领域的个性化学习资源。为进一步了解 MOOC 平台，获得平台使用经验，请体验国内外有代表性的 MOOC 平台，并完成以下学习活动。

请登录 MOOC 平台并简单体验，了解平台的大致情况。

请选择国内、国外 MOOC 平台各一个，深入了解两个平台提供课程的服务定位、面向人群、服务模式等特点，并比较其主要异同。

请将调查笔记记录在下方的表 7-4 中，并与同学分享收获，交流讨论。

表 7-4　MOOC 平台调查表

MOOC 平台	服务定位	面向人群	课程服务模式	主要异同点

(三)案例分析

国内外优秀 MOOC 平台有很多，学堂在线是国内发展较好且具有代表性的 MOOC 平台之一，在在线教育领域积累了丰富的实践经验。此处以学堂在线为例进行分析，从这一个典型平台入手，详细介绍 MOOC 平台提供资源与内容的公共服务模式及特征。

学堂在线是清华大学于 2013 年 10 月建立的中文 MOOC 平台，是教育部在线教育研究中心的研究交流和成果应用平台，也是联合国教科文组织国际工程教育中心的在线教育平台。学堂在线汇聚全球优质资源，运行来自中国、美国、英国、澳大利亚、俄罗斯、西班牙等国家高校的几千门优质课程，推动了大学优质课程资源的社会性汇聚与共享。

截至 2020 年 8 月 31 日，学堂在线与高校合作建设的学校私有云平台共 825 个；学堂在线累计注册用户数超过 6100 万，累计选课人次超过 1.85 亿，已成为全球学习者规模第二大的 MOOC 平台。从学历分布来看，该平台用户以高学历用户为主，本科及研究生学历用户占 73%。

学习活动 7-9

请注册并登录学堂在线，进行该平台的探索与体验。可以从以下（但不限于）视角出发，直观感受并简要总结该平台课程资源服务的特点，并将自己的思考与同伴和教师交流分享。

平台易用性：_____。

课程资源种类：_____。

课程资源主要供给方：_____。

课程资源形式：_____。

资源适用对象：_____。

资源质量：_____。

其他：_____。

1. 服务定位

学堂在线面向全球学习者提供课程服务，提供涉及多学科的课程资源，如计算机、外语、管理学、哲学、经济学、法学、教育教学、文学文化、历史、理学、工学、农林园艺、医药卫生、艺术设计等。学堂在线面向社会学习者、高校学习者等个人用户以及高校、专业教育机构、企业等组织机构用户，提供国内外优质 MOOC 资源服务以及课程建设与合作运营等专业服务。

针对社会学习者，为满足其对高校教育资源的需求，学堂在线的 MOOC 打破了学校壁垒，提供免费学习课程和认证学习课程两种资源服务。完成认证学习之后，用户可获得由学堂在线和课程提供方共同颁发、教师签名的纸质和电子版证书。开课模式也有两种，一种是自主模式，另一种是随堂模式，满足不同学习者的学习需求。

针对高校及高校学习者，为推进高校学分互认、打破师资壁垒、提高教学质量、满足高校学习者对优质课程的需要，学堂在线于 2015 年推出学分课服务，将在线开放课程引入高校人才培养体系，学生主要通过线上自主学习完成学习任务，考核通过后可以获取学校学分。此外，学堂在线利用其技术优势搭建一站式网络教学平台，服务高校和高校学习者。

针对职业教育及终身学习需求，为满足职业人员提升专业技能以及终身学习的需求，学堂在线推出训练营、名校认证、企业认证、国际在线工商管理硕士项目等在线教育新模式，为高校、企业和学习者服务。

2. 服务模式

学堂在线提供基于课程的公共服务模式（如图 7-5 所示）。学堂在线汇聚来自国内外合作高校、企业与研究机构等供给方的优质课程资源，同时提供课程审核、课程上线、运营监控、宣传推广、数据收集等方面的运营支持；依托课程、训练营项目、微学位项目、考试类课程，将基于资源的课程服务整合到学堂在线 MOOC 服务平台。

整合课程服务的 MOOC 资源一方面满足社会学习者的需求，另一方面通过产品应用支持中心把更适合的课程推荐给高校和企业，为高校和企业提供更有针对性的课程服务和技术支持。其中，针对高校，学堂在线打造学校私有云平台，提供双师课程、

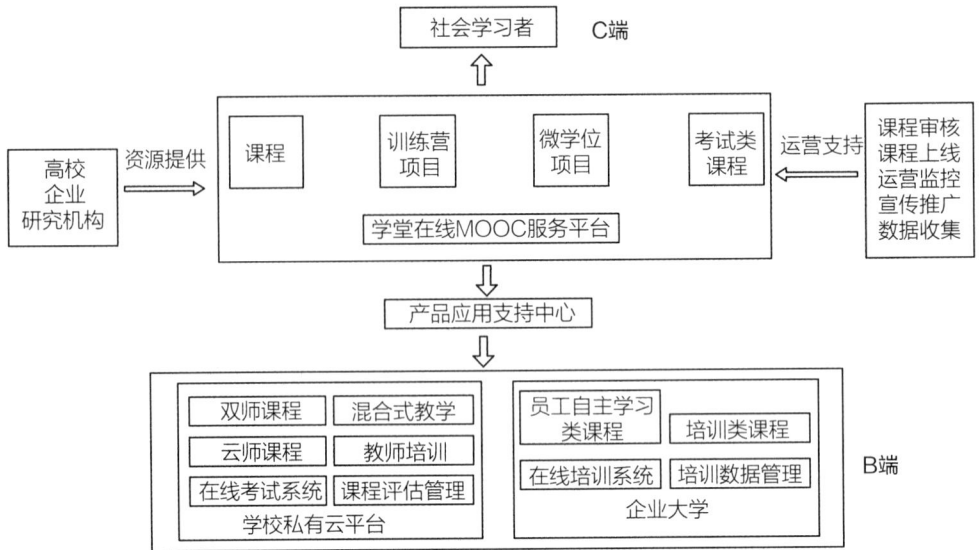

图 7-5　学堂在线基于课程的公共服务供给模式

云师课程、教师培训、混合式教学、在线考试系统、课程评估管理等课程服务；针对企业，学堂在线提供员工自主学习类课程、培训类课程、在线培训系统、培训数据管理等课程服务。

　　学堂在线的训练营项目在 MOOC 基础上增加了线上或线下的实践实训教学。借助优质 MOOC 资源，结合针对课程专门设计的训练营环节，可以有效解决高校专业课中学生实践能力提升的问题。训练营项目可以应用于学校教育，以获取学分为目的，也可以应用于职业教育，以提高实践能力或获取证书为目的。

　　双师课程和云师课程是学堂在线学分课的两种模式。

　　在双师课程中，学堂在线提供课程的教学资源，由 MOOC 教师（线上）和校内教师（线下）共同完成教学，支持 MOOC 资源本地化改造，开展混合式教学。学校可按照本校教学计划自定每门课程的开课/结课时间、作业/考试开放时间、学习内容及考核标准。

　　在云师课程中，学堂在线提供完整的教学资源，由 MOOC 教师和学堂在线助教完成主要的教学活动，配备全方位课程教学服务，包括设置平时作业和期末考试、按学校需求灵活设置考试时间、助教深度参与答疑导学、结课后提供完整成绩报告等。

　　学堂在线进一步探索和实践 MOOC 应用新模式与新场景，目前平台构建了"MOOC＋名校认证""MOOC＋企业认证""MOOC＋实践教学"以及在线学历学位项目等在线教育模式，为高校、企业和学习者服务。

　　3. 技术架构

　　学堂在线基于内容和技术的"双核引擎"，利用云计算、大数据、人工智能、统一用户系统等信息技术，构建 MOOC 公共服务平台和机构私有服务平台，具体如图 7-6所示。技术架构支撑学堂在线对行业课程网站、学校 SPOC 平台、企业大学、课程联盟、智慧教学等提供技术支持，从而为社会学习者、高校、政府和企业提供优质的教育资源和全方位的教学服务。

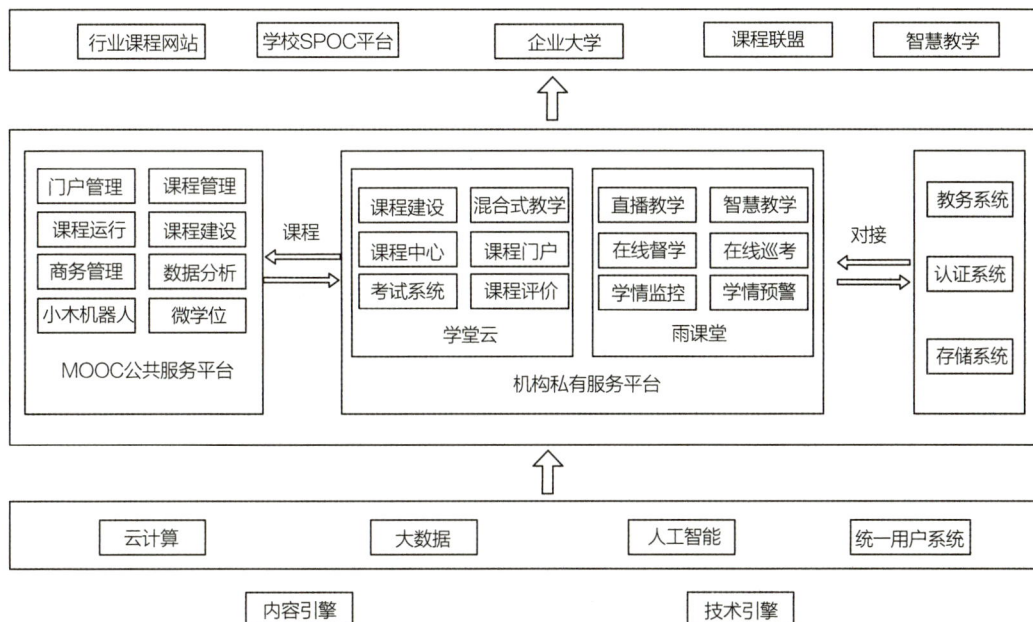

| 行业课程网站 | 学校SPOC平台 | 企业大学 | 课程联盟 | 智慧教学 |

MOOC公共服务平台

门户管理	课程管理
课程运行	课程建设
商务管理	数据分析
小木机器人	微学位

机构私有服务平台

学堂云
课程建设	混合式教学
课程中心	课程门户
考试系统	课程评价

雨课堂
直播教学	智慧教学
在线督学	在线巡考
学情监控	学情预警

课程　　对接

| 教务系统 |
| 认证系统 |
| 存储系统 |

| 云计算 | 大数据 | 人工智能 | 统一用户系统 |

内容引擎　　技术引擎

图 7-6　学堂在线技术架构

MOOC 公共服务平台面向社会学习者开放课程学习入口，技术层面具有门户管理、课程管理、课程运行、课程建设、商务管理、数据分析、小木机器人、微学位等技术功能；机构私有服务平台主要包括学堂云和雨课堂，学堂云提供课程建设、混合式教学、课程中心、课程门户、考试系统、课程评价等技术功能；雨课堂提供直播教学、智慧教学、在线督学、在线巡考、学情监控、学情预警等技术功能。MOOC 公共服务平台与机构私有服务平台之间有课程流通通道，两者与学堂在线教务系统、认证系统和存储系统对接，以确保组织联通。

三、现代远程教育学习支持公共服务平台

随着在线教育不断发展，有效提高在线教育的质量迫在眉睫。在线教育时空分离的特点为学习者带来了技术、学习、情绪等方面的困难，而这些困难是难以依靠学习者独自克服的。仅依靠在线课程内容的优化也不能满足学习者日益增长的对个性化学习的需要。因此，应通过完善学习支持服务来提高在线教育的质量。然而，在教学实践中，由授课单位单独提供学习支持服务是较为困难的。一方面，授课单位需要安排专门的人员，造成人力和物力的压力；另一方面，远程学习者分布在全国各地，较难进行统一管理。于是，现代远程教育学习支持公共服务平台应运而生，对各个机构的远程学

习者进行统一管理，为各地的学习者提供专业化、个性化的一站式学习支持服务。

（一）典型的现代远程教育学习支持公共服务平台

最初，现代远程教育学习支持公共服务平台服务于高校的网络教育学院，向多个网络教育学院的在线学习者提供学习支持服务，既为高校解决了学习支持服务的供给问题，又有效提高了学习支持服务的质量。目前，现代远程教育学习支持公共服务平台以奥鹏教育、知金教育、弘成教育三家企业的产品为典型代表，其核心服务在于为高等院校和学习者提供第三方平台，统一协调高等院校与学习者之间的关系。一方面，现代远程教育学习支持公共服务平台为合作高校提供包括技术、平台、学习支持等服务在内的专业运营；另一方面，通过云平台等技术，为全国各地的学习者提供时空灵活的在线教育资源与学习支持服务。这里重点关注学习支持服务的提供。

现代远程教育学习支持公共服务平台可以依靠开放、共享、联通的云服务和云平台等技术手段，建立不同资源提供者与各类学习群体之间的联系。在云平台的基础上，一方面，现代远程教育学习支持公共服务平台积极与院校合作，负责与资源提供方进行沟通协调，负责云平台的运营管理，包括资源整合、技术支撑、教学管理、考试组织等；另一方面，通过云平台向遍布各地的学习者提供一站式、个性化的学习支持服务，从入学前的咨询到学习过程中各种问题的解决再到毕业时的系列认证，针对学习过程的各个具体环节提供学习支持服务。

在具体实践中，奥鹏教育、知金教育、弘成教育三家企业的现代远程教育学习支持公共服务平台各具特色。奥鹏教育依托广播电视大学系统，建立了"总部—运营中心—学习中心"三层架构服务体系，以特许经营、加盟的形式进行学习中心的建设与监管，从而提供规范化的学习支持服务。[①] 知金教育则以直营、加盟的形式建立了"总部—分部—学习中心"三级管理体系，从统筹、区域、项目等不同层面完善学习支持服务。[②] 弘成教育则主要通过资金投入与合作院校共同成立公司、办事机构等运营实体，提供技术支撑、教学管理等各类学习支持服务。[③] 尽管具体的运营机制不同，各个现代远程教育学习支持公共服务平台作为第三方机构都在合作院校与学习者之间搭建了重要平台，其核心作用是为各地学习者提供分布式、个性化的学习支持服务，从而有效保证线上教育的质量。

---

① 郭炯、黄荣怀、陈庚：《现代远程教育公共服务体系建设与运行现状的调研》，载《开放教育研究》，2010(3)。
② 曾海军、范新民、马国刚：《我国高校网络教育公共服务体系发展的比较分析与思考》，载《中国远程教育》，2008(11)。
③ 郭炯、黄荣怀、陈庚：《现代远程教育公共服务体系建设与运行现状的调研》，载《开放教育研究》，2010(3)。

(二)案例分析

获教育部批准，奥鹏教育现代远程教育公共服务体系(简称奥鹏公共服务)于2005年4月正式运行。它是教育部批准的首个教育公共服务体系，是连接各合作院校与众多学习者的重要桥梁，为院校教学及学习者学习提供专业服务，其主要服务模式是面向各种教育形式提供专业化、社会化的第三方公共服务。截至2020年，奥鹏公共服务体系已与300多所院校开展合作。

> **学习活动 7-10**
> 　请登录奥鹏公共服务体系，根据网站中的相关信息回答：奥鹏公共服务体系可以提供哪些服务？这些服务是以何种形式提供的？

1. 服务定位

目前，奥鹏公共服务体系的服务对象已从最初的网络学历教育学生拓展到成人函授学生、开放教育学生、教师、企业职工等，这些学习者遍布全国各地，云平台等技术为学习支持服务提供一定的便捷性与可行性，有利于提供、共享分布式教育资源与学习支持服务。

2. 服务模式

如图7-7所示，奥鹏公共服务体系在各级政府主管部门的监管、主导与指导下，根据来自资源提供方的教育资源，通过"总部—运营中心—学习中心"三层架构来协调工作，为需求方提供完善的学习支持服务。

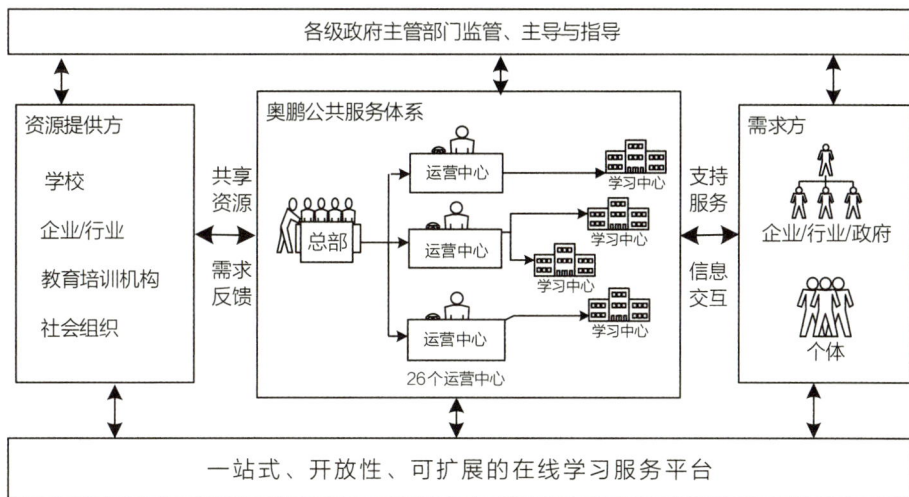

图7-7　奥鹏公共服务体系的学习支持服务模式

在政府层面，奥鹏公共服务体系在行政上接受并执行政府主管部门的政策文件、指导建议、监管措施，参与区域性专项检查评估。同时，奥鹏公共服务体系也服务于国家战略，申请了多个国家级及省市级重大专项或科研项目，并获得了专项经费支持。

奥鹏公共服务体系内部已搭建了多渠道复合体系，满足不同业务模块灵活快速发展的需求。奥鹏公共服务体系作为第三方机构，为院校与学习者提供了重要的平台服务。在需求方层面，奥鹏公共服务体系为高等学校等办学主体、政府、企业等提供基于云平台、云技术的教育教学相关服务，以合作协议书的形式确定具体的服务内容和服务模式。

3. 技术架构

奥鹏公共服务体系的技术发展经历了单一的网络学历教育服务、不同类型业务拓展、面向未来更多不确定需求的云服务与人工智能三个阶段。

在单一的网络学历教育服务阶段，奥鹏公共服务体系主要提供远程教学管理系统，面向不同高校提供标准化服务。在试点初期，各高校信息化水平不高，为满足标准化流程而设计的一体化平台解决方案对合作院校远程教育教学模式的实践发挥了重要支撑作用。

在不同类型业务拓展阶段，奥鹏公共服务体系主要提供奥鹏大学教学系统，其主要特点是跨行业、跨区域、多服务体系，能针对不同机构、不同业务类型、不同教学服务模式的广泛需求提供定制化开发服务和打包方案，奥鹏公共服务体系的服务模式也实现了从重教务、轻教学向轻教务、重教学的转变。

在面向未来更多不确定需求的云服务与人工智能阶段，奥鹏公共服务体系主要提供奥鹏教育云平台、人脸识别、大数据应用等服务，促进个性化与智能化的学习支持服务实现。尽管不同教育领域的业务流程、服务模式等不尽相同，但核心的学习、考试、资源建设的流程与规则等是相通的。将不同教育领域的招生服务、考试服务、资源服务、师资管理等共用业务提取出来，通过分布式部署提供共用业务服务，不仅提高了配置效率，而且降低了运营成本。

当前的奥鹏公共服务体系技术生态如图 7-8 所示。技术产品设计的总体思路是利用云技术提供共享式、分布式服务。通过分布式部署、模块化设计，将课程资源、考试服务、师资队伍等作为共同服务，提取共用业务成为单独的模块，盘活体系内所有资源，灵活、高效地运用于不同业务领域。

学历继续教育	教师培训	MOOC	职业教育	1+X产教融合	"一带一路"

统一服务入库（API）

招	教	考	服	管

智慧学习中心	内容中台	云管理中心	运营中台	服务中台	工程产品

智能云管理

大数据	人工智能

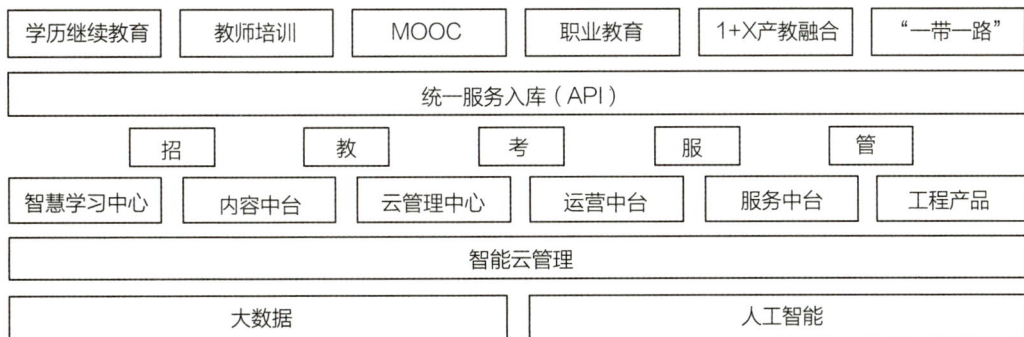

图 7-8　奥鹏公共服务体系技术生态

教学活动建议

　　本节内容是对上一节内容的深入和拓展，聚焦典型服务平台，旨在让学习者理解三层在线教育公共服务模式的典型实践。在教学中，教师需要帮助学习者建立三种典型平台与三层在线教育公共服务模式的联系，基于案例对三种典型平台的服务定位、服务模式与社会价值进行重点讲解。教师除了组织学习者深入学习教材提供的案例，还可以给学习者提供其他相关案例，帮助学习者更好地理解相应典型平台的服务实践。

学习活动建议

　　本节基于三层在线教育公共服务模式选取了三类典型服务平台，并结合案例对三类典型服务平台的服务定位、服务模式与技术架构进行介绍。为帮助理解相关典型平台的实践，本节设计了一些学习活动，使学习者通过实际体验、调查和反思来更好地了解典型平台的服务定位与方式。请对照教材检查自己是否完成了有关学习活动，如有未完成的学习活动，请按照内容提示完成相应的学习活动。如已完成所有活动，请思考并与教师和同学交流下列问题。

　　除了本节选取的案例，你还知道哪些在线教育公共服务的典型平台？

　　三类公共服务典型平台分别满足了哪些教育需求、解决了哪些教育问题？

第三节　在线教育公共服务平台的运营

第二节介绍了在线教育公共服务的三种典型服务平台，并以 ClassIn 在线教育、学堂在线和奥鹏公共服务体系为例分析了三种典型公共服务平台的实践。本节仍以这三个平台为例来介绍三种典型公共服务平台的运营方式。

"运营"这一概念源自企业管理领域，被视为当代企业管理的重要职能，体现了企业在社会中的基本功能和客观必要性。运营活动是"输入—转换—产出"的过程，即投入一定的资源，通过一系列、多种形式的转化使其价值增值，最后以某种形式的产出提供给社会的过程。[①] 其中，输入涉及人力、物料、资金、信息、技术等多种资源要素；转化既包括物质转化过程，也包括管理过程等；产出包括有形产品和无形产品两种。[②] 可见，运营活动的实质是建立一个高效生产符合用户需求的产品和服务的系统，运营活动不仅涉及产品策划与设计，还涉及产品的生产与营销推广，以及产品的评估、迭代与更新，从而确保产品能够更好地满足用户需求。

在线教育公共服务作为一种无形的教育产品同样需要运营，各类公共服务机构需要考虑一系列平台服务运营问题，包括如何确定平台的服务定位、如何设计服务产品、如何实现服务产品的生产与供给、如何营销推广服务产品、如何评估和更新服务产品等，并投入相应的人力、物力、财力，构建有效的组织机制与业务流程来实现相关服务产品的策划、生产、供给与优化，确保平台提供的服务产品能够有效满足公众对在线教育服务的核心需求。

一、直播教学平台的运营

直播教学平台的运营围绕直播教学平台的技术研发、应用服务和更新迭代展开，旨在确保直播教学平台更大程度地满足社会公众对平台的需求。这个过程通常涉及市场需求调研、目标用户与平台技术特点确认、需求深入分析、技术研发、应用服务、技术迭代等环节，由多个团队或部门协同完成。

这里以 ClassIn 在线教室为例，从其运营组织架构、平台运营的流程、平台应用服

---

① 孙慧：《运营管理（第二版）》，9 页，上海，复旦大学出版社，2016。
② 孙慧：《运营管理（第二版）》，9 页，上海，复旦大学出版社，2016。

务的运营三方面介绍直播教学平台的运营方式。

(一)运营组织架构

运营组织架构体现了服务供给方如何组织人力资源从事运营工作。为确保高效工作，服务供给方首先根据服务目标设计运营流程，据此结合自身人力资源规划各个流程所需要的工作职能与岗位数量，进而搭建运营组织架构。组织架构服务于相应服务产品的高效运营。

共有五个团队负责 ClassIn 在线教室的运营，分别为产品研发团队、市场团队、售后支持团队、业务团队和职能团队，组织架构如图 7-9 所示。

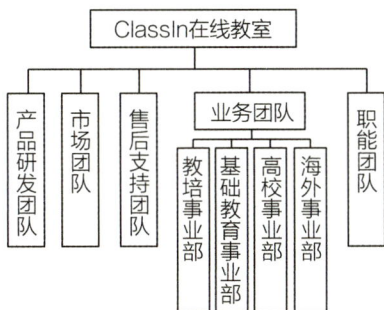

图 7-9　ClassIn 在线教室运营组织架构

产品研发团队是通过技术研发相应产品的部门，同时有产品经理等在技术和产品需求间进行沟通的岗位。

市场团队主要是市场营销的团队，负责产品销售业务。

售后支持团队是为用户提供使用指南和售后服务的团队，包括相应的技术培训、技术指导、技术支持等。

业务团队是和不同合作方进行沟通交流、业务对接的部门，具体包括教培事业部、基础教育事业部、高校事业部和海外事业部。

职能团队则是公司运营的基本事务团队，包括财务部、法务部、人力资源等基本职能团队。

值得注意的是，在产品的研发和运营过程中，各部门之间的合作并不是线性的，而是在整个产品服务管理的过程中紧密联系、及时根据市场需求进行调整的。

(二)平台运营的主要流程

直播教学平台作为一种技术与环境维度的公共服务，具有技术服务的特点，以技术研发与应用服务为主，其运营流程有三个关键部分：一是需求调研与分析，确保所研发技术与环境能够符合用户需求，解决关键教育问题；二是技术研发，确保技术对需求的满足以及本身的先进性与稳健性；三是应用服务，支持各类用户能够更好应用直播教学平台。

ClassIn 在线教室的运营流程主要涉及需求调查、需求审查、技术研发、服务应用、优化迭代五个环节，如图 7-10 所示。

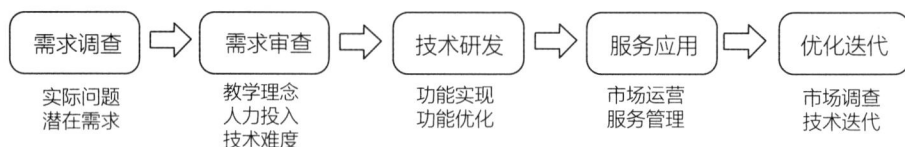

需求调查	需求审查	技术研发	服务应用	优化迭代
实际问题 潜在需求	教学理念 人力投入 技术难度	功能实现 功能优化	市场运营 服务管理	市场调查 技术迭代

图 7-10　ClassIn 在线教室运营流程

1. 需求调查

在需求调查阶段，企业需要对市场进行调研，了解大众需求。同时，除了针对现实问题提出需求，企业还需要考虑如何发现用户的潜在需求，这部分需求往往是用户自己没有意识到的，但也是其生活习惯的必要组成。

2. 需求审查

用户提出需求后，平台并不应立即开展技术研发以满足所有需求，而需要先确定需求的紧要程度。不同平台对需求的审查有不同的标准和考量维度，ClassIn 在线教室在判断需求的紧急程度时往往从教学理念、人力投入及技术难度等方面来考察，从需求是否符合企业教育理念、企业是否有足够的人力物力投入、技术实现是否存在困难等方面对需求进行排序，优先满足紧急的需求。企业除了考虑需求背后的教育意义，还会考虑投入的人力物力是否与效益实现平衡，或者带来的效益大于投入的人力物力，综合各方面的因素再确定优先满足的需求。

3. 技术研发

确定好需求后，就要将需求反馈到技术部门，由技术部门通过底层技术实现相应的功能并进行优化。在这个过程中，产品经理在产品需求和技术研发之间发挥沟通作用。产品经理需要在产品需求和技术研发中间找到一个平衡点，使技术可以实现相应的效果，在协调过程中，针对产品需求提出的解决方案也会进行调整优化。

4. 服务应用

产品研发出来后，要先小范围试用，试用后收集用户评价，进行优化设计，再投入市场进行试用。产品投入市场后，配套产品服务也要持续完善，如技术服务、售后服务等。

5. 优化迭代

虽然产品已经研发成功并投入市场，但对产品的迭代优化要持续进行。产品使用一段时间后，对产品进行市场调查是了解产品是否存在问题的有效途径，同时，开放产品建议渠道也是可行的选择。企业根据用户体验和用户使用情况进行调整，再一次实现技术优化和产品迭代。

(三)平台应用服务的运营

除了技术研发环节，与教育用户对接是 ClassIn 在线教室运营投入较多人力和物力的工作，也是用户直接感受到的服务。为了确保各类用户能够有效应用 ClassIn 在线教室，以及 ClassIn 在线教室产品本身能够根据用户的需求进行及时的优化迭代，ClassIn 在线教室采用了如图 7-11 所示的应用服务运营模式。该模式根据 ClassIn 在线教室产品应用不同阶段的核心需求设计了不同的服务。

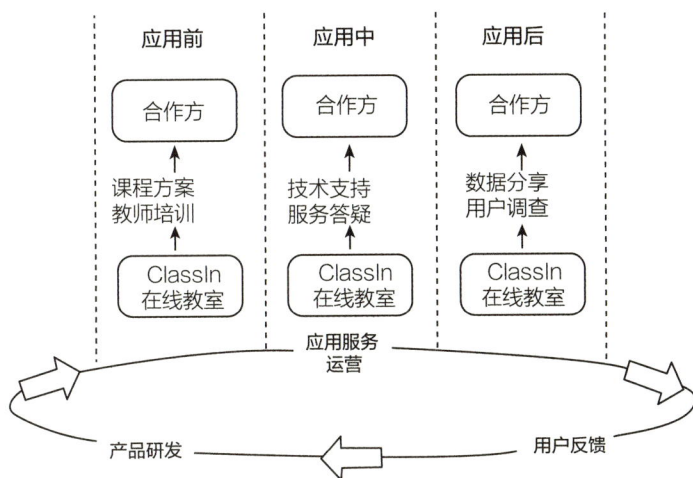

图 7-11　ClassIn 在线教室应用服务运营模式

在产品应用前，了解合作方的需求是首要的。只有了解了合作方的需求，才能选择合适的产品模式，并根据需求制定相应的课程方案和培训方案。不同用户群体的教学需求不同，对应的学习者群体也不同，教师群体的能力也存在差异。ClassIn 在线教室作为一个为师生提供在线授课环境及在线交流空间的平台，需要根据使用者的特点提供及时的支持帮助，包括为用户提供相应的教学培训，如电子版培训材料、线上直播培训会议等。

虽然前期企业提供的使用手册、操作指南及培训服务等能够为使用者提供一定的操作指导，使他们具备基础的操作能力，但在产品应用过程中仍可能出现网络卡顿、平台掉线、视频有误等问题，此时就需要企业为师生提供及时的技术支持，如提供技术支持热点，建立技术答疑群，安排技术服务团队，全天在线解决师生的各种问题，等等，以保证用户在使用产品时有较好的体验。

ClassIn 在线教室不仅是教师线上授课的教学环境平台，也是教育教学过程的记录者。授课结束后，平台会将用户的数据及资料分享给用户，如录制的课程视频、师生的操作记录、学生的行为表现数据等。这些过程数据较好地记录了教育教学过程，能够为合作方提供较为全面的过程性数据，也便于借助学习分析技术进一步分析教学者特征和学习者需求。此外，在产品应用后，进行用户调查是至关重要的一步。通过用户调查，ClassIn 在线教室了解产品应用过程中的问题，了解用户的建议，并针对用户的建议和问题进行进一步的优化改进。

下面以北京大学在新冠肺炎疫情防控期间的在线直播教学实践为例，展现 ClassIn 在线教室的运营过程。

北京大学引入 ClassIn 在线教室，将线下课程以在线直播授课的形式转移到 ClassIn 在线教室。从了解学校需求，到确定实践难点并解决实践难点，再到针对学校需求进行技术培训，以及结合学校反馈进行产品更新迭代，在此过程中不仅北京大学师生的线上教学与学习经验日渐丰富，ClassIn 在线教室也进行了自我调整优化，更加适应在线教学的实施和开展。

第一，了解学校需求。

开展在线教学的第一步是对所承担课程的形态进行初步分析，从而选择合适的在线教学模式。通过调查了解，ClassIn 在线教室确定了北京大学的课堂模式主要包括课堂讲授式课程、研讨会及论文写作类课程、实验类课程。利用在线直播教室将讲授式课堂搬到线上是最接近师生使用习惯、简单且成熟的在线教学模式。

第二，确定实践难点。

确定采用直播教学形式进行授课后，ClassIn 在线教室进行了自我分析，认为直播教学虽然与课堂教学相似，但存在网络宽带要求高、平台排课压力大等问题。

第三，解决实践难点。

ClassIn 在线教室针对网络和排课问题提出了解决办法。针对网络问题，ClassIn 在线教室借助自行开发的后台服务，升级硬软件设备设施，从根本问题上解决了网络宽带要求高、容易掉线短线的问题。针对排课问题，ClassIn 在线教室后台对接学校课程与日历，做到课程日历同步，使师生上课更加便捷；同时和教务进行联通共享，直接对接班级数据，避免学生进入课堂的中间操作环节。

第四，进行技术培训。

为了帮助北京大学的教师更好地操作平台，ClassIn 在线教室对北京大学全校教师进行了在线培训，并在试用 ClassIn 在线教室两周后针对教师的操作疑问举办了两场答疑会。此外，平台也针对教师的使用习惯开通了多种问题解决渠道，包括创建专门文档、答疑等，并为教师创建了服务群，提供联系电话及技术售后邮箱，做到了与教师专属对接，提供及时的技术支持，在教学过程中为北京大学的师生提供较好的服务支持。

第五，产品更新迭代。

在使用 ClassIn 在线教室的过程中，有教师提出在上课时需要分组，技术团队考虑审查后及时更新了此功能，并优化了分组形式，使教师在上课过程中可针对学生自主讨论的情况分小组，并且可以在各个小组中进行观摩指导，做到了线上线下同步。此外，由于师生普遍使用微信，ClassIn 在线教室自主开发了微信小程序，与微信连接。自动收集、查询数据的功能则解决了教师收集数据的难题。

基于 ClassIn 在线教室，北京大学的教师可以开展线上线下混合式教学，在不同环节基于 ClassIn 提供的不同基础服务进行合理的教学安排。

> **思考 7-1**
>
> 请根据上述内容思考以下问题。
>
> 在 ClassIn 在线教室为北京大学提供服务的过程中，哪些环节是运营的关键环节？
>
> ClassIn 在线教室进行产品更新迭代时的依据是什么？

二、MOOC 平台的运营

以课程服务为核心的 MOOC 平台的运营聚焦于两个方面：一是课程建设，即如何根据社会需求建设与更新平台中的课程；二是课程本身的运营，即如何支持和确保课程基于平台顺利运行，满足学习者的学习需求。

下面以学堂在线为例，从运营组织架构、MOOC 建设及 MOOC 运营三个方面进行介绍，阐释学堂在线的运营机构是如何组建工作团队、建设和汇聚课程资源、实施和管理课程服务的。

(一)运营组织架构

学堂在线为确保平台的顺利运营与较高的课程服务质量，建立了如图 7-12 所示的运营组织架构。学堂在线的运营由五个职能部门与一个学院组成，即教学质量监控中心、课程部、教师培训中心、研发中心、产品应用支持中心及计算机学院。其中，计算机学院和教师培训中心是学堂在线根据其课程教学资源与课程定位组建的负责特定领域课程建设工作的团队，体现了学堂在线作为课程服务平台自建课程的特色。其他四个部门则是与课程建设和运行服务密切相关的职能部门。

为确保较高的课程服务质量与运营管理效率，学堂在线除了教学质量监控中心，还成立了专门的教学质量领导小组，统一领导和监管各个组织机构的工作。此外，由于学堂在线是教育部在线教育研究中心的研究交流和成果应用平台，教育部在线教育研究中心课程委员会也参与对课程平台运营管理事务的督导。各机构协同配合，通过定期会议机制和问题处理机制进行沟通，促进课程服务高效运作。

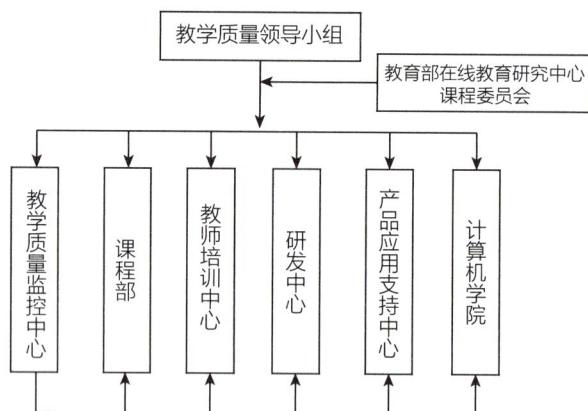

图 7-12　学堂在线运营组织架构

教学质量领导小组：教学质量领导小组是学堂在线质量监控的最高领导和决策机构，由首席执行官任组长，相关副总裁任副组长，相关一级部门负责人为领导小组成员，领导小组办公室设在教学质量监控中心。

教学质量监控中心：教学质量监控中心是按照学堂在线课程运行质量标准对教学总体运行情况和分段运行情况进行监督与评价的部门，同时负责用户投诉的处理，向教学质量领导小组汇报。

课程部：课程部负责课程选题策划、课程建设、教师维护、课程上线、教学活动组织和教学评价。

教师培训中心：教师培训中心负责教师培训类课程选题策划、课程建设、教师维护、课程上线、教学活动组织和教学评价。

产品应用支持中心：产品应用支持中心负责用户学习课程前的培训，以及在学习过程中用户问题的处理。

研发中心：研发中心负责平台的开发和维护，保障信息化支撑平台的易用性和稳定性。

计算机学院：计算机学院负责计算机类课程选题策划、课程建设、教师维护、课程上线、教学活动组织和教学评价。

（二）MOOC 建设

引进和建设哪些课程及如何建设这些课程是每个 MOOC 平台运营的重要工作。MOOC 平台课程资源建设方式会因为 MOOC 平台运营机构的属性特征及平台应用模式的差异而有所不同。学堂在线是由清华大学发起建立的 MOOC 平台，其本身就具有优质的课程资源，可以组织清华大学专业教师力量承担部分课程的建设。此外，清华大学与国内外高校建立了较为广泛的合作关系，具有引进国内外优质课程的良好渠道。

因此，学堂在线的课程来源包括自建与引进两种。

　　为确保课程整体建设质量，学堂在线规定了课程建设需要遵循的一系列规范，每一门课程均需符合课程内容、教学设计、表现形式三方面的规范，并根据其教学方法确定是否需要遵循实践教学规范。学堂在线课程从确定选题到课程上线再到运营，遵循如图 7-13 所示的建设流程。

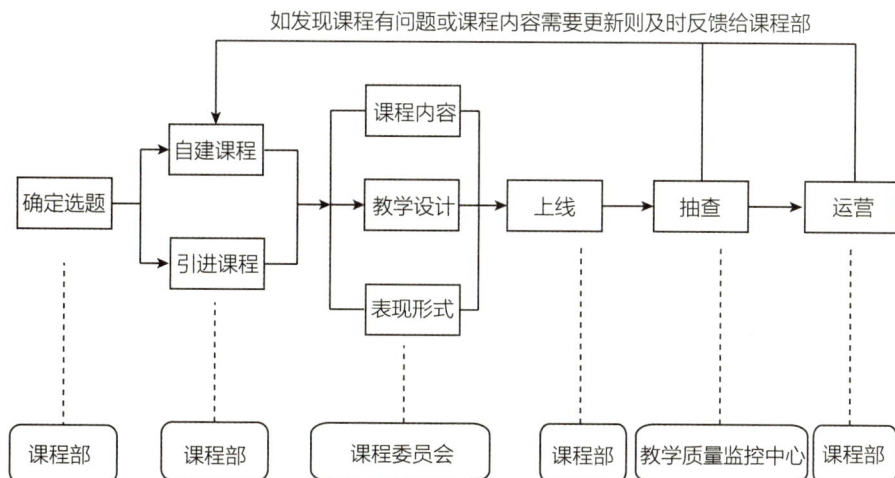

图 7-13　学堂在线课程建设流程

　　由图 7-13 可知，在学堂在线课程建设过程中，课程部贯穿始终，负责课程选题策划、课程建设、课程上线以及上线后的课程运营工作。课程委员会即教育部在线教育研究中心课程委员会，负责把控每门课程在课程内容、教学设计与表现形式上是否符合规范。教学质量监控中心负责对上线的课程进行质量监控与抽查，配合课程部的运营工作，及时给课程部反馈课程内容更新等方面的问题。

（三）MOOC 运营

　　对 MOOC 平台中已上线课程的运营是 MOOC 平台运营工作的另一个重要部分。课程运营工作除了保障课程的顺利上线和有效运行，还包括促进课程最大范围的推广应用以及较好支持课程的更新与迭代。学堂在线的课程运营涉及课程资源审核、课程上线、运营监控、宣传推广、数据提供等方面。学堂在线根据课程运行各阶段课程运行服务的不同需求规划了不同的工作内容。图 7-14 呈现了这种分阶段的课程运营流程。

　　1. 开课前的运营工作

　　在开课前，课程产品经理、课程运营经理、课程教师与助教需要开展一系列具体的准备工作以使课程顺利开设，具体工作包括：①课程产品经理指导教师和助教了解平台操作，熟悉平台基本功能；②协助上传课程资源（视频、图文、习题等）；③确认

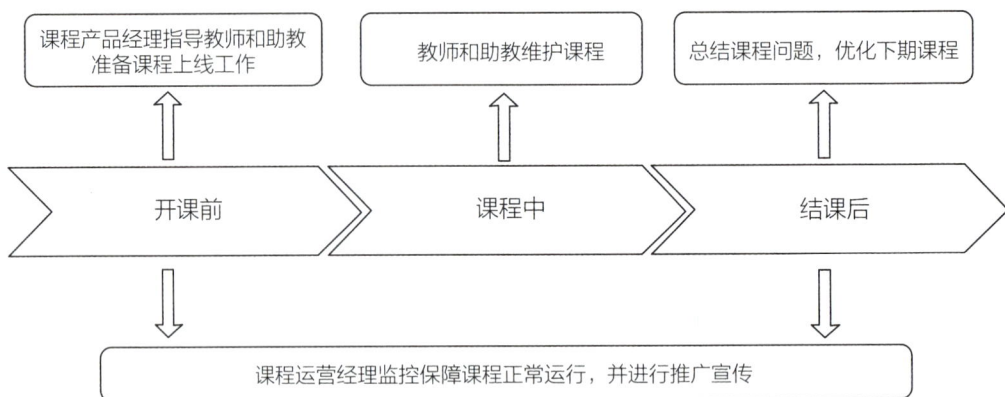

图 7-14 学堂在线课程运营流程

课程的运行周期，课程助教提前设置好课件的发布时间和习题的截止时间；④提醒教师对课程作业、考试进行优化调整；⑤课程运营经理核查后台设置，确保无误后上线。

2. 课程中的运营工作

开课后，为保障课程正常运行，需要开展一系列常规工作，具体包括：①课程助教发布课程整体规划，定期更新课程日历；②根据课程发布状况，课程助教每周发布课程公告和课程更新邮件，内容包括但不限于课程概述、考核方式、作业内容、作业形式、时间安排（课程更新时间、答疑时间、作业截止时间、考试截止时间）等；③课程助教建立该课程的 QQ 或微信群，给学员推送课程相关信息，活跃学习氛围；④课程部组建"学堂粉丝"QQ 群，及时解答平台使用问题。

3. 结课后的运营工作

在课程结束后，课程部需要开展结课工作，具体包括：①结课后对学生成绩进行分析总结，为下期课程做优化准备；②教师总结课程中存在的问题，在下期开课前及时更新；③课程运营经理后台配置好认证证书，合格的学生可以随时申请证书；④课程部制定标准证书申请流程，客服保证及时邮寄出证书。

4. 课程推广

课程运营经理需要进行课程的推广与宣传。课程推广根据课程内容并结合当时的热门话题来进行，形式包括推荐位、微信公众号推送、直播活动等，也可以通过短视频等新媒体渠道推广；还会联合高校一起策划专题推广，并同步推到线下。

学习活动 7-11

MOOC 平台运营工作的使命是以用户的教育教学需求为中心，提供能够满足需求的 MOOC 产品，并保证课程服务的正常运行。为了更好地理解学堂在线的运营工作，请根据自身情况完成以下拓展学习活动。

①你是否在学堂在线完整地学习了一门课程？如果是，请结合你的课程学习体验(如果否，请寻找有完整课程学习经验的同伴共同讨论)，思考：学堂在线的哪些运营环节是与课程服务相关的？

与课程服务相关的运营环节有：

_____

_____

_____ 。

② 请继续结合课程学习体验或与同伴讨论，思考：学堂在线的哪些运营环节或机制有待优化或改进？请将思考整理在下方，并与同学和教师分享自己的想法与建议。

有待优化或改进的运营环节或机制：

_____

_____

_____ 。

想法与建议：

_____

_____

_____ 。

三、现代远程教育学习支持公共服务平台的运营

现代远程教育学习支持公共服务平台是面向学习过程，针对学习者的学习需求与困难提供的公共服务。因为服务面向的是学习者个体，而且以解决学习问题、促进学习过程为核心任务，所以对该类公共服务兼顾需求的差异性和供给的及时性都有更高的要求。在该类平台的运营中，构建一个及时响应学生个性化需求与问题的高效运行的学习支持服务体系，从而让学生获得良好的学习体验是非常重要的。在实践中，除依托功能强大、服务资源丰富、响应及时、智能性强的在线学习支持云服务平台外，一些支持服务运营机构也构建了深入学生所在地的学习中心网络，增强支持服务对学生的可获得性。此外，构建有效的评估管理机制、确保服务的落地与质量改进也是平台运营的重要工作。

这里以奥鹏公共服务体系为例，从运营组织架构、平台运营机制、课程学习支持服务的运营三方面介绍现代远程教育学习支持公共服务平台的运营实践。

(一)运营组织架构

为了向各地的学习者提供高质量、个性化的学习支持服务，奥鹏公共服务体系依托国家开放大学遍布全国的组织架构，构建了由总部、运营中心、学习中心组成的覆盖全国城乡社区的三层架构服务体系（如图7-15所示）。

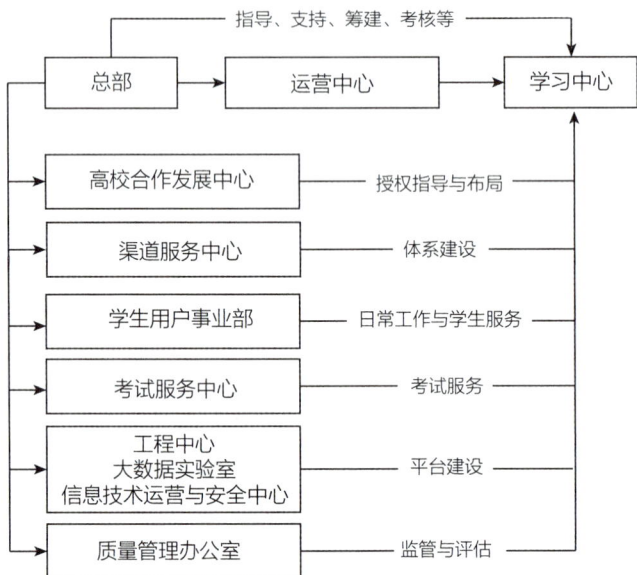

图7-15　三层架构服务体系

为了有序、高效地协调各级学习支持服务工作顺利进行，奥鹏公共服务体系为三层架构设计了清晰的职能分工，运营以维护、更新为主，提供标准化、流程化的学习支持服务。这类服务以公司长期经营的网络学历教育为代表，也包括职业教育或其他学历继续教育。

总部是整个体系的顶层设计者，把控服务的总体方向，对服务质量水准进行总体监控。总部的各项服务围绕一线需求开展，重点做好建课、配课、资源翻新、平台运维等工作。同时，总部设置了多个职能部门负责平台的运营，主要包括工程中心、大数据实验室、信息中心运营与安全中心、质量管理办公室等，各部门围绕总部的核心目标协同开展工作。

运营中心负责按照总部制定战略发展方案，以本区域主要教育需求为着力点，提供区域性学习支持服务工作，汇聚优质的教育资源，为课程、服务的开放共享打好基础。

学习中心是奥鹏公共服务体系直接面向学习者提供支持服务的基层运营机构，是保障学习服务过程质量的重要部门。学习中心直接为学习者提供学习支持服务，其余业务部门为学习中心提供保障，如技术平台的研发、课程产品的研发与供给、学习支持服务流程与规范的培训和支持等。总部为学习中心提供指导与支持，同时会对学习中心的建设和服务质量保障情况进行抽检，并把学习中心的服务质量作为运营中心的主要考核项目。

（二）平台运营机制

奥鹏公共服务体系构建了包括服务准入、服务实施、服务改进三阶段的一站式、开放性、可扩展的在线学习服务平台运营机制，如图 7-16 所示。

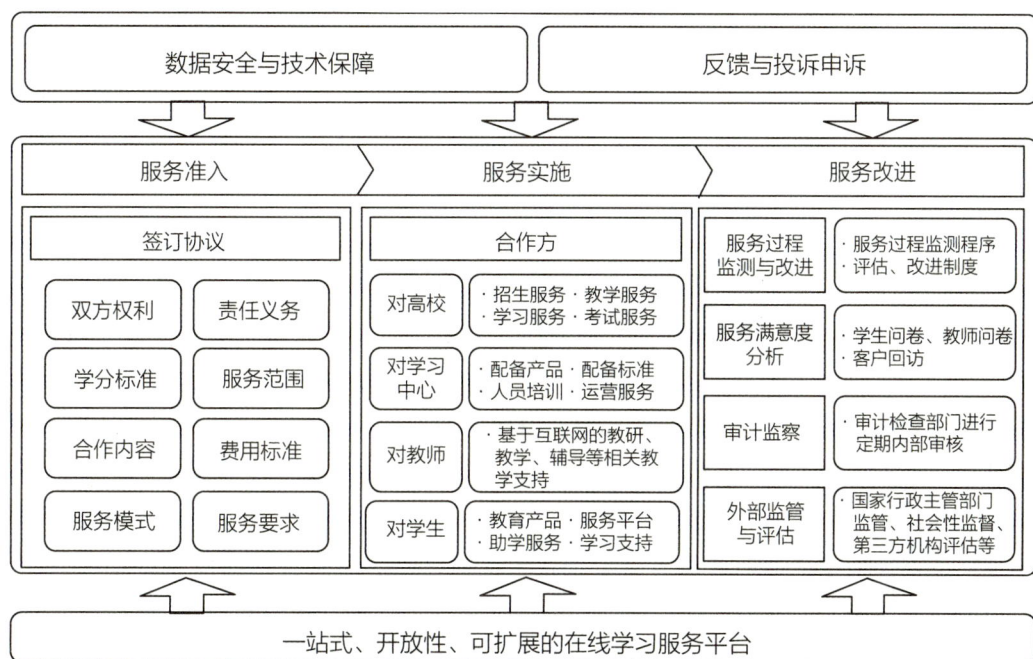

| 数据安全与技术保障 | | 反馈与投诉申诉 |

| 服务准入 | 服务实施 | 服务改进 |

签订协议			**合作方**			服务过程监测与改进	· 服务过程监测程序 · 评估、改进制度
双方权利	责任义务		对高校	· 招生服务 · 教学服务 · 学习服务 · 考试服务		服务满意度分析	· 学生问卷、教师问卷 · 客户回访
学分标准	服务范围		对学习中心	· 配备产品 · 配备标准 · 人员培训 · 运营服务		审计监察	· 审计检查部门进行定期内部审核
合作内容	费用标准		对教师	· 基于互联网的教研、教学、辅导等相关教学支持		外部监管与评估	· 国家行政主管部门监管、社会性监督、第三方机构评估等
服务模式	服务要求		对学生	· 教育产品 · 服务平台 · 助学服务 · 学习支持			

| 一站式、开放性、可扩展的在线学习服务平台 |

图 7-16　奥鹏公共服务体系的运营机制

服务准入阶段是提供学习服务的前期准备，以建立双方的服务关系为目的。服务提供方与学习者之间签订协议，明确双方的权利以及责任义务，确定服务范围、服务模式、服务要求等。服务准入阶段可以帮助学习者在课程开始之前明晰学习支持服务的相关内容。

在此过程中，高校合作发展中心负责服务产品的引入，制定项目或产品发展策略。首先，要根据市场需求和环境，设计项目布局并进行授权及定价。其次，要组织开展项目宣传推广，指导监控项目整体运营，推动项目的改进与优化。最后，要推进跨院校、跨机构、跨地区的资源整合与共享，维护协调客户关系，深化合作伙伴关系。

在服务实施阶段，奥鹏公共服务体系要向高校、学习中心、教师、学生等不同服务主体和合作方提供服务。奥鹏公共服务体系需要为高校提供招生、教学、学习、考试等服务；为学习中心配备产品、配备标准，并提供人员培训、运营服务；为教师提供基于互联网的教研、教学、辅导等相关教学支持；为学习者提供教育产品、服务平台、助学服务、学习支持等。服务实施阶段是平台运营过程的核心，是有效保证学习支持服务质量的重要条件。

在此过程中，渠道服务中心负责市场拓展与销售，制定销售规划并推进实施。具体包括维护重点客户关系、学习中心建设、持续改进等工作。学生用户事业部负责学习过程服务与学习中心服务的工作，具体包括互联网产品开发、网络宣传推广、助学、学籍管理、学习中心服务、学生接待和问题处理等，强调为学习者提供全方位、一站式的学习支持服务。

在服务改进阶段，奥鹏公共服务体系需要根据反馈与评价的具体情况不断优化服务。改进服务需要采取内容审核、问卷调查、客户回访、第三方机构评估等多样化手段，从服务过程监测与改进、服务满意度分析、审计监察、外部监管与评估四个方面进行。

在此过程中，质量管理办公室负责服务质量的监管与评价，主要包括制定服务质量管理制度，制订服务质量管理工作计划并组织实施。工程中心负责在线教育内容产品的开发与运营，具体工作包括在线教育内容产品的整合与包装、公司自有版权产品的开发、制定在线教育内容产品的标准与规范、包装与运营等。有效的服务改进可以不断提高服务质量，保证在线教育公共服务体系的可持续发展。

另外，数据安全与技术保障、反馈与投诉申诉贯穿公共服务体系运营的整个过程。数据安全与技术保障为平台的运营提供技术支撑，既不断研发新的技术、优化平台，又做好维护工作，保障平台正常运行。在此过程中，信息技术运营与安全中心负责技术的研发与维护，主要包括系统与数据架构、软件项目、应用系统、教育云平台的开发与运营，不断将创新型技术应用于教育实践。技术在在线教育的发展过程中发挥着越来越重要的作用，云平台等正在成为在线教育的技术基础。不断完善相关技术，将其应用于实践，可以从设计角度优化在线教育的质量。反馈与投诉申诉则是对服务改进阶段的补充，在服务的全过程为用户提供反馈渠道，及时处理问题，优化学习者的学习体验。

(三)课程学习支持服务的运营

课程学习支持服务是奥鹏公共服务体系的核心服务业务。下面从学习支持服务的设计、流程、评估与管理三方面介绍奥鹏公共服务体系的实践经验。

1. 学习支持服务的设计

奥鹏公共服务体系的课程学习支持服务是围绕办学机构和学习者的需求进行统筹

规划的。奥鹏公共服务体系需要与合作的高等院校进行反复沟通并实地调研，根据合作院校的教学目标和需求，明确课程学习支持服务的核心内容。在提供服务的过程中，也需要不断收集分析学习者学习数据，定期开展合作高校、教师、学习者满意度调查，关注双方体验，了解合作高校和学习者的真实想法与需求，梳理服务过程存在的问题并及时改进。此外，要根据政策变化、地区习惯等进行市场调查及专家访谈，获取更深入的需求信息。

2. 学习支持服务的流程

学习支持服务主要分为课前准备、课程实施、课后收尾三个阶段，包括课程组织实施、授课教师安排、学生学习过程监督、教学辅导过程支持、教学过程质量监控、课程资源优化及用户体验改善等工作。这三个阶段的工作目前主要在中小学教师教育业务中开展。在面向高校的网络学历教育业务中，奥鹏主要引进合作院校的教学计划和数字资源，不负责教学课程的建设与开发。图 7-17 呈现了奥鹏公共服务体系的课程学习支持服务流程。

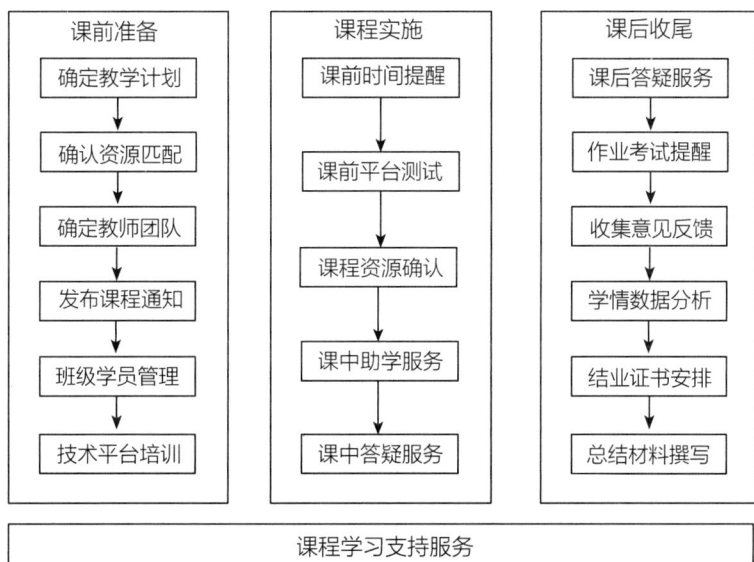

图 7-17　奥鹏公共服务体系的课程学习支持服务流程

在课前准备阶段，奥鹏公共服务体系需要按照项目的目标和要求，与教师确定教学计划，做好课程服务策划和准备，确认合适的课程资源，确定教师团队，发布课程通知；提前做好班级学员管理工作，与学习者确认课程时间、学习材料、平台使用等，主要提供非学术性的支持服务。

在课程实施阶段，奥鹏公共服务体系需要依据协议要求，提供课程实施过程中的支持服务，包括课前时间提醒、课前平台测试、课程资源确认、课中助学服务、课中答疑服务等，围绕课程内容与课程质量提供学习支持服务。

在课后收尾阶段，奥鹏公共服务体系需要结合课程的安排做好课后答疑服务、作业考试提醒等学习支持服务，收集整理学生的学情数据和各方意见，及时反馈给教师和学生，并安排结业证书，撰写总结材料，对教学和学习方法进行优化，改善在线教育质量。

3. 学习支持服务的评估与管理

对学习支持服务的评估与管理是提升学习支持服务质量的重要环节，奥鹏公共服务体系强调考核关键指标，聚焦持续改进，不断规范支持服务行为，提高学习支持服务质量。

在评估技术方面，奥鹏公共服务体系集中优势技术力量，成立大数据实验室，建设大数据平台；通过对基础数据的深度分析，为政府、各类教育机构、企业、教师、个人学习者等提供基于教育大数据的管理、评价、教学效果跟踪、诊断与指导等个性化服务，不断提升教育服务与管理质量。

在评估标准方面，根据教育部的要求，奥鹏公共服务体系结合自身实际，设定在线课程建设与评价标准，建设课程质量评价指标体系，规范课程建设质量；按照合作高校需求，制定具体的教师团队甄选标准和适合网络教育的助学服务知识培训规范；依据课程活动环节要求，按照网络授课教师、学科专家、课程辅导教师、课程助学教师的组合模式和结构进行师资队伍建设，并制定课程辅导教师的聘任与管理办法，通过关注教学效果、年终评优等办法进行教师考核。同时，奥鹏公共服务体系引进多种国际质量标准，通过第三方认证加强质量监管与改进。

如表7-5所示，以直播课程支持服务为代表，奥鹏公共服务体系通过对关键环节数据指标的评估来保证支持服务的质量。对平台环境的搭建、主讲教师的对接与沟通、课程实施及课后总结都制定了较详细的实施标准、时间标准和质量监测标准。

表 7-5　直播课程支持服务的评估

评估事项	评估方式	评估时间
学员测试/平台讲解	平台记录	课前 1 个工作日
未登录学员督促	平台记录	课前 1 个工作日
专家到位，助教暖场	平台记录	课程开始前 10 分钟
助教服务工作，如发布签到、答题、连麦、巡课、答疑等，并做好截图	截图 10 张	课中/课后
经同意后上传主讲教师讲义及其他资料	平台记录	课程结束后 2 小时内

续表

评估事项	评估方式	评估时间
根据课堂学情统计模板整理学情数据，若发现异常数据则及时反馈给部门主管	课程学情报告	课程结束后 1 个工作日
按照模板和项目实际情况撰写项目总结，用于每周复盘交流	报告文档	课程结束后 3 个工作日

思考 7-2

　　请根据自己对奥鹏公共服务体系的了解，查阅官方网站及相关文献，思考以下问题。

　　奥鹏公共服务体系与外部高等院校之间是如何合作完善学习支持服务的？

　　奥鹏公共服务体系内部是如何运营、落实学习支持服务的？

🎯 教学活动建议

　　本节在第二节的基础上深入介绍了三个典型服务平台的运营实践。在教授本节内容时，建议教师启发学习者思考运营工作中服务规划、实施与质量管理的重要性，以及多部门协作、多服务供给主体协作的重要性。此外，建议教师在本节提供的案例之外，选择其他典型服务平台的运营机构，组织学习者通过网络调研、在线访谈、实地调研等方式深入了解其他运营实践，并启发和促进学习者将所调研的案例与本节提供的案例进行对比分析，发现有效的运营策略。

🎯 学习活动建议

　　本节基于案例剖析了三种典型服务平台的运营实践，展现了在实践中在线教育公共服务是如何规划、组织和实施的，阐释了公共服务实践的专业性与复杂性。在学习中，请将重点放在对案例的深度剖析上，基于案例学习理解典型服务平台的运营流程和运营方法。

　　本节选取了与实际学习情境贴近的学堂在线作为案例，设计了一个学习活动，希望你通过课程学习体验与反思，基于用户体验反思课程服务的运营。请根据学习活动建议完成相应活动，以对 MOOC 平台的运营获得更深刻的认识。如已完成该活动，请结合本节的学习思考下列问题，并与教师和同学讨论。

　　三类典型服务平台运营的共同点有哪些？

　　典型服务平台运营工作的关键是什么？

🎯 自我评价

一、学习经历评价

1. 你是否阅读了第七章的所有内容？

建议：如果答案为"否"，请暂停自我评价，阅读未读过的部分。

2. 你能否理解第七章的所有内容？

建议：如果答案为"否"，请首先列举不理解的内容，然后尝试利用以下方法解决遇到的问题。

①利用图书馆和网络资源，查找相关文献。

②与同学进行讨论。

③向教师提问，争取教师的帮助。

④将问题发布在线上讨论区，争取更多人的帮助。

二、自测题

1. 简述在线教育公共服务的内涵，并列举解释在线教育公共服务内涵的关键。

2. 列举在线教育公共服务的特征，并尝试举例说明。

特征一：_____。

特征二：_____。

特征三：_____。

特征四：_____。

特征五：_____。

特征六：_____。

3. 举例说出三层在线教育公共服务模式的服务定位与模式。

技术与环境：_____。

案例：_____。

内容与资源：_____。

案例：_____。

学习支持：_____。

案例：_____。

4. 请举例说出三类在线教育公共服务典型平台的服务定位与模式。

直播教学平台：_____。

案例：_____。

MOOC 平台：_____。

案例：_____。

现代远程教育学习支持公共服务平台：＿＿＿＿＿＿＿＿＿＿＿＿＿＿＿＿＿＿＿。
　　案例：＿＿＿＿＿＿＿＿＿＿＿＿＿＿＿＿＿＿＿＿＿＿＿＿＿＿＿＿＿＿＿。

5. 请在 ClassIn 在线教室、学堂在线、奥鹏公共服务体系三个典型公共服务平台中选取一个，简要阐述其公共服务的主要运营流程。

6. 请与同学组成 2～3 人小组，结合本节的学习，选取一个在线教育公共服务实践案例，通过文献研究和网络调查等方式进行深入调研。

调查分析：所选取的在线教育公共服务实践属于本节介绍的三类公共服务平台的哪一类？主要满足怎样的需求？参与服务供给的主体有哪些？提供哪些内容的服务？采用了怎样的服务供给方式和技术？政府在该服务运营中扮演什么角色？互联网在该公共服务中发挥了怎样的作用？请结合调研及与同学的讨论，对该公共服务的实践方法与未来发展进行反思与评价。

调研案例：＿＿＿＿＿＿＿＿＿＿＿＿＿＿＿＿＿＿＿＿＿＿＿＿＿＿＿＿＿＿＿。
所属公共服务平台类型：＿＿＿＿＿＿＿＿＿＿＿＿＿＿＿＿＿＿＿＿＿＿＿＿＿。
服务需求：＿＿＿＿＿＿＿＿＿＿＿＿＿＿＿＿＿＿＿＿＿＿＿＿＿＿＿＿＿＿＿。
服务供给主体：＿＿＿＿＿＿＿＿＿＿＿＿＿＿＿＿＿＿＿＿＿＿＿＿＿＿＿＿＿。
服务内容：＿＿＿＿＿＿＿＿＿＿＿＿＿＿＿＿＿＿＿＿＿＿＿＿＿＿＿＿＿＿＿。
服务供给方式和技术：＿＿＿＿＿＿＿＿＿＿＿＿＿＿＿＿＿＿＿＿＿＿＿＿＿。
政府的角色：＿＿＿＿＿＿＿＿＿＿＿＿＿＿＿＿＿＿＿＿＿＿＿＿＿＿＿＿＿。
互联网的作用：＿＿＿＿＿＿＿＿＿＿＿＿＿＿＿＿＿＿＿＿＿＿＿＿＿＿＿＿＿。
反思与评价：＿＿＿＿＿＿＿＿＿＿＿＿＿＿＿＿＿＿＿＿＿＿＿＿＿＿＿＿＿。

推荐阅读文献

[1]蔡智超，曹天虹，曾建军，郑晓芳．网络直播教学模式的研究及分析[J]．西部素质教育，2017，3(14)：126-128.

[2]曾海军，范新民，马国刚．我国高校网络教育公共服务体系发展的比较分析与思考[J]．中国远程教育，2018，(11)：51-58+80.

[3]高铁刚，李艳坤，寇海莲．基于政策文本分析的数字教育资源公共服务机制研究[J]．现代教育技术，2019，29(9)：33-38.

[4]郭炯，黄荣怀，陈庚．现代远程教育公共服务体系建设与运行现状的调研[J]．开放教育研究，2010，16(3)：110-115.

[5]柯清超，王朋利，张洁琪．数字教育资源的供给模式、分类框架及发展对策[J]．电化教育研究，2018，39(3)：68-74+81.

[6]刘和海，李起斌．"中国式 MOOC"概念探讨及平台优化策略研究——基于中文 MOOC 平台的调查分析[J]．现代教育技术，2014，24(5)：81-87.

[7]刘佳."直播＋教育"："互联网+"学习的新形式与价值探究[J]. 远程教育杂志，2017，35(1)：52-59.

[8]万力勇. e-Learning 综合应用平台的演变规律探析[J]. 中国电化教育，2007，(9)：99-102.

[9]杨非，王珠珠. 国家在线教育资源公共服务在抗疫中的战略作用及疫后发展[J]. 教育研究，2020，41(8)：81-21.

[10]余胜泉，汪晓凤."互联网+"时代的教育供给转型与变革[J]. 开放教育研究，2017，23(1)：29-36.

[11]张进宝，黄荣怀，张连刚. 智慧教育云服务：教育信息化服务新模式[J]. 开放教育研究，2012，18(3)：20-26.

[12]赵宏，蒋菲."互联网+"时代教育资源建设新模式探析[J]. 电化教育研究，2020，41(7)：48-54.

[13]周进，安涛，韩雪婧. 移动互联时代下直播教学模式构建与案例分析[J]. 职业技术教育，2018，39(29)：33-38.

[14]祝智庭，管珏琪."网络学习空间人人通"建设框架[J]. 中国电化教育，2013，(10)：1-7.

在线教育公共服务平台与典型案例

第八章

在线教育的新知识观、新本体论与新认识论

本章概述

互联网不仅是一种技术和工具，还使教育拥有第三类空间——信息空间。信息空间正在重构教育的组织体系和服务流程，为破解新时期的教育矛盾提供了新思路和新方法，除此之外，信息空间对教育的基本规律也产生了重要影响。本章阐释互联网对传统知识观、教育本体论及认识论等问题的变革性。"互联网+教育"不是将传统课堂"网上搬家"，而是教育顺应时代发展的历史性变革，不仅体现为手段方式的变革，还体现为教育理念和基本规律的发展与变化。本章的主要内容包括：知识观的发展；网络化知识的定义与特征；教育的新本质——联通；在线教与学的复杂性特征；新知识观、新本体论、新认识论对教育改革提出的新要求。本章的内容与前几章不同，偏重于前沿基础理论知识，建议通过联系创新实践案例来理解本章和补充文献的核心观点。

知识结构图

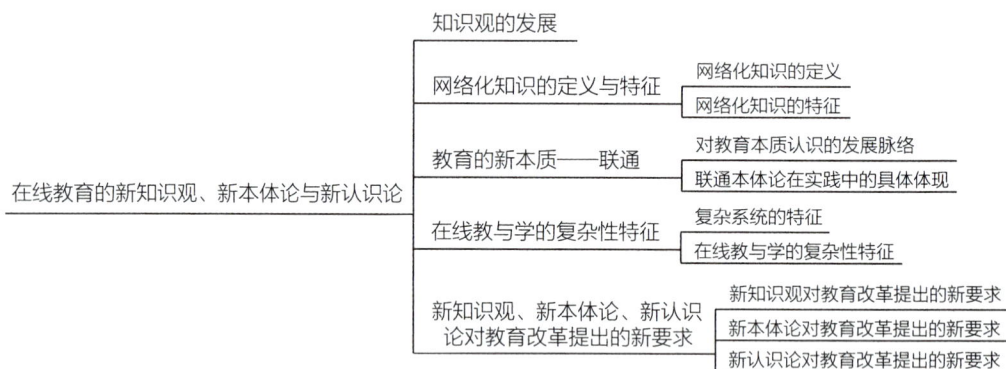

🎯 **学习目标**

- 能够举例说明网络环境中知识的新本质与新特征。
- 能够举例说明网络环境中知识生产主体、生产方式、传播途径的新特征。
- 能够举例阐述互联网时代教育的新本质及其对教育实践的指导意义。
- 能够说出网络环境中教与学的非线性复杂网络的典型特征。
- 能至少列举三个典型的互联网推动教育变革的创新实践案例。

第一节 知识观的发展

  技术的发展推动人类社会的发展，以互联网为核心的新一代信息技术从根本上改变了工业社会的生存理念、组织体系和服务流程，人类从工业时代跨入信息时代。这种改变和颠覆性影响也逐渐渗透教育领域，对教育体系产生了整体性冲击。关注互联网对教育根本性问题的影响，从本质上认识互联网推动教育发展的规律变得尤为重要。[①] "什么是知识"是教育实践要回答的根本性问题，知识观的发展也成为顺应时代需要的必由之路。[②]

---

① 陈丽、逯行、郑勤华：《"互联网＋教育"的知识观：知识回归与知识进化》，载《中国远程教育》，2019(7)。

② 王竹立：《新知识观：重塑面向智能时代的教与学》，载《华东师范大学学报（教育科学版）》，2019(5)。

案例 8-1

你是否购买并使用过知识付费产品？若未使用过知识付费产品，请先登录知识付费平台进行体验，结合自身经历思考以下问题。

知识付费模式是从何时开始的？

网络提供的付费知识与学校书本知识有什么不同？

知识付费平台上的知识提供者都是什么岗位的人？

网络正在改变人类知识的类型、生产方式和传播方式。在原始社会和农耕社会，人类在生产实践中通过口耳相传的方式传递知识。文字的出现使知识可以脱离实践用符号表征，印刷术使文字记录的知识得以广泛传播，出现了学校，也出现了专门生产和传播知识的知识分子。但文字符号的抽象性特点使书本上的知识只能以原理性知识为主，学校的相对封闭性导致知识分子与实践基本脱节，这种状态制约了学校对学生实践问题解决能力的培养。互联网出现后，随着个人移动终端的普及和应用，越来越多的人通过各类音视频工具和知识平台分享各种经验和智慧，知识生产与传播过程发生了根本性改变。知识不一定是书本中的抽象原理，也可以是存在于网络中的实践知识；知识来源不一定是知识分子，也可以是普通实践者；知识不一定是标准化的共性知识，也可以进行按需获取的个性化。也正因如此，人类全部的各类形态、各种来源的智慧都得以传播，知识从精加工的符号化信息回归为全部的人类智慧，即回归论知识观。[①] 回归论知识观认为，互联网使知识回归为全部的人类智慧，不分载体形式，不分阶层，不分民族；不仅存在于书本，而且存在于个体，还以各种形式存在于网络。新旧知识观的比较如图 8-1 所示。

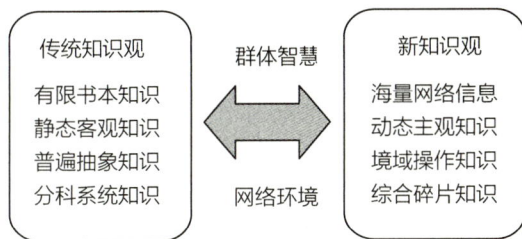

传统知识观　　群体智慧　　新知识观

有限书本知识　　　　　　　海量网络信息
静态客观知识　　　　　　　动态主观知识
普遍抽象知识　　　　　　　境域操作知识
分科系统知识　　网络环境　综合碎片知识

图 8-1　新旧知识观的比较

可以从以下四个方面理解回归论知识观的内涵。

第一，知识生产主体的变化。

① 陈丽、逯行、郑勤华：《"互联网+教育"的知识观：知识回归与知识进化》，载《中国远程教育》，2019(7)。

传统知识观将精英、知识分子作为知识生产主体，知识被打上社会学烙印。[①] 而回归论知识观认为全谱系的知识不能只由少数知识分子生产，必须依靠全人类的力量，自媒体和互联网使每个人都可以成为知识贡献者，未来在人工智能的支持下，甚至机器也可以生产新知识。

案例 8-2

2004 年，萨尔曼·可汗为了帮助自己在远方的表妹学习数学，通过聊天软件为表妹在线答疑。为了让表妹听明白，他尽量说得浅显易懂，这使表妹的朋友也来向可汗讨教，可汗的教学工作变得越发繁忙，于是他把自己的教学讲解制作成视频放到视频平台上分享。他有意识地将每段视频的长度控制在 10 分钟以内，以便消化理解。视频一发出便得到了大量关注。后来，可汗成立了可汗学院，用视频讲解不同科目的内容，并且提供多样的辅导反馈。网站发布后，每月的平均点击量很快就达到了 200 多万次。

可汗学院的创始人只是一个普通人。你还能想到哪些新的知识生产主体？请举例说明。

知识生产主体的日益丰富使多样化、个性化的学习需求得到进一步满足，每个人既是知识的消费者，也是知识的生产者。

第二，知识的动态生成性。

在知识日新月异的今天，许多领域的经验还没来得及转化为书本上的知识，实践就已发生了翻天覆地的变化。学校教师难以掌握相关领域的创新经验，一线实践者的经验也难以转移到书本中。这种现象是目前学校教育在快速发展领域的人才培养上面临的最大挑战。书本上的知识脱离一线创新实践，学习者无法通过学校教育获得最新的经验和规律。而互联网可以快速汇聚各类一线创新经验，不断丰富和完善知识内容，促进知识的可持续发展。

案例 8-3

编程是一个不断产生新问题和新挑战、需要时时刻刻学习的领域。面对快速变化的领域知识，社区成为强大的资源交流中心，成为世界各地程序员探讨问题、获得成长、了解最新发展动向的重要平台，GitHub、Stack Overflow 等都是热门的编程社区。

请寻找并参与感兴趣的社区学习，体验并思考以下问题。

哪些领域知识具有动态生成性的特点？

我们如何应对这类知识的学习？

---

① 李政涛：《人工智能时代：教育的"变与不变"》，载《人民政协报》，2017-11-01。

第三，知识生产方式的变化。

互联网催生了群体智慧汇聚生成新知识的知识生产模式，社会行为主体通过分布式协作网络可以实现协同知识生产和知识进化，协作关系成为知识创新的动力。[1] 动态知识的生产和进化过程也是知识传播的过程，这种传播方式从根本上颠覆了知识先生产后传播的流水模式。

> **案例 8-4**
>
> 　　2010 年，微博兴起，移动端使得交流更加方便；2015 年，微信公众号兴起；2017 年，短视频兴起……结合自己使用社交媒体工具的经历，思考以下问题。
>
> 　　互联网知识生产和传播方式具有怎样的特点？
>
> 　　还有哪些案例能够体现知识生产方式的变化？
>
> 　　以互联网为支撑的工具的丰富和进化带来了内容创作的丰富化和全民化，每一个手机屏幕都成为生产力的来源，知识从生产到传播的路径大大缩短，即时高效的内容传播成为常态。

第四，知识分类体系的变化

在当今社会，单一学科知识难以支撑高度综合的社会生产实践，实践情境中的问题解决往往需要多学科交叉的知识背景。但当前学校教育的人才培养体系仍然采用以知识边界为划分依据的学科分类方式，这就使得分科培养人才的学校教育与综合性、交叉性极强的社会生产实践之间的矛盾日益尖锐。回归论知识观强调，教育改革应从根本上消除知识的连续性和学科的分割性之间的矛盾，重构专业学位设置、学科分类方式等。

> **案例 8-5**
>
> 　　脱氧核糖核酸(DNA)双螺旋结构的发现得益于物理学家克里克和威尔金斯、生物学家沃森以及化学家富兰克林的研究，这是科学史上多学科共同创生的重大科学成果之一。基因工程中的 DNA 重组技术是美国生物学家保罗·伯格借鉴工程设计方法实现的。磁共振成像技术的发明实际上是物理学和医学的结合。2018 年，国家自然科学基金委员会增设教育信息科学与技术申请代码，鼓励不同领域的科学家开展多学科交叉的基础研究来解决教育创新发展中的科学问题。
>
> 　　你还能想到哪些体现知识综合性和学科交叉性的应用案例？
>
> 　　科研创新与实践情境都越来越强调知识的综合性，学科交叉成为问题解决和知识创新的重要支撑，这对传统学校教育的人才培养体系提出了挑战。

---

　　[1]　Gibbons M. et al., *The New Production of Knowledge: the Dynamics of Science and Research in Contemporary Societies*, London, Sage, 1994, p. 36.

🎯 **教学活动建议**

本节是教师带领学习者接触前沿理论知识的开始。建议教师将教学重点放在解释网络如何传播全部的人类智慧上。建议教师组织学习者深度体验知识付费产品，讨论书本知识的局限性和网络知识的全面性。

🎯 **学习活动建议**

反复阅读教材内容，学习课程提供的资源。

联系个人生活实践，补充更多典型案例。

重点阅读联合国教科文组织发布的《反思教育：向"全球共同利益"的理念转变?》。

若已登录并注册了 cMOOC 课程"'互联网+教育'：理论与实践的对话"，则可以进一步总结这类课程知识生产和传播的特点。

第二节　网络化知识的定义与特征

互联网环境下的知识不同于传统的知识，是一种新知识形态，呈现全新的特征。这类知识形态被定义为网络化知识。揭示和运用网络化知识是"互联网+教育"变革的关键命题，也是科学推进"互联网+教育"的重要理论基础。

一、网络化知识的定义

网络化知识是指在互联网环境中由群体智慧汇聚生成的不断进化的信息、理解、技能、价值观和态度。这类知识存在于情境中，是不稳定的，具有网络属性，且具有全谱系、动态性、个性化、碎片化、草根性、持续有机生长以及生产传播的非线性等特点。它依托互联网环境创生、生长、提炼和发展，并不是简单地将互联网平台视为传播载体。网络化知识往往是未经提炼、加工、抽象、概括的知识，他们需要在互联网这一土壤中生成与发展，这类知识可以通过互联网流向网络中的每一个节点，在流动过程中伴随着知识的注入、更新和消亡。[①]

① 王竹立：《新知识观：重塑面向智能时代的教与学》，载《华东师范大学学报（教育科学版）》，2019(5)。

二、网络化知识的特征

与客观世界的知识、主观世界的知识相比,网络化知识呈现出以下十个新特征。[①]

(一)知识内涵的全谱系特征

网络化知识可以是人类所有的经验和智慧,不分载体形式,不分来源,是人类智慧的全谱系。

(二)知识的境域化特征

传统知识一般具有基础性和原理性的特征,网络化知识则具有境域化和情境性的特征。境域化知识强调对实践经验的汇聚和传播,强调与交互情境的关联,这类知识在交互中生成,具有时效性和碎片化的特点,一旦时过境迁就丧失了作用。

(三)知识存储与生产的网络化特征

网络化知识不仅存在于个体的头脑或书本中,而且存在于由个体、组织、机器等多主体组成的网络(如图 8-2 所示)中,具备网络化属性。知识通过在网络中的持续交换和流动实现动态更新,整个知识生产网络呈现分布式生成、弹性和网络化存储、动态扩展能力强等特点。比如,在社群化学习中,社群中的学习者通过发布观点、讨论话题等学习活动建立连接,形成具备信息交换和信息流动等基本特征的知识生产网络。知识在生产和吸收的同时也以某种信息形态存储于数据库,并在社会交互中不断地修改和迭代。

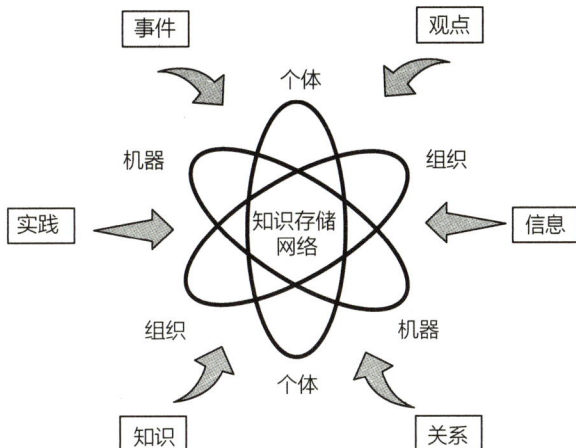

图 8-2 知识存储网络

---

① 王怀波、陈丽:《网络化知识的内涵解析与表征模型构建》,载《中国远程教育》,2020(5)。

(四)知识标准的个性化特征

传统知识具有一定的普适性,强调结果共识、精准表达和规范陈述;而网络化知识的标准和价值判定趋于个性化,不强调共识和形式统一,尊重每个实践者和知识生产者的个体经验,能否满足个体所需成为知识选择的重要标准。刘和海等人指出,互联网中知识传承与创生的重要内涵就是"建立连接、共建共享、取长补短以及具身服务,满足个性所需,促进个性化发展"①。比如,在使用问答类应用时,哪种回答能得到奖励往往由提问者决定。

(五)知识生产主体的多元化特征

网络化知识的生产不是仅仅依靠知识分子,而是依靠网络中的所有个体甚至机器的智慧。互联网提供了不依赖时空关系和社会关系的信息共享和众筹社区,在网络社区中,每个用户都可以通过自媒体和互联网贡献自己的智慧。在人工智能的支持下,甚至机器也可以生产新知识,也是知识生产的重要主体。群智汇聚是网络化知识的主要生产方式。

(六)知识的认可方式

网络化知识的认可方式不同于传统的专家评判法,而是由网络化知识的消费者做出评判。网络化知识的认可不是自吹自擂,而是通过他人的肯定。

(七)知识的生命活性

网络化知识是一个有机体,新旧知识的更新交替及演化类似于自然界中植物发芽、长叶、开花、结果、凋亡的生态过程。知识也具有生命活性,有价值的知识往往具有旺盛的生命力,持续不断地服务各类人群;而有的知识则会在网络流通过程中逐渐消亡。

(八)知识的跨学科特征

与传统的学科知识不同,网络化知识不局限于单一学科,其内涵与外延不再清晰、固定,其边界是模糊、变化的。这种跨学科、跨专业的网状立体结构打破了以往学校中学科导向的系统学习所建立的学科或专业的线性或树状结构,它是以个人兴趣爱好

---

① 刘和海、李少鹏、王琪:《"互联网+"时代知识观的转变:从共建共享到众传共推》,载《中国电化教育》,2016(12)。

和问题解决的需求为核心建立的个性化知识结构。①

（九）知识载体的多模态特征

传统的以文本为载体的知识抽象凝练，表现为稳定的经验总结及结构化的表达，难以"原汁原味"地呈现人类智慧。而网络化知识的载体呈现多模态特征，视频、音频、程序、文本、图像等都可以成为知识的载体，可以实现所有场景和各类经验"原汁原味"地汇聚和传播。

（十）知识生产传播的融合性特征

网络化知识的生产和传播在同一个环境和过程中，生产即传播。网络在汇聚群智的同时将汇聚而成的新知识分享给所有贡献者，知识的生产者也是学习者。有些鲜活的实践知识往往还未被专家学者加工、提炼和整理便已开始指导实践。②

◎ 教学活动建议

本节深入介绍网络化知识的特征，是对第一节回归论知识观的丰富和发展。建议教师将教学重点放在帮助学习者深刻理解网络化知识的特殊性以及它对于教学改革的意义上。建议教师引导学习者针对每一个特征思考如何应用这种特征来改革人才培养模式。

◎ 学习活动建议

阅读教材内容，学习课程提供的资料，理解网络化知识的特征。

给每一种特征提供一个新案例。

思考每一种特征对于教学改革的意义。

---

① 王竹立：《新知识观：重塑面向智能时代的教与学》，载《华东师范大学学报（教育科学版）》，2019(5)。
② 王竹立：《新知识观：重塑面向智能时代的教与学》，载《华东师范大学学报（教育科学版）》，2019(5)。

第三节 教育的新本质——联通

对教育本质的认识决定了教育理念和教育方式。对教育本质认识的不断发展是教育理论与时俱进的必然选择，是教育实践不落后于时代的重要基础。网络空间使教育本质发展变化。本节介绍教育本质认识的发展脉络，重点介绍关于教育本质的最新发展——联通本体论。

一、对教育本质认识的发展脉络

教育本体论是回答"教育是什么"的哲学学说，是揭示教育本质的理论。随着教育实践的发展和人类认识的进步，对教育本质的认识也不断发展，主要经历了三个阶段，有三种代表性学说。

(一)思维本体论

思维本体论将教学理解为一种头脑中的认识，教学就是单纯的求知活动。思维本体论的前提是：人是理性的动物，知识是客观存在的真理，教学的主要目的就是传授系统知识，教学就是学生作为认识的主体掌握客观知识和认识外部世界的过程。思维本体论满足了工业社会普及教育、发展科技、促进经济繁荣的社会发展需要，但它强调追求人的理性存在的意义，淡化人的其他方面的关怀。[①]

(二)生成本体论

生成本体论提出教学是生活的过程，从思维本体论到生成本体论，反映出从预设到生成的思维方式转变，也就是不再假定人、教学有预先存在的本质，而是在活动中敞开其性质。当用生成本体论看待和理解课堂教学时，就会发现教学不是单纯的认识过程，而是师生以内在体验的方式参与教学的生活过程，是教师与学生创造自己的生命意义、实现精神建构的生活过程，是以认识为主要方式的人的生成过程。[②]

[①] 迟艳杰：《教学本体论的转换——从"思维本体论"到"生成论本体论"》，载《教育研究》，2001(5)。
[②] 迟艳杰：《教学本体论的转换——从"思维本体论"到"生成论本体论"》，载《教育研究》，2001(5)。

(三)联通本体论

联通本体论从网络化的视角解释网络环境中的生长性知识,认为知识是一种网络现象[1],学习即连接的建立和网络的形成。这些网络包括内部认知神经网络、概念网络和外部社会网络。[2] 学习的目标是基于创造的知识生长,即实现知识的流通。[3] 教育的本质就是促进学习者与世界的联通。[4] 联通本体论的思想源于联通主义学习理论。联通本体论使人类对教育的认识从良构的知识体系走向复杂的真实世界。

联通本体论揭示了网络环境支撑下的教育本质,这种教育实践需要互联互通的环境和组织保障。陈丽认为,联通是一种基于互联网的互联互通的组织模式。[5] 其实人类社会本身就是一个非常复杂的生态系统,有着自身的运作机制和规则。依托社会而存在的人类个体需要通过某种途径不断提升自身适应、发展和改造社会机制与规则的能力,而个体接受教育的过程其实就是融入、间接适应和发展这个生态体系的过程;教育存在的意义与价值就是帮助个体联通外界生态体系,使之与其他个体和小系统一起与外界生态体系进行信息能量交换。一方面,通过联通实现个体与组织对外部世界的适应与改造;另一方面,外部世界也对个体和组织的适应与改造产生影响。两者相互作用、共同发展。[6]

在传统教育中,受技术、环境、思维、资源等多方面因素的限制,个体能够联通的范围十分有限,往往只能在有限的物理空间内基于传统的社会关系建立联系,如师生关系、亲友关系、邻里关系、同事关系、同学关系等。以互联网为代表的技术发展增强了人类的互动能力,人类可以突破传统物理空间的制约和社会关系的局限,通过网络与现实或虚拟世界的个体和资源进行广泛深入的互动。[7]

二、联通本体论在实践中的具体体现

联通本体论在实践中体现为三个层面的联通:个体学习层面的联通、资源建设层

---

[1] Downes S., "Connectivism and Connective Knowledge: Essays on Meaning and Learning Networks," National Research Council Canada Report, 2012.

[2] Siemens G., "Connectivism: A Learning Theory for the Digital Age," *International Journal of Instructional Technology and Distance Learning*, 2005(1), pp. 3-10.

[3] Siemens G., "Orientation: Sensemaking and Wayfinding in Complex Distributed Online Information Environments," phD diss., University of Aberdeen, 2011.

[4] 王志军、陈丽:《联通主义:"互联网+教育"的本体论》,载《中国远程教育》,2019(8)。

[5] 陈丽、纪河:《开放、联通:互联网思维与开放大学创新发展——访北京师范大学副校长陈丽教授》,载《终身教育研究》,2017(3)。

[6] 王志军、陈丽:《联通主义:"互联网+教育"的本体论》,载《中国远程教育》,2019(8)。

[7] 王志军、陈丽:《联通主义学习的教学交互理论模型建构研究》,载《开放教育研究》,2015(5)。

面的联通、组织生态层面的联通。①

（一）个体学习层面的联通：认知、概念、社会网络之间的联通

个体学习层面的联通指的是个体在学习过程中持续建立和优化内部认知神经网络、概念网络和社会网络的联通，个体知识也正是通过在网络中的持续流动得以生长和创新的。内部认知神经网络的联通指在人脑的神经系统中，神经元之间通过突触或细胞内分子的交互作用进行联通，进而构成复杂的神经网络。② 认知神经科学发现，人类的学习是多个脑区共同参与、协同作用的结果。董奇强调未来教育要基于脑、适于脑、促进脑，将脑与认知科学的成果应用于教育。③ 概念网络的联通是指认知神经网络承载的概念网络体系与适应外部社会发展和问题解决的概念网络之间建立连接。社会网络的联通是指学习者个体与其他个体之间通过持续交互建立连接。这里的个体不仅包括熟悉的教师、同学，还包括同在网络的学习者、专家、领域精英甚至机器等素不相识的个体。从个体的角度来看，学习者通过不断建立、维护、删除与其他个体的连接实现个体网络的动态更新；从群体的角度来看，基于网络的群智汇聚是实现组织层次上知识创新的重要途径。

可以看出，联通本体论从网络视角重新界定学习的复杂性——连接即学习。任何人或资源之间都可以通过一定路径建立连接，每一个参与者或参与群体都可以基于自己的学习目标在网络中进行个性化寻径，开展多种层次的教学交互，联通外部网络，促进自身三种网络的建构和发展。网络社区中的关系就是个体学习层面的联通，学习者在自身学习需求和兴趣的驱动下，利用互联网连接的各种移动智能终端、社交媒体、应用程序等技术，主动与有共同兴趣、任务或价值观的人组成社群，通过社群成员间的互动、共享来完成知识的共享与共创，促进个体和群体三种网络的生长和优化。比较常见的有编程、产品运营等垂直领域的知识问答社区以及泛在的知识分享社区。

在联通本体论的指导下，为促进个体学习层面的联通，一种社区型课程形态产生，即基于联通主义的 cMOOC。cMOOC 与目前主流 MOOC 平台提供的以视频或文本教学为主要形式、以在线测试为主要评价方式、强调内容传递的在线课程有所不同，这类课程不以教师提供的内容为主，而以学习者之间的交互为核心，课程内容由所有参与者共建共享，强调通过持续交互实现认知神经网络、概念网络和社会网络的生长与知识创新。国外 cMOOC 课程的典型代表是由乔治·西蒙斯和斯蒂芬·唐斯开设的一

---

① 王志军、陈丽：《联通主义："互联网+教育"的本体论》，载《中国远程教育》，2019(8)。
② 蔡灿新：《教育本体论研究的转向与教育本体的复杂性——复杂性思维方式视野中的教育本体论研究》，载《教育理论与实践》，2006(17)。
③ 董奇：《北师大校长董奇：未来教育的重要特征是要基于脑、适于脑、促进脑》，https://www.sohu.com/a/258768746_484992，2018-10-12。

系列课程。2018 年 10 月，陈丽教授带领互联网教育智能技术及应用国家工程实验室、北京师范大学远程教育研究中心团队共同开发了国内第一门 cMOOC"'互联网+教育'：理论与实践的对话"，在互联网教育领域产生重要影响。

（二）资源建设层面的联通：资源的共建共享

资源建设层面的联通体现为资源共建共享，即通过网络整合全社会资源以促进学生的发展。网络使大量的内容和资源可流动、可复制、可编辑，一种建立在分享基础上的新兴文化产生。投射到教与学层面，这意味着社会各界的教育资源都可以通过网络实现共建共享。在传统教育体系中，教育资源主要由政府主导的专业机构创建和提供。互联网的出现使每个个体或群体都有机会创建和分享学习资源，通过需求方的选择、推荐、分享实现资源的优胜劣汰。资源创建者和使用者之间的联通使资源的传播共享速度加快，更新迭代周期缩短，针对性和精细化程度提升。

除数字资源外，网络可以支持优质教师资源共享。最典型的创新是通过网络为教育资源匮乏的地区提供双师课程。例如，河南省三门峡市卢氏县教育部门与沪江开展合作，推行网络直播课下的双师课堂模式，引入音乐、美术、科学、外教口语等课程资源，沪江的教师负责直播授课，当地教师负责组织和辅助教学。再如，在《北京市中学教师开放型在线辅导计划（2018—2020 年）（试行）》的政策支持下，北京市九个学科的骨干教师为郊区学生提供在线课外辅导服务，实现优质教师资源在线流转。

> **思考 8-1**
>
> 你还能想到哪些可以共享的资源？可采取什么机制共享？

（三）组织生态层面的联通：教育体系内部以及教育与社会的互联互通、开放融合

组织生态层面的联通体现为各类教育机构之间、教育内部与教育外部之间的互联互通和开放融合。互联网的深度应用一方面推动教育体系内部即学校与学校之间的数据共享、数据联通和学分互认，另一方面支持汇聚全社会的优质教育资源和服务，允许企业、机构、社会的优质教育资源和服务成为学校教育的优势补充，推动全新教育供给、服务和组织模式的形成以及产学研一体化人才培养模式的发展，形成全社会共育的良好生态。

> **案例 8-6**
>
> 在互联网教育领域，产业联通整合优质资源为学校和个体提供优质教育服务的创新实践层出不穷。有连接幼儿园、家长和内容产品供给商，为三四线城市的民营幼儿园提供优质的信息化产品和定制服务的幼教互联网企业；还有为学校和培训机构

提供教学教具、教学内容、机器人赛事及国际交换项目的企业。

请调研：你所在的学校认可哪些学校的学分？在教育教学中纳入了哪些校外机构或企业提供的服务？

🎯 教学活动建议

本节内容是教育哲学层面的前沿理论，内容偏抽象，但对学习者真正理解互联网推动教育变革、树立新教育理念来说至关重要。教学重点应放在帮助学习者真正理解联通对人的发展和构建新教育体系的价值上。建议教师首先吃透联通本体论的核心意义，给学习者讲透；可以组织学习者结合自身学习经历理解联通的意义。

🎯 学习活动建议

回忆自己在互联网中成长的经历，总结联通对自我发展的作用。

调研三个层面联通的典型案例，分析联通的意义和作用。

第四节　在线教与学的复杂性特征

在线教与学是在网络空间进行的。网络空间大大扩展了交互对象的范围，允许每个学习者随时随地与他人或资源节点进行互动。教室中的线性交互方式转变为多点对多点的网状交互方式，在线教与学呈现自组织、多层次、开放、涌现、互联互通等复杂系统的特征，原有的线性教学规律难以解释在线教与学的复杂性规律。本节先介绍复杂系统本身的特征，进而着重阐述在线教与学的复杂性特征，这是进一步认识在线教与学新规律的基础。

一、复杂系统的特征

经典科学世界以线性、稳定、确定、平衡、封闭、有序为基本特征，而复杂科学认为世界是非线性、非平衡、开放的，是稳定与不稳定的统一、确定性与不确定性的统一、有序与无序的统一。雅各布森等人借鉴关于复杂物理系统、复杂生态系统、复杂社会系统的概念化视角和方法，将复杂系统的概念和特征应用于教育领域，构建了学习复杂系统的概念化框架（CSCFL 框架），并将其与学习中的具体实例进行对应，用于解读学习方面的研究结论，检验理论效果，推动理论的完善和发展。学习复杂系统在集体和个体层面上的特征如表 8-1 所示。[①]

表 8-1　学习复杂系统在集体和个体层面上的特征

层面	特征	解释	学习中的实例
集体	系统中的主体和元素	复杂系统包含多个主体或个体的组件。这些主体和元素也是结构和互动的单元，个体之间的交互关系遵循某种运作规则，如神经元的传导过程、蚂蚁搜寻事物的特点以及个人购买股票的行为等。	教室中的学生
	自组织	自组织与他组织的区别在于前者不存在外部指令，系统按照某种默契的规则各尽其责，协调地、自动地历经不同的复杂变化阶段，向更高级的秩序不断演进，如候鸟在飞行中形成了相互靠近但又保持一定距离的集群飞行特征。	学生在操场的分组活动
	系统层次	系统包含不同等级和层次，各层次有相对独立的结构、功能和作用，且各层次之间相互关联和制约。宏观层次与微观层次的复杂性也不同，不同层次融合在一起就更加错综复杂，如微观的化学反应与宏观的化学系统平衡。	协作学习活动
	初值敏感性和非线性	起始状态的改变会随着演化过程逐渐积累和放大，最终对系统行为产生影响，如厄尔尼诺现象先影响南太平洋地区气候，进而影响全球气候。非线性指不同子系统之间以某种或多种方式发生复杂的非线性相互作用，是系统具有不可预测性的重要原因，如因果关系难以被论证、输入输出难以对称、整体不等于各部分之和等。	学习初期的认知激活对学习结果的影响
	涌现性	从个体或部分的行为中产生一些个体或部分不具备的集体复杂特征，涌现出新的模式或属性，如排队等红灯的一列汽车，在绿灯亮时，由于汽车起步需要时间，微观层面的延时造成所有车滞后这一集体特征，导致宏面层面上的交通堵塞。	整体大于部分之和

---

① Jacobson M. J., Kapur M., Reimann P., "Conceptualizing Debates in Learning and Educational Research: Toward a Complex Systems Conceptual Framework of Learning," *Educational Psychologist*, 2018(2), pp. 1-9.

续表

层面	特征	解释	学习中的实例
个体	并行性	个体通过发送和接收信号产生同步交互现象，如大脑中的神经细胞通过刺激或抑制其他神经细胞来产生交互，生物细胞通常使用蛋白质信号相互作用，从而在循环中提供正负反馈。	大脑神经元同时工作以完成任务
	条件触发	主体的行为通常是对接收到的信号的响应，常用"若……则……"的结构表示，如若接收到特定信号，个体则做出对应的执行。	参与互动的学生有更强的毅力继续学习
	适应与演化	复杂系统中的主体会随时间发生变化，主体与主体的能动性互动可推动系统的进化。行为主体在持续不断的互动过程中不断累积经验，从而改变自己的结构和行为，进而影响宏观层次的结构和进化。	个体认知随时间和经验的积累不断发展

二、在线教与学的复杂性特征

与传统课堂有所不同，在线教与学是在网络环境中开展的，教的行为与学的行为时空分离，于是教学交互成为教与学再度整合的关键，而网络平等、开放、互联互通的特点使在线教与学的交互对象、交互结构与层次等都发生了变化，这使得在线教与学过程尤其是以多点对多点的生生交互为主的在线学习呈现以下十个复杂性特征。

(一)参与主体多元化、异质化

互联网为在线学习提供了一个更为自由、广阔、开放、平等的学习空间，这也使在线学习者具有多样性、规模化和异质性的特点[①]，主要体现在地域、年龄、学习经历、文化背景、社会职业等方面。例如，国外第一门cMOOC课程的2300名学习者来自11个国家，母语有英语、德语、汉语、西班牙语等多种语言。参与者不同的学习和生活经历也会使其在看待问题、连接资源上具有多样性，多样化和异质性的主体开展持续深入的交互是促进内容涌现、激发成员之间思想碰撞的积极影响因素。

> **思考 8-2**
>
> 在线学习的学习伙伴与传统课堂中的学习伙伴有何不同？请联系在线学习经历进行思考。

[①] 王志军、陈丽：《联通主义学习的教学交互理论模型建构研究》，载《开放教育研究》，2015(5)。

(二)自组织形成多中心的网络结构

以生生交互为主的在线学习赋予了学习者更多的对学习进程、交互倾向等的控制权和自主权，学习者可以依据需求自由地选择交互对象，自主决定使用的工具、策略和方法，自由地控制交互步调。分享什么、和谁分享、怎么分享以及分享的广度和深度全由学习者决定。因此，在交互网络的演化过程中，会自组织地汇聚、分散形成多个小的网络结构，包括星形结构、环形结构、网状结构、层级结构、链式结构等。[①] 例如，在一门 MOOC 中，参与者伴随持续交互自发地形成多个小型网络结构，第一周出现九个交互群体，其中星形网络结构为主要结构，同时还包含三角形网络结构、桥接性网络结构、自我交互型网络结构等。[②] 多种结构及其之间的联系使整个网络更加复杂。多中心指的是课程促进者不再是拥有绝对信息控制主权的节点，网络中产生了与课程促进者有同等作用和地位甚至超过课程促进者的多个核心节点。[③]

> **思考 8-3**
>
> 如何理解自组织？请结合自身学习经历进行思考。

(三)通过对话获得网络地位和身份

传统教育中组织、团体、个人之间关系的维持往往基于社会关系中权威的层级排序，如专家、教师往往是知识传授的权威者。而在以生生交互为主的在线学习中，关系的建立和发展是基于对话而不是信任权威的。交互从传统的一点对多点的单向传输转变为多点对多点的双向交互，并且依据参与、交互的程度和层次的不同，网络中的参与者也逐渐分层。以浅层次交互和观摩学习为主的参与者逐渐分散在网络的外围，交互行为主要表现为分享资源、引用观点、表示赞同或反对等。能够进行深层次交互和思考的参与者，如发表新观点、反思提问等，会逐渐从网络的边缘走向核心，从"局外人"变为"专家"，甚至成为集体中具有影响力的意见领袖，引领网络的塑造和发展。[④] 整个网络在不断对话、共享、贡献、互助、争论的过程中逐渐形成身份层次以及共同的社区意识与文化。

---

① 王陆：《信息化教育研究中的新内容：互动关系研究》，载《电化教育研究》，2008(1)。

② 王志军、陈丽：《联通主义学习的教学交互理论模型建构研究》，载《开放教育研究》，2015(5)。

③ 王慧敏、陈丽：《cMOOC 微信群社会网络特征及其对学习者认知发展的影响》，载《中国远程教育》，2019(11)。

④ 段金菊、汪晓凤：《在线开放课程背景下高低绩效学习者的社会化交互行为及参与模式研究》，载《电化教育研究》，2016(11)。

思考 8-4

　在在线学习中，哪些人更能启发你的思考？

（四）初期交互水平和质量影响后期学习成效

　　在以生生交互为主的在线学习中，社会网络的演变过程更加复杂，每一周形成的社会网络结构都是由前几周的网络结构演变而来的。[①] 在一般情况下，初期交互水平和质量的不同会随着交互过程的推进被积累和放大，最终对整体交互结果产生影响。[②] 比如，在微博学习社群中，不同类型的首帖直接影响后续交互质量和学习成效，其中创作类、提问或求助类首帖对保持交流活力有积极影响；少量无关共享类首帖有助于调整心态、发散思维；而由于微博字数有限制，论证类首帖往往对参与者产生负面影响。[③]

思考 8-5

　在在线学习过程中，你是否有持续参与的社群或组织？哪些原因促使你持续参与？

（五）群体智慧汇聚，促进知识大量涌现

　　观点非共识引发的认知冲突是知识生产开始、推进和产生可能结果的基础。[④] 在线学习参与者具有异质性（经验背景、思维方式等不同），对于开放复杂的问题易产生认知冲突，通过持续的观念碰撞和交流修正，最终生成对某一话题的新认识。因此，生生交互更能实现群体智慧汇聚，从而促进新知识涌现。比如，虚拟学习社区中的知识是通过集体持续参与、反复交流、循环修正来逐渐收敛、达成统一和建构的。[⑤] 核心参与群体即积极主动的交互群体对信息分享层和意义协商层的知识建构具有更大贡献。[⑥]

思考 8-6

　在在线学习中，你经历过通过群智汇聚来生成知识吗？请举例说明。

---

① 王志军、陈丽：《联通主义学习的教学交互理论模型建构研究》，载《开放教育研究》，2015(5)。

② 郑勤华、于畅、陈丽：《基于学习者视角的 MOOCs 教学交互状况调查研究》，载《中国电化教育》，2016(6)。

③ 张豪锋、杨绪辉：《教育微博社群中首帖质量的分析与对策》，载《远程教育杂志》，2012(2)。

④ 陈丽、逯行、郑勤华：《"互联网+教育"的知识观：知识回归与知识进化》，载《中国远程教育》，2019(7)。

⑤ Mclean D., Jensen R., "Community Leaders and the Urban Forest: A Model of Knowledge and Understanding," *Society & Natural Resources*, 2004(7), pp.589-598.

⑥ 王陆：《虚拟学习社区社会网络位置与知识建构的关系研究》，载《中国电化教育》，2010(8)。

(六)群体内部与群体之间的非线性相互作用

在线学习中的非线性相互作用体现在：随着网络演化，各群体内部成员之间、不同群体之间、不同领域的学习者之间、同一领域的学习者之间均存在复杂的多点对多点的非线性交互。各个交互群体之间不是完全孤立的，网络结构中存在大量的桥和切点，这些桥和切点为网络的发展、不同群体之间的相互作用提供了更多可能。网络中虽然存在多个交互中心，但交互中心与交互中心之间有紧密联系，部分交互中心还会连接大量外围节点。整个网络的知识生成数量和质量也不是各个群体知识生成数量和质量的简单叠加，不同群体生成的知识可能存在交叉或冲突，也正因如此，群体与群体之间的内容讨论更容易激发出新的内容。

(七)与外部环境进行持续的信息交换

复杂系统是一个开放的系统，与外部环境持续进行物质、能量和信息交换，也因此生机勃勃。在线学习具有同样的特征，主要表现在两大方面。一是交互主体参与和退出的开放性，尤其是在以生生交互为主的在线学习中，学习者倘若认为当前社群内的交流没有价值或找不到合适的协同对象，可以随时退出社群且不用承担任何责任。[1] 课程学习期间往往会有新成员加入交互过程，也会有一部分参与者由于各种原因退出，如在一门 MOOC 中，第三周的核心参与者相比第二周有了很大改变，第二周的核心参与者并没有出现在第三周。[2] 二是交互内容的开放性，学习者在交互过程中可以引入整个网络的开放资源和信息，同时交互生成的内容也面向外界开放，这种信息和资源的双向交换正是在线学习社群保持鲜活生命力、与时俱进的基础。

> **思考 8-7**
> 　　如何理解在线学习与外部进行持续信息交换这一特征？请联系自身经验举例说明。

(八)并行处理交互信息

在以生生为主的在线学习中，社会交互更加开放，参与交互的主体数量大大增加，交互内容的规模也更大。例如，cMOOC"'互联网+教育'：理论与实践的对话"平均每个主题的讨论和发文数量超过 2000 条。微博社群话题讨论数据量更庞大，以"停课不停学"话题为例，截至 2020 年 10 月 17 日，该话题讨论量已达 45.6 万。可以看出，在

---

① 陈丽、逯行、郑勤华：《"互联网+教育"的知识观：知识回归与知识进化》，载《中国远程教育》，2019(7)。
② 王志军、陈丽：《联通主义学习的教学交互理论模型建构研究》，载《开放教育研究》，2015(5)。

短时间内并行处理来自多个节点的信息成为在线学习者的常态，这个过程也是学习者持续筛选和整合碎片化内容、积极参与意会的过程。

> **思考 8-8**
>
> 联系自身在线学习经历思考：如何适应并行处理交互信息这一特征？

（九）网络地位与学习质量的正向循环

在线学习的参与者通过持续对话获得网络地位和身份，而处于网络核心位置的参与者可拥有更多"特权"，如更高的学习效率、更高的声望和更强的支持、对资源获取渠道和质量的更强的控制力、扎实的社会心理基础和丰富的情感激励等。这些"特权"会对学习者之后的参与和投入产生积极的作用，在一定时间段内，学习者地位越高，其后续的参与度和投入度也就越高，继而可以建立和连接更优质的"管道"，产生更深入的思考。例如，cMOOC 中个体网络地位与其生成的概念网络水平呈相关关系[1]，且随着时间推移，高绩效学习者的社会知识网络会进一步扩大，其网络角色也从知识接受者转变为知识创造者。[2]

（十）个体与集体网络的持续适应与演化

复杂系统的个体和集体是相互影响、共同进化的。在以生生交互为主的在线学习中，学习者个体基于感兴趣的内容不断选择、增加、深化同其他个体的连接，从而使个体的学习网络得以持续重构、拓展和优化。个体制定的学习目标和关注的知识内容也时时刻刻受集体关注倾向的影响，群体交互给予个体的启示和思考也在很大程度上决定了个体知识生成与演化的程度。例如，学习者可能因为某个感兴趣的领域或话题加入讨论，但随着交互的深入，网络中不断产生新的交互主题和内容，学习者持续被吸引、连接到不同的资源或群组。可以看出，个体网络是受集体影响并持续动态生成与演化的网络，它需要在交互过程中不断对来自其他成员的新信息做出反应，对自身网络进行个性化调整，如教师的讨论、引导等会影响个体网络的塑造。[3] 个体网络的变化反过来也对整体网络的演化产生影响，这是非线性的相互适应的过程。

---

① 徐亚倩、陈丽：《国内远程教育教学交互的研究热点与现状——基于 2012 年至 2017 年期刊文献的内容分析和社会网络分析》，载《中国远程教育》，2018(9)。

② Duan J. J., Xie K., Hawk N. A., Yu S. Q., Wang M. J., "Exploring a Personal Social Knowledge Network (PSKN) to Aid the Observation of Connectivist Interaction for Highland Lowerforming Learners in Connectivist Massive Open Online Courses," *British Journal of Educational Technology*, 2019(50), pp. 199-217.

③ Dron J., "Soft is Hard and Hard is Easy: Learning Technologies and Social Media," *Form*, 2013(13), pp. 32-43.

教学活动建议

本节介绍在线教与学的认识论，阐释的是联通主义教与学的规律，不适用于课堂网上"搬家"的在线教与学。教师应将教学重点放在帮助学习者理解在线复杂网络与课堂线性关系的差异上。教师可以邀请有联通主义学习经历的学习者结合自身学习经历，讲出十个复杂性特征在学习中的具体表现。教师也可以进一步引导学习者思考十个复杂性特征对教学设计的启发。

学习活动建议

阅读教材内容，结合相关的学习经历，理解十个复杂性特征。

以参考文献为线索，阅读已有的研究成果。可以重点关注已有研究是如何揭示这些规律的以及使用了哪些研究方法。

第五节　新知识观、新本体论、新认识论对教育改革提出的新要求

本章前四节分别从知识观、网络化知识、教育的新本质、在线教与学复杂性四个方面探讨了互联网对教育根本性问题的变革。教育根本性问题的发展对教育教学改革提出了一系列新要求，也为教育教学改革提供了重要指导。本节旨在运用新知识观、新本体论和新认识论的视角分析创新实践案例，进一步加深对教育教学改革创新方向的理解。

一、新知识观对教育改革提出的新要求

(一)人才培养目标的改革

在新事物层出不穷、快速迭代的时代，科技不断升级，旧事物被淘汰的速度越来越快，这时适应变化能力、终身学习能力、自主学习能力和自我管理能力等不再是高阶能力，而是每个人必须具备的生存能力。知识变得唾手可得，知识的掌握不再是唯一的重点，创新能力、批判性思维、从网络中获取有价值信息的能力、解决复杂问题的能力变得更加重要。

（二）学科分类体系的改革

现实世界许多问题的解决都需要多学科知识，分科培养人才的学校教育与综合性、交叉性强的社会生产实践之间的矛盾日益尖锐。互联网为化解这一矛盾提供了新环境和新思路，可以从根本上化解知识的连续性、综合性与学科的分割性之间的矛盾，重构学科分类体系变得尤为重要。

（三）课程形态的创新

为了达到新的人才培养目标，教育领域应探索新的课程形态，积极推广群体协作的知识生成型课程、以自主学习为核心的活动类课程以及线上线下有机结合的混合式课程，应鼓励学习者选学优质在线课程。

（四）教师职能的改变

知识观的发展改变了教师在人才培养、教育教学过程中的职责和作用。当在线教育资源和工具变得丰富开放时，教师就不再是知识传输的主要渠道，而需要积极利用各类在线或混合式教学工具再造教学流程，为培养学生的问题解决能力、创新能力等服务，并在此过程中实现自身成长和能力发展。

> **思考 8-9**
>
> 除了以上几点，新知识观还对教育领域的改革提出了哪些新要求？

二、新本体论对教育改革提出的新要求

（一）校内教育与校外教育融合

互联网带来的信息空间使全社会的智慧和资源流动起来，这使公众意识到社会中蕴含着丰富的教育资源，而这些由非国家教育体系提供的多样、个性化的教育资源和服务可以作为学校教育的很好补充，校内外教育融合的新型教育生态将成为满足优质、个性化、灵活、终身教育需求的重要途径。

> **案例 8-7**
>
> 你如何看待校外教育的作用与地位？你认为校外教育与校内教育是怎样的关系？你还能想到哪些校内外教育融合的案例？
> _____
> _____

（二）正式学习与非正式学习融合

在以学校教育为主的正式学习方式之外，互联网提供了更加多样、灵活、个性化的非正式学习机会，如社群化学习、基于网络的跨区域协同教研等。非正式学习方式是各级各类教育尤其是终身教育不可或缺的学习方式。为了打破正式学习与非正式学习之间成果认证的壁垒，构建"人人皆学、时时能学、处处可学"的学习型社会，学习成果认证、学分积累与转换、质量保证等制度的建设与完善成为重中之重。

> **案例 8-8**
>
> 美国学分衔接和转移系统实现了社区学院与四年制大学的学分衔接。欧盟学分转换与累积系统实现了欧盟国家之间高等教育学分互认，是目前较成功的跨国学分转换系统之一。韩国学分银行系统不仅认证学习者在正规高等教育体系内的学习，还认证学习者在非正规、非正式学习场所参加的学习活动，是较接近理想学分银行的促进终身学习的体系。
>
> 你还知道哪些学分银行或资历框架的案例？

（三）线上教育与线下教育融合

新冠肺炎疫情防控期间，在线教育扛起了"停课不停学"的重任，支撑 2 亿多学生居家在线学习，刷新了在线教育最大规模的历史纪录。新冠肺炎疫情防控期间的在线教学客观上促进了互联网与教育的深度融合。学校正式开学后，师生将网络空间和网络资源作为重要的学习环境，线上线下融合的教育实践成为常态。网络空间是传统教室的延伸，在线教学成为教学重要的组成部分。线上线下融合可以消除时空的限制，让教师利用宝贵的面授时间重点发展学生的能力，提高教学质量。

> **思考 8-10**
>
> 你是否有混合式学习的经历？还有哪些案例体现了线上教育与线下教育融合？线上教育与线下教育融合目前存在的问题有哪些？请联系自身经验谈谈你的认识。

上述三个新要求将推动教育体系的开放，实现教育与社会的高度融合，进而构建服务全民终身学习的教育体系，也反映了互联网推动教育开放的本质作用。

> **思考 8-11**
>
> 除了以上几点，新本体论还对教育领域的改革提出了哪些新要求？

三、新认识论对教育改革提出的新要求

(一)研究视角的发展

在线教与学的复杂性特征决定了对在线教与学的规律必须从集体学习和个体学习两个视角共同研究,并通过挖掘集体学习和个体学习的关系来揭示在线教与学的规律。例如,在基于网络的联通主义学习中,知识是一种动态网络现象,个体发展是在网络知识不断进化中显现的;一旦脱离网络,个体便无法成长。因此,为了认清以互联网为学习环境、以交互为核心、以网络建立和知识创新为目的的复杂学习的深层次规律,就必须构建双视角的研究模型。王志军等人提出了三位一体的联通主义学习行为分析方法体系(如图 8-3 所示),兼顾复杂的集体学习行为和个体在系统中的学习行为两个视角,分析内容包括以认知网络、概念网络、社会网络和技术网络为核心的网络分析,以操作交互、寻径交互、意会交互和创生交互为核心的内容分析,以及四种网络和四种交互的相互作用关系与演变发展。[①]

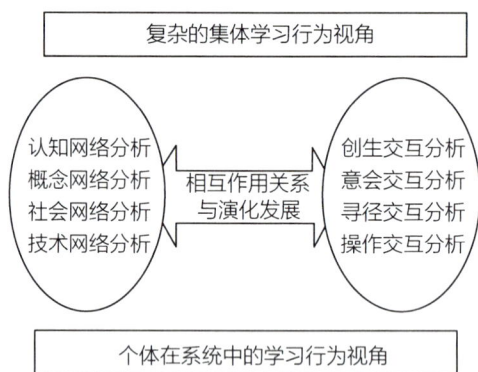

图 8-3 联通主义学习行为分析方法体系

(二)研究范式的发展

在网络空间中,行为以数据的形式被记录下来,数据已经成为教育的新要素。利用在线教与学的行为数据,人们可以用科学的方法监控教与学的全过程。网络可以完整存储学生学业数据,基于对学业数据的分析,教育者可以精准掌握学习者的学习情况,提供有针对性的帮助。网络可以整合教育内外部的数据,实现基于数据的管理与科学决策。基于数据的研究范式成为新时代教育创新的重要表现之一。同时,数据的

---

① 王志军、刘璐、杨阳:《联通主义学习行为分析方法体系研究》,载《开放教育研究》,2019(4)。

采集与汇聚也成为教育信息化实践的重要命题，涉及技术、管理、伦理、隐私等问题。数据的应用方向取决于教育理念和管理理念，数据的丰富性取决于学习环境与应用深度，数据的应用程度取决于数据分析的水平。

> **思考 8-12**
>
> 　除了以上几点，新认识论还对教育领域的改革提出了哪些新要求？

🎯 教学活动建议

　　本节介绍新理论在教育改革创新中的应用指导，与实践联系紧密，实践经验不足的学习者会遇到理解上的困难。建议教师将教学重点放在案例分析上，不必追求学习者记住所有改革要求。建议教师重点采取案例教学法，可以通过典型案例讲解、参观等方式开展教学，也可以鼓励学习者补充新的改革要求。

🎯 学习活动建议

　　批判性接受，结合自身专业学习，分析教材提出的改革趋势。

　　大胆创新，进一步补充新的改革趋势。

🎯 自我评价

一、学习经历评价

1. 你是否阅读了第八章的所有内容？

建议：如果答案为"否"，请暂停自我评价，阅读未读过的部分。

2. 你能否理解第八章的所有内容？

建议：如果答案为"否"，请首先列举不理解的内容，然后尝试利用以下方法解决遇到的问题。

①利用图书馆和网络资源，查找相关文献。

②与同学进行讨论。

③向教师提问，争取教师的帮助。

④将问题发布在线上讨论区，争取更多人的帮助。

二、自测题

1. 解释回归论知识观内涵的四个方面，并分别列举一个案例。

内涵一：_____。

　　案例：_____。

内涵二：_____。

案例：＿＿＿＿＿＿＿＿＿＿＿＿＿＿＿＿＿＿。

内涵三：＿＿＿＿＿＿＿＿＿＿＿＿＿＿＿＿＿＿。

　　案例：＿＿＿＿＿＿＿＿＿＿＿＿＿＿＿＿＿。

内涵四：＿＿＿＿＿＿＿＿＿＿＿＿＿＿＿＿＿＿。

　　案例：＿＿＿＿＿＿＿＿＿＿＿＿＿＿＿＿＿。

2. 列举网络化知识的特征，并尝试举例说明。

特征一：＿＿＿＿＿＿＿＿。案例：＿＿＿＿＿＿＿＿＿＿＿。

特征二：＿＿＿＿＿＿＿＿。案例：＿＿＿＿＿＿＿＿＿＿＿。

特征三：＿＿＿＿＿＿＿＿。案例：＿＿＿＿＿＿＿＿＿＿＿。

特征四：＿＿＿＿＿＿＿＿。案例：＿＿＿＿＿＿＿＿＿＿＿。

特征五：＿＿＿＿＿＿＿＿。案例：＿＿＿＿＿＿＿＿＿＿＿。

特征六：＿＿＿＿＿＿＿＿。案例：＿＿＿＿＿＿＿＿＿＿＿。

特征七：＿＿＿＿＿＿＿＿。案例：＿＿＿＿＿＿＿＿＿＿＿。

特征八：＿＿＿＿＿＿＿＿。案例：＿＿＿＿＿＿＿＿＿＿＿。

特征九：＿＿＿＿＿＿＿＿。案例：＿＿＿＿＿＿＿＿＿＿＿。

特征十：＿＿＿＿＿＿＿＿。案例：＿＿＿＿＿＿＿＿＿＿＿。

3. 列举在线教与学的复杂性特征，并阐述这些特征对于教学设计有何启示。

4. "互联网+"时代教育的新本质特征为＿＿＿＿＿＿＿＿＿＿＿＿＿。

举例说明其在三个方面的体现，并分别列举个案例。

个体学习层面：＿＿＿＿＿＿＿＿＿＿＿＿＿＿＿＿＿。

　　案例：＿＿＿＿＿＿＿＿＿＿＿＿＿＿＿＿＿＿。

资源建设层面：＿＿＿＿＿＿＿＿＿＿＿＿＿＿＿＿＿。

　　案例：＿＿＿＿＿＿＿＿＿＿＿＿＿＿＿＿＿＿。

组织生态层面：＿＿＿＿＿＿＿＿＿＿＿＿＿＿＿＿＿。

　　案例：＿＿＿＿＿＿＿＿＿＿＿＿＿＿＿＿＿＿。

5. 请举例阐述"互联网+"时代教育的新本体论、新认识论、新知识观对教育实践的指导意义：

意义一：＿＿＿＿＿＿＿＿＿＿＿＿＿＿＿＿＿＿＿。

意义二：＿＿＿＿＿＿＿＿＿＿＿＿＿＿＿＿＿＿＿。

意义三：＿＿＿＿＿＿＿＿＿＿＿＿＿＿＿＿＿＿＿。

推荐阅读文献

[1]陈丽，纪河. 开放、联通：互联网思维与开放大学创新发展——访北京师范大学副校长陈丽

教授［J］．终身教育研究，2017，28(3)：12-15＋2.

　　［2］陈丽，逯行，郑勤华．"互联网＋教育"的知识观：知识回归与知识进化［J］．中国远程教育，2019，(7)：10-18＋92.

　　［3］王志军，陈丽．联通主义学习的教学交互理论模型建构研究［J］．开放教育研究，2015，(5)：25-34.

　　［4］王志军，陈丽．联通主义："互联网＋教育"的本体论［J］．中国远程教育，2019，(8)：1-9＋26＋92.

　　［5］王竹立．新知识观：重塑面向智能时代的教与学［J］．华东师范大学学报(教育科学版)，2019，37(5)：38-55.

　　［6］王怀波，陈丽．网络化知识的内涵解析与表征模型构建［J］．中国远程教育，2020，(5)：10-17＋76.

在线教育的新知识观：回归论知识观　　　在线教育的新本体论：联通